法学教育の四半世紀

A Quarter Century of Legal Education in Japan

川嶋四郎 Shiro KAWASHIMA

日本評論社

はしがき

　本書は、日本におけるこの四半世紀にわたる法学教育の展開を論じ、将来への展望を企図した研究書である。問題関心の起点と基軸は、法科大学院制度の創設とその様々な影響にある。

　本書の執筆の背景には、遺憾ながら法学教育や法学研究者養成教育などには必ずしも重きが置かれていないように見える日本の法学系学部・大学院制度の実情がある。また、教育制度の管理者や担い手が、この四半世紀の法学教育に真摯誠実な責任を負ってきたか否かが不明な点もある。さらに、法学領域や私の専門である民事訴訟法領域を一瞥しても、法学教育に関する書物は必ずしも多くはなく、しかも、学協会における教育のあり方やその評価・反省、さらには教育論の展開なども、必ずしも十分ではないように見受けられるからである。

　かつて私は、天国の南の場所（The Southern Part of Heaven）と呼ばれるアメリカ南部の小さな美しい大学街 Chapel Hill にあるノース・カロライナ大学ロースクールで研究する機会を得た。そのとき、私は、そのほとんどが法曹資格の取得を目指すロースクールで、「ロースクール教育演習」と題したセミナーにおいて、司法試験の受験を控えた多くの学生たちが積極的に参加して、ロースクール教育のあり方を論じ合っていることに深い感銘を受けた（川嶋四郎『アメリカ・ロースクール教育論考』1頁〔弘文堂、2009年〕参照）。それはアメリカの制度をモデルとして日本で法科大学院が創設される少し前の光景であり、私が日本の法学教育論の広がりと深まりに強く期待するきっかけともなった。

　その経験の前後から、私は九州大学法科大学院の創設に深く関わることになった（若い頃によく観た笹沢佐保原作の主人公「木枯し紋次郎」の気持ちも、少し分かったように思えた。）。議論が深夜に及んだことも、バスや電車で寝落

ちし乗り過ごしてしまったことなども、今では懐かしい思い出である。九州大学法科大学院の創設に携わった一部有志が、信じ難い手練手管を用いた抵抗に抗いながらも、全国的に見ても理想的な法科大学院制度を創ることができたのは、ある意味奇跡であった。抵抗の後の侵掠や制肘抑圧もまた過酷であった。ともかくその頃は、法科大学院制度の成功が、法学部教育や大学院法学研究科教育、さらには、法教育や社会人教育等にも良き相乗効果や波及効をもたらし、ひいては法的救済の地平を広げ日本司法の発展を加速させることにつながると、素朴に信じていた。

　民事訴訟・民事手続法の全過程を「（法的）救済形成実現過程」と考え、その手続過程を再構築するための研究を進め、その成果に基づいて教育を行ってきた私が、大学に職を得た十数年後に、このような激流に飲み込まれることになるとは考えてもいなかった。学内における議論のほかに、当時各地で行われていた司法制度改革や法科大学院構想等に関するシンポジウムに参加し、それらの成果をもとに委員会で「九州大学法科大学院構想」を練り上げた。本来の研究に専心したいであろうにもかかわらず、8名もの教員と、そして多くの事務職員の方々が積極的に関与した。ある同僚から菩薩道の実践と評されたことは印象深いが、一部を除き、多くの教職員の方々が応援してくださったのも事実であった。

　本書では、個人的な体験・経験を可能な限り普遍的な客観的指針に転換することに努めた。また、たとえば日本民事訴訟法学を退屈かつ厳粛で戦々恐々とさせるものにしがちなユーモアのなさにも切り込んだつもりである。法学のもつ不要・不当な権威性、権力性、閉鎖性、排他性、陰湿性、格差形成的・情実的な要素などに対しても同様である。その意味で、本書は後に引用したディケンズの一節が示すように、誰かが書いて残さなければならないOdyssey のようなものであった。忖度と諦念と忍耐の時代とも言える今日にこそ、この四半世紀に書き記してきたささやかながらも深い広がりをもつと信じる物語は、多少とも意義があるのではないかと思われる。当事者・共事者と共に、亡くなった友人たちや体調を崩し大学を去った同世代の友人知人たちの思いも含めて記したい。繰り返し指摘した事項も存在するが、重要なことと考えるのでご海容願いたい。

本書は、2024年度同志社大学研究成果刊行助成を受け、かつ、多くの方々のおかげで開板に漕ぎ着けることができた。心から御礼を申し上げたい。また、この間ご厚情を賜った国内外の多くの方々、教職員の皆様、私のもとへ学びにきてくれた多くの学生、院生、社会人、留学生の皆さん、そして、本書の公刊を快くお引き受けくださった日本評論社社長の串崎浩さん、従来からの著作に引き続き丁寧な編集にご尽力をいただいた同社常勤顧問の岡博之さんに、心から感謝を申し上げたい。これまで同様、妻・子どもたち、父母・義父母、亡き兄姉、この間にご厚情を賜った国内外の多くの方々、そして、この四半世紀を一緒に過した小さな家族たち（盲導犬繁殖犬2頭と天職を得それを全うし母の家つまりわが家に戻ってきた元盲導犬）にも、心から感謝の気持ちを伝えたい。

洛北岩倉から雨に煙る叡山を遠望しつつ、
法科大学院制度創設20周年の初夏に

川嶋 四郎

"The remembrance of that life is fraught with so much pain to me, with so much mental suffering and want of hope, that I never had the courage even to examine how long I was deemed to lead it.... I only know that it was, and ceased to me; and that I have written, and I leave it."

Charles Dickens, DAVID COPPERFIELD, 1849–50

To T. M, S. T, CL.-J.-H.

目　次

はしがき　i

序章　法学教育四半世紀の光と影
　　　──法科大学院制度創設の回顧と展望も兼ねて ……………………………… 1

第1編　法科大学院の誕生 ……………………………………………… 3
第1章　法科大学院構想の展開 ………………………………… 5
　Ⅰ　はじめに ……………………………………………………………… 5
　　1　正規の法曹養成教育の不存在 ……………………………………… 5
　　2　法科大学院構想の急浮上と基本指針 ……………………………… 7
　Ⅱ　法科大学院構想をめぐる議論の現状 ……………………………… 8
　　1　多様な法科大学院構想の呈示 ……………………………………… 8
　　2　おおむね共通する事項 ……………………………………………… 9
　　3　学部教育と大学院教育の結合度 ………………………………… 12
　　4　その他の諸問題 …………………………………………………… 14
　Ⅲ　おわりに …………………………………………………………… 15

第2章　法学部教育と法科大学院教育への展望 ………… 17
　Ⅰ　はじめに …………………………………………………………… 17
　Ⅱ　法学部教育と法科大学院教育の基本的なあり方 …………… 18
　　1　同一大学内における法学部と法科大学院の結合度 ………… 18
　　2　法学部・法科大学院間における教育内容の役割分担 ……… 20
　Ⅲ　おわりに …………………………………………………………… 25
　【補論1】法学教育への新提言
　　　　　──柳田幸男著『法科大学院構想の理想と現実』を通して ……… 27

vi 目　次

第3章　ある法科大学院の基本構想
——九州大学法科大学院の誕生 ……………………………………… 31

Ⅰ　はじめに ………………………………………………………………… 31

Ⅱ　内容の紹介 ……………………………………………………………… 32

Ⅲ　おわりに ………………………………………………………………… 44

【資料】九州大学法科大学院構想
——法科大学院構想と法曹養成教育の再構築 ……………… 45

第4章　ある法科大学院の曙光
——九州大学法科大学院の第1歩 ………………………………… 65

Ⅰ　はじめに ………………………………………………………………… 65

Ⅱ　法科大学院制度の位置づけ ………………………………………… 67

Ⅲ　九州大学法科大学院創設の経緯 …………………………………… 69

Ⅳ　様々な法科大学院構想 ……………………………………………… 73

Ⅴ　九州大学法科大学院論の歩み ……………………………………… 75

Ⅵ　法科大学院等の連携展開 …………………………………………… 78

Ⅶ　九州大学法科大学院構想の具体像 ………………………………… 80

Ⅷ　九州大学法科大学院の特徴 ………………………………………… 85

Ⅸ　法科大学院の課題 …………………………………………………… 88

【補論2】九州大学・法科大学院レポート 2006 …………………… 91

第2編　法学教育・法学部教育と法科大学院 ……………………… 105

第5章　法科大学院構想と法学教育 ……………………………… 107

Ⅰ　はじめに ………………………………………………………………… 107

Ⅱ　「法学教育」アンケート各項目に対する回答 ……………………… 108

　　1　司法制度改革審議会における法曹養成に関する審議について …… 108

　　2　法学系学部教育および法曹養成の現状について ………………… 109

　　3　学部段階・法科大学院段階における教育のあり方について ……… 110

Ⅲ　おわりに ………………………………………………………………… 111

目　次　vii

第6章　近未来法学部の展望
　　　　——2004年4月における法科大学院制度の創設を目前に控えて… 113
Ⅰ　はじめに——法学部人気と法科大学院 ………………………………… 113
Ⅱ　危機に立つ法学部 ……………………………………………………… 114
Ⅲ　新たな法学部像の模索 ………………………………………………… 115
Ⅳ　「法科大学院予備課程化」の傾向 …………………………………… 116
Ⅴ　「法学教養学部化」の傾向 …………………………………………… 117
Ⅵ　おわりに——新たな法学部の学生のために ………………………… 118

第7章　法学部・法科大学院の授業展望
　　　　——2004年以降、法学部・法科大学院の授業はどうなるのか …… 121
Ⅰ　はじめに——司法制度改革と法科大学院構想 ……………………… 121
Ⅱ　従前の法学部教育 ……………………………………………………… 122
Ⅲ　法科大学院教育の理念型 ……………………………………………… 124
Ⅳ　法科大学院教育の影響力 ……………………………………………… 125
　　1　「垂直的教育」から「水平的教育」へ ……………………………… 125
　　2　「単眼的視点」から「複眼的視点」へ ……………………………… 126
　　3　「多人数教育」から「少人数教育」へ ……………………………… 126
　　4　「暗記再生型」から「思索創造型」へ ……………………………… 126
　　5　「座学中心」から「多様な学びの世界」へ ………………………… 127
　　6　「聖域としての授業」から「共有財産としての授業」へ ………… 127
　　7　「鋳物職人的教員像」、「飴細工職人的教員像」等から、「杜氏的教
　　　　員像」へ …………………………………………………………… 128
Ⅴ　おわりに——「贈る言葉」に代えて ………………………………… 128

第3編　法学学修の方法と展開 ……………………………………… 131
第8章　法学教育における「判例学習」の展望
　　　　——法科大学院時代における「判例学修」への総論的な処方箋… 133
Ⅰ　はじめに ………………………………………………………………… 133
　　1　法学における判例学習 ……………………………………………… 133
　　2　法科大学院の創設 …………………………………………………… 134
Ⅱ　法科大学院等における判例の位置 …………………………………… 135

viii 目 次

1 法科大学院教育の基本理念 ……………………………… 135
2 教育内容の変革と判例の役割 …………………………… 135
3 教育主体の変革と判例の役割 …………………………… 136
4 教育方法の変革と判例の役割 …………………………… 136
5 判例学習と実務批判力の涵養 …………………………… 137
6 法科大学院教育の法学部教育への影響 ………………… 137
7 司法試験と判例、そして司法修習…………………………… 138
8 小括 ……………………………………………………… 140

Ⅲ 判例学習の意義 ………………………………………………… 141
1 判例の役割……………………………………………………… 141
2 判例の意義 ……………………………………………… 142
3 判例の構造 ……………………………………………… 143
4 判例から学ぶことができるもの ……………………… 144

Ⅳ 判例学習の処方箋 …………………………………………… 148
1 実体法と手続法の知見を有する ……………………… 148
2 判例の原典に当たり、それを自分でまとめる………………… 149
3 事実関係を正確に理解する ……………………………… 150
4 事実認定過程と法適用過程を正確に追う ……………… 150
5 判例の射程を理解する……………………………………… 151
6 批判的な視点も堅持する ………………………………… 152
7 新司法試験への道程 ……………………………………… 152
8 「判例学習」から「判例学修」へ ……………………… 153

Ⅴ おわりに ……………………………………………………… 153

第9章 法科大学院教育における「演習科目」の展望
―― 現在の理論と実務を踏まえつつ新たな救済のあり方を探究し、
法システムの改善に寄与できる法曹の育成を目指して…………157

Ⅰ はじめに――『司法制度改革審議会意見書』公表5周年の初夏に
……………………………………………………………………… 157

Ⅱ 法科大学院制度の原点とそこにおける授業観 ……………… 159

Ⅲ 九州大学法科大学院における「演習」の考え方 …………… 160

Ⅳ アメリカのロースクールにおける驚くべき「法学教育演習」… 162

Ⅴ 「倒産法演習」の具体的設問 ………………………………… 165

Ⅵ 法科大学院における課題 ……………………………………… 167

目 次　ix

第10章　法科大学院教育における「エクスターンシップ」の
　　　　展望──「エクスターンシップ」の全国調査結果をまとめて … 171
　Ⅰ　はじめに …………………………………………………………… 171
　Ⅱ　調査内容と調査結果……………………………………………… 173
　　　1　科目の設置状況等について ……………………………… 174
　　　2　受入先について ……………………………………………… 175
　　　3　授業内容等について ………………………………………… 177
　　　4　担当教員について …………………………………………… 179
　　　5　成績評価について …………………………………………… 180
　Ⅲ　おわりに …………………………………………………………… 181
　【補論3】アメリカにおけるリーガル・クリニック教育の新展開
　　　　　　──「コミュニティ・ロイヤリング」への展望を視野に入れて … 184
　【補論4】新司法試験の展望
　　　　　　──民事系サンプル問題の検討：民事訴訟法研究の学窓から … 208

第4編　法曹養成教育の課題 ……………………………………… 219
第11章　法科大学院における法曹養成の課題と展望
　　　　──研究者教員の観点から ………………………………… 221
　Ⅰ　はじめに …………………………………………………………… 221
　Ⅱ　法科大学院の制度的側面 ……………………………………… 223
　Ⅲ　法科大学院の教育的側面 ……………………………………… 226
　Ⅳ　おわりに …………………………………………………………… 227

第12章　アメリカ・ロースクールと法科大学院
　　　　──タマナハ『アメリカ・ロースクールの凋落』との出会いを
　　　　　機縁として ………………………………………………… 231
　Ⅰ　はじめに……………………………………………………………231
　Ⅱ　『アメリカ・ロースクールの凋落』？──この著作の含意 ………… 233
　　　1　本書の公刊時における日本の状況………………………… 233
　　　2　本書の大要………………………………………………… 235
　Ⅲ　おわりに──「法科大学院問題」？………………………………… 252

x　目　次

【補論5】アメリカ・ロースクールの叡智
　　　　——柳田幸男＝ダニエル・H・フット『ハーバード卓越の秘密
　　　　　——ハーバードLSの叡智に学ぶ』を読んで ………………… 258

第13章　「民事裁判のICT化」と臨床法学教育展望
　　　　——「憲法価値」の真の実現を目指して ………………………… 269

　Ⅰ　はじめに ………………………………………………………………… 269
　Ⅱ　民事裁判のICT化小史 ……………………………………………… 270
　　1　日本における民事裁判のICT化に向けた提言と研究 ………… 270
　　2　2つの検討会の提言：国家プロジェクト ……………………… 271
　　3　国家プロジェクトへの疑問と新たな展望 ……………………… 271
　Ⅲ　民事裁判のICT化の下での臨床法学教育 ……………………… 272
　　1　マインドの涵養 …………………………………………………… 272
　　2　スキルの修得 ……………………………………………………… 273
　Ⅳ　おわりに ………………………………………………………………… 273
　【補論6】「三方よし」から、「司法よし」へ
　　　　——「三方よし」を超えた「司法よし」へ：弁護士への期待 … 276

第5編　法学教員・国際法曹の養成課題 ……………………………… 279
第14章　法科大学院創設後の法学教員養成 ……………………… 281
　Ⅰ　はじめに ………………………………………………………………… 281
　Ⅱ　日本学術会議の報告・提言等 ……………………………………… 286
　　1　概観 ………………………………………………………………… 286
　　2　『平成12年報告』の紹介と検討 ………………………………… 288
　　3　『平成13年報告』の紹介と検討 ………………………………… 290
　　4　『平成15年報告』の紹介と検討 ………………………………… 295
　　5　『平成17年報告』の紹介と検討 ………………………………… 300
　　6　『平成23年提言』の紹介と検討 ………………………………… 307
　　7　小括 ………………………………………………………………… 311
　Ⅲ　研究者教員の養成 …………………………………………………… 312
　　1　法科大学院創設後の研究者教員の養成 ………………………… 312
　　2　民事訴訟法領域における研究者養成 …………………………… 312
　Ⅳ　臨床法学教員の養成 ………………………………………………… 318

1　リーガル・クリニック教育略史：アメリカの場合 ……………… 318

　　　2　臨床法学教育の目的・課題とその教員養成 ………………………… 320

　　Ⅴ　おわりに ……………………………………………………………………… 323

　【補論 7】民事訴訟法学への郷愁と希望

　　　　　　──『公共訴訟の救済法理』を執筆して ……………………… 335

第 15 章　国際法曹の養成課題

　　　　　　──司法制度改革と日本司法の国際化：法科大学院における法

　　　　　　　曹養成の国際化課題に焦点を当てて …………………………… 341

　　Ⅰ　はじめに──司法制度改革の中の国際化課題 ………………………… 341

　　Ⅱ　法科大学院における法曹養成と国際化

　　　　──「国際化」への期待と現状 ………………………………………… 343

　　　1　法科大学院制度への期待 …………………………………………… 343

　　　2　法科大学院の現状 …………………………………………………… 345

　　　3　法科大学院制度と研究者養成 …………………………………… 347

　　Ⅲ　おわりに──将来へのささやかな展望 ……………………………… 352

　【補論 8】同志社大学法学部における「世界で活躍できる人材」の育成

　　　　　　──世界への窓を開く法学部の授業：「グローバルな法律実務

　　　　　　　家」の養成を目指して ……………………………………………… 357

補章 1　「手続の価値」と法教育

　　　　　　──民事訴訟法教育者の視点から ……………………………… 361

　　Ⅰ　はじめに──「手続」は手段か目的か ……………………………… 361

　　Ⅱ　司法制度改革や SDGs 等に見る「手続の価値」………………… 363

　　Ⅲ　日本史に見る「手続の価値」………………………………………… 364

　　Ⅳ　文学作品や映像等にみる「手続の価値」………………………… 369

　　Ⅴ　民事訴訟と「手続の価値」…………………………………………… 373

　　Ⅵ　おわりに──「手続」と "Serendipity" …………………………… 375

補章 2　法学を学ぶ学生への言葉：2008-2024 ……………………… 381

　　Ⅰ　はじめに ……………………………………………………………………… 381

　　Ⅱ　学生に贈る毎年度のメッセージ ……………………………………… 382

　　Ⅲ　おわりに ……………………………………………………………………… 406

xii 目 次

あとがき　409
初出等一覧　413
索引　416
著者紹介　422

序　章
法学教育四半世紀の光と影
——法科大学院制度創設の回顧と展望も兼ねて

2024 年

　今は昔のことになったが、かつて日本列島に存在する法学系学部や法学者らが、1 つの重要な国家プロジェクトの実現に向けて立ち上った時期があった。それは、「法科大学院」の創設である。日本の司法制度や法曹養成制度そして法学教育に対して日頃から誠意を持って取り組む真摯な法学者たちにとって、その動きは、日常の教育・研究活動の新たな具現化であり、より良き司法制度や法的救済のセーフティネットを盤石化する、ある意味願ってもない極めて稀な好機であった。

　1999 年（平成 11 年）7 月に、21 世紀の日本の司法のあるべき姿を検討するために、「司法制度改革審議会」が設置された。それ以降、2001 年（平成 13 年）6 月 12 日に同委員会の『意見書』が公表される過程で、21 世紀の日本司法を支える人的基盤の整備が課題の 1 つとして取り上げられ、「法科大学院」構想が具体化した。それは、必然的に、既存の法学部教育・法学教育のあり方に激震を与えるものであった。従前の反省から、日本において、恰もアメリカのロースクールのように、「プロセス」を通じた法曹養成を行う「法科大学院構想」が持ち上がり、2004 年（平成 16 年）4 月 1 日に、全国各地に法科大学院が開設された。最盛期には、74 校が存在したが、現在では、半数以下の 34 校に減少した。

　私は、前世紀の末から四半世紀にわたり、法科大学院の創設と教育・管理運営業務に加わった。当初、当時の法学研究院長（学部長）から、民事訴訟法という法律実務と密接不離の関係にある手続法の研究者として、制度創設のための学内委員会の委員長の立場で、法曹養成機関の創設のために尽力す

ることが求められた。協力することは吝かではなかったが、しかし、私は、旧帝大の伝統と格式を誇る九州大学に赴任して日も浅く、しかも、もとより人間関係も難しくさらに年序列の厳しい大学であることは十分に承知していたので、無用な軋轢を回避するために一委員（結局は、副委員長）として積極的に関与することをお約束することで了解を得た。その後、毎回の会議だけではなく、当時全国各地で開催された法科大学院創設関係のシンポジウムに大学を代表して参加し、かつ、法科大学院構想を起草し報告する機会を得ることができた。法科大学院の開設後は、その執行部の職を長年務め、また、現在の同志社大学に移ってからも、これまで毎年、複数の他大学における非常勤を含めて、法学教育と法科大学院教育に携わる機会を得てきた。

　この四半世紀は過酷な時代であった。若くして亡くなった同世代の友人たちや体調を崩し大学を去った友人たちも、遺憾ながら少なからず見てきた。

　本書は、司法制度改革の機運が生じ、21世紀の日本の司法を支える人的基盤の拡充のために法科大学院が創設され、20年が過ぎようとする今日、法学教育や法科大学院創設・教育・管理運営に携わってきた者が、この間のダイナミックな法学教育の展開プロセスを論じ、底辺で精一杯生きてきた当事者の視点から、今後の展望を具体的に呈示することを目的とする。一見、個人的な体験や物語の叙述のように思われるかも知れないが、本書は、民事訴訟法・民事手続法の教育・研究者として中堅の研究者と言われる頃から現代に至る約四半世紀の歳月における、そのような個人の経験を通じて、法科大学院教育を含む法学教育全般を論じる内容となっている。私は、現在、多くのものが消え行き消され行く世界の中で、個人の体験・経験という小さな歴史の普遍化とその資料化が重要であると考えているので、それらをもとに、法曹養成教育を含む法学教育に対する展望をも行いたい。

　司法制度改革や教育改革の議論に伴って、法教育・社会人教育の展開も議論されつつあるが、法科大学院志望者が減少しつつある現時の傾向を見据えて、今後の法学教育のあり方や法科大学院制度の改革課題を中心に、将来的な希望的かつ魅力的な展望を示して行きたい。

第 1 編

法科大学院の誕生

第1章
法科大学院構想の展開

2000年

I　はじめに

1　正規の法曹養成教育の不存在

　20世紀も最後の年となった2000年（平成12年）現在、日本という先進国と位置づけられている国において、正規の系統的な法学教育課程を通じて法曹（弁護士・裁判官・検察官）を育成するシステムが存在しないことは、極めて衝撃的な事実である。

　確かに、最高裁判所の下に置かれた司法研修所は、戦後の法曹教育において一定の役割を果たしてきた。しかし、それは、司法試験に合格した後に、即戦力となり得るための法実務・法技術を習得させる機関にすぎず、その修了試験である考試（いわゆる「二回試験」）は存在するものの、そこで落ちることはあまりなく、結局のところ、司法試験の合格こそが、約束の地としての法曹の世界を豁然と開く鍵となるのである。

　それでは、2000年現在の司法試験制度が資質ある法曹の選別に有効かつ適切に機能しているかと言えば、必ずしもそうではない。また、とりわけ高度な知能テスト的択一問題や合格者の低年齢化等を目的とした合格枠制（いわゆる「丙案」）の採用などに対する批判にも、根強いものがある。周知のように、司法試験の受験技術を迅速かつ効率的に伝授するいわゆる司法試験予備校が隆盛を極め、合格者のほとんどが予備校を利用し、そうしなければ早期合格も覚束ない状況が生じている。近時、法曹を志す若者の多くは、大学

6　第1章　法科大学院構想の展開

入学後間もない頃から、大学の授業は二の次あるいは無視して、予備校の用意したマニュアルの暗記に精魂を傾け、司法試験の合格という結果に向けて驀進を始める（大学と予備校の「ダブル・スクール化現象」とも言われる。ただ完全な予備校依存の場合には、「大学教育の空洞化」による「シングル・スクール化現象」とも言え、陽の当たる法曹職を取得するための最短の近道は裏街道の爆走であるとは皮肉この上ない。）。そこで重視されるのは、司法試験の出題科目の論点に関する対処技術の習得であり、それらを限られた試験時間でいかに首尾よく再現できるかである。法曹関係者からは、司法試験合格者の質の低下が嘆かれ、また、合格者数の増加と修習期間の短縮などともあいまって、来るべき近未来の司法を支える人的基盤の脆弱さに対する漠然たる不安さえ、今日共有されつつある。

　この国では、中世ヨーロッパに大学というものが創設されて以来今日に至るまで行われてきた「法学」教育の神髄は、法曹の資質形成にほとんど寄与することなく、司法試験の合否という一発勝負が、法曹選抜のための主たる制度に成り下がっている。司法試験では、法曹として相応しい資質がいかなる過程を経て涵養されてきたかなどというプロセスは一切問われない。限られた時間で、限られた科目と論点について、いかに悩みなく「正解」を吐き出すかだけが問われるのである。『ガリバー旅行記』の著者ジョナサン・スウィフトが現代に生きこのような仕組みを知れば、きっとその第3篇に多くの頁を割いて、この国の法曹誕生のありさまを風刺的に活写したのではないかと思われる。

　司法試験の受験勉強という長くて厳しいトンネルを抜けた先には、法曹を約束された合格者だけが享受することのできるまばゆい世界が広がる（そのまばゆさゆえの躓きについては、たとえば、石川達三『青春の蹉跌』〔新潮社、1971年〕参照）。司法研修所は、埼玉県和光市にあり、今なお武蔵野の面影が残る広大な森林の中に位置している。その多くが老朽化した国立大学文系校舎などは及びもつかない最高水準の教育・研修施設（司法修習生用と裁判官用）を完備しており、日々航空騒音に悩まされしかも音響設備さえ不十分な大教室で額に汗して授業を受けざるを得ない私の大学（九州大学箱崎キャンパス）の学生たちが見れば、地上の楽園と見紛うのではないかとさえ感じ

た。一橋大学を訪れた経済学者・シュンペーターの言葉だけを借りて、「大学は建物ではない。」と嘯いても、「酸っぱい葡萄」のようで、空しさが残るだけである。それはともかく、日本における上述のような法曹創造のメカニズムの歪みは、近時とみに巨大化している。

2　法科大学院構想の急浮上と基本指針

　このような現状の下で急浮上したのが、いわゆる「法科大学院（仮称）」構想である（このほかにも、「ロースクール構想」、「法曹大学院構想」などと呼ばれるが、以下では、「法科大学院構想」と呼ぶ。）。

　1999年（平成11年）7月、司法制度改革審議会が、21世紀のわが国社会において司法が果たすべき役割を明らかにし、司法制度の改革と基盤の整備に関して、必要な基本的施策について調査審議することを目的として内閣府に設置されたが、司法制度の利用者である国民の視点から、司法の「制度的基盤」（国民がより利用しやすい司法の実現、国民の期待に応える民刑事司法のあり方、国民の司法参加）の側面だけでなく、法曹養成制度という「人的基盤」の側面も、そこでは論点として取り上げられたのである。この背景には、「2割司法」と揶揄され、「国民の司法離れ」が加速している現状に対する厳しい反省が存在する。それと並んで、諸種の行政的な事前規制の緩和・撤廃という規制緩和の顕著な傾向が、法の支配による事後救済社会を到来させることになると考えられた点も看過できない。その結果、適正かつ迅速な紛争処理が必要になり、それを担う法曹の質を維持・向上させつつ量を増大させることが不可避的に要請されるからである。司法制度改革審議会が、今春から法科大学院制度の創設に向けた本格的検討を開始せざるを得なかったのは、司法試験制度など既存の制度改革では、法曹の質を維持しつつ量を増やすことが不可能であるとの認識に基づくものである。

　しかし考えてみれば、それは、この国の本来的な法曹養成のあり方を見つめ直すことであり、正規の法曹育成システムの不存在に対する反省の上に立ち、一定の時間をかけた正規の法曹養成過程を創造することである。これは、「プロセスとしての法曹養成教育」の重要性の認識であり、それこそが、基本的に、法科大学院構想の具体化のための基本指針の1つとなる。また、国

8　第1章　法科大学院構想の展開

際的に通用する法曹育成の要請や、たとえば、知的財産権紛争、医療関係紛争、建築関係紛争、環境紛争などのような現代的かつ専門的な紛争の多発化とその適切かつ迅速な処理の必要性から、多様な専門性を有する法曹の出現も待望されている。それと並んで、法化社会の到来を前に気軽に相談できるホーム・ドクター的な存在の弁護士も必要とされているのである。しかし、一方で、現在の司法試験制度が有している特徴、すなわち多様な背景を持つ人々に広く受験機会が保障されているという平等性・開放性を、新たな制度にどのように組み込むかの視点も重要である。ただ、司法試験は、現代の科挙とも言われるように世界有数の難しい試験であり、しかも、現在では「資本試験」と揶揄されるように、予備校に受験生が支払う金額は相当な額に上り、一見形式的には平等性・開放性を備えているように見えるものの、その実質は幻想化している面もなくはない。現代の日本の情況においては、経済的に困難な者が司法試験を受験することは確かに可能ではあるが、早期合格は一部例外を除き困難を極めると言わなければならない。それゆえ、新たな法曹養成制度の立上げの際には、同時に平等性・開放性を実質的に担保できるシステムを創ることも不可欠となるのである。

Ⅱ　法科大学院構想をめぐる議論の現状

1　多様な法科大学院構想の呈示

　法科大学院の基本設計をめぐっては、数多くの様々な構想が提案され、今後もまた、公表が予定されている。たとえば、1998年2月に公刊された柳田幸男弁護士の論文（「日本の新しい法曹養成システム(上)(下)」ジュリスト1127号111頁、1128号65頁。さらに、同「ロースクール方式の構想について」ジュリスト1160号72頁）が、初めて具体的な問題提起を行い、翌99年2月の京都大学田中成明教授の論考（「法曹養成制度改革と大学の法学教育」『京都大学法学部百周年記念論文集〔第1巻〕』53頁。さらに、同「日本型法科大学院構想について」自由と正義50巻9号19頁も参照）が公にされた。同年7月初めの京都大学・大阪大学のシンポジウムを皮切りに、時系列をたどれば、東京大学、神戸大学、岡山大学、一橋大学、九州大学、熊本大学、広島大学、明治大学、

上智大学、早稲田大学、立命館大学、金沢大学、中央大学、名古屋大学、関西大学などが、法科大学院構想に関するシンポジウムを開催すると共に、法科大学院の制度設計を呈示した。それらの大学以外にも、後掲『シリーズ司法改革Ⅰ』345頁以下に、様々な具体的提案が収録されている。

また、それ以後も、法政大学、青山学院大学等がシンポジウムを行い、今後も、関西学院大学、新潟大学、北海道大学、立教大学、明治学院大学、創価大学、大東文化大学、龍谷大学、慶応義塾大学、鹿児島大学、琉球大学などで、法科大学院構想に関するシンポジウムの開催が予定されている。この間、大都市の弁護士会（第二東京弁護士会、大阪弁護士会、東京弁護士会）も、独自の法曹養成制度の提言を行ってきた。そして、ごく最近、日本弁護士連合会も、法科大学院構想のための基本的指針を明らかにした。

ただ、そのほとんどが、大学・大学院や学部全体等により認可された確定案というより、むしろ将来的に見て可変性のあるワーキング・グループなどの試案であるという点にも特色がある。この問題が、不確定要素を数多く含んだ将来に開かれた問題であることを窺わせる。このような多様な構想の呈示は、それ自体が、設置を公表した大学での法科大学院の設置を必ずしも保障するものではないとも考えられるが、ただ、専門を異にした法学部等の教員が、制度・教育のあり方をめぐり、1つの目的に向かって互いに知恵を出し合うことは有意義であり、その全国的な盛り上がりは、既得権を突き崩し最善の制度設計を行うための情報の豊富化につながるのである。

2　おおむね共通する事項

これまでのところ、若干の例外はあるが、おおむね以下の点では、各構想間で意見の一致を見ていると考えられる。

まず、第1に、「法科大学院の設置」が不可欠であるということであり、文字通り、大学院レベルに設置するということである。議論が開始された当初は、新たな法曹養成制度として、大学院修士課程段階に、法学専門教育を行うアメリカ型ロースクールの制度を置き、法学部は、リベラルアーツ教育の場に変革する考え方が主張された。しかし、それはあまりに過激な変革であり、これまで法学部が果たしてきた役割（社会の様々な職域にジェネラリス

トを輩出して来たことなど）の評価から、そのような構想は根本的な批判にさらされた。制度のスムーズな立ち上げのためには、法学部改革は不可欠なものの、既存の社会資本の有効な活用や、法が法曹の独占物にならないことが望ましく、また、法化社会を下支えする法に通じた多数の市民の育成のためには今後とも法学部教育の重要性は変わることはないと考えられる（これは、司法制度改革で議論されている陪審・参審制度のスムーズな導入の人的な基盤づくりにも役立つ。）。そこで、以後、各大学の構想案は、その設置形態などに相違点も見られるものの、「日本型ロースクール（法科大学院）」の創設を主張することになった。「日本型」の意味は、法学部を制度として存置し、大学院レベルに、プロセスとしての法曹養成制度の中核をなす法科大学院を創設するということなのである。しかし、当然のことながら、このことは、現在の法学部・大学院法学研究科自体の現状維持を意味するものでは決してない。厳しい反省の上に立った大変革が求められているのである。

　なお、それと共に、一発勝負の過激な競争試験と化している現司法試験制度を、新たな試験制度に改めるという方向性にも、ほぼ一致が見られる。当初は、法科大学院の修了者には現司法試験科目の一部免除を行うという提言もなされたが、今では、医師国家試験のように、実質的に資格試験化し、プロセスとしての法曹養成教育の着実な履修度を確認できる新たな試験制度を創設し、将来的には、現司法試験を廃止することも、多くの構想の提言するところである（合格率としては、たとえば80%程度が目安とされている。）。その際、プロセス重視の視点は、法科大学院の修了を、新たな試験制度の受験資格とする方向に作用する。また、司法研修所制度については、それを廃止して、「研修弁護士」制度（司法試験合格者は、研修弁護士としてすべて一旦弁護士事務所で研修を積む制度）を創設する提言や、研修所廃止後の実務教育を法科大学院が代わって行う制度（ただ、実務教育担当者の各法科大学院への派遣機関を作るとする考え方もある。）などの提言も見られるが、ほとんどの法科大学院構想では、何らかの実務研修機関を存置させ、その修了により法曹資格が付与されるとすることで意見が一致している（なお、法科大学院終了後、一旦「弁護士補」に就職させるという構想もある。）。ただ、大学と研修所との関係としては、従来通り実務教育は司法研修所制度に完全に委ねるとす

るものから、アメリカのロースクールで活用されているリーガル・クリニック（臨床的法学教育の一手法としての実習プログラム）を法科大学院で採用し実務教育の取り込みを図る考え方や、実務科目を実務基礎科目と実務応用科目とに分け、前者は法科大学院の教育カリキュラムに含めるべきとする考え方などが呈示されてきた。

　第2に、法科大学院の教育課程を経て生み出される法律実務家としては、おおむね「法曹三者（弁護士・裁判官・検察官）」に限られていることである。それは、現司法試験による法曹選抜に取って代わる制度の構築であることや、一定のプロセスを経て養成される法律実務家の範囲の拡大は、その教育課程の構築に困難を生じさせる可能性があることなどによる。ただ、現時点では法曹三者の育成に焦点を当てて論じているものの、司法書士・弁理士などの準法曹の育成までも射程に入れた構想や、むしろ、そちらの育成に焦点を当てた議論なども散見される。

　第3に、法科大学院構想の基本計画の策定に際して、これからの日本社会に必要不可欠な「法曹像・法曹の基本資質」を描くことから、多かれ少なかれ出発している点である。そこで挙げられている法曹資質とは、たとえば、健全な社会感覚・人権意識と倫理性、人間と社会に対する深い洞察力と感受性、法理論面と実務面における創造的で高度な法的問題処理能力などである。これらは、プロセスとしての法曹養成教育課程を具体化するに際して、カリキュラム設計等の基本的な指針となる。このような法曹資質の理念型については、あまりに理想的すぎて現実離れしているとの批判も考えられるが、崇高な理想に近づくための果てしなき探求自体に意義があり、それ無くしては優れた法曹は育つはずはない。また、法曹資質の涵養は、先輩法曹に指導された実務現場における OJT〔on the job training〕を通じて可能になるとの考え方もなくはないが、しかし、系統的な涵養は不可能であり、制度としては、手前味噌ではあるが、リベラルアーツから高度・最先端法理論教育までを担当可能な大学というところこそが、それらの資質の涵養を確実に行える場であると考えられる。

　第4に、法科大学院の年限についても、「2年ないし3年」という考え方が大勢を占める。その際、基本的には、法学部卒業生とそれ以外に分け、前

者を2年、後者を3年とする考え方や、そのように固定的に考えるのではなく、年限を学生に選択させる考え方も呈示されている。

第5に、議論が深まるに連れて、法科大学院の基本的な枠組みに関する議論から、その具体的なカリキュラムや授業形態・方法・成績評価のあり方などといった「教育内容」に関する議論への進展も見られる。プロセスによる法曹養成教育の真価は、まさにそのプロセスの具体化と実質化に依存すると考えられるので、今後この点に関する議論の深化が期待される。

なお、第6に、議論の当初には、法科大学院の設置に際して「地域性」は考慮されるべきではないとの意見も存在したが、現在では、たとえば、国土の均衡ある発展の観点から、弁護士過疎問題の克服（正義へのアクセスに対する障害の排除）、1都道府県1医科大（医学部）と同様の意義の確認、地域に根差した法曹養成制度の必要性の認識などから、各法科大学院の設置校数や定員問題などはさておき、おおむね、法科大学院は、地域性を考慮し全国的に適正に配置されるべきであるという方向で、議論が進展していると考えられる（この4月に公表された日弁連の基本方針や司法制度改革審議会の基本的な考え方も、この立場をとる。）。

3　学部教育と大学院教育の結合度

このように、様々な法科大学院構想には、いくつかの共通項も見られるが、しかし、各大学が法科大学院構想を提言する背景には、それぞれの大学固有の事情も存在する。たとえば、その策定の基本スタンスとして、日本全国を視野に入れ、全国各地に法科大学院が創設されるとするといかなる制度が望ましいかを論じるものから、それをも視野に入れながら、当該大学に法科大学院が創設されるとするとどのような制度設計を考えるべきかを論じるもの、ひいては、当該大学の建学の精神に立ち返って論じるものまで多様である。さらに、たとえば、国公立か私立か（一般に法科大学院の存否が、大学のプレスティージに関わり、それは、直接的に大学の格付けにつながる側面がある。私学にとっては、学部入学志願者数に反映し、財政的基盤にも関わる。ただ、法科大学院の存在は、私学の財政を圧迫する側面も持つ。また、国立大学には独立行政法人化の問題もある。）、当該大学の位置（大都市か地方か〔大都市における法

科大学院の設置競争は激しい。｝）、大学院重点化を終えた国立大学か否か、学部構成教員の専門分野の多様性、大学の沿革、学生定員、（現在の）司法試験合格者数などにより、法科大学院の制度設計のあり方に、大小様々な異同を生じさせることになる。

その最たるものの１つが、法学部段階に、法科大学院に進学するための特別コース（例、「法曹コース」等）を設置するか否かの問題である。確かに、「プロセスとしての法曹養成教育」を徹底すれば、法学部段階と法科大学院段階との結合度を増し、両者を通じた一貫教育を行うことが妥当なようにも見える。現に、いくつかの有力大学は、この方式の採用を提言している。

しかしながら、この考え方には様々な疑問点がある。法学部段階における法科大学院進学者の早期囲い込みは、通例法科大学院における新たな法曹養成課程の開放性に反し（この問題から、特別コースを設けながらも内部進学者の割合を制限する案も見られるが）、事実上、他コース、他学部、他大学および社会人などの法科大学院への入学に著しい困難を来す場合も考えられ、法科大学院を有する大学とそうでない大学との格差を助長すると共に、そのコースの設置された大学法学部への入学試験の激烈化を無闇に加速させ、大学生が入学後法学を学びながらじっくり考え自己の進路を決定する期間の保障に欠け、しかも、早期法学教育の詰込みはリベラルアーツ教育の極度に不足した「法律人間」あるいは「法律学的世界観」の持ち主を生み出しかねず、また、学部３年次以降にそのコースが設置されている場合には、技術的に、コース選択の時期や方法、試験を行うとするとそのあり方、内部成績の評価で決めるとすると低年次科目の授業管理や成績評価のあり方などが、困難な課題として浮上する。

したがって、基本的には、法科大学院を持つ大学でも、法学部段階では特別なコースの設置を行わないことが望ましいと考えられる。これにより、法科大学院の開放性が保障され、法学部生のみならず、他学部生や他大学生および社会人にもより広く門戸を開くことが可能になり、ひいては、多様な専門的背景を持った人材の法科大学院へのインセンティヴも増すことになる。また、法科大学院を有しない大学の法学部・法学系学部の学生もそこでの勉学次第では、法科大学院入学の道が開けることになるのである。

4 その他の諸問題

以上のようなグランド・デザインの下で、細部の設計が行われるのであるが、以下では、紙幅の関係で、議論されている諸点を簡単に列記するに止めたい。

まず、法科大学院の「入学試験」のあり方については、法学部卒業生とそれ以外で異なった試験を課すか否かが論じられているが、ペーパー・テストだけでなく、学部成績の評価や面接試験の実施など、学習プロセスを確認する試験方法の工夫も模索されている。また、たとえば、法学部と法科大学院との間の法学教育科目の振分けと教育方法の工夫、法学部・法科大学院において「飛び級」を認めるか否かの問題、質の高い法曹の養成のためには、各法科大学院の教育課程に「統一・共通部分」を設ける必要性（ただし、全国共通のコア教育以外に各法科大学院が個性的な付加価値をつけることは認められるべきであろう。なお、全国統一基準は、授業方法や成績評価基準等の統一化にも及ぶ。）、法科大学院における「教育スタッフ」をどのように確保するか、各法科大学院における教育の質を評価するための「第三者評価機関」の設置の必要性とその構成、奨学金・授業料免除などの制度の充実の必要性および公益弁護士の創出を資金面で支援するシステム構築の必要性（特にフランク・アッパム発言・法政研究〔九州大学〕66巻4号1673頁参照）、新たな司法試験制度の年間実施回数と実施時期およびその具体的内容さらには受験許容回数、法科大学院と実務研修機関との役割分担、実務研修機関の教育内容や運営主体のあり方、さらには、法曹一元制度（裁判官を弁護士の中から登用する制度）の採否や法曹となった後の事後研修や継続教育のあり方などが論じられている。

このようなプロセスを通じた法曹養成教育が実現すると、法学部・大学院・実務研修機関における教育自体が大きく変容することになる。いわゆるお受験から大学入試に至るまでの間に体質的に染みついた「正解志向・結果志向」の考え方や、入るのは困難だが出るのはたやすいという日本の大学観が、少なくともこの面では抜本的に変化する。同時に、教員は教育の重視を不可避的に迫られ、学生も、予習復習を前提とした積極的・主体的な学習と授業参加が強く要求されることになる。そして、たとえば、実務研修機関の

教育においても、マニュアルに心酔しひたすら「正解」を求める素直な者た
ち（時として、「知的頽廃者」と評される者をも含む。後掲・高橋文献参照）の代
わりに、それ以前の法曹養成過程において、考え悩み成長する過程（人生の
意義はそこにある。ヘッセ・後掲参照）で批判的能力を涵養された手強い学生
を相手とせざるを得なくなり、骨は折れるものの鍛え甲斐のある法曹の卵に
恵まれることになるであろう（学生の質が、いわば鋳物的存在から玉鋼的存在
へ変化するはずである。）。

　このように、プロセスの重視は、日常的な緊張感を伴うが、一期一会的存
在である人間存在の根幹に関わる問題であり、個別紛争とそこにおける具体
的な個人の人間的苦悩と真摯に向き合い、最適な法的処理や救済のあり方を
共に考えるべき法曹にとっては、不可欠の前提であると考えられるのである。

Ⅲ　おわりに

　たとえば、ここまで読み進んだ学生等の多くは、2000 年現在の状況では、
たとえば、法曹志望の自分はこの先一体どうすればいいのか、自分の入学し
た大学に将来法科大学院はできるのかなどといった動揺や不安を押さえ切れ
ないのではないかと思う。制度の変革期にはやむを得ない面もあるが、一般
に制度改革のためには、そのような学生や法曹志願者のために不利益を与え
ないシステム構築が望まれる。

　現在のところ、どのような形態で法科大学院が創設されるかをはじめ、校
数・定員は未定である。しかしながら、法科大学院構想をめぐる議論の突然
の噴出で、有為の法曹志望者が困惑しその学習意欲を減退させることはあっ
てはならない。「プロセス重視の法学教育」を標榜する限り、この議論の過
程では、学生ひいては市民の声にも謙虚に耳を傾け構想を練り上げる必要が
ある。また、現在の法曹志望者（例、司法試験の受験生など）を不安に陥れな
い装置を織り込んだ制度設計も不可欠となる。

　法科大学院構想は、これまで日本に存在しなかった制度を新たに創造する
ことを意味する。現行法令の枠内での議論も見られるが、筋としては、構想
の固まった段階で最適な制度設計に見合う法令が制定されるべきである。こ

の構想は、日本の将来の司法のあり方を人的側面から大きく改変する基盤作りであり、現在、どの関係者も既得権益の保持やシステムの現状維持は許されないという、抜き差しならない状況に立ち至っている。国家も、その度量が試されている。司法と法曹三者だけではなく、大学自身も、身を殺して仁を成す必要があり、抜本的に変わらなければならないであろう。なお、この関係では、改革を迫られている現行司法試験の合格は、それ自体必然的に法科大学院における教育担当者としての適格を基礎づけるものとはならないことにも、注意しなければならないであろう。……実のところ私自身は、学を志した身ではあるが、法科大学院で教える自信もなく、将来、私の所属する大学に法科大学院ができれば、往年の名作映画『ゴーイング・マイ・ウェイ』（1944年・米）のオマリー神父のように、爽やかに大学から去ることを考えなければならないかも知れない。それはともかく、今後とも、プロセスを重視し、読者の皆さんと共にこの問題を真摯に考えて行きたい。

〈参考文献〉
・法律時報・法学セミナー編集部編『法律時報臨時増刊・シリーズ司法改革 I』（日本評論社、2000年）〔特に、大出良知（司会）＝磯村保＝田山輝明＝斎藤浩「〈座談会〉法科大学院論議の到達点と今後の課題」84頁、須網隆夫「法曹人口の増加とあるべき弁護士像」107頁、渡辺千原＝葛野尋之＝和田真一＝上田寛「〈資料解説〉司法制度改革の経緯と到達点」219頁および所掲の資料を参照〕
・井上正仁「法曹養成制度改革の課題」ジュリスト1176号147頁（2000年）
・高橋宏志「頽廃」法学教室234号1頁（2000年）
・ヘルマン・ヘッセ（高橋健二訳）『デミアン』（新潮文庫、1951年）、等。

第2章
法学部教育と法科大学院教育への展望

2000 年

I　はじめに

　制度は人であると言われる。制度は、それを動かす人に恵まれない限り、理念的かつ形式的には優れていても、機能不全を来たし、あるいは、本来的に予定された趣旨目的から離反し、ひいては、それ自体国民に対する苛斂誅求のシステムと化してしまうことは、歴史の教えるところである。

　今次の司法改革において、司法の制度的基盤の変革だけでなく、その人的基盤を盤石なものとすることの重要性が強く認識された。法曹育成システムに対する完全な見直しが企図されたゆえんである。その結果、これまで制度的に歪さを極めていたわが国の法曹誕生過程に対して、鋭い反省と改革のメスが入れられた。

　それは、司法試験という「点」による選抜のみで法曹になる道を開いてきたことに対する反省であり、それを踏まえ、一定の正規の系統的な法曹養成教育を経て、法曹資質を段階的に涵養し法曹に育成して行くという、「プロセスとしての法曹養成教育」の必要性の認識である。その背景には、法曹の量を増やしつつも質を高めるべき社会的な要請も存在する。

　そこで、司法制度改革審議会は、新たな法曹養成制度の核となり得る有力な方策として、「法科大学院（仮称）」の設置を打ち出した。2000 年の現在、同審議会の依頼に基づき文部省に設置された「検討会議」が、「法科大学院（仮称）に関する検討に当たっての基本的考え方」（以下単に「基本的考え方」

という。）に従い、恐るべき迅速さでその具体案作りを行っている。そこでは、法学部制度の維持を前提とし、法科大学院制度を、大学学部教育・司法試験・司法修習などとの連携を有する基幹的な高度専門教育機関を設置すべき要請に基づくものと位置付けている。

このような状況において、本章では、とくに法学部教育（法学系学部学科における教育をも含む。）と法科大学院教育との関係に関わる部分について、研究者の立場から、若干の検討を加えて行きたい。

Ⅱ　法学部教育と法科大学院教育の基本的なあり方

1　同一大学内における法学部と法科大学院の結合度

まず、法学部と法科大学院との結合度をめぐる問題、すなわち学部段階に法科大学院への進学のための特別コース（例、「法曹コース」）を設置すべきか否かの問題が、大きな前提問題として存在する。

確かに、プロセスとしての法曹養成教育を形式的に考えた場合には、「法曹コース」を設置して、法科大学院との強度の連携を図る制度設計が一見妥当なようにも見える。

しかしながら、学部段階におけるそのような「法曹コース」の設置には、様々な問題点が伏在する（詳しくは、川嶋四郎「法科大学院構想をめぐる議論の到達点とその課題」法学セミナー 547 号 56 頁、59 頁〔2000 年〕〔本書第 1 章〕、および、法律時報 72 巻 8 号 108 頁、109 頁〔2000 年〕〔本書第 5 章〕を参照）。

まず、根本的に「基本的考え方」に挙げられた法科大学院の「公平性、開放性、多様性」の要請に抵触する可能性を有している。コース制度を否定する考え方は、プロセスとしての法曹養成教育を、何よりもまずプロセス抜きの一発勝負で法曹を選抜している現在の歪んだ状況に対するアンチテーゼと見て、プロセスというものを同一大学における閉ざされた教育課程の長さとしてではなく、むしろ法曹養成課程における教育の質を重視する表現と捉える。他学部出身者や社会人に法科大学院の門戸を開放する限り、年限的には法曹資質の涵養と彫琢に必要な時間が確保されればよく、まさに、法科大学院を中核とした系統立った法曹養成過程を意味すると考えるのである。

プロセスを通じた教育は、教育のありようの原点であり、一般に、あらゆる教育課程に通底するものである。法学部教育におけるプロセス重視の教育は、プロセスを着実に履践すれば、将来的に法曹の道が開けることを意味し、しかも、その可能性が総ての法学部生に開かれていることに意義があると考えられる。法科大学院以前のプロセスを豊かなものとするためには、たとえば大学入学後時間をかけて、自己内発的に、法曹職を含め将来就くべき職種を見出す機会が保障されていなければならず、そのためには、学部段階におけるコース制度は、むしろ有害とさえ考えられるのである。

　ただ、法科大学院の入学試験の問題とも関わるが、法科大学院における「公平性、開放性、多様性」の要請を、いかなる形式で確保しかつ貫徹して行くかは難問である。なぜならば、仮に、「法曹コース」を設置しなくても、自大学の学部から学生を事実上優先的に法科大学院へ入学させることが、現実の運用上可能となるからであり、それにより、実質的に見て、「公平性、開放性、多様性」の要請が骨抜きにされる危険性が生じるからである。

　そこで、法科大学院の入学に際して、自大学法学部出身者の法科大学院への入学枠を設けるべきかどうかが問題となる。これは難問であるが、基本的には、全国の法科大学院間における教育水準が共通のコア科目については均質化されること、および、新たな司法試験が資格試験化されることを条件に、さし当たり、法科大学院構想の立ち上げの時点では、自大学の法学部出身者の進学割合をコントロールすること（いわば、一定の内部進学者枠を設けること）が妥当ではないかと考えられる。

　設定される枠の大きさにもよるが（あまりに大きければ意味がないが）、一般には、それが上記理念を直接的に実現する方法であり、法学部内における教育も、充実したものとなることが期待できるからである。すなわち、たとえば、学部内における競争の激化に伴い学生間での切磋琢磨が行われ、緊張感溢れる学部教育が可能になることや、法学部では必然的に他大学の法科大学院受験者をも念頭に置いた教育を行わなければならないので全国的に通用すべき法学部教育が実施されることになると考えられるからである（ただ、この点では、各大学の法学部が、個性を喪失する可能性もあり、注意を要する。また、法学部が、他大学の法科大学院へ学生を送り込む「法科大学院予備校」的

20　第2章　法学部教育と法科大学院教育への展望

な存在に堕してはならないであろう。)。

　しかし、本来的には、全国各地に設置される法科大学院は、共通のコア科目以外に、個性あふれる選択科目を設置することができると考えられ、また、教育方法や勉学環境などの面でも、各大学独自の処方が可能であると考えられるので、人為的な内部進学者枠などを設けることなく、学生が、自己の目指すべき法曹像との関係等を勘案して、法科大学院教育の個性に着目して、自由に選択できる制度が望ましいと言えるであろう。すなわち、予定調和的な「公平性、開放性、多様性」の確保が理想的であるとも考えられるのである。しかしながら、現実には、少なくともそのような理想的な状況が到来するまでは、人為的な内部進学者枠の設置とその操作も、次善の策として許されるであろう。

　なお、社会人や他学部出身者については、法学部出身者とは異なる入試を課し、かつ、特別の定員枠を設けることが、「公平性、開放性、多様性」の要請から考えて、基本的には妥当であろう。ただ、社会人や他大学出身者であるからといって、法科大学院の年限を、法学部出身者より延長すべきかどうかについては、十分な検討の余地がある。

2　法学部・法科大学院間における教育内容の役割分担

　次に、法学部教育と法科大学院教育との相互関係が問題となる。「基本的考え方」にも、学部での法学教育と法科大学院教育との関係を明確にすることが挙げられているように、法科大学院教育が、法学部教育の上に、いわば、屋上屋を重ねるような教育を行う場合には、その存在意義さえ疑問視されざるを得ないからである。

　しかし、法学部教育と法科大学院教育とは、その目的や内容・方法などの点で、大きく異なることに注意しなければならない。法学部は、これまで社会の様々な分野に、優秀な人材を輩出してきた。法的な知識をも有する優れたジェネラリストは、いわば法化社会の基底部分を構成する不可欠の存在である。法が法律専門職たる法曹の独占物となることなく、法の基礎知識を有する市民が身近な位置に居る状態が制度的に形成されること自体、時として人々の安心感の源泉にもなるのである。

そのような法曹以外の多様な職業に就くことを目指す学生を含んだ法学部生に対する教育内容は、一般には、各法領域に関する基礎知識の教授が中心となり、開設科目についても、学生の問題関心に従って選択可能な基本的な科目が用意されていなければならないであろう。この点で、現在の法学部における授業科目の多数化と多様化は、大衆化した大学における学生に単位を取りやすい科目のつまみ食いを許し、体系的な学習の要請に反する契機を含んでいるので、現行カリキュラムをよりシンプルかつ有効な形式に整序すべきであろう。

　また、学部段階における授業方法は、大教室における講義中心とならざるを得ない。さらに、法科大学院制度が創設されても、たとえば、司法書士などの準法曹の育成は、主として法学部教育の課題として残ることになるので、そのための手当ても必要となる。

　このように、法科大学院制度の構築に際しても、法学部における教育課程の改変と質的向上は不可避であるとしても、法学部がこれまで果たしてきた役割を考えると、法学部教育には固有の意義があり、その社会的要請は、法科大学院構想が始動しても決して失われないであろう。

　ただ、法学部段階で「法曹コース」が設置されず、かつ、法科大学院に内部進学者枠制度が設けられた場合には、法科大学院の入試制度などとも関係するが、法学部段階における成績評価の基準などを共通にし、学部段階における授業の品質管理などを行う必要が生じることになるであろう。

　これに対して、法科大学院の教育課程は、プロセスとしての法曹養成教育の中核部分であり、法曹資質を涵養し彫琢する過程である。法科大学院教育の対象者は、法曹資格の取得を目的とする学生に限られるので、現在とは異なり、高度専門職業人養成教育に特化することが可能となる。「基本的考え方」が指摘するように、一定水準以上の教育が可能なことを前提として、法科大学院では、新しい社会のニーズに応えられるように、幅広くかつ高度の専門的教育を行うと共に、実務との融合を図る教育が行われなければならない。そのための教育方法も、当然のことながら学部段階でのそれとは大きく様相を異にする。

　しかも、「基本的考え方」が指摘するように、理論と実務の架橋を自然な

形で行う必要もある。そのためには、少なくとも実務教育の基礎部分を法科大学院における教育課程で行うことが不可欠と考えられる（「基本的考え方」では、「少なくとも実務修習を別に実施すること」が前提とされている。なお、このことから、直ちに現司法研修所制度の存置が確認されたとは即断しかねる。すなわち、新実務研修機関（新司法研修所）の設置も、考えられてよいであろう。）。

そこから、法科大学院制度の基本設計のポイントが明らかになる。すなわち、たとえば、「基本的考え方」や、次章で述べる「九州大学案」を含む多くの大学案が示すように、全国各地の法科大学院が、一定の水準を保つことができるように、まず共通のコア科目を設定することが不可欠である。そして、各法科大学院が独自性を発揮できるように、コア科目以外として、独創的な科目の設置を含め、様々な選択科目の設置が認められるであろう。一定の水準を確保した上での個性・多様性の確保である。

その際には、「基本的考え方」が指摘するように、カリキュラム設計やその具体的な実施・運用のあり方（成績の評価も含む。）については、第三者評価機関による外部評価を通じた品質管理が図られなければならないであろう。

ただ、法曹資質の涵養と彫琢とは言っても、理念的かつ本来的には、他者が強制的に行い得る性格のものではなく、学生の自己内発的な努力に依存している。核心は、学生が主体的・自発的・能動的に授業に参加することであるが、教員側としては、教育方法に工夫を重ね、教育課程における緊張感を持続させねばならない。制度的にも、いわば「進化する教育プログラム」の提供により、その支援が必要となる。一定のプロセスを通じた法曹資格の付与を考える限り、プロセスの充実は不可欠であり、ただ形式的にプロセスを経るだけではなく、実質的にプロセスを通じて法曹資質が涵養される場が保障されていなければならない。

しかも、それは同時に、プロセスを通じた法曹不適格者の選別（キック・アウトなど）をも可能にするものでなければならず、そのためには成績評価のあり方や不服申立て制度についても、一定のルールを事前に形成しておく必要がある。「入るに難しく出るに易しい日本の大学」というイメージも完全に払拭しなければならないであろう。

また、この関係では、全国各地の法科大学院の教員が、その個別的な採否

はともかく、たとえば、教授方法や教育技法に関する情報を共有化する必要もあり、そのための情報収集と提供を1つの第三者評価機関が集約的に担当すべきであろう。また、現実の技法を取得できるためには、定期的にセミナーが開催される必要もあるであろう。

なお、従来から司法研修所が、並々ならぬ努力で開発し蓄積してきた教材や教育方法の公開と共有化も不可避的となるであろう。つまり、一発試験の司法試験による選抜を経ただけの者を、わずか2年（2000年現在では1年半）で、法律実務の第一線において実践に耐え得る人材に育て上げるために、様々なかたちで提供されてきた教育内容とその蓄積は、いわば国民の共有財産的な公共財であり、今後の法科大学院教育と実務修習とを有機的に結合するために不可欠な要素と考えられるからである。

とにかく、従前とは異なり、法科大学院の教員は、基本的には教育中心の生活が要求されるであろう。科目によっては、教授すべき内容が指定されることもあり、授業内容も外部評価（学生の評価も含む。）に服することになるであろう。

法科大学院における教育内容は、「基本的考え方」にも表われているように、高度法理論科目、実務基礎科目、領域横断的な総合科目、さらには、リベラルアーツや基礎法等をも含む隣接基礎科目などが、用意される必要がある。

この関係では、実務修習につなげることができる実務基礎科目として、いかなるものが考えられるか、また、それは誰が担当すべきかが問題となる。現在、この点をも含め、九州大学のワーキング・グループと福岡県弁護士会は、定期的な協議会を開催して、議論を行っているが、九大案（『法律時報増刊・シリーズ司法改革I』479頁、481頁〔2000年〕参照）では、たとえば、事実認定論、要件事実論、法曹倫理、法交渉論、民事弁護論、刑事弁護論、模擬裁判などを、実務基礎科目として掲げている（このような実務基礎科目の教育に際しては、特に教材としていかなるものを用いるかも問題となる。一定の科目については、全国で基本的には共通の教材を作成することが望まれる。ただ、実務法曹との間で大学が信頼関係を築くことができれば、法規あるいは個別契約で守秘義務を課した上で、現実の事件を素材とすることも可能になるのではない

だろうか。ちなみに、アメリカのロースクールでは、ケース・ブックがよく用いられているが、その編著者による「ティーチャーズ・マニュアル」も同時に作られている。市販されてはいないが学生はその存在を知っており、たとえそれを用いるとしても、教員側に、独自の付加価値をつけるなど、相当の創意工夫が不断に要請されているというのが現状である。)。

　法科大学院教育のために、いかなるかたちで実務家の協力を得られるかも、その成否を左右する重要な問題であり、スタッフ側の問題も、具体的に詰めて行かねばならない。ただ、法科大学院が総合大学に設置される場合には、文系理系問わず様々な専攻分野の教員を多数擁しているので、多様なリベラルアーツの科目、先端領域の科目、さらには、領域横断的な科目に、優れた教員を配置できる可能性が開けてくる。これらの点については、負担の問題とも関係するので、一般には、法科大学院の設置に際しては、教員組織の再編が必要になると考えられる。

　ちなみに、九州大学では、昨年度（1999年度）から、福岡県弁護士会との協定に基づき、大学院法学研究院に「連携講座」を立ち上げ、同弁護士会から3名の弁護士を客員教授・助教授として派遣してもらい、民事手続実務、会社法実務、および、刑事弁護の授業を、それぞれ担当していただいており、受講学生から極めて高い評価を得ている。

　また、九州大学では、司法修習期間が1年半に短縮されたことをも踏まえて、2000年度から、大学院法学府修士課程に「弁護士研修プログラム」を設け、主としてこの10月に司法研修所を修了する新人弁護士を対象に、実質的な事後研修を実施すべく準備を重ねている。本プログラムの核となる開講科目としては、たとえば、弁護士倫理、紛争処理論（あるいは、プロフェッション論）、民事手続実務、倒産実務、会社法実務、刑事弁護、法曹史、法と政治などを予定している。このプロジェクトは、本学がこれまで積み重ねてきた福岡県弁護士会との連携関係を基礎に、大学における実務基礎教育の実施可能性をも視野に入れた新たな試みである。

　さらに、九州大学では、現在、アメリカ合衆国のコロンビア大学ロースクールと本学LL.M.コースとの間で単位互換制度を実施しており、毎年、そのロースクール在学生を受け入れている。一般的に、将来、法科大学院の創

設後、法科大学院とアメリカのロースクールあるいはその LL.M. コースとの間で単位互換制度が普及すれば、現在以上に容易にアメリカでも法曹資格を取得する道が開けることになるであろう。

法科大学院制度の夢は膨らむのである。

Ⅲ　おわりに

最後に、法科大学院構想に関する若干の展望を示して、本章を閉じたい。

まず、法科大学院が創設され、プロセスとしての法曹養成教育が実質化した場合には、法曹の質は、現司法試験のみで選抜される法曹に比べて、必然的に向上することになると予想される。しかもそれは、毎年資格が付与される法曹の人員が増加しても同様であると考えられる。質の低下という危惧や批判は、当たらないであろう。

なぜならば、まさに現在行われていない系統的な法学教育・法曹養成教育が行われるからであり、かつ、一発勝負のリスク（いわば『青春の蹉跌』のリスク）がなくなり、プロセスの着実な履践で「時来れば法曹として開花する」ことが約束されるので、現在の司法試験受験生以上に優秀な数多くの学生が、法科大学院への進学を希望すると考えられるからである。とりわけ、優秀であるが、一発勝負の司法試験の持つリスクを引き受けたくない意欲ある堅実な学生も、法科大学院への進学を望むと考えられるからである。

次に、法科大学院から生み出される法曹の質について敷衍すると、法曹資質を系統的に涵養された法曹が多様な専門領域に輩出されることになるだけではなく、本来的に、現在以上に「タフな法曹」が育成されることになるであろう。

たとえば、一般に、目的達成のためには手段を選ばず、予備校が開発したマニュアルに心酔し、ひたすら「正解」を求め、金太郎飴のようなクローン論文で満足する「素直な者」たちに取って代わって、法曹養成課程を通じて、自分の頭で考えることを徹底的に叩き込まれ、鋭い洞察力と感受性、批判能力や創造的な思考力を涵養された「一筋縄ではゆかない法曹」が養成されることになると考えられるのである。

法科大学院においても、また、新たな実務研修機関での司法修習において
も、このようなタフな法曹の卵を相手としなければならなくなり、骨は折れ
るものの、だからこそまさに鍛え甲斐があると言えるであろう。国家の視点
から見れば、それは、時として「まつろわぬ民」や「まつろわぬ法曹」を育
成することにつながりかねないが、それこそが社会変革・制度改革の契機で
あり、活力ある社会の形成につながる。このような可能性を秘めた法科大学
院の創設は、まさに国家の度量と称すべきであろう。

そのためには、絶えず「進化するシステム」として、法科大学院が構築さ
れるべきである。当初の基本設計を墨守し続けるのではなく、よりよいシス
テム変容のために、不断の制度改革が不可避となるのである。

最後に、上記「検討会議」のメンバーの人選については、結果的に司法試
験合格者数の上位5校から委員が選任されることになったことから、「いわ
ば寡占業界トップ5社と規制官庁に生産制限と市場分割のチャンスを与える
構造になったことは否定できない。」（宮澤節生「法科大学院はロースクールに
なれるか」月刊司法改革10号14頁、15頁〔2000年〕）といった辛辣な見方も
ある。

確かに、これが日本司法や学界の歴史的本質かも知れないが、しかしなが
ら、私は、それとは全く逆に、「我々の幸福のために喜んで心を砕き、最後
に時代の進歩の彼方に光栄を用意しながらも、1つの世紀において働き、後
の世紀において楽しむことができる、そういう知性」（ルソー『社会契約論』
〔1762年〕。なお、法政研究〔九州大学〕66巻4号1656頁〔2000年〕参照）の役
割を負担された「検討会議」メンバーの方々に対して、心からエールを送る
と共に、その議論の動向を、期待を込めて見守って行きたい。

【補論 1】 法学教育への新提言 —— 柳田幸男著『法科大学院構想の理想と現実』（有斐閣、2001 年 12 月刊）を通して

Ⅰ　はじめに

　21 世紀における日本の司法を担う優れた法曹を育成するために、2004 年 4 月の開設に向け、現在全国各地で法科大学院を創設するための準備が着実に進行している。1 つの議論が、それ自体あたかも命を吹き込まれた生命体のように飛躍的な展開を遂げ、徐々に様々なかたちを現わし始めたとき、個別具体的な制度自体の来し方行く末を確かに見定めつつ、そこに魂を吹き込むためには、今一度原点に回帰して考えてみるのがよい。

　本書は、一般市民の悩みの現場を直接に知る練達の弁護士が、明晰な言葉で著わした根源的な問題提起の書であり、ここに収められた珠玉の諸論文は、確かな改革の源流を成すものであった。『司法制度改革審議会意見書』（ジュリスト 1208号等所収）を受けて、制度の具体化作業が進行しているこの時期に、本書が刊行されたことの意義は、極めて大きい。「法科大学院構想の理想」が、ともすれば、「現実」すなわち大学内外における既得権、目先の利益および政治力学等の様々な因子により、歪められるおそれが無くはないからである。

　本書の著者は、日本の法科大学院創設のための議論に先鞭を付けた著名な国際弁護士であり、「日本の新しい法曹養成システム㊤㊦」ジュリスト 1127 号 111 頁、1128 号 65 頁（以上、1998 年）、同「ロースクール方式の構想について」ジュリスト 1160 号 72 頁（1999 年）等の著者である。

Ⅱ　本書の内容

　さて、本書は、3 部構成をとっている。「第 1 部」では、著者の考える「理想の法科大学院構想」を披瀝する。

　まず、ハーバード・ロースクールの法学教育から「日本の新しい法曹養成システム」を論じるが、この論文が、法科大学院構想の現実化とそれをめぐる議論の深化に与えた影響には計り知れないものがある。また、「ロースクール方式の構想について」では、より具体的に、法曹養成教育のために、現在の法学部を「法曹基礎教養学部」に、大学院法学研究科を「法曹大学院」に、それぞれ改組することを提言し、さらに、新たな司法試験、弁護士資格の付与、司法研修所および裁判官・検察官の採用のあり方にまで論を展開する。

　次に、「第 2 部」では、ハーバードのキャンパスを出て、より広く「アメリカ

のロースクールにおける法学教育」を紹介する。その視点は確かであり、単なる制度紹介の域を超え、日本の法学教育の現状や過少な法曹人口等に対する鋭い批判とその克服のための具体的な提言を含む。

特に、「A君」(カリフォルニア大学バークレー校ロースクール出身)の物語は、アメリカにおける法曹誕生プロセスを活写しているので、予備校と自宅・自習室・大学図書館等の往復で司法試験の合格街道を孤独に驀進するこの国の法曹志願者との比較を余儀なくされる。

さらに、「第3部」では、上記『意見書』に対して、「法科大学院構想の具体的実現」のための様々な方途を提示し、法科大学院の理想の姿と運営を探求する。特に、修業年限(「法学既修者」に対する2年コースの設置)をめぐる問題点に対する分析と批判は鋭く、評者も全く同感である。端的に言えば、このようなコースの認知自体、プロセスを通じた法曹養成教育における「プロセスの値切り」になるのではないかといった疑念を禁じ得ない。同一法科大学院内に同一目的(法曹養成)のために特別な短縮型コースが設けられること自体、学生に対して心理的に望ましくない作用(「差別」・「優劣」の意識)を与える可能性さえある。法曹の卵はその種の意識に打ち勝つ強靱な精神を堅持すべきであるとの言があるとしても、そこには空しさが漂うだけである。本来公平であるべき法曹を育成する環境がすでに公平でないという、制度的な矛盾を内包しかねないからである。

Ⅲ　法科大学院制度創設の課題

法科大学院の創設については、すでに賽は投げられた。法は、人間の精神的営みと深く関わる。同じ言辞が、人と文脈により受け手に与える印象が異なるように、たとえば、弁護士ならば、接遇・電話・法律相談から弁護過程そしてアフター・ケア等に至るまで、法情報の提供を超えたきめ細かな種々の配慮が不可欠となる。法曹にとっては日常の仕事でも、依頼者にとっては限られた時間における一期一会的な出会いと対話の機会である。法曹に当たり外れは許されない。豊かな人間性の涵養も、同時に強く要請されるゆえんである。

著者は熱く語る。「人の悩みを解決するという法曹の職務の本質から、法曹は『人のために法を生かす法曹』でなければなら」ない、と。著者の法科大学院構想は、「痛みを伴うとしても世の中全体が変わらなければ日本の将来はないという危機感」に裏打ちされたものである。大学に身を置く者にとっても、この言葉のもつ意味は重くて深い。

本書は、アイデアと警鐘の宝庫である。ただ、アメリカのロースクールは多様であることにも注意しなければならず(例、F. アッパム報告・法政研究〔九州大学〕66巻4号1663頁〔2000年〕)、他の諸外国の法曹養成教育からも、有益な示唆

が得られるであろう。

IV　おわりに

　それはともかく、本書では、制度的枠組みだけではなく、教育方法に至るまで、その議論が展開されている。ハード面だけではなく、これからは、個々の大学スタッフの専門領域を超え、かつ、法律実務家との対話も密にしつつ、法科大学院教育の具体的なあり方をめぐるソフト面での議論が、全国規模・世界規模で展開されて行くことを期待したい。

　現在、法科大学院構想は具体化しつつあるとは言え、その「理想」と「現実」の狭間で時に針路を見失ったかのような意見や構想の一端さえ聞こえてくる。法科大学院だけではなく、設置基準、第三者評価機関、法学部、新司法試験および新実務研修機関等の創設・改変を担当するすべての人々に、本書に収められた諸論文の再読をお勧めしたい。本書は、大海で船が暴風雨に飲み込まれた際に時として見えてくるとされる「聖エルモの火」のように、必ずや担当者を理想の構想へと導いてくれると信じるからである。

　本書の情報は、さらに、それを超える。法科大学院への進学を志す学生や社会人にとっても、1つの理想的なイメージを摑み、かつ、プロセス重視の自学自修の大切さを実感するために、本書は良き導きの書となるであろう。アメリカで法曹資格を取得したいと考えている人たちにとっても、同様に有益である。

第3章 ————————————
ある法科大学院の基本構想
——九州大学法科大学院の誕生[*]

2000 年

I　はじめに

　ただ今ご紹介賜りました、川嶋でございます。

　これから、いわゆる「法科大学院構想」に関します、九州大学大学院法学研究科ワーキング・グループ案を、公表させていただきます。お手元のレジュメ（略）と、「法科大学院構想と法曹養成教育の再構築」（後記の【資料】参照）と題しております、ペーパーをご覧いただきながら、お聞きいただければと存じます

　まず、「序」から、始めます。これまで、全国各地の大学・大学院法学研究科等で、新たな法曹養成教育のあり方をめぐりましてシンポジウム等が開催され、様々な提言が披瀝されてきました。九州大学大学院法学研究科では、これらの諸案から数多くの貴重なご示唆を頂きながらも、なお、「大学教育と法律実務家養成」を統一テーマとしまして、3回連続のシンポジウムを企画致しました。そして、より着実で実現可能ないわゆる「法科大学院構想案の構築」に向けまして、「プロセスの重視」と「多様性の尊重」という視点から、ワーキング・グループ内および法学研究科内で、鋭意検討を重ねて参りました。

————————————————————————————————
　（＊）　以下は、「九州大学法科大学院構想」を公表したシンポジウムの記録であり、後掲の【資料】と共に、当時の状況を回顧してもらえれば幸いです。

おかげさまで、第1回および第2回のシンポジウムにおきましては、それぞれ、「法曹三者」および「司法のユーザー」の代表者の方々、さらにはご参加いただきました皆様方から、種々の貴重なご意見を承ることができました。ありがとうございました。それらをも踏まえまして、今回は、中間案にすぎませんが、「独自の法科大学院構想案」を、ここに呈示させていただき、皆様方のご意見を頂戴しご批判を仰ぐことに致しました。

この提案は、教授会の了解の下で、WG案と致しまして、本日、提案させていただきます。

今回、皆様方から、ご批判ご教示をいただきました上で、より完成度の高い法科大学院構想へと昇華させて行く契機としたいと考えておりますので、どうか宜しくお願い申し上げます。

Ⅱ　内容の紹介

まず、「Ⅰ　法科大学院設置の必要性とその社会的背景」に入ります。

1　社会的背景

まず、価値観が多様化し複雑化した現代社会におきまして、日本の司法が、国民の負託に十分に応え、その機能を十全に発揮し得ているかどうかには、種々の疑問があります。

(1)　国民に対する司法と法曹のアカウンタビリティの確保

一方では、今日、「国民の司法離れ」が叫ばれ、「2割司法」と揶揄される状況が生み出されていますが、司法の機能回復と言ったことが、国家的規模で焦眉の課題となっています。様々な手続法の改革も行われてきましたが、そこでの基本主題は、「現代社会の要請に即し、かつ、国民に利用しやすい司法の実現」でありまして、それは、「国民に対する司法と法曹のアカウンタビリティの確保とその実質化」であると言うことができると思います。「司法制度改革審議会の設置」も、まさに、この文脈で理解することができます。

第1編　法科大学院の誕生　33

(2)　司法の容量増大の必要性

　他方で、規制緩和の動きも顕著です。近未来における事後規制社会の到来は、必然的に司法の役割をクローズアップさせますし、司法の容量の増大が不可欠となります。そこで、その司法を担う法曹の質を維持・向上させつつ量を増大することが不可避的に要請されることになるわけです。

2　法科大学院設置の必要性

(1)　法科大学院制度と法曹養成

　このような社会的背景の下で、法曹養成を、受験科目も限られ、一発勝負である「司法試験制度」と、研修期間の短縮された「司法研修所制度」にのみ委ねるのは相当ではありません。既存の社会資本を有効かつ効率的に活用しながら、しかも、着実に法曹を養成するためには、大学・大学院教育の活用こそが最適であると考えられます。その際には、法曹養成の核となるべき組織としまして、「法科大学院の制度」こそが、創設されるべきであると言えます。そこでの充実した教育プロセスを経て「プロフェッションとしての倫理を備えた良質の法曹」を育成することこそが、強く要請されると考えるからです。

(2)　現行諸制度の検討

　しかし、現行諸制度には、様々な問題があります。

　まず第1に、法学部教育の評価と課題です。確かに、従来の法学部教育が果たしてきた社会的役割につきまして、一定の評価を与えることは可能であります。それは、社会の各層に有為の人材を数限りなく輩出してきたからです。しかし、法学部生の多様化は、同時にそのアイデンティティを希薄化させ、就職面などでは「つぶしの利く学部」という声価に甘んじていた、と評することもできます。しかも、ダブル・スクール化現象が生じており、司法試験受験生の大学教育軽視が加速しているというのも現実です。大学および大学教員の側も、率直に反省しなければならない面がありますが、しかし、試験科目の法知識にのみ通じ、受験技術にだけ長けた受験生の育成が、あるべき法曹の養成ということとは整合性を持たないのは明白です。また、俗に「資本試験」とも言われている司法試験の受験生の経済的負担も軽視できま

せん。

次に第2に、大学院法学研究科教育の評価と課題ですが、現在の大学院も、法学教育の側面では、これまで大きな役割を演じてきたと言えます。伝統的に、法学教育を下支えする数多くの研究教育者を輩出して来ましたし、また、専修コースを設置しまして、社会人のリカレント教育にも貢献してきました。しかしながら、大学院生の多様化は、その教育内容の希薄化・拡散化をもたらしますし、ここでもまた、ダブル・スクール化現象が波及している点は否めません。このように、大学院法学研究科が、法学・政治学等の各専門領域で優れた業績をあげている多数の教員スタッフを抱えながらも、こと法曹養成につきましては、その責務を十分に遂行し切れていないのが現状だと思います。

さらに第3に、司法試験制度の評価と課題ですが、現行司法試験制度は、その門戸を広く平等に一般市民にも開放しまして、法曹基盤の多様性を生み出す契機を形作ってきました。しかしながら、「現代の科挙」とも評され、世界に類例を見ないこの過酷な試験は、「正規の法曹養成プロセス抜きの一発勝負」という異常な資格試験です。法曹量の増加の要請を前にして、その質を維持することは、この試験制度の改革だけでは不可能であると考えられます。

また、司法研修所制度の評価と課題ですが、戦後の法曹養成教育におきまして、司法研修所の果たしてきた役割は、確かに積極的に評価することができます。今日、修習期間の短縮にもかかわらず、司法研修所の教官スタッフは、充実した実務教育のために、様々な努力をされています。しかしながら、現行法下で通用するような実務技術を習得させる教育は、ともすれば現状肯定的な法曹を生み出す危惧をも生じさせかねませんし、しかも、「司法内発的な制度改革」を鈍らせる虞れさえも生み出しかねません。

このような現行諸制度が孕む諸問題は、逆に、改革の方向性を示唆してくれると言えます。

次に、「Ⅱ　法科大学院構想の基本的視角」に入ります。

1 あるべき法曹像とその基本資質

まず、新たな法曹養成過程のあり方を探求するには、そこで養成されるべき「法曹像の理念型」を措定する必要があります。

そこで、これからの法曹が備えるべき資質に焦点を当てて考えますと、一般に、おおむね次のように言うことができると思います。お手元のペーパーの4頁に挙げましたように、「健全な社会感覚等に裏打ちされた創造的かつ柔軟な法的問題解決能力」などと言った資質を備えた法曹像が、それです。しかも、その基礎には、「プロフェッション倫理の堅持」が不可欠でありますし、また、「国際的な通用力」も必要と考えます。

2 プロセス志向の法学教育とその環境基盤

(1) 「プロセスとしての法曹養成教育」の重要性

そのような資質を兼備した法曹の養成のためには、「プロセスとしての法曹養成教育」が不可避であります。一定の時間をかけて、「法曹としての資質の涵養と彫琢を行うこと」が、是非とも必要であると思います。それゆえ、それを実現できる充実した教育過程を考案し、法曹養成制度全体を再構築することが、今日的な喫緊の課題となるわけです。この視点は、法学部・大学院教育の改善だけでなく、試験制度のあり方自体にも、変容を迫ることになると考えます。

(2) 法科大学院の全国的な基盤作りの必要性と可変的な環境要因

また、市民に根ざした法曹と司法の構築のためには、基本的には、国際的かつ全国的視野に立ちながら、日本国内に幅広い法科大学院の基盤作りが要請されます。このように、全国各地に高度の法曹養成を行うことができる法科大学院が創設されますことは、九州沖縄、中四国、関西、関東、中部、関東、東北、北海道と言った「わが国の各地域社会に平等かつ公平に奉仕できる法曹」の育成につながりますし、「良質の司法の全国展開」にとりましても、不可欠の事柄であると言えます。ただ、法科大学院構想の立案に際しては、たとえば、司法制度改革全体の行方、法曹人口がどれだけ増えるか、全国でいくつの法科大学院が創設されるか、予算措置のあり方はどうなのかなど、可変的な環境要因をも背後に見据えながら、柔軟な構想を立案する必要

があります。

そこで、法曹養成プロセスの改革のための視角をどう考えるかですが、まず、「法学部教育」は、「プロセスとしての法曹養成教育」を新たに組込み、これまで法学部教育が果たしてきた利点を生かし伸ばしながら、新たな法化社会を担える人材を輩出できるように、再構築されなければなりません。また、「法科大学院」は、多様かつ複雑化した現代社会のニーズに即応できる法曹養成のためには、原則的に多様な専門的背景を持った人材を受け入れることができなければなりません。

「法学部」にたとえば仮に「法曹コース」などを設けまして、そのコースと法科大学院教育とをリジッドに一貫したものと考えますと、その種の人材の排除につながる恨みがあります。

「法科大学院段階の教育面」では、法学・政治学関係の既存のスタッフは当然のことと致しまして、法律実務家や、法学以外の専門領域をもカバーできる教員との連携も不可欠となると考えます。

また、「現行司法試験制度」および「司法研修所制度」も再検討が必要となってきます。ただ、「法曹養成教育という側面」では、司法研修所も法科大学院も、基本的に同一方向を目指していますので、相互連携のあり方も、これからの重要な課題となります。法科大学院構想のための基本的視角は、「古きアカデミズムの超克」とでも言ったものであり、「新しき良きアカデミズムの創造」にもつながる契機を孕んでいると言えると思います。

このような法曹の養成のための教育過程を、いかに具体的に構築すべきかが、次の課題となります。

そこで、「Ⅲ　法曹養成教育のシステム設計」に入ります。

1　基本設計の多様なあり方

「新たな法曹養成システム」を創案して行く際には、いくつかのキーポイントが存在します。

(1)　「アメリカ型ロースクール」方式か、「日本型ロースクール」方式か

まず、現在の法学部を教養学部的なものに改革しまして、大学院レベルに

ロースクールを置くという、「アメリカ型ロースクール」方式が提言されました。しかし、法学部がこれまで果たしてきた役割と、その将来像などを考え併せますと、必ずしも現実的ではありません。そこで、法学研究科レベルに「日本型ロースクール」すなわち「法科大学院」を設置するのが、基本的には妥当であると考えます。ただ、いずれにしましても、法学部、法科大学院および実務研修機関における一連のプロセスを経た法曹養成が望ましいと考えられますので、システム的には再編されるとしましても、法学部を存置しまして、法科大学院を新設すべきだと考えます。そして、これまで果たしてきた実績を考えますと、これまた、そのシステム改革は不可避ですが、司法研修所制度が担ってきた実務研修制度自体の廃止も妥当ではないと考えます。

(2) 「日本型ロースクール」方式と多様な考慮要素

それでは次に、「日本型ロースクール」方式を選択するとしましても、また様々な考慮要素が存在します。

(3) 基本的なシステム設計のあり方

たとえば、法科大学院制度の基本システムのあり方としましても、全国各地の既存の大学に単独の「個別法科大学院」を設置する構想とか、一定エリア内の複数の大学が拠点大学を中心としまして「連携法科大学院」を設置する構想とか、さらには、既存の大学の枠を離れて、新たな「独立法科大学院」とでも言ったものを全国各地に設置する構想などが考えられます。

ただ、前2者が現時点では現実的ですので、それらをさらに敷衍致します。

①「個別法科大学院」構想・その1：4・2制と4・3制

まず第1に、たとえば、既存の法学部・大学院法学研究科制度を母体としまして、無理なく法科大学院を構成できるモデルとして、「法学部4年の上に2年の修学年限をもつ法科大学院」を設置することが考えられます（4・2制）。また、法科大学院課程における教育の充実を考えますと、「法学部4年の上に3年の修学年限をもつ法科大学院」を設置するという基本システムも考えられます（4・3制）。この場合には、4・2制での教育内容に加えて、より幅広い教育を行うことができる可能性が出てくると思います。

②「個別法科大学院」構想・その2：3・3制

次に、法科大学院を3年としまして、「法学部も3年段階で修了し法科大学院へ進学する」という3・3制を採ることも考えられます。しかし、このシステムには、ペーパーの7頁に挙げましたように、問題点も少なくありません。

③「連携法科大学院」構想

さらに、先にも少し触れましたが、「法科大学院をもたない大学との相互協力」までもが可能になるシステムとしまして、「連携法科大学院構想」を考えることもできます。

これらいずれのモデルでも、法曹資格付与試験につきましては、そのあり方をどうするかが問題となってきます。そこでは、法科大学院等での教育カリキュラムが適切なものとして作動する限り、「教育プロセスを重視する観点」からは、「そのプロセスをできる限り重視できる試験」を考案すべきであると考えます。

2　基本システム設計の諸課題

以下では、とりあえず、最も現実的なシステムであり、かつ、大学自体の自己改革にもつながる可能性を秘めております「4・2制もしくは4・3制」を基軸にして考えて行きたいと思います。その際には、法学部段階、法科大学院段階および司法試験制度に分けて、「プロセスとしての法曹養成教育」のあり方を考察して行きます。

（1）法学部段階

まず、法学部段階における法曹養成教育の位置づけとそのあり方が、問題となります。

①特別コース設置の問題点

確かに、「プロセスとしての法曹養成教育」という視点からは、たとえば、法学部3・4年次に、「法曹コース」を設けるような方法が、表面的には最も制度適合的なようにも見えます。しかしながら、これには、そこに挙げましたように、様々な問題点があります。たとえば、学生のコース選択をどうするか、コース選抜の方法としてどのような試験をするのか、学部入試の成績

を評価対象とするのか、いわゆる教養の成績でということですと教養科目の授業管理とか成績評価とかをどのように行うか、さらに、学部内・大学内での不協和音は生じないかなどの困難な諸問題が多数噴出することになると思われます。しかも、より基層的な重大問題がその根底に横たわっていると思われます。それは、法科大学院学生の「早期囲込み」を助長するということです。「社会の種々のニーズを満たし得る多様な専門法曹の育成」という点で問題がありますし、低年次の学部学生から、自己の将来をじっくり見つめつつ考えるという重要な機会を奪いかねません。

②特別コースを設けない方式と抜本的な法学部教育改革の必要性

したがいまして、法学部内に法科大学院進学のための特別コースを設けないとする考え方が、基本的には妥当であると考えられます。これは、既存の法学部教育のあり方に安住するような守旧的な発案では、決してありません。むしろ、抜本的な法学部教育の改革を前提とした「法曹養成過程の新たなあり方」という方向性を強く志向するものです。ここで重視しております「プロセスとしての法曹養成教育」の真の含意は、「法学部・法科大学院の形式的な一貫教育」と言ったものではなく、むしろ、「法学部・法科大学院・実務研修機関」が「法曹資質の涵養と彫琢」のためにいかに充実すべきかを問うものであります。

これは、後で述べますように、現在の法学部教育カリキュラムの再編成を不可避的に要請することになります。

(2) 法科大学院段階

次に、「法科大学院」段階に移りますが、そこでの基本システム設計にも様々な課題があります。

①入学資格

まず、「法科大学院の入学資格」としまして、一般には、法科大学院の門戸を広く開放すべきであると考えます。当該法学部卒業生だけではなく、他大学の法学部卒業生、他学部卒業生および社会人などにも、平等の受験の機会を与えるのが公平であると考えられるからです。ここで、現行司法試験の平等性・開放性の利点を受け止めることができると考えます。

②入学試験

　次に、「法科大学院の入試方法」をどのように制度設計すべきかも問題と
なります。いろいろ考えられますが、ここでは、さし当たり法学部卒業生と
それ以外の者とでは異なった試験を行う方式を考えます。すなわち、一方で、
法学部卒業生は、法学部段階での基礎的な法学教育を中心とした学習成果が
試験されますし、他方で、他学部卒業生等は、法曹適性試験などが課される
ことになると考えます。ただ、法学部卒業生に対しても、法曹適性試験は必
要と考えられますし、また、いずれの卒業生に対しても、「学部段階におけ
る学習プロセスを計り得る試験」といったものを考案する必要があると考え
ます。

　このような区分は、「法科大学院の教育課程のあり方」にも反映します。
すなわち、一方で、法学部卒業生は、一般に、「高度法理論教育科目」や法
律実務につながる「実務基礎科目」等に集中しつつも、同時に幅広い教育が
要請されます。他方で、法学部卒業生以外には、基本的な法学科目の修得を
含む、より一層法律科目に重点を置いた教育や学習が必要とされることにな
ると考えます。

③修学年限の選択とプロセスの充実

　一般に、法科大学院課程の修学年限を原則2年に設定しますと、このよう
になりますが、3年の場合も許容するとしますと、3年間ありますので他学
部卒業生などにとりまして、1年の延長は不要となるかも知れません。しか
も、法学部卒業生であっても3年という修学年限を選択できるシステムを採
用した場合には、法科大学院における教育課程に新たな展開可能性が広がっ
てきます。授業料等の課題はありますが、より広く深く、様々な科目を、ゆ
とりをもって学ぶ機会が増えると考えるからです。このように、3年という
年限設定は、それ自体、積極的な意義を持つと考えます。

　ただ、このように法科大学院の課程を長くすることに対しては、現行司法
試験の現役合格者などとの関係で、異論も生じかねないように思われます。
しかし、真の意味での法曹養成は、その過程における「法曹資質の涵養と彫
琢」にこそあると考えますので、「若年合格という既得権」を維持する考え
方自体、駆逐すべきであると考えるのです。

④教育内容等

　また、実務研修機関と法科大学院との機能分担のあり方も問題となります。これまで、司法研修所での教育というものは、その総てが高度実務技能教育であり、大学が本来的に行うことのできない教育であるかのように考えられてきた節があります。これまで出されたいくつかの法科大学院構想でも、法科大学院教育と実務研修機関教育との「段階的峻別」あるいは「棲分け」が、暗黙裡に前提とされていたように思われます。しかしながら、たとえば、法交渉論やプロフェッション倫理論といった「実務基礎科目」など、新たな実務研修機関でも、必ずしも十分に行えそうにないような授業科目を、法科大学院が提供すべきであり、またそれが可能であると考えます。「伝統的な段階的峻別型」から「新たな相互乗入連携型」への変容とでも言うことができると思います。

　⑤なお、研究者養成制度の位置づけ等についてですが、研究教育を志す者が、自己の専門および問題関心との関係で、大学院レベルで、法科大学院を選択するか、それとも既存の修士課程研究者コースを選択するかの自由は、基本的に尊重されるべきであると考えます。

　(3)　新たな司法試験制度、あるいは、実務研修機関入所試験制度

　また、「プロセスとしての法曹養成教育」を志向しますと、現行の司法試験に相当する試験を、基本的には資格試験化し、プロセスを確実に評価できるように試験制度を見直す必要があります。経過措置は勿論不可欠ですが、結果的には、現行司法試験制度は廃止されるべきであると考えます。

　それでは、「**Ⅳ　法曹養成教育におけるカリキュラム設計**」に入ります。

1　カリキュラム設計・総論

　(1)　カリキュラム設計の基本理念

　まず、「カリキュラム設計の基本指針」は、先ほどから述べてきました「プロセスとしての法曹養成教育」の理念です。一般に、法科大学院の設置形態にもよりますが、基本的には、全国の法科大学院におけるカリキュラムの基本部分（コア科目）については、全国統一の共通基準が設定されること

が望ましいと考えます。ただ、コア科目を除く部分につきましては、各地の法科大学院が、一定の付加価値を付けることが許されるべきだと思います。

(2) 評価機関の設置

また、法科大学院の品質の維持・管理のためには、日本に１つの「外部評価機関（第三者評価機関）」を創設しまして、その定期的な評価を受けることが必要となります。

(3) カリキュラム設計の具体的指針とその基盤

一般に、「プロセスとしての法曹養成教育」の理念を現実化するためには、周到なカリキュラム設計が不可避となります。可変的な要因も背景にありますので、以下では、カリキュラム設計の総論・各論に分けまして、基本的な指針の一例を示したいと思います。

①法学部段階

まず、法学部段階には、実定法に関する基本科目を中心としつつも、専門基礎科目も配します。それと同時に、プロフェッション倫理の形成や、創造的な問題解決能力の基盤形成などに寄与できる教育が行われるべきであります。ここで提言いたしましたように、法学部段階に特別コースを設けない場合でも、新たな法化社会を担い得る基本的な法的能力・資質の涵養という側面では、法学部卒業生も法科大学院への進学を志す者も基本的には変わるところはありません。それゆえ、コアとなる基本カリキュラムを共有しつつも、それぞれの進路に応じて選択が可能となるような「選択必修科目」を、適宜設定して行くべきであると思われます。

②法科大学院段階

次に、法科大学院段階では、より高度な実定法諸科目としての「高度法理論教育科目」を中心としながらも、先に述べました法曹資質の涵養にふさわしい「多様な選択必修科目」を設けることになります。すなわち、実務に直結する実践的な能力の基礎理論を体得するための「実務基礎科目」、コアとなる基礎能力の応用性を高めるための「領域横断的な総合科目」、より深い視点からリベラルアーツ的素養も含めて、法的・政策的思考に関わる基礎的資質を構成するための「理論法学・隣接分野科目」等の教育も要請されることになると考えます。これら諸科目について、教育方法は様々に考えられ、

今後とも新たな方法を考案・開発して行かなければなりませんが、たとえば、討論やレポート作成を通じた思考訓練を行ったり、具体的な事件処理のシミュレーションを授業に盛り込み、実務の現場感覚に触れ得る機会を提供することなども要求されると考えます。

③実務研修機関教育との役割分担

さらに、法科大学院と実務研修機関との役割分担も再考する必要があります。いわゆる「実務教育」と言われるもののうち、先に述べました「実務基礎科目」につきましては、法科大学院の課程で、その教育が行われるべきです。それ以外の実務教育、すなわち「実務応用教育」は、基本的には実務研修機関が行うべきであると思います。ただ、実務研修機関教育においても、とりわけ法曹倫理および人権教育などは、不可欠でしょう。また、実務研修機関の教育課程も、先ほど述べましたものとは「別の外部評価機関」によって、その品質が維持・管理されるべきでありましょう。

④教育方法

また、教育方法としては、まず、法学部段階では、少人数の演習形式の教育なども、より強化されるべきであり、法科大学院段階では、少人数の演習形式の授業を中心と致しまして、「法曹資質のより一層の涵養と彫琢」が目指されることになります。

⑤予算措置と法整備

いずれの教育過程におきましても、人的・物的側面での充実のためや実務との連携を可能にするための「法整備や財政支援」は不可欠と考えます。

2　カリキュラム設計・各論

これまで述べてきました基本指針に従いますと、おおむね次のようなカリキュラム設計の具体例を示すことができます。

(1)　法学部段階

まず、法学部段階では、先に述べたように、整理される必要があることだけを指摘しておきます。

(2)　法科大学院段階

次に、法科大学院段階は、先に挙げた「高度法理論教育科目」、「実務基礎

44 第3章 ある法科大学院の基本構想

科目」、「領域横断的総合科目」および「理論法学・隣接科目」の4カテゴリーの科目群から、構成されることになります。このうち、「高度法理論教育科目」の中の基本法科目群と、「実務基礎科目」のうちの一部（「プロフェッション倫理」等）は、全国で統一的なコア科目を構成すべきであると考えます。

このコア科目群を取り巻くかたちで、(1)先端的かつ現代的な法律科目からなる「高度法理論教育科目」、(2)実務技能の基礎を養成する「実務基礎科目」、(3)「領域横断的総合科目」、(4)「理論法学・隣接科目」が配置されることになります。

それぞれにつきましては、この案の14頁の一覧表と、末尾に添付しました図表を、どうかご覧ください。

III おわりに

最後に、「結び」の言葉に移りたいと思います。

九州大学大学院法学研究科では、今後とも、法学研究科全体で知恵を出し合いながら的確な分析と検討を加えて、この案を、より創発的かつ具体的な法科大学院構想案にバージョン・アップして行きたいと考えています。

以上で、九州大学大学院法学研究科ワーキング・グループ案の概要の紹介を終わらせていただきます。長時間、ご静聴どうもありがとうございました。ご意見や、建設的なご批判をお願いできればと存じます。ありがとうございました。

第1編　法科大学院の誕生　45

【資料】九州大学法科大学院構想
　　──法科大学院構想と法曹養成教育の再構築

1999 年 12 月 13 日

九州大学大学院法学研究科

ワーキング・グループ案＊

＊メンバーは、大出良知（委員長）、川嶋四郎（副委員長）、和田仁孝、北川俊
　光、吾郷真一、大隈義和、熊野直樹の各教授であった。その後、法科大学院
　の設置に際しては、直江眞一教授が加わった。

序

　これまで、全国各地の大学・大学院法学研究科等において、新たな法曹養成教
育のあり方をめぐってシンポジウム等が開催され、様々な提言が披瀝されてきた。
すでに公にされた他大学等のいわゆる法科大学院（「日本型ロースクール」、「法曹
大学院」等）構想案は、それぞれに示唆的な内容を含む有益なものである。九州
大学大学院法学研究科では、これらの諸案から多くの示唆を得ながら、なお、
「大学教育と法律実務家養成」を統一テーマとして３回連続のシンポジウムを企
画するなど、より着実で実現可能な法科大学院構想案の構築に向けて、プロセス
の重視と多様性の尊重という視点から、鋭意検討を重ねてきた。

　すでに終了した第１回および第２回のシンポジウムで得られた各界からの種々
の貴重なご意見を踏まえ、今回は、独自の法科大学院構想案をここに呈示し、ご
批判を仰ぐことにしたものである。もとより、これはあくまでも、中間案あるい
は今後の議論に対する１つの視点の提供にすぎない。今回、ご批判、ご教示をい
ただいた上で、様々な可変的要素の動きにも留意しながら、より完成された法科
大学院構想へと昇華させて行く契機としたいと考えている。近代司法の抜本的な
再構築にもつながる可能性のある今次の法曹養成制度の改革は、広い視野からの
多様な議論を踏まえつつ遂行されるべきであると考えるからである。

　この問題を議論する際、その中核をなすべき視点は、国民的な視覚からわが国
の司法や法曹養成の将来がいかなるものであるべきかを不断に考え続けることで
あり、市民の多様なニーズに謙虚に耳を傾けつつ国際的要請をも広く視野に入れ、
大学として貢献できる事柄を真摯に探究し続けることであると思われる。

I　法科大学院の設置の必要性とその社会的背景

1　社会的背景
　価値観が多様化し複雑化した現代社会において、わが国司法が、国民の負託に十分に応え、その機能を十全に発揮し得ているかどうかには、種々の疑問がある。
　(1)　国民に対する司法と法曹のアカウンタビリティの確保
　一方で、今日国民の司法離れが叫ばれ、「2割司法」と揶揄される状況が生み出されているが、司法の機能回復が、国民のニーズの高まりと共に、国家的規模で焦眉の課題となっている。長引く経済不況は、そこで生じた紛争の適正かつ迅速な法的処理の必要性を生み出している。この間、たとえば、民事手続法の分野では、効率的な審理の実現のために新民事訴訟法が制定され、倒産関係諸法制の改正が現在急ピッチで進められ、法律扶助制度の改革等、市民の裁判へのアクセスを保障し、市民生活に根ざした実効的な司法を実現するために、種々の努力が積み重ねられている。そこでの基本主題は、現代社会の要請に即しかつ国民に利用しやすい司法の実現であり、それは、国民に対する司法・法曹のアカウンタビリティの確保と、その実質化である。さらに現在、大局的かつ多角的な視点から司法制度改革の基盤を整備し必要な施策につき調査・審議を行うために司法制度改革審議会が設置され、鋭意検討が進められている。これらは、法化社会が急速に進展するわが国で、いわゆる小さな司法に対する国民の不満の影響と評することができる。
　(2)　司法の容量増大の必要性
　他方で、21世紀を活力ある社会とするために、今日、社会経済の様々な側面で、諸種の行政的事前規制の撤廃ないし緩和を行う方向性、すなわち規制緩和の動きが顕著である。これは、法の支配による事後的救済社会の到来が、適正かつ迅速な法的紛争処理の重要性を増大させ、必然的に司法の役割をクローズアップさせることによる。このような機能を十全に発揮して行くためには、司法の容量の増大が不可欠であり、その財政基盤を盤石たるものにすると共に、司法活動を担う法曹の質を維持・向上させつつ量を増大することが、不可避的に要請されるのである。
　このような今日的状況において、わが国における法曹養成教育のあり方が、抜本的に問われることになる。

2　法科大学院設置の必要性
　(1)　法科大学院制度と法曹養成
　通例、法曹養成といえば司法研修所が想起されるが、そこでは、主として法律

実務技術に関する教育が行われているにすぎず、端的に言えば、わが国には真の意味で本格的かつ体系的に法曹養成を行う高度専門教育システムは存在しなかったと評することもできる。それは、現行司法試験制度の孕む問題点と共に、現在の法学部および大学院法学研究科教育に対しても、大きな反省を迫るものである。

そこで、既存の社会資本を有効かつ効率的に活用しつつ、来るべき21世紀の司法を担うあるべき法曹を養成するためには、大学・大学院教育の再編こそが最適であり、その抜本的改革が強く望まれることになる。その際には、法曹養成の核となるべき組織として、法科大学院の制度こそが、創設されるべきである。それは、法科大学院における一定の充実した教育プロセスを経て、「プロフェッションとしての倫理を備えた良質の法曹」を育成することが強く要請されると考えるからである。

(2) 現行諸制度の検討

このような従前の法曹養成のあり方に対する根源的な変革の要請は、現在の法学部および大学院法学研究科のありように対して厳しい反省を促し、同時に、現行司法試験制度や司法研修所教育に対しても、大きな変革を迫るものである。

① 法学部教育の評価と課題

まず、確かに、従来の法学部教育が果たしてきた社会的役割について、一定の評価を与えることは可能である。法学部は、これまで社会の各層に有為の人材を数限りなく輩出してきたのであり、法学部卒業生が、たとえば、企業人、公務員、ジャーナリスト、政治家、法曹、準法曹および教員などとして現在各方面で活躍していることは周知の事実である。しかしながら、このような法学部生の多様化は、同時に法学部としてのアイデンティティを希薄化させ、ジェネラリストの養成という名目で、潰しの利く学部という声価に甘んじていたと評することもできる。しかも、焦眉の課題である法曹養成の側面では、ダブル・スクール化現象が生じており、いわゆる受験予備校における試験科目に偏った受験技術の伝授が隆盛を極め、司法試験受験生の大学教育軽視が加速している。仮に、大学サイドが原理・原則を重んじるあまり、現代社会の要請を十分に汲み取り社会と学生のニーズに応える授業内容を十分に用意できていない点に原因があるとすれば、大学および大学教員の側も、率直に反省しなければならない。

しかしながら、試験科目の法知識にのみ通じ受験技術にだけ長けた受験生の育成が、あるべき未来の法曹像と整合性を持たないのは明白である。しかも、予備校が繁栄する昨今における司法試験の受験生の経済的負担もまた軽視できない。しかしながら、現在の法学部が、法曹養成の責務を果たし切れていないことは確かであり、しかも、新たな法化社会の担い手を必ずしも十分に世に送り出せていないと考えられる点についても、真摯に反省すべきである。

② 大学院法学研究科教育の評価と課題

次に、現在の大学院法学研究科も、法学教育の側面では、これまで大きな役割を演じてきた。それは、伝統的に数多くの研究教育者を輩出して来たのであり、しかも、社会の多様なニーズに応じて、いわゆる専修（社会人）コースを設置し、社会人のリカレント教育にも貢献し、市民に開かれた大学としての一翼を担ってきた。しかしながら、大学院生の多様化は、その教育内容の希薄化・拡散化をもたらす。ここでもまた、法曹養成に焦点を当てた場合には、ダブル・スクール化現象が波及している点は否めない。このように、大学院法学研究科が、法学・政治学等の各専門領域において優れた業績をあげている多数の教員スタッフを抱えながらも、こと法曹養成については、その責務を十分に遂行しきれていないのが現状であると言わざるを得ない。

③ 司法試験制度の評価と課題

さらに、現行司法試験制度（旧司法試験制度。以下同じ。）は、戦後、法曹資格付与過程における唯一の選抜方式として機能してきた。平等な受験機会を与えるこの制度は、その門戸を広く一般市民に開放し、法曹基盤の多様性を生み出す契機を形作ってきた。しかし、現代の科挙とも評され、世界に類例を見ないこの過酷な試験は、正規の法曹養成プロセス抜きの一発勝負という異常な試験であり、その実質は法曹資質のテストというより、むしろ、受験技術の修得の成果を競う厳酷な競争試験である。

今後、わが国において、法曹の量を増加させると共に、司法研修所教育を通じてその質を維持することは、受験予備校が鎬を削り、かつ、司法修習期間の短縮が現実化する中で、極めて困難な課題である。現行司法試験制度の改革をもってこの隘路を打開しようとする試みにも、自ずから限界が存在する。本来的に、現行司法試験制度が、資質ある良き法曹を選抜するための試験としては十分に機能しなくなっていることも、直視しなければならない。

しかも、「悪貨は良貨を駆逐する」の理のごとく、仮に現行司法試験で合格者数を増加しても、悪しき法曹は社会で自然淘汰されるとする考えは、あまりにオプティミスティックにすぎる。さらに、ダブル・スクール化現象の下で、司法試験が「資本試験」と揶揄されるように、受験生の現実の経済的負担は過重であるので、司法試験が開放的かつ平等な試験であるというのは、その実質を見れば幻想に近いのである。

④ 司法研修所制度の評価と課題

またさらに、戦後の法曹養成教育において司法研修所の果たしてきた役割は、確かに積極的に評価することができる。そこは、実務修習のメッカであり、各地の裁判所、検察庁および弁護士会との連携の下、即戦力となり得る法曹が限られた期間で養成されてきた。確かに、修習期間の短縮にもかかわらず、現在様々な

第1編 法科大学院の誕生 **49**

努力がなされている。しかし、主として現行法下で適用する実務技術を習得させるために行われている教育は、ともすれば現状肯定的な法曹を生み出す危惧をも生じさせかねず、司法内発的な制度改革の機運を鈍らせる虞れさえも生み出す。しかも、世界的水準から見て、従前よりプロフェッション倫理の教育が十分になされてきたか否かについては極めて疑問であり、かつ、その種の教育は、OJT (On the Job Training) だけにより涵養しきれるものではないとも考えられる。さらに、昨年 (1998年) 国連国際人権規約委員会が、日本の裁判官の人権教育の必要性について行った勧告も、決して看過することはできない。現行司法試験合格者数の増加は、研修所教育の内実を希薄化させ、かてて加えて、修習期間の短縮は、あるべき法曹が一定期間の確かな教育課程を通じて育成されるべき要請とも抵触しかねない。

このような法曹養成に関わる現行諸制度が孕む諸問題は、改革の方向性を示唆し、来るべき法曹養成教育の中核をなす法科大学院の制度設計に対して、有益な基本的視角を提供してくれる。

II 法科大学院構想の基本的視角

1 あるべき法曹像とその基本資質

新たな法曹養成過程の基本的なあり方を探求するためには、まず、そこで養成されるべき法曹像の理念型を措定する必要がある。あるべき法曹像とそれが兼ね備えるべき基本資質が、プロセス設計の基本指針となるからである。

そこで、これまでのシンポジウムの成果などを踏まえて、これからの法曹が備えるべき資質に焦点を当てて法曹像の理念型を探るとすれば、次のように言うことができる。すなわち、健全な社会感覚と強い人権意識、人間と社会に対する深い洞察力と感受性、公正志向の情熱とバランス感覚、現行法を中心とした幅広い学識、社会的事象に対する鋭敏かつ冷静な観察力と認識力、それらを基礎とした問題発見能力、法的・論理的思考能力、交渉力、創造的かつ柔軟な問題解決能力、および、将来のあるべき姿を見据えつつ時代の変化に臨機応変に対応できる能力などの資質を兼ね備えた法曹像が、それである。しかも、その基礎には、法専門家としてのプロフェッション倫理の堅持が不可欠であり、さらに、わが国社会の国際化に対応し国際的に通用する能力をも兼備する必要がある。

これらの資質こそが、市民に信頼される法曹とそれが担う司法の基層を形成するものであり、いずれも法科大学院を中核とする新たな法曹養成教育課程において、基礎的な教育指針となり得るものである。したがって、次に、これらの資質を有機的かつ総合的に涵養すべき制度設計の視角の提示が必要になる。

2 プロセス志向の法学教育とその環境基盤

(1) 「プロセスとしての法曹養成教育」の重要性

その際の基本指針は、先に見た現在の法学部・大学院教育および現行司法試験制度の問題点の考察から明らかとなる。すなわちそれは、現在の法曹養成課程に欠けており今後不可避的に要請されるべき「プロセスとしての法曹養成教育」である。つまり、一定の時間をかけた法曹養成課程を通じ、法曹としての資質の涵養と彫琢を行うことが不可欠なのであり、それは、「プロセスとしての法曹養成教育」を通じて初めて可能になると考えられるのである。これは、原則として法学部段階から始まり、法科大学院の過程を中核として、司法研修所を改組した実務研修機関での教育に至る一連のプロセスである（後述のように、法科大学院への他学部の卒業生等の受け入れを排斥するものではない。）。

したがって、現在の各組織の抱える問題点を克服し、そのような現代的課題に応えつつ、「プロセスとしての法曹養成教育」を実り多きものにするためには、それを実現できる充実した教育過程の考案と、それを担保する法曹養成制度全体の再構築が、喫緊の課題となる。良き法曹は一日にして成るものではなく、「育つ教育・育てる教育」の実践こそが肝要なのである。これは、本来の法曹養成教育への回帰とも評することができる。このようなプロセス志向の教育は、教育課程の節々で行われる試験制度のあり方自体をも変容させ、一般に、教育内容の履修プロセスの評価を可能とするものに再編成させる。そのことは、ひいては、従前の法学教育のありようの適切な評価にはなり得ていない現行法試験制度自体に対しても、強く変革を促すことになる。

(2) 法科大学院の全国的な基盤作りの必要性と可変的な環境要因

また、市民に根ざした法曹と司法の構築のためには、基本的には、国際的かつ全国的視野に立ちつつ、日本国内に幅広い法科大学院の基盤作りが要請される。一般に、全国各地に高度の法曹養成を行える法科大学院が創設されることは、わが国の各地域社会に平等かつ公平に奉仕できる法曹の育成につながり、良質かつ均質の司法の全国的な展開にとっても不可欠である。これは、高品質の地方分権化の実践例ともなる。ただ、法科大学院構想の全国規模の展開は、日本各地に個性的な法科大学院を創設することを排斥するものではない。上記のような法曹の兼備すべき基本資質の涵養と彫琢が本来的に可能でありさえすれば、全国の法科大学院で統一的なコア科目群を中核とした法曹養成課程に、現代社会の多様なニーズにあわせて、より多様で高度先端的な法曹養成教育の付加価値をつけることは、自由であると考えられるからである。

ただ、法科大学院構想の立案に際しては、司法制度改革全体の行方、増加されるべき法曹人口の具体的な数値、創設される法科大学院の校数、予算措置のあり方など、可変的な環境要因をも背後に見据えながら、柔軟な構想を立案する必要

がある。それと同時に、法曹養成教育のあり方を考える上では、法曹養成システムの多様性を認識し、法学部（場合により他学部等）、法科大学院、実務研修機関等における連携的・総合的な法曹養成システムを創案することが、要請されることになる。

(3) 法曹養成プロセスの改革のための視角

まず、法科大学院の構築に際して、従前の法学部教育を評価しつつも、その再編のあり方をも探求しなければならない。しかも、その基本的方向性は、「プロセスとしての法曹養成教育」の新たな組込みにより、これまで法学部教育が果たしてきた利点を伸ばし、かつ、新たな法化社会を担える人材を輩出し得るものでなければならない。

法曹や準法曹の養成はもちろんのこととして、それと同時に、法学部・大学院を卒業・修了し、たとえば、企業、各種団体、官公庁などに就職を希望する学生や、政治家、教師、自由業などに就く学生に対しても、一定水準の法学教育を行い、法的素養を有する国民を涵養することが、複雑高度化しかつ国際化する日本社会の中核を担える国民を育成する上で重要な課題であると考えるからである。

しかもまた、多様かつ複雑化した現代社会の様々なニーズに即応でき、かつ、そのための変革の要請に的確に対応し得る法曹等の養成のためには、法科大学院が、原則的に多様な専門的背景を持った人材を受容できなければならない。たとえば、仮に法学部教育（その特定のコース）と法科大学院教育をリジッドに一貫したものと措定すると、多様な専門的背景を持った人材（他学部出身者や社会人等）や他大学の法学部出身者等の法科大学院への受け入れを排除する方向に作用する恨みがあるからである。それゆえ、法学部教育と法科大学院教育との間に一定の結合性・段階性をも維持しながらも、緩やかな連続性を提供する方向性が示唆され、かつ、これまでの法学教育に対する謙虚な反省を踏まえ、法科大学院のあり方を考案するのに優るとも劣らない意欲と熱意を持って、法学部教育のあり方自体をも再構築しなければならないと考えるのである。

さらに、法科大学院段階の教育にも、法学・政治学関係の既存のスタッフは当然のこととして、法律実務家や、法学以外の専門領域をもカバーできる教員との連携も不可欠となる。その場合には、従来の法学部・大学院法学研究科における実績をも踏まえて、総合大学という社会資本の利点を活用しつつ、領域横断的な協議を可能にする法科大学院システムを立ち上げる手法が、基本的には最も有益かつ現実的である。

さらにまた、上述のように、現行司法試験制度および司法研修所制度は、共にわが国の法曹養成に多大な貢献をなしてきているが、21世紀における司法の容量の飛躍的増大への期待と、その担い手の質量両面での充実という課題を考えると、やはりその再検討が必要となってくる。確かに、修習期間が短縮され実務技

術修習が中心となる司法研修所教育に、「プロセスとしての法曹養成教育」のすべてを委ねることは非現実的であるが、ただ、法曹養成教育という側面では基本的に同一方向を目指す司法研修所と法科大学院との連携のあり方もまた、重要な課題となる。法科大学院にとっては、司法研修所を改組した新たな実務研修機関での実務教育をまさに実りあるものにするために、法曹としてのより基層的な能力・資質の涵養が重要な課題となり、またそれは、法曹のみならず法学研究教育者を含む多様な人材を世に送り出す大学・大学院教育の全体的かつ総合的な質の向上にもつながると考える。

　このような法科大学院構想のための基本的視角は、古きアカデミズムの超克であり、それ自体、法学部教育自体を抜本的に見直し、そのシステムを再構築すると同時に、新しき良きアカデミズムの創造にもつながる契機を孕んでいるのである。

　このような法曹の養成のための教育過程を、いかに具体的に構築すべきかが、次の課題となる。

Ⅲ　法曹養成教育のシステム設計

1　基本設計の多様なあり方

　以上の考察により得られた基本的視覚から新たな法曹養成システムを創案して行く際には、考慮すべきいくつかのキーポイントが存在する。

　(1)　「アメリカ型ロースクール」方式か、「日本型ロースクール」方式か

　まず、これまでに公にされた様々なロースクール構想の中には、たとえば、現在の法学部を実質的に教養学部に改組し大学院レベルにロースクールを置くという、いわゆる「アメリカ型ロースクール」方式の提言が存在した。しかし、上述のような現在の法学部が果たしてきた役割とその将来像などを考えると、これは必ずしも現実的ではない。これまで述べてきたように、基本的には、法学部、法科大学院および実務研修機関における一連の過程を経て、プロフェッション論理を堅持した新たな法曹の育成が望ましいと考えられるからである。

　したがって、システム的には再編されるとしても法学部を存置し、大学院法学研究科レベルに「日本型ロースクール」すなわち法科大学院を設置するのが、基本的には妥当である。また、この間、司法研修所制度の廃止を説く見解も見られたが、これまで果たしてきたその実績を考えると、法科大学院との間の役割分担の再検討と、上記問題点に照らし、司法研修所の新たな実務研修機関への変革は不可避としても、実務研修制度自体の廃止は必ずしも妥当ではないと考えられる。

　(2)　「日本型ロースクール」方式と多様な考慮要素

　次に、「日本型ロースクール」方式を選択するとしても、様々な考慮要素が存

在する。すなわち、法科大学院の修了年限の設定、法科大学院教育と法学部教育・実務研修機関との機能分担のあり方、各教育組織における入試とその教育課程の節々で行われる試験のあり方、法曹資格を付与するための試験制度のあり方、法学部・法科大学院等のカリキュラム編成、研究者等の養成のあり方、既存の司法試験制度との関係等々である。

(3)　基本的なシステム設計のあり方

たとえば、法科大学院制度の基本設計を行うに際しても、基本システムのあり方として、いくつかの選択肢が考えられる。たとえば、全国各地の既存の大学における大学院法学研究科修士課程を利用した単独の「個別法科大学院」の構想、一定エリア内の複数の法学部・法学系学部とそれぞれの大学院法学（法学系）研究科が拠点大学を中核に据えた「連携法科大学院」を設置する構想、さらには、既存の大学の枠を離れて別個の新たな「独立法科大学院」を全国各地に設置する構想などが考えられる。ただ、これまでの実績を踏まえ、社会資本としての既存の大学の活用を考えると、独立法科大学院の構想は、やや現実味に欠ける。そこで、前二者を敷衍すると、次のようになる。

①「個別法科大学院」構想・その1：4・2制と4・3制

たとえば、まず第1に、既存の法学部・大学院法学研究科制度を母体として、無理なく法科大学院を構成できるモデルとして、法学部4年の上に2年の修学年限をもつ法科大学院を設置することが考えられる（4・2制）。この場合には、法科大学院過程では基礎法学、国際関係法学および政治学的素養も含め高度な法理論教育を通して、プロフェッション倫理の裏打ちある上記法曹資質の涵養と彫琢に努め、狭義の実務教育は実務研修機関に委ねるという基本システム設計を採用することが可能になる。

ただ、法科大学院教育課程における教育の充実を考えると、法学部4年の上に3年の修学年限をもつ法科大学院を設置するという基本システムの設計も考えられる（4・3制）。この場合には、法科大学院での教育は上記4・2制の内容に加え、先端領域や複合領域など、より実践的かつ総合的な対応を必要とする領域で応用能力を涵養する幅広い教育を行う可能性が出てくる。ただ、4・3制では、1年の差ではあるが若年法曹が輩出できなくなる点に疑問の向きも考えられるが、「プロセスとしての法曹養成教育」を標榜する以上、若年法曹の輩出の是非こそが問われるべきであり、プロセスの充実こそが志向されるべきである。

②「個別法科大学院」構想・その2：3・3制

次に第2に、従来の枠組に囚われることなくシステムを設計する場合、法科大学院を3年とし、法学部も3年段階で修了し法科大学院へ進学するという3・3制を採ることも考えられる（法学部4年次にロースクール予備コースのようなコースを設け、それと2年の法科大学院とを接合させる方式も、広義の3・3制に含まれると

考えられる。)。この場合、狭義の実務教育自体は実務研修機関に委ねるとしても、確かに、法科大学院におけるより充実した法曹教育の可能性が開けてくる。

しかし、このシステムには、法科大学院を持たない法学部との関係、法学教育の意義、リベラルアーツに下支えされたプロフェッション倫理の涵養の可能性、法学以外の多様な素養を持った他学部からの学生の受入れ、入学試験のあり方などの諸点をめぐって、問題点も少なくない。

③「連携法科大学院」構想

さらに第3に、先にも少し触れたが、こうした4・2制、4・3制、3・3制とは別の次元で、法科大学院を持たない大学とも相互協力が可能になるシステムとして、連携法科大学院構想を考えることもできる。すなわち、一定エリア内の複数の法学部（法学系学部）とそれぞれの大学院法学（法学系）研究科が、拠点大学を中心として連携法科大学院を設置し、教育および試験面での協働を行うモデルである。こうした形態も、法科大学院を持つ大学と持たない大学の法学部との機能分担をよりスムーズなものにする可能性を有するものとして一考に値する。

これらいずれのモデルでも、法曹資格付与試験については、法科大学院での教育カリキュラムが適切なものとして作動する限り、教育プロセスを重視する観点からは、法科大学院出身者の試験のあり方を改革することが、当然の帰結となってくる。

2　基本システム設計の諸課題

法科大学院構想の基本設計に当たっては、まず、その多様な可能性を尊重しつつも、可変的な環境要因に配慮した柔軟なシステム設計を行う必要がある。以下では、とりあえず、最も現実的なシステムであり、かつ、大学自体の自己改革にもつながる可能性を秘めた4・2制もしくは4・3制を基軸に、基本システム内の様々な課題を顕在化させ、それに対処するための一応の基本指針を提示したい。その際、法学部段階、法科大学院段階および司法試験制度に分けて、「プロセスとしての法曹養成教育」のあり方を考察し、実務研修機関での教育については、法科大学院の教育課程を構想する際に言及したい。

（1）法学部段階

まず第1に、法学部段階における法曹養成教育の位置づけとそのあり方が問題となる。

①特別コース設置の問題点

確かに、「プロセスとしての法曹養成教育」という視点からは、たとえば、法学部3、4年次に、「法曹コース」（法曹養成コース、ロースクール特進コース等）を設けたり、あるいは、法学部4年次に、ロースクール予備コース等を設けて、そのコースをその大学の法科大学院に接合する方法が、表面的には最も制度適合的

第1編　法科大学院の誕生　55

なようにも見える。

　しかしながら、このような特別コースの設置には、諸種の問題点が伏在する。たとえば、このコース選択については、一般に法学部の入試段階で特別選抜入試を行うべきかどうか、法曹コースに枠（定員）を設けるかそれとも自由選択制とするか、法曹コースに枠を設ける場合には、その選抜の方法として、教養課程の成績（のみ）で評価するか、学部入試の成績をも考慮するか、特別な試験（筆記試験、小論文試験、面接試験等）を課すか、また、教養課程の成績（のみ）で評価するとすれば、そこでの授業管理と成績評価をどのように公平に行うか、さらに、転部・編入・学士入学を認めるとした場合にその具体的あり方をどのように考えるか、ひいては、そのような法曹コースの設置が法学部教育全体および学部学生・教員にいかなる影響を与えるか、しかも、大学間および当該法学部内での学生の差別化につながりはしないかなど、困難な諸問題が多数噴出することになる。

　さらに、このような特別なコースの設置には、より基層的な重大問題が、その根底に横たわる。すなわち、これまでに提案されている諸種の法科大学院構想案は、いずれも法学部教育と法科大学院教育との結合度を高め、法曹養成課程の一貫性を堅持している。

　しかしながら、これは、社会の種々のニーズを満たし得る多様な専門法曹の育成という観点からは、全く十分とは言えない。そのような同一大学内における大学・大学院教育の結合度の強化は、法科大学院学生の早期囲込みを助長し、その反面、他学部（同学部の他コース）出身者、他大学出身者および社会人等の法科大学院への入学を排除する方向で作用しかねないきらいがある。しかも、それは、特定の大学における法学部の入学試験の際の競争を現在以上に激化させ、低年次学部学生から自己の将来をじっくり見つめ考える機会を奪い、法学部入学後の学部教育における緊張感溢れる充実した学習プロセスが、必ずしも十分に担保されない虞れが生じるのである。

②特別コースを設けない方式と抜本的な法学部教育改革の必要性

　したがって、法学部内に法科大学院進学のための特別コースを設けないとする考え方が基本的には妥当である。ただこれは、既存の法学部教育のあり方に安住する守旧的な発案ではなく、むしろ、上述したような現在の法学部教育の利点を生かしつつ、抜本的な法学部教育改革を前提とした法曹養成過程の新たなあり方を強く志向するものである。「プロセスとしての法曹養成教育」の真の含意は、特定の法学部・法科大学院を通じた一貫教育を受けさせるという形式自体を重視するものではなく、むしろ、法学部・法科大学院・実務研修機関が法曹資質の涵養と彫琢のためにいかに充実すべきかを問うものであり、かつ、上記資質を備えると同時にリベラルアーツに裏打ちされたプロフェッション倫理を堅持する専門法曹をどのようなかたちで養成するかにこそ存在すると考えられるからである。

このような基本的な考え方は、現在の法学部教育におけるカリキュラムの再編を不可避的に要請する。基本的には、まず、「プロセスとしての法曹養成教育」を段階的・系統的に行うことができるように、法学教育を中心とした教育課程について、法学部と法科大学院との役割分担を明確化しなければならない。それと同時に、プロフェッション倫理の形成や創造的な問題解決能力の基盤養成に貢献できる教育もまた行われるべきである。法学部段階における法学関連科目については、たとえば、一般には、上述のように、法曹養成だけではなく、新たな法化社会を担い得る人材の育成（大学教育に限られた問題ではないが、陪審・審判等を担当可能な国民の育成）をも睨んで、基本科目の教育を中心に再構成されるべきであろう。法曹や準法曹の養成はもちろんのこととして、企業、各種団体、官公庁に就職を希望する学生などに対しても、一定水準の法学教育を行い、優れた法的判断能力を有する国民を育成することが肝要であると考えるからである。

特に企業との関係で考えた場合には、まず、企業内で企業法務に取り組む弁護士の数が直ちに増えるとは考えられず、産業界の立場からも法曹資格を有しない企業法務要員を今後とも育成し続けなければならないからである。このためには、上述のように、現行法学部のカリキュラムの見直しなどを含めて、現在の各種法科大学院構想案に見られるような抜本的改革が図られねばならないであろう。

基本としては、現行の蛸壺的な法学教育ではなく、総合的な法学教育や実務基礎教育が必要になると考える。そこでは、企業実務に即した法学教育を行うのではなく、むしろ、基礎となるべき一定の実体法と手続法に加えて、基礎法・国際関係法学の教育が、より重要なものになるという点を強調したい。なぜなら、企業法務の担当能力自体は、実践的な法的予防、法律戦略、法的防御などの実践の中で、鍛錬されるべきであると考えられるからである。

(2)　法科大学院段階

次に第2に、「プロセスとしての法曹養成教育」の中核となる法科大学院の基本システム設計にも、また様々な課題がある。

①入学資格

まず、法科大学院の入学資格として、法学部の卒業（法学士の学位。卒業見込みも含む。以下同じ。）を必要とするかどうかが問題となる。法曹養成教育におけるプロセスの重視からすると、一見それが必要とも考えられるが、しかしながら、法曹に対する社会の多様なニーズや、現行司法試験制度のメリット（平等性・開放性）を法科大学院システムにどれだけ取り込めるかの観点を考慮すれば、一般には、法科大学院の門戸を広く開放すべきであると考えられる。すなわち、当該法科大学院が置かれている大学の法学部卒業生だけではなく、他大学の法学部卒業生、他学部卒業生および社会人などにも、平等な受験の機会を与えるのが公平であると考えられるからである。これが、法学部段階に法科大学院進学のための

特別なコースを設置すべきでないゆえんである。

ただ、その際には、試験方法をどのようにすべきか、それとの関係で、法学部卒業生以外の者のために、一定の入学特別枠を設けるべきかどうか、教育年限やカリキュラム設計をどのように行うべきかなどに関する諸課題が生じる。

②入学試験

次に、一般に、法科大学院の入試方法をどのように制度設計すべきかも問題となる。基本的には、全国の法科大学院で共通の試験を行うか、試験内容としてどのようなものを考えるか（たとえば、アメリカ合衆国で行われている LSAT 方式のような全国法科大学院入学適性試験、あるいは、一定の知識・素養を問う統一試験などを考えるか、それに加えて、個々の法科大学院ごとの試験をも課すか、法律科目の試験を取り入れるか、小論文・面接試験を行うかなど）、学部成績の評価のあり方をどうするかなど、様々な問題がある。

今後さらに検討を深めなければならない問題であるが、ここでは、さし当たり法学部卒業生とそれ以外の者とで別個の試験および成績評価を行う方式を考えたい。すなわち、一方で、法学部卒業生に対しては、法学部段階での基礎的な法学教育を中心とした学習成果が試験され、他方で、他学部卒業生等は、法曹適性試験などが課されることになるであろう（社会人等についても、別途考慮する必要がある。）。ただ、いずれの場合でも、法専門家としてプロフェッション倫理を支える基礎的なリベラルアーツの学習成果の評価なども不可欠となるであろう。

このような区分は、法科大学院の教育課程のあり方にも反映する。すなわち、一方で、法学部卒業生は、一般に、高度法理論教育科目や実務につながる実務基礎科目等に集中しつつも、同時に幅広い教育が要請され、他方で、法学部卒業生以外には、基本的な法学科目の修得をも含む、より一層法律科目に重点を置いた教育が必要とされることになる。ただ、このような他学部卒業生の法科大学院への受入れは、上述のように、プロセス志向の法学教育とは矛盾するものではないことに注意しなければならない。いずれであれ、法科大学院教育と実務研修機関での教育というプロセスを経る点は共通であり、まずもって他学部卒業生などの場合でも法科大学院入学以前の履修プロセスが問われることになるからである。もちろん、他学部卒業生などについては、法学部卒業生と比較して、法科大学院過程における負担が増加することになる場合があるのはやむをえない（その回避を望む場合には、法学部への転部、編入ないし学士入学などが選択されることもあるであろう。ただその場合でも、一定の年月を費やすことが必要になる。）。

③修学年限の選択とプロセスの充実

一般に、法科大学院課程の修学年限を原則２年に設定すればこのようになるが、３年の場合を許容すれば、他学部卒業生などにとって、１年の延長が不要となるかも知れない。しかも、法学部卒業生であっても３年という大学院修学年限を選

択できるシステムをも採った場合には、法科大学院における教育課程に新たな展開可能性が広がる。すなわち、法学部卒業生であっても、より広く深く高度法理論教育科目、実務基礎科目、領域横断的な総合科目や理論法学科目等を学ぶ機会が増え、また、法学部を卒業した後一定の年月が経過している者にとっても、法科大学院におけるゆとりある充実した学習が可能となるからである。さらに、これは、法科大学院を持つ大学と持たない大学との間の格差を極小化し、かつ、法科大学院を持つ特定法学部の入学試験段階における競争の激化に対して、一定の歯止めをかける効用さえある。このように、法科大学院過程を、奨学金等の諸種の手当てを行った上で、2年を原則としつつも3年も選択可能とすることは、法科大学院生自身の主体的選択による多様な学習可能性に、新たな道を拓くものであり、それ自体積極的な意義を持つと考える。

　ただ、このように法科大学院の課程を長くすることに対しては、現行司法試験（旧司法試験、以下同じ。）のいわゆる現役合格者との関係で異論も生じかねないと思われる。しかし、上述のように、真の意味での法曹養成は、その過程における法曹資質の涵養と彫琢にこそあると考えるので、ある程度は時間をかける必要があり、現行司法試験制度のもつメリットは認めつつも、若年合格の機会付与という既得権の温存自体は、プロフェッション倫理を兼備した法曹の養成という観点からは、百害あって一利なしと言うべきであろう。

　また、このような法科大学院の基本構想に対しては、法科大学院段階の入学試験を過酷なものとし、そのための予備校の新たな跋扈を誘発する虞れを指摘する向きも予想される。しかしそれは、それ以前のプロセスを適切に評価できるように試験制度を工夫するなどして、対処することができると考えられる。

　④教育内容等

　なお、一般に、法科大学院における教育内容と教育方法のあり方なども問題となるが、ここでは、高度法理論教育や実務基礎科目を中心とし、上記法曹資質の涵養にふさわしい多様な選択必修科目の教育と、プロフェッション倫理の涵養に寄与するリベラルアーツ教育の必要性を指摘するに留め、詳しくは、Ⅳで後述したい。

　ただ、それとの関係で、基本的なシステム設計とも関わるので、実務研修機関と法科大学院との機能分担のあり方についても一瞥したい。

　これまで一般に、司法研修所での教育はその総てが高度実務技能教育であり、それは大学が本来的に行うことのできない教育であるかのように考えられてきた節がある。そこから、法科大学院制度のシステム設計に際しても、法科大学院段階と実務研修機関における教育段階との段階的峻別あるいは棲分けが暗黙のうちに前提とされていたように思われる。

　しかしながら、法曹人口増加の要請と実務研修機関の容量との関係、研修期間

第1編　法科大学院の誕生　59

の短縮、そこで現実に行われている授業内容などを総合的に考えると、現に行われている授業だけでなく、そこでは必ずしも十分に行われてはいないものの上記法曹資質の涵養のために不可欠な授業は、むしろ、法科大学院でこそ行われるべきであると考えられる。たとえば、法交渉論等の実務基礎科目やプロフェッション倫理論などが、その典型例と考えられる。また、法科大学院内に実務連携講座が設けられれば、実務に関するより多くの授業科目を法科大学院が提供することも可能となる。この場合には、法科大学院と実務研修機関との役割分担のあり方についても、伝統的な段階的峻別型から相互乗入連携型へと、変容を遂げ得る可能性を秘めているのである。

　⑤研究者養成制度の位置づけ等

　また、法科大学院の創設に際しては研究者養成制度の位置づけも問題となる。この点については、既存の修士課程における研究者コースは、基本的には維持されるべきであると考える。研究教育を志す者が、自己の専門および問題関心との関係で、法科大学院を選択するか、それとも既存の修士課程研究者コースを選択するかの自由は、基本的に尊重されるべきであると考えられるからである。ただ、専攻によっては、カリキュラムの相互乗入れも考慮すべきであろう。さらにまた、法科大学院の修了者にも、博士後期課程の門戸は開くべきであろう。この問題は、基本的には研究教育を志す者の就職先のニーズとも関わる。しかしながら、法科大学院に所属する教員は、すべて法科大学院出身者で占められるべき必然性はないと考えられる（ただし、後述の評価機関による評価には服することになる。）。なお、既存の（社会人）コースなどの位置づけも問題になるが、基本的には、社会の多様なニーズに即応できるように維持すべきであると考えられる。将来の目的が異なる者の相互交流と切磋琢磨は、それぞれにとって有益かつ貴重な機会であると考えられるからである。

　さらに、法科大学院の修了要件として、修士論文のあり方も問題となるが、法科大学院における諸種の演習などの成果の集積を「プロセスとしての修士論文（リサーチ・ペーパー）」と見なすこともできるであろう。

　(3)　新たな司法試験制度、あるいは、実務研修機関入所試験制度

　これまで述べてきたような「プロセスとしての法曹養成教育」を志向すると、基本的には、現行の司法試験に相当する試験を資格試験化する必要がある。新たな司法試験、あるいは実務研修機関入所試験では、法科大学院における教育内容を満足いくかたちで履修したことの確認が行われるべきであり、結果的には、現行司法試験制度は廃止されるべきである。これに対して、たとえば、現行司法試験制度を維持したままで、法科大学院の卒業生の試験負担を一部軽減する方法（例、試験科目の一部免除等）も考えられるが、制度改革としては不徹底である。ただ、現行司法試験制度の利点と評されるもの（平等性、開放性）は、上述のよ

うに法科大学院の門戸を開放すること、授業料の免除、奨学金制度の新設や拡充などで、維持・尊重されるべきであろう。ただ、現行司法試験の受験生の存在にも配慮して、制度を縮小したかたちで、一定の経過措置を設けるべきである。

しかし、新制度の発足後は、学部学生および法科大学院学生の現行司法試験受験（旧司法試験受験）を禁止すべきであろう。それは、「プロセスとしての法曹養成教育」の理念に抵触すると考えられるからである。

なお、「プロセスとしての法曹養成教育」を志向した場合に、どの地点で法曹資格を付与すべきであるかも問題となるが、一般には、これまで通り、実務研修機関における研修教育の修了をもって、その資格を付与すべきであると考える。

Ⅳ　法曹養成教育におけるカリキュラム設計

1　カリキュラム設計・総論

(1)　カリキュラム設計の基本理念

まず、カリキュラム設計の基本指針は、「プロセスとしての法曹養成教育」の理念であり、かつ、上記のような資質を備えた法曹の養成を可能とするような具体的カリキュラムの設計が行われるべきである。法科大学院の設置形態にもよるが、基本的には、法曹養成教育の中核をなす法科大学院におけるカリキュラムの基本部分（コア科目）については、全国統一の共通基準が設定されることが望ましい（カリキュラムを中心とした一定の形式的基準を充たすところはすべて「法科大学院」とするとの選択肢も考え得るが、プロセスの充実の観点からは、必ずしも望ましくない。）。コア科目を除く部分については、各地の法科大学院が、付加価値をつけることが許されるべきであることは、既に述べた。それによって、一定の統一的な資質涵養のベースの上に、各法科大学院固有の個性化が可能となり、ひいてはわが国の法曹を総体として見た場合の基本的資質の形成と幅広い社会的ニーズへの応答性が、共に確保されると思われるからである。

(2)　評価機関の設置

また、そのカリキュラム内容をはじめ法科大学院の品質の維持・管理のために、外部評価機関（第三者評価機関）を創設し、それによる定期的な評価が必要となる。その外部評価機関は、全国に１つ設けられ、その構成員には、たとえば市民の代表なども含まれるべきであると考えられる。評価の対象には、たとえば、法科大学院のカリキュラムのほか、教員の業績、施設の状況（例、教育環境、図書館、コンピュータ設備等）、学生アンケートの結果、当該法科大学院の社会的貢献度、実務研修機関への入所率、市民の声などが含まれるべきであろう。

(3)　カリキュラム設計の具体的指針とその基盤

一般に、法科大学院を中核とする「プロセスとしての法曹養成教育」の理念の

第1編　法科大学院の誕生　61

現実化のためには、各プロセスにおける周到なカリキュラム設計が不可避となる。しかし、上述のように、法科大学院構想の基本設計自体が多様であり、かつ、可変的な環境要因の変動に応じて柔軟に対応すべきである。したがって、以下では、カリキュラム設計の総論・各論に分けて論じるが、いずれも現時点における基本的指針の一例にすぎない。

①法学部段階

教育内容としては、まず、一般に、法学部段階では、実定法に関する基本科目を中心としつつ、専門基礎科目を配し、同時に、プロフェッション倫理の形成や創造的な問題解決能力の基盤養成に寄与できる教育が行われるべきである。この段階では、未来の良き法曹たる資質の育成につながる基礎体力の形成こそが望まれる。ただ、先に提示したように、法学部段階に法科大学院への進学のための特別なコースを設けない場合にも、新たな法化社会を担い得る基本的な法的能力・資質の涵養という側面では、法科大学院進学者も、法学部卒業生も変わるところはない。それゆえ、コアとなる基本カリキュラムを共有しつつ、それぞれの進路に応じた選択を可能にする選択必修科目を適宜設定して行くべきであると思われる。

②法科大学院段階

次に、法科大学院段階では、基本科目から先端的・現代的諸法に至るまで、より高度な実定法諸科目としての「高度法理論教育科目」を中心としながらも、上記法曹資質の涵養にふさわしい多様な選択必修科目を設けることになる。すなわち、実務に直結する技能的・実践的能力の基礎理論構造を体得するための「実務基礎科目」、コアとなる法的基礎能力の各種社会問題領域への応用性を高め研鑽するための「領域横断的な総合科目」、より深い視点からリベラルアーツ的素養も含め法的・政策的思考に関わる基礎的資質を構成するための基礎法学・政治学等の「理論法学・隣接分野科目」等の教育も要請される。これら諸科目について、それぞれ過去の事例やあるいは現代的なトピックを取り上げ、討論やレポート作成を通じた思考訓練を行ったり、具体的な事件処理のシミュレーションを授業に盛り込むこと等も望ましく、実務の現場感覚に触れ得る機会の提供も要求される。

③実務研修機関教育との役割分担

さらに、法科大学院教育と実務研修機関教育との役割分担も再編し、いわゆる実務教育のうち、法専門家として活動するための基礎的な倫理、技能、情報などの教育を内容とする上記のような実務基礎科目については法科大学院の課程で、その教育が行われるべきである。そして、それ以外の実務教育、すなわち実務応用教育（実務修習、実践実務あるいは模擬実践実務の教育）は、基本的には実務研修機関が行うべきであると思われる。ただし、実務研修機関教育は、上述のようにスリム化した上で、とりわけ法曹倫理および人権教育などを中心とした専門法曹

としての人格の陶冶に不可欠な科目をも取り込んだかたちで再編成されなければならないであろう。

その際には、法科大学院の教育課程が、外部評価機関により品質管理されるのと同様に、実務研修機関の教育課程も、別の外部評価機関により、その品質が維持・管理されるべきであろう。その機関の構成員は、法曹三者、法務省、文部省（現、文部科学省）のほか、法科大学院の教員や市民の代表などから構成されるのが妥当と言えるだろう。

④教育方法

また、教育方法としては、まず、法学部段階では、基礎知識の効率的な教育のために、講義中心の教育を行うことになるが、少人数の演習形式の教育なども、強化されるべきである。法科大学院段階では、少人数の演習形式の授業が中心になり、法曹資質のより一層の涵養と彫琢が目指されることになる。ここでは、たとえば、ソクラティック・メソッド等を含む多様な授業形式の創意工夫が要求されることになる。法学部・法科大学院の教育においては、たとえば、コンピュータやAV機器を活用した授業や演習、法廷教室（通常の法廷教室とRT教室〔ラウンドテーブル教室〕）を利用した演習、シミュレーション、模擬裁判なども、実施されるべきである。

⑤予算措置と法整備

最後に、いずれの教育過程においても、現在以上に法学部・法科大学院教育の責務が重くなり、かつ、教育研究領域等が拡大することから、人的・物的側面の充実のために、長期的構想に立った国家の予算措置が強く要請される。実務研修機関や各地の法律実務家との連携は不可欠であり、実務連携講座の拡充や、法律実務家との連携を可能とするための法整備と財政支援も、不可避的に要請されることになる。このことは、国立大学が独立行政法人化（国立大学法人化）した場合にも、同様である。

2 カリキュラム設計・各論

これまで述べてきた基本指針に従えば、おおむね次のようなカリキュラム設計の具体例を、現時点で提示することが可能となる。

（1）法学部段階

まず、法学部段階では、現在の拡散化した多様な講義科目を整理し、基本的な実定法科目を、教育の中核に据えるべきである。ただ、これと共に、将来の展開可能性につながる隣接領域の科目も配慮すべきである。基礎法領域の科目は、特に重要である。ディベートや、外国語で行う授業を含め外国法関係の授業もまた有益である。

第1編　法科大学院の誕生　63

(2)　法科大学院段階

　次に、法科大学院段階は、先に挙げた「高度法理論教育科目」、「実務基礎科目」、「領域横断的総合科目」および「理論法学・隣接科目」の4カテゴリーの科目群から構成されることになる。このうち、「高度法理論教育科目」の中の基本法科目群、ならびに、「実務基礎科目」のうちの一部（プロフェッション倫理など）は、全国の法科大学院の共通科目として、統一的なコア科目を構成することになる。

　このコア科目群を取り巻くかたちで、①先端的・現代的法律科目から成る「高度法理論教育科目」、②実務研修機関では時間的にも対応不能な実務技能の基礎を養成する「実務基礎科目」、③コアとしての法曹資質・技能を具体的・現代的な問題領域に総合的・応答的に適用する柔軟な問題解決能力の養成を目指す応用的科目としての「領域横断的総合科目」、④より深い視点からリベラルアーツ的素養も含め法的・政策的思考に関わる基礎的資質を構成するための「理論法学・隣接科目」が配置される。

　それぞれにつき、例示的に設置の可能性のある科目名を挙げれば次のようになろう（以下は、現時点で考えられる例示にすぎない。）。

〈コア科目〉

「高度法理論教育科目」…基本法科目群：憲法、民法、刑法、商法、民事訴訟法、刑事訴訟法、行政法

「実務基礎科目」…プロフェッション倫理、比較裁判実務論、事実認定論、法解釈方法論、法交渉論（面談技術、裁判外法律実務等を含む。）

〈選択必修科目〉

「高度法理論教育科目」…知的財産権法、環境法、国際租税法、国際人権法等

「実務基礎科目」…法交渉ワークショップ、民事救済ワークショップ、刑事弁護ワークショップ、その他シミュレーション、模擬裁判および法律相談等の各種インターンシップ等

「領域横断的総合科目」…法とテクノロジー、法と医療システム、ジェンダーと法、高齢化社会と法等

「理論法学・隣接科目」…基礎法学関連科目、政治関連科目、経済関連科目等

　以上のような科目群が、「プロセスとしての法曹養成教育」の理念の現実化のために、各科目に適合する諸種の教育方法を通じて、実施されるべきである。

結び

　九州大学大学院法学研究科は、これまで多様な意見を吸収する場を設けながら、本学がこれまで実施してきた大学・大学院教育充実のための多様な試みを前提としつつも、それを抜本的に見直すかたちで、いかなる形態の新たな法科大学院構想にも対応できる体制を、鋭意考案できるように努めてきた。このような試みは、今後とも不断に続けられることになる。ただ、明確なあるべき法科大学院像を確定するには、大学以外の環境的要因への配慮も不可避であり、今後、的確な分析と検討を経て、最も現実的であり、かつ単なる従来の法学教育の焼き直しに留まらない、より創発的かつ具体的な法科大学院構想案にバージョン・アップし、提示して行きたいと考えている。

　以上のような観点から、本研究科は、高度な専門性を有すると共に、プロフェッション倫理に支えられ、創造的問題解決能力を持った法律実務家の確かな養成のために、実定法分野のみならず、国際関係法、基礎法、政治学などの英知を結集して、領域横断的な様々な方式を射程に入れつつ、でき得る限り速やかに大学・大学院が現実の法曹養成に深く関与できる方途を、さらに探求していきたいと考えている。

第4章
ある法科大学院の曙光
―――九州大学法科大学院の第1歩

2004年

I　はじめに

　本日のFD（Faculty Development. 2004年2月開催）では、「九州大学法科大学院創設の経緯と課題」について、九州大学法科大学院の理念もその中に織り込んだかたちで、お話をできればと思っております。「九州大学における法科大学院構想の歩み」と題しました、今回のレジュメ（略）をご覧いただきたく思います。

　順序としましては、まず最初に、簡単な問題提起をさせていただきまして、私たちのこれまでの取組みをお話しさせていただきます。その際には、法科大学院がどういう経緯で創設されるに至ったのかという、その背景、あるいは全国的な動きにも言及をさせていただければと思っております。それから、その次に、法科大学院の具体像、特に九州大学法科大学院の具体的な制度設計について、概括的なお話をさせていただき、そして最後に、私が今後の課題と考えるものを、お話しさせていただければと思います。

　お手元の資料を確認させていただきますが、まず、レジュメとしてB4の「九州大学における法科大学院構想の歩み」と題するものがございまして、その中に資料1から資料5（略）までを添付させていただいております。これを全部、お目通しいただければ、九州大学法科大学院の創設の経緯が大体ご理解いただけるのではないかと考えております。

　それから、すでに皆様方の中にはお持ちの方もいらっしゃるかと思います

が、こういう綺麗なパンフレット、現在建築中のプレハブの法科大学院棟と比較しますと、ちょっと見かけ倒し的なものかも分かりませんけれども、九州大学法科大学院のパンフレットがございます。表紙の写真など、このように歴史的な趣のある赤煉瓦の建物が一体、どこにあるかにつきましては、ご存じない方は箱崎キャンパス内でお探しいただければと思います。ヒントですが、JRの線路に近い方向にある九大正門の所から入って来れば、すぐ目につきます。表紙の写真は、工学部の本館の所からその赤煉瓦の事務棟を見たものであります。

　それから、このリーフレット（略）でございますが、これは鹿児島大学および熊本大学との大学連携のために作ったものです。

　さらに、この分厚い本のようになっている抜刷りですが、これはいわば私たちの艱難辛苦の始まりの記録でございます。法科大学院論議が始まりました当初、私たちは、シンポジウムを3回連続で行いました。その記録集です。昨日の夜、久しぶりに手にとってパラパラとめくってみましたら、何か懐かしいというのか、何とも言えない不思議な感覚を催しました。後にまた少し言及をさせていただきます。

　それでは、中身に入らせていただきたいと思います。1999年春からの、この5年間にわたる九州大学法科大学院創設の経緯を、ほんの1時間足らずのうちに語り尽くすことは、非常に難しいと思いますので、全く私が恣意的に掻い摘まんだかたちで話をさせていただければと思っております。

　そのプロセスを思い返しますと、おそらくロング・アンド・ワインディング・ロードだったと思っております。ただ、そのロングというのは、誤ったという意味ではなくて、長いという意味でありまして、ワインディング・ロードだったけれども、実は一本筋の通ったストレイト・ロードだったのじゃないかとも思います。つまり1つの理念に向かって、真っ直ぐに具体的な制度設計をしてきたのではないかと、私たち、いや私は、考えております。

　そういう意味では、これまでに、手作りの理想の法科大学院が、少なくとも紙の上では出来上がったと思います。ある意味それを象徴するようなかたちで、この様に多様なバックグラウンドを持った合格者が得られたのではないかと思っております。しかしながら、今は艱難辛苦の終わりであると共に、

実は始まりであるということです。

九州大学法科大学院のシステムをこれからどういうかたちで生かし、具体的に魂を入れて行くかは困難な課題です。後で少しお話をさせていただくように、結局の所、スタッフが理念と情報を共有し、相互研鑽を通じて、とにかく一致団結してやっていかないといけないということだと思います。したがいまして、とりあえずの1つの大きな目標としまして、定員100名の九州大学法科大学院における新司法試験合格者数については、入学者全員の合格を目指すということであります[1]。

Ⅱ 法科大学院制度の位置づけ

まず、法曹養成過程において、法科大学院がどのように位置づけられているかということなのですが、それは、ご承知の通りプロセスを通じた法曹養成の、まさにその中核となる存在とされています。

その法科大学院制度は、元々、司法制度改革の中で急浮上してきたものであります。「制度は人である。」と言われますけれども、どんなに良い制度を作ったとしても、それを担う人達が良くなければ、そして場合によっては変わらなければ、結局、どうしようもありません。そうでなければ、「国民の司法離れ」はどんどん進んでいってしまうということもありますので、正にその法曹の質を向上させつつその人口を増加させる。そのためには、これまでの一発試験の法曹選抜方式である司法試験という「点」による法曹選抜システムを改善し、「プロセス」を通じた法曹養成が必要不可欠になってくるといった流れで、法科大学院が創設されることになったわけです。

先ほど言及しましたように、紙の上ではでき上がりましたけれども、この全過程を今から共有していただくというのは、非常に難しいことです。しかし、少なくとも理念、基本的に目指す方向性とか基本的な考え方は共有していただきたいとの思いから、このような会合を持つことになりました。

どうしても、性格的に余談を語りたいものですから、ちょっと少しだけ最

---

(1) 合格者は、初年度2004年度の九州大学法科大学院合格者が、111名であったことによる。

初に語らせていただきたいと思います。

　昔、江戸時代の中期に、安藤昌益（1703-1762年〔元禄16年-宝暦12年〕）という人がおりました。『自然真営道』とか『統道真伝』とかいう書物を残しています。八戸で町医者をしていたのですけれども、彼は、「直耕」、すなわち直に耕すことですが、その「直耕」の大切さを論じています。その当時の封建社会、そのような社会は身分制に基づく不平等な社会であるとして、痛烈に批判したわけです。そして、万人がその生産活動に従事する「自然世」といいますか、「自然の世」が理想の社会であると考えたようでありまして、武士が農民を支配するような「法世」、「法の世」というのは最悪であって、それを思想的に支える儒教とか仏教というのは誤っていると、痛烈に批判をしたわけであります。

　それが、法科大学院とどう関係するのかということですけど、もう1つ文献を紹介させていただきます。

　最近、面白い文献を読みました。それは、元ハーバード大学のロースクールのディーン、学部長であって、そしてまたハーバード大学のプレジデント、総長であったボークという人が、1980年代に行った面白い講演です。

　その講演というのは、どういう内容かと言いますと、当時、日本は、もう懐かしい言葉になってしまいましたが、「ライジング・サン」と言われていましたが、それに比べて、当時のアメリカというのは、経済的に低迷を極めていました。そこで、日本とアメリカを比較して、次のような分析をしたわけであります。つまり、日本では、優秀な学生が技術系・理系の学部・大学院に進学して、生産活動に携わっているのに対して、アメリカでは、多くの優秀な学生がロースクールに押し寄せる。そして弁護士になって、非生産的な生活を送っているということを慨嘆したわけであります。

　そして、彼の理解と分析によりますと、元々優秀な人々の数というのは限られている。それなのに、アメリカでは、そのうちのあまりにも多くの人々が弁護士になりすぎていると、彼は考えたのです。それに対して、日本の場合には、アメリカよりも30パーセントも多くの技術者を生み出している。しかも、アメリカに比べて日本は非常に法曹の数が少ない。だから日本は繁栄しているのだと論じたわけであります。

それが正しいかどうかは、またその後の歴史が語るものであるかも知れません。そしてまた、弁護士は、非生産的な職業かどうかも分かりませんけれども、ある意味では、生産に携わる人々をサポートする。法的な面からサポートする。透明で公正な社会、自由競争社会を創造していくために、法的側面でサポートすると思いますので、そしてまた、創ると言うことは、何もモノを作ることだけではありませんので、私自身は、決して、この議論に与するわけではございません。

ただ、ここで1つの注目すべき点というのは、やはり創ることの価値の指摘じゃないかと思います。この生産をするものの中には、物質的なものが中心を占めるかも分かりませんけれども、もう少し別の精神的なものの生産もあるのではないかと思います。だから、直接、耕す対象というのは、田畑の場合もあれば、人の場合もあるわけです。そこで、つくるモノもまた多様になるわけです。

来年度からは、その問題に、私たちは一致団結して取り組んでいかなきゃならないと考えるわけであります。何か、結論を先取りしてしまいましたが、そういう意味でも、九州大学法科大学院の理念と言いますか、これまで5年間にわたり耕し培ってきた私共の法科大学院の理念を、一人でも多くのスタッフの方々に共有していただければと考えるわけであります。

Ⅲ　九州大学法科大学院創設の経緯

さて、九州大学法科大学院の創設の経緯ですが、全国的な動きから、最初に簡単なお話をさせていただきます。既にご存知の方も沢山いらっしゃるかも分かりませんけれども、念のために少しお話をさせていただければと思います。

法曹養成制度の改革の歴史というのは、司法制度が生まれ落ちてから、ずっと続いていると言えば続いているのではないかと思います。そして、1964年（昭和39年）の臨司の失敗、『臨時司法制度調査会意見書』の失敗というのも、よくご存知のところだと思います。いわば、司法制度改革について、私たちはかつて一度いわば「臨死」体験をしたのです。

70　第4章　ある法科大学院の曙光

　また、司法試験改革も行われました。そこで導入された司法試験合格者枠についての「丙案」という、一部若い人達の中から優先的に司法試験に合格させていこうというようなことは、必ずしもうまくいかなかった。つまり、良き法曹の育成は、そのようなやり方では首尾よく行かなかったという経緯もあるわけです。

　そうこうしているうちに、1998年（平成10年）2月に柳田幸男弁護士が「日本の新しい法曹養成システム——ハーバード・ロースクールの法学教育を念頭において(上)(下)」(2)というタイトルの論文を公表されましたが、これが1つの大きな問題提起となったわけであります。この論文は、後に、その後に公表された諸論考と合わせて、『法科大学院構想の理想と現実』(3)というタイトルで単行本としてまとめられています。

　その最初の論文、すなわち日本版ロースクールに関する「柳田案」の内容ですが、掻い摘まんで申し上げますと、そこには、要するに法学部を無くしてしまうという大変大胆な提案が含まれていたのです。つまり、法学部というのは、「法曹基礎教養学部」のようなものに改組して、その上に「法曹大学院」というものを創る。その後は、「司法試験」制度を残して、まず、合格者すべてに、一旦弁護士資格を与える。このように、アメリカ式の法曹一元的な制度を導入した上で、特に裁判官とか検察官とかの養成のためには、もう1年、「裁判実務課程」というのを設ける。そういうかたちで、より良き法曹を多数育成していこうという大胆な構想だったわけです。

　その前提としまして、柳田さんは、早稲田大学法学部を卒業後、渉外弁護士として活躍されているのですけれども、ハーバード大学ロースクールの客員教授やその運営諮問委員をされた経験をお持ちの方でした。したがいまして、アメリカの法曹育成のあり方の影響をかなり強く受け、このような提言をされたという経緯があります。細かい話は省略をさせていただきます。

　その論文が出された約1年後、京都大学の田中成明教授が、いわゆる「田中案」とでも言うべきものを、「法曹養成制度改革と大学の法学教育」と題

───────────────

(2)　ジュリスト1127号111頁、1128号65頁（1998年）。
(3)　柳田幸男『法科大学院構想の理想と現実』（有斐閣、2001年）〔本書第2章【補論1】〕。

第1編　法科大学院の誕生　71

して、京都大学法学部の『100周年記念論文集[(4)]』に出されました。この考え方は、基本的に法学部は残すことにして、その上に、3年または2年のコースの法科大学院を設置するというかたちで、法曹養成システムを接続させるというものです。ただ、その法学部と法科大学院は連動したシステムと考えられていたのが特徴的でした。つまり、法学部の4年次と法科大学院の1年次とは、実質的に重なっている制度が考えられておりまして、法科大学院は、法学部の4年次の1年と2年間の計3年間の制度設計が提案されていたわけです。そして、司法試験が、その後に控えており、さらにその後に実務研修期間を1年間設け、その後に法曹資格を与える案だったわけであります。

　田中先生というのは、法哲学・法理学の先生ですけれども、法学部の先生ということもありますので、これまで法学部が担ってきました社会的役割を踏まえた上で、基本的な考え方として法学部を残すという案を出されたのかも知れません。否、むしろその法学部を発展的に改革するという意味合いをもった考え方ではないかと思っております。私は、このあたりのことは詳しくは存じあげていないので、後でフォローしていただきたいのですけれども、田中先生は、当時の文部省の仕事もかなりされており、ご自身の基本的な考え方だとは思いますけれども、柳田案とは異なり、日本的に受け入れられやすい法科大学院構想というのを考えられたのではないかと推測します。

　それから、この1999年（平成11年）の初めに、当時の文部省が、法学教育のあり方についての調査研究会議として、「法学教育のあり方に関する調査研究協力者会議」というものを発足させました。実は、九州大学北川俊光先生が、この委員として参加されたわけであります。その委員の位置づけとしましては、九州大学法学部の代表として出られたのではなくて、文部省の方からの一本釣りで委員に抜擢されたということであります。

　元東芝の企業法務部のトップにいらしたということもありますから、その知見を生かすかたちで法曹養成制度の改革に知恵を出してもらいたいという趣旨だったと思います。

---

(4) 『京都大学法学部創立百周年記念論文集〔第1巻〕——基礎法学・政治学』53頁（1999年）。

それと相前後して、司法制度改革審議会設置法が、国会に上程されたのではないかと思います。そして、その1999年（平成11年）7月、小渕恵三内閣のときに、司法制度改革審議会が発足したわけであります。

その設置法の2条に、その審議会の目的が記されております。すなわち、21世紀のわが国の社会において、司法が果たすべき役割を明らかにし、国民がより利用しやすい司法制度の実現、国民の司法制度への関与、法曹のあり方とその機能の品質強化、その他の司法制度の改革と基盤整備に関し、必要な基本的施策について調査審議するといった目的が掲げられていたわけであります。

それはそれとしまして、たとえば資料4をご覧いただきたく思います。拙稿で恐縮ですが、法科大学院の議論が盛んになってきた頃の論考としまして「法科大学院構想をめぐる議論の到達点とその課題——法曹養成教育の現状と各種の構想を踏まえて」[5]（本書第1章）というタイトルのものです。法学セミナー紙上に掲載したものですが、その58頁をご覧いただきますと、上の方に、この辺りから、各大学が、こぞって法科大学院シンポジウムを実施したことを書いています。

先に述べた田中先生のご提案があったこともございますし、まず、京都大学を皮切りに、それから大阪大学、東京大学、神戸大学、岡山大学、一橋大学、九州大学等々と、こういう形でシンポジウムの嵐が全国的に吹き荒れたわけであります。ここに書いてあるのは、ごく一部でありまして、その後もっと多くの大学が、法学系学部の将来を考え、場合によっては複数回、シンポジウムを開催したのです。

それはそれとしまして、2000年（平成12年）11月に、大体、その審議会が発足して1年半位たった後に、司法制度改革審議会から『中間報告』が出されました。その中では、特に今後の司法の機能の充実強化のためには、質量共に豊かな法曹の養成が必要であり、そのためには、法曹養成制度のあり方等の司法の質的基盤を整備する必要があるということが強調されたわけで

---

(5)　川嶋四郎「法科大学院構想をめぐる議論の到達点とその課題——法曹養成教育の現状と各種の構想を踏まえて」法学セミナー547号56頁（2000年）〔本書第1章〕。

あります。

　ここで、「点」による選抜ではなくて、「プロセス」による法曹養成という言葉が出てきました。そのためには、法科大学院という新しい法曹養成機関を専門職大学院の一形態として作るべきことが提案されたわけです。そして、その後、各界の意見も参考にしながら、この中間報告の内容が更に具体化されていきました。

Ⅳ　様々な法科大学院構想

　また、この資料4をもう一度ご覧ください。資料4の58頁からですけれども、各大学が、そのシンポジウムで具体的な大学案を出し、様々な法科大学院構想が提示されたわけでありますが、ただ幾つかの共通点というのも見受けられます。

　非常にシンプルなまとめで恐縮ですが、まず第1に、法科大学院の設置は不可欠であるということです。ただ、その場合に、アメリカ型のロースクール・システムは採らないということです。つまり、「柳田案」のように、法学部を解体して、教養学部的なものに組織変更して、そして3年完結の法科大学院を修士課程に作るというような考え方は、基本的に採用されなかったのです。それゆえ、法学部を残しつつ法科大学院を創るという意味で、「日本型ロースクール」と言われたりしたわけです。

　そして、第2としましては、法科大学院の教育課程を経て生み出される人材、いわゆる法律実務家としては、法曹三者に限定されるということも、大体コンセンサスが得られていたと考えられます。たとえば司法書士等のいわゆる隣接法律専門職種と言われる専門家の養成なんかを考えていたところも、当然ありますけれども、法科大学院は基本的には法曹三者を養成するというかたちに収斂して行くことになったわけです。

　それから、第3としましては、どのような理想の法曹像を描くのかについても、様々な議論がなされました。そこでは、非常に綺麗な言葉が散りばめられた理想の法曹像が、色々と語られておりました。たとえば、健全な社会感覚や人権意識などを持ち、人間と社会に対する深い洞察力と感受性を理論

面と実務面において創造できるような、法的問題の高度な処理能力などが挙げられたわけであります。このように、抽象的に列挙されていたのです。そういうものは、基本的に OJT でも可能だとも考えられますが、そうではなくて、やはり正規の教育課程において形成されて行くべきであると論じられました。ただ、抽象的な理念のあり方は様々でしたが、そのようにまず理想像を描いて、それにどのようにアプローチして行くかといった方法論が採用されました。

それから第4ですけれども、その修業年限については、大体3年ないし2年ということで落ち着きました。ただ、やや微妙な問題もあり、後で述べたいと思います。

さらに第5に、議論が深化して行くに連れて、教育の中味、つまり、具体的な教育内容についての議論が行われるようになりました。そのプロセスによる法曹養成とか、プロセスを通じた法曹の育成と言っても、重要なのはそれを具体的にどうするのかという、教育内容や教育方法の問題です。

それから第6としまして、法科大学院設置の地域性に関する問題です。これは、最初はそんなの関係ないといった議論もありましたが、やはり弁護士のいわゆる「ゼロワン地域」の解消をも視野に入れて、大きな流れになったわけです。

以上のいわば「基本型」としましては、学部を残し、そして、その上に法科大学院を作る。司法試験も司法修習制度も基本的には残す。司法研修についても、これには少し異論はありますが、基本的に残す中で、「法科大学院がいかなる役割を果たすべきか」が議論されてきたわけです。

そして、2001年（平成13年）6月12日に、『司法制度改革審議会意見書』が公表されました。御存知だと思いますが、法科大学院に関する重要な部分だけ、極簡単に述べさせていただきます。

そもそも法科大学院の基本理念としまして、法科大学院における法曹養成教育のあり方は、理論と実務を架橋するものとして、公平性、開放性、多様性を旨としつつ、以下のような基本的理念を究極的に実現するのでなければならないとして、一般的な教育理念が語られました。

その理念的な内容としましては、まず第1に、法の支配の直接の担い手で

あり、国民の社会生活上の医師としての役割を期待される法曹に共通して必要とされる専門的資質・能力の習得と、かけがえのない人生を生きる人々の喜びや悲しみに対して、深く共感し、より豊かな人間性の涵養・向上を図ること、次に第2に、法知識という言葉が出てくるわけですけれども、専門的な法知識を確実に習得させると共に、それを批判的に検討し、また発展させて行く、創造的な思考力、あるいは事実に則して具体的な法的問題を解決して行くために必要な法的分析能力や法的対論能力等を育成すること、そして第3に、先端的な法領域について、基本的な理解を得させ、また社会に生起する様々な問題に対して広い関心を持たせ、人間や社会のあり方に関する施策や、実際的な体験を基礎とし、法曹としての責任感や倫理感が醸成されるよう努めると共に、実際に社会への貢献を行うための機会を提供し得るものとすること、このような理念が掲げられたわけであります。

V　九州大学法科大学院論の歩み

　順序からしますと、全国の動向を述べた後で、九州大学法科大学院の歩みを語ってしまいますと、何か、九大の法科大学院の歩みというのは、それらに追随し、その跡をなぞり具体化しただけに止まっていそうですが、概括的に申し上げれば、決してそうではなくて、九大で議論した内容が、『意見書』にも実質的に取り入れられたと思われるところも、思い込みなのかも分かりませんけれども、考えられると思います。

　そこで、私たちの艱難辛苦の5年間の歩みというものを、資料として付けさせていただいています。ちょっと迷いましたが、「九州大学法学部同窓会報」というのがございまして、資料の3の1と2は、そこから抜粋したものです。たまたま4年間にわたりまして、同窓会報に、これまでの「九州大学法科大学院構想の歩み」を書かせていただきましたので、それらに依拠して、経緯をお話させていただければと思います。

　まず、1999年の春に、「司法改革問題検討ワーキング・グループ」を設けました。これは、同窓会報第25号をご覧ください。この頃、ちょうど法科大学院構想というのが急浮上してきたわけであります。

76　第4章　ある法科大学院の曙光

　そこで、当時の杉岡洋一総長から、九州大学の法科大学院は、単に一学部、一大学院法学研究科の問題だけではないと位置づけた上で、全学的なバック・アップをして頂けることになりました。九州大学が全学的な課題として位置づけ、取り組まなければならない、重大な問題であるということについて了解を得ることができたのです。了解を得たということは、当然、私たちは物心両面における支援をいただくお墨付きをもらったと考えております。

　当時、研究科長は、政治学の石川捷治先生でした。先生は深くご理解くださり、その下にこういう委員会・ワーキング・グループを発足させました。北川先生、大隈先生、内田先生、吾郷先生、和田先生、伊奈川先生、熊野先生、そして私であります。

　このメンバーの特色としましては、各専攻から、各講座から選ばれているということです。特に日本の法学部では、伝統的に政治学と法律学とが同居しておりますので、政治学の熊野先生にも当初から入っていただきまして、獅子奮迅の活躍をしていただいたわけであります。いや、過去形ではないと思いますけど、現在でもしていただいているわけであります。そして、法科大学院の授業も担当していただきます。

　厚生労働省の方から来ていただきました伊奈川先生も、任期付教員で年限は限られていましたが、その間、社会法講座を代表して非常に精力的に参加をしてくださっていました。個々人に対するコメントや謝辞は差し控えますが、そんな感じで全国的にも珍しい人的構成だと思います。多方面からの参加を得て、バランスの取れた議論が、このあたりから始まりました。

　それから、先程も申し上げましたように、北川先生が、当時の文部省の協力者会議に参加されていましたので、その情報を私たちはタイムリーに得ることができたということもあります。また、大出先生も、日弁連の方から、公的か私的か分かりませんけれども、色んな情報を提供してくださいました。もちろん、大隈先生、内田先生、吾郷先生、和田先生も、積極的に議論に参加されました（その後メンバーは変更しています。）。

　今、振り返りますと、この辺りが一番楽しかったと思います。なぜ楽しかったかというのは、ご想像にお任せしますが、……とても大変でしたが、つまりは、いわば同志が1つの目的に向かって知恵を出し合い何かを創造する

プロセスに関わることができたからです。

それから、法科大学院関係の大きなイベントとしまして、1999 年（平成 11 年）の 10 月から 12 月にかけまして、お手元にある分厚い冊子にまとめられたシンポジウムを開催させていただいたこともあります。抜刷りとして 1 冊にまとめられています。全体の目次が無いので、見にくいかも分かりませんが、九州大学大学院法学研究科「大学教育と法律実務家養成に関する連続シンポジウム」[6]1559 頁を開いてください。

まず、1999 年 10 月 16 日に、「法曹養成の将来と大学、大学院教育」、こういうテーマで、司法研修所から奥田先生、法務省から房村先生、それから日弁連から、福岡県弁護士会の吉野先生にお越しいただきまして、問題提起をしていただき、ディスカッションをさせていただきました。

それから頁が大分先の方に飛びまして、「大学教育と法律実務家養成に関する連続シンポジウム」1614 頁をご覧いただきますと、第 2 回。これは 11 月 15 日に行われました。とりわけ制度と言いましても、制度を設営している側だけではなくて、利用している側、司法のユーザーの方々にも、色んな意見を言っていただいて、そのニーズを汲み上げるかたちで制度の再構築や法曹養成を考えていかないといけないという発想から、「法律実務家への期待と大学の果たすべき役割」と題して、特にその利用者の視点から、第 2 回のシンポジウムを開催させていただきました。

経済界の方からは、新日鉄の阿部さん。それから日本労働組合総連合会の方からは長谷川さん。それから消費者団体の方からは、原さんに来ていただいて討論させていただきました。このような議論を踏まえた上で、九州大学の法科大学院構想を作ろうとしたのです。

そして、最後に「大学教育と法律実務家養成に関する連続シンポジウム」1659 頁をご覧ください。第 3 回のシンポジウムの記録がございます。

これは 12 月 13 日に「日米における大学、大学院教育と法律実務家養成」と題して、その現状と課題について議論をしていただきました。

ニューヨーク大学のフランク・アッパム先生。それから文科省から合田さ

---

(6)　法政研究（九州大学）66 巻 4 号 1559 頁（2000 年）。

ん。さらに私が報告をさせていただきました。そこで初めて、法科大学院のあり方に関する「九州大学案」〔本書第3章【資料】参照〕というものを出しました。

Ⅵ　法科大学院等の連携展開

　この1999年（平成11年）、そして2000年（平成12年）は大変慌しい年でした。

　とりわけ、福岡県弁護士会の方とも、その理論と実務の架橋を実現するためには、是が非でもご協力いただきたいので、「ロースクール協議会」を設けたわけです。これも懐かしい話ですけれども、夏に合宿をしまして3日程、福岡県弁護士会会館に詰めて終日議論に明け暮れました。当時、九州大学からの参加者も非常に多かったのですが、いつの間にか九州大学からの参加者が、ぐっと減っていきまして、今では私だけが参加させていただいています。

　ただ、嬉しい話としましては、その後、西南学院大学、福岡大学および久留米大学の先生方もご参加くださいまして、現在、継続的に議論していることです。お手元のリーフレットにありますように、福岡県下の4大学の法科大学院間および福岡県弁護士会との間で連携を行う方向で、この議論は実を結びました。「ロールーム構想」という画期的な考え方も、そこから生まれたわけです。ただ、これは当時大阪弁護士会でも議論されていましたが。

　ともあれ、1弁護士会4大学の連携という形式で、しかも、一定地域の全法科大学院をカバーするかたちで実現したのは、全国的に見ても福岡だけです。ただ、それで終わりということではなく、現在でも、リーガル・クリニックや奨学金問題等を論じています。これは、各大学が、ざっくばらんに相互の情報交換を行う場としても、大変有意義なものになっています。

　それから、その2000年（平成12年）10月ですけれども、その既存の大学院の修士課程（博士前期課程）に、「弁護士研修プログラム」を設けました。これは、ちょうど司法研修所における司法修習の期間が、2年間から1年半に短縮されるその時期に、司法研修所の課程を修了したばかりの若い人たちに、特に研修を受けていただいて、修士号を取得していただくことを内容と

したプログラムです。形式的にはそうですが、実質的な目標としましては、将来、法科大学院ができましたら、当然、現在の弁護士の方々にもそれを利用していただくことです。若い弁護士にも、事後研修的なものとして法科大学院を利用してもらう試みの一環として、こういうコースを設けたのです。

実績としましては、初年度は3人の弁護士が来てくださいました。私も授業を担当しましたが、大変熱心に参加していただきました。その初年度以降ゼロ名の状態が続いております。それは、発展的な解消なのか、それともそうじゃないのかよく分からないのですが、その時の教訓なり、その時の実績なりを生かして、今後法科大学院でも、法曹とりわけ弁護士になった後の「事後研修」にも、是非とも貢献できればと考えております。

それから翌年の同窓会報をご覧ください。2001年（平成13年）の9月8日付けですが、その時には、法科大学院制度の基本的な骨格を規定した『司法制度改革審議会意見書』が、既に公にされています。そこで、これまでは、「司法改革問題検討ワーキング・グループ」という名称の会議で議論していましたが、法科大学院ができることが確定しましたので、「法科大学院設置検討ワーキング・グループ」に名称を改めました。そして、メンバーも拡充して議論を深めていったわけであります。

また、先ほども少し触れましたが、特に福岡県弁護士会との「ロースクール協議会」も拡大したかたちで進めることができました。このあたりの記事には、実は立ち入ったことが書いています。それは、アメリカのロースクールというシステムが、OBからの寄附に大変大きく依存していること、それによって成り立っているということもありましたので、同窓会向けに、是非、物心両面の法科大学院へのご支援をということです。特にご寄附をお願いしたいということなのです。宣伝を兼ねて書いていますので、こういう表現になっています。

この段階で、「九州大学法科大学院構想」は、かなり具体化していったわけであります。内容は後で言及させていただくことにしまして、とりあえず流れだけ、ざっと追わせていただきます。

Ⅶ　九州大学法科大学院構想の具体像

　そして、その次の 2002 年（平成 14 年）9 月 8 日付けの同窓会報 27 号をご覧いただきたく思います。ワーキング・グループというのは、もうやめにしようということで、「法科大学院設置準備委員会」が発足しました。吾郷先生に委員長になっていただき、こういう委員会が設置されました。むしろ、時期的な状況に応じて、具体的な課題に取り組む委員会に発展していきました。

　たとえば定員の問題とか、そういう問題が詰められていったわけです。特に問題となりましたのは、キャンパス移転との関係で、たとえば場所をどこにするかの問題です。これも紆余曲折を経て、現在、建設中ですけれども、あのプレハブの校舎で落ち着いたのです。その過程では、様々なことを議論しました。

　その次の同窓会報 28 号は、2003 年（平成 15 年）9 月付けのものですが、これも、その後の状況をフォローしています。その後の状況としましては、たとえば、理論と実務の架橋を目的とする法科大学院が発足しますと、当然、その教育の一環として実務教育も行わなければなりません。そこで、たとえば、リーガル・クリニック、つまり臨床法学といった科目が重要になってくるわけです。これを、先取りするかたちで、すでに 2002 年度から、弁護士の上田國廣先生の法律事務所で、津田先生、黒木先生のご協力の下で、現在の大学院生に参加してもらって開始しました。これも、全国に先駆けた新たな試みです。なお、上田先生、津田先生、黒木先生は、現在、連携講座の客員教授・客員助教授として、既存の大学院の授業を担当して頂いておりますが、4 月以降は、法科大学院の授業を担当頂くことになっています。

　それでは、九州大学法科大学院構想の内容に入らせていただきます。

　それにつきましては、『月刊司法改革』（同 24 号 19 頁〔2001 年〕）というのをご覧いただきたいと思います。その 2 頁目の右下を見ていただきますと、2001 年（平成 13 年）9 月に、同年 6 月に公表された『司法制度改革審議会意見書』を受けて、具体的な案を出したわけであります。

とても面白いと思われますことは、この頃になりますと、シンポジウム、各大学のシンポジウムの波というのも一段落したことです。その『司法制度改革審議会意見書』が出るまでは、各大学が、法科大学院案というものを積極的に出していましたが、この辺りから案が出されなくなりました。それは、出し惜しみなのか、『意見書』にそのまま従うことなのかよく分からないのですけども、ともかく、おそらくは、『司法制度改革審議会意見書』で基本的な方向性が決まったから、後はもう、それに基本的に乗っかって行くべきだという考慮があったようにも思われます。少し残念なことです。明治期日本における大日本帝国憲法発布後の「自由民権運動の終焉」に似ています。

ところが、その『意見書』の中には、各大学の独自性とか、あるいは個性の発揮ということが書かれておりました。だから、決して、あれをなぞればそれでできるというものではなかったはずです。そういう状況の中で、敢えてこういうものを九大は出したわけです。それゆえ、意義は少なからずあると思います。

この中に色々書いておりますが、まずは19頁の右下に、基本的には、そのような能力を持った法曹を養成すべきではないかと書いております。それから、20頁の左上の辺りにも、少し書いておりますが、特に、色んなことが各大学で言われました。幅広い分析思考能力を涵養するといったことが言われましたが、必ずしもそれが、具体的な教育カリキュラムなどに見えてこないといった問題点もあったわけです。

ちょっと厳しい書き方をしていますが、そこで言われているものは、結局、あくまでも修飾語にすぎないもの、お飾り的な冠飾句と言いますか、その程度のものにすぎないのではないかということです。実は、あるべき法曹にとっては、単に基本六法科目ができるというだけでは足りないのではという問題提起です。確かに、それらも基本的に大切かと思いますけれども、もっとプラスアルファの価値が必要ではないかという問題意識が、私たちには基本的にありました。受験予備校ではなく総合大学ですから。

制度の大前提としましては、もちろん『意見書』に基づいてやって行くことは変わりません。ただ、口幅ったいことですが、その『意見書』に、それまでの九大の提言が影響を与えたというような面もあります。そこには、九

大案にオリジナルな理念的事項が組み入れられているようにも考えられます。だから、こういう形態をとったわけです。

それから、法科大学院を法曹養成のための教育機関として、制度設計するということも重要になってきます。この意味と言うのは、一般に、大学特に地方の基幹大学的な大学と言いますと、研究が中心となっており、その一環として教育を行っているという面もありました。たとえば、授業実施日を1週間に1日だけに設定して、毎年代わり映えのしない授業を行っていた教員もいたのです。研究は一生懸命やっているのでしょうが。

法科大学院教育は、そうではなくて、教育の一環として研究をやる。まさに法曹養成に特化したかたちで高度専門家養成の教育をやって行くことを考えたのです。そこで、同時に法学部も改革していかなければならず、既存の大学院の方も改革していかなければならないとの問題意識を持っていました。

それから法科大学院生の定員ですけれども、これは、100名と書いていますが、これには色んな議論がありました。150名とか、あるいは、驚くべきことですが、50名といった提案もなされました。後者はもちろん委員会の外部の有力教員から出されたものです。しかしながら、大体、九大の規模からいたしますと、100名から150名程度が合理的だと考えております。

修業年限ですけれども、これも2年コースを原則とする大学も少なからず見受けられました。しかし、九州大学法科大学院では、やはりプロセスを通じた法曹養成ということで、社会人、他学部の人たちも、そういう多様なバックグラウンドを持った人たちにも、是非、法曹になってもらいたいことから、3年は必要ではないかと考え、原則3年という基本スタンスを打ち出しました。これは、全国的にも、九大の考え方が影響を及ぼした点でもあります。

それで、九州大学法科大学院の基本設計は、おおむね以上の点に尽きますが、幾つか特色となる点について敷衍します。

まず、この案を練り上げた委員会の特長にも関わる点です。たとえば、多くの大学が、ワーキング・グループの私案、つまり私の案とかいうかたちで大学案を出しましたが、九大の場合には、かなり早い段階から教授会の了解を得て、「九大案」という形式でオーソライズされたものを公表してきまし

た。これは大きな特色です。

　それから、先程述べましたように、作成メンバーも、法律、しかも実定法の教員だけではなくて、基礎法、国際関係法それから政治学と、非常に多様な専門性を持ったメンバーだったということです。これは、他大学の場合と比較した大きな特長だと思います。

　しかも、5年間にわたって、非常に集約的かつ継続的に作業を行ってきたということです。九州大学法科大学院案だけでも、多くの案を改訂版、三訂版という形式で次々出していきました。また、カリキュラム案などの具体案も、かなり早い時期に出した点にも、特色があると考えます。

　そういう中で、たとえば入試の問題などを考えてみましても、特に、たとえば「開放性」、これは現行の司法試験が持っていた形式的な特色ですが、その開放性を重視したということも、特長ではないかと思います。これは、『意見書』にも盛り込まれることになりました。これはどういうことかと言いますと、ちょっと資料の4にもあげておきましたが、今は昔ですけれど法科大学院生の「囲い込み」というような議論がありました。

　それは、法学部から連続して数年間かけて法科大学院も修了させて、法曹を育成していくとの考え方があったのです。あったと過去完了のように言いましたが、現実には、事実上まだ有力な考え方として残っています。

　これに対して、九大の場合には、当初からそういう考え方ではなくて、法学部卒業生等とは別に、つまり他学部とか社会人に広く門戸を開き、多様なバックグラウンドを持った法曹を養成していきたいと考えていたのです。だから、その早期囲い込みに対しては、当初から批判的でした。それがおそらく、今回の九州大学法科大学院の合格者の実情にも現れているのではないかと思います。

　「多様性」、これも『意見書』で触れられていた点です。これについても、その作為的な現実化のために、「社会人枠」というのを設けるか設けないかというような議論もあったわけです。しかし、九州大学法科大学院では、設けなくても試験の仕方や九大法科大学院についての情報提供次第で、3割くらいあるいは3割以上の社会人は来てくれるだろう、予定調和的にそういう多様な人的構成がとれるのではないかと考えました。不安もなくはありませ

んでしたが、それは、少なくとも今の時点では、達成されていると思います。

特に、入試の面ですと、試験としての「公平性」が重要な要素となります。特に法学部を出ているから有利であるとか、そういうことも決してないと思います。今年の入試ではとてもいい試験問題を作っていただいたと思います。試験問題は、ホームページにアップされていますので、皆さんご覧になられたかも知れませんが。

現時点での取り敢えずの結果としましては、法学部出身が57名、社会人・他学部が57名ということに、その成果が現れていると思います。

また、その入試の特色としまして、たくさん書面を書いてもらいました。そういう課題を課したわけです。これも1つの特色ではないかと思います。それらを読んで評価するのは大変でしたが、今から思えば、負担になることを考えたということです。法科大学院制度の創設が、大学の制度改革という意味も持っていますので、仕方ないと思います。ただ、アメリカですと、教員が入試を実施するのではなく、アドミッション・オフィスが担当しますので、日本の大学教員、法科大学院教員は、いわばその意味実務家であり雑務家です。

それから、先程申し上げましたように、3年を原則にするということも重要です。既修者認定の仕方も工夫しました。これは、実は、大出案だったのですけれども、「内部振り分け方式」という、画期的だけれども大変な方式を編み出しました。つまり、一旦、定員の数だけ既修未修の区別なく全部合格させます。そして、その中から既修者を個別科目ごとに認定するという方式です。科目毎に認定して行く考え方は、新奇だと思います。とても大変で、4月の初めに行いますので、これから待ち受けている難題の1つです。ただ、これらは、九大の独自性の顕れではないかと思います。

これは、ちょっと穿った見方かも分かりませんが、仮に多くの人が、この既修者認定の試験を受けてくれるとしましたら、ある意味で、法科大学院に合格した時点、あるいは合格する前から、既修者試験のために頑張る可能性がでてきます。入学前からの自発的な自学自修の実践です。合格してから4月の初めの既修者認定試験日までの間も、しっかり勉強してもらえるのではといった「下心」も、私には無くはありません。九州人はのんびりしていま

すので、そうでないかも知れませんが……。

それから九大法科大学院の特色としまして、カリキュラムをかなり具体的に、当初から打ち出した点をあげることができると思います。そのカリキュラムが、この『月刊司法改革』に出ております。その23頁です。「法理論科目群」、これは後に若干修正されましたけれども、法理論科目群、その中に基本法科目と先端・実務法科目があります。「実務科目群」の中に、実務基礎科目と実務実践科目が入ります。それから「領域横断的総合科目群」というのがありまして、それと「隣接基礎科目群」というのを置きました。

こういうようなものに分けて、それぞれ必修とか選択とか、理論とか実務とか、基礎とか応用とか、このような分類をしたわけです。これも、最終的にはこのような方向で設置基準は作られたと言えば言えなくもないように思われます。

さて、このような科目配置や教育のあり方も含めまして、九大法科大学院の特長としましては、教育の視点の問題をあげることができるのではないかと思います。どういうことかと申しますと、これまでの法学教育、あるいは司法研修所の教育もそうかも分かりませんけれども、多くの場合は裁判官的な視点に立って教育をしていました。それが全面的に否定されるべきであるとは考えませんが、より複眼的な視点が必要だと考えました。つまり、当事者的な視点や思考が、これからの法曹の養成にとっては必要になってくるという重要な問題提起をしたわけであります。第三者的な視点、つまり裁判官的な視点だけではなくて、「当事者的な視点」からものを考えることもできる能力を涵養して行くべきであるという基本方針につながって行ったのです。

Ⅷ　九州大学法科大学院の特徴

またちょっと戻りまして、その『月刊司法改革』の21頁をご覧いただきますと、その教育内容、教育方法の特質、特徴としまして、5点挙げております。

まず、第1としましては、「複眼的視点の導入」。今、申し上げた点であります。

次に、第2に、「教育方法と体系的な知識」ということで、少人数教育が特に必要になってくることを指摘しています。第三者な視点に立って考えれば、上から講義方式で知識を詰め込むという形式の授業が可能なのかも分かりませんが、当事者的な視点に立てば、学生の授業参加、学生とのコミュニケーションが不可欠となり、対話型、双方向型、そういう授業方法が不可欠になってくるという問題提起をしたわけであります。

それから、第3に、「学際的な視点の注入」も指摘しています。どうしても、新司法試験を考えますと、それに合格するための勉強が必要になり、予備校化されたような教育カリキュラムが設けられることになるかも知れません。しかし、決してそうではなくて、質、量共に豊かな法曹ということを考えたときには、こういう科目を配置することが不可欠ではないかと考えたわけであります。

さらに、第4に、「理論と実務の融合」。これは、できれば実務家と研究者が共同で授業を行うのが1つの理想的な方向ではないかという問題提起をしています。これも、なかなか具体化するのは難しいと思います。今後の課題です。

以上は、何れも上からの視点と言えば上からの視点、制度側、教員側の視点で考えた案です。しかし、そもそも法科大学院というのは、全く新しい教育システムです。前回のFDでも議論になりましたけれども、第5に、法科大学院では、実は、学生も変わらなければならないと考えました。つまり、「主体的に学修する学生像」です。これまでの学生像は、いわば受動的な学生像でした。予習もせずに、授業に出ても、ただ単に先生の言っていることを一言一句細大もらさずノートに書き写す。また、授業に出てくるだけまだマシと言えば、そうかも分かりませんが、試験前にノートを借りて単位を取る。そうではなくて、法科大学院における学生像は、しっかり予習をして授業に出る。その上で基本的な問題意識を持って授業に臨んで行く。授業はいわば確認的なもので、場合によっては先生が喋っている途中でも質問をして切り込んでくる。どんどん質問してくる。そういう主体的な学生像や能動的な学生像を考え、それをいかに実現することができるかを考慮して、こういう案を作って行ったわけであります。

第1編　法科大学院の誕生　87

　もちろん、先生の側の寛容さも必要になります。とかく日本の研究者は、考えて答える学生の解答を待つことができなかったり、また、ちょっと批判されたら、すぐ感情的になって激怒するといったこともなくはありませんから。特に、年配の教授に多いと思います。また、研究第一の基本スタンスも変えなければなりません。

　ともかく、このような教育方法の特色をあげることができると思います。その他、九大の特色としましては、たとえば、各種の連携を挙げることができます。まず、福岡県弁護士会との連携が重要です。議論の中で、先程述べましたような「ロールーム構想」も出てまいりました。また、弁護士会の方から多くの先生方に来ていただくことが可能になったわけです。それから、西南、福大、久留米との連携も重要です。そこで開校されている科目、あるいはその先生方の授業を取ることができるという新たな制度もできました。さらに、鹿児島大学、熊本大学との連携も重要です。

　それから、もう少し広い意味での連携としまして、たとえば、九州大学が研究院制度をとっていることの利点を生かすことも考えました。今日もお出でいただいております、たとえば、医学研究院、経済学研究院、それから人環、その他色んなところの先生方にご協力を仰ぎまして、特に法曹として必要になるであろうと考えられるバックグラウンドの涵養に努めていただく体制も考えたのです。だから、ある意味では、社会諸科学、それから自然諸科学なんかも、法科大学院教育の中に取り込めるという意味では、とても贅沢な教育環境だと思います。ご協力いただく先生方には、心より感謝いたします。

　それから、リーガル・クリニック、あるいはエクスターンシップなどで、福岡県弁護士会の様々な弁護士の方にご協力いただけることも大きな特色と考えております。

　その他、その受験生のための説明会も、計３回も行いました。ホームページも作っておりまして、ユビキタス・アクセスと言いますか、どこからでもアクセスできる、「Ｑ＆Ａのコーナー」を設けました。ご覧いただくと、様々な質問が来ていることがお分かりになります。それらに、丁寧に答えているという実績もあります。

88　第4章　ある法科大学院の曙光

大変ありがたいことに、法学部事務部の北島事務長をはじめとして、村上さん岩隈さん、上田さん、両佐々木さんなど、多くの方に大変なバックアップをいただいておりました。研究補助室の本田さんはじめ皆さんにも大変お世話になっています。これらすべての皆さんのおかげで、今日、ここに漕ぎ着けることができたと思います。

IX　法科大学院の課題

　一般に法科大学院には、様々な問題もあります。

　新たな制度ができるときには、仕方がないかも知れません。世の中には、一生懸命やっている人をおもしろくないと考え、その足を引っ張る人もいます。大学内での既得権が侵される、従来からの自己のプレスティージが相対的に低下することを慮る人もいます。関ケ原の戦いよろしく、両陣営に講座（専門）構成教員を分けるパートが存在したり、成果だけちゃっかり掠め取る人もいます。しかし、そんな教員間の醜い争いなど、馬鹿（阿呆）らしい話で、大切なことは、九州大学法科大学院を選んでくれた学生たちに、どれだけ親身になって、良い教育ができ、成果を出すことができるかです。

　以上、取り敢えず、ちょっと早口で約1時間程度、話をさせていただきました。

　ともかく、実は、これからが本題そして本番です。法科大学院はできましたけれども、いかんせん新しい制度の割には予算が少ないのです。それからスタッフが、爆発的に増加するわけでもありません。どうしても、私たちは二足三足の草鞋、つまり既存の学部・学府も教えながら、つまり、既存の学部学生や大学院生も教えながら、法科大学院でも教えなければならないのです。研究者養成も怠ることはできません。

　その法科大学院というのは、教育中心であって、研究は教育のために資すべきものです。だから10年後、このメンバーがここに何人集まることができるかと憂慮もしています。くれぐれもご自愛を、と申し上げたい気分です。

　ただ、非常に幸いなことに、福岡と言いますか、この九州の地では、申し上げましたように、法曹界の皆さんが、当初から法科大学院にとても協力的

でした。今日も先程、福岡地裁の近藤所長とお会いして、お話をしてきたのですが、法曹界と大学とが非常にうまく行っています。九州大学出身弁護士の同窓会「松法会」の弁護士の方々も、エクスターンシップなどで、全面的なご支援をいただけることになっています。ありがたいことです。

　そして、社会連携もうまくいっています。特にリーガル・クリニック（法律相談）をしますと、本当に多くの市民の方々が応募してくださる。是非お願いいたしますと言って来てくださる。非常にありがたいことだと思います。それだけ、頼りにされているとも言えるのです。

　先程も申し上げましたように、最初に総長からお墨付きをいただいたわけなのですけれども、かなり予算の面で苦労しております。たとえば、図書費1つとって見ても、結局は、私たちの方で研究費を持ち出して、法科大学院の図書費を工面することにしました。法科大学院に多額の図書費が付いたというわけでもないのです。これから特に、法科大学院のトップに立つ人やその補佐役の方は、いかに色んなところに頭を下げてまわって、お金を取ってくるのか、これが最大の課題です。研究などとてもできないかも知れません。これは、実は、何でこんな思いつきのようなことを言うかと言いますと、これは、尊大な大出さんに謙虚になれ、というようなことを言っているのでは決してなく（大出さんは決して尊大ではなく初代法科大学院長にふさわしい人ですが）、資料5をご覧いただきますと、アメリカでは、ディーン、学部長ですが、そのディーンやアソシエイト・ディーンの重要な役割は、要するに「集金」なのです。教育は（僅かしか）担当しないで、専ら管理事務を担当するディーンたちもいます。その報告書は、昨年の正月、大出さんと直江さんと私が、アメリカの幾つかのロースクールを視察させていただきまして、見聞した報告書です。そこで、たとえばアメリカのロースクールのディーンは研究しない、実際できない人たちが多いのです。たとえば、会食に出席してOBから、いかにお金を集めるかに腐心される。アソシエイト・ディーンも凄いですね。これらは、もちろん法曹資格を持っている人がなるのですけど、役職につくということは、身を殺して仁をなすということです。いわばコメツキバッタとして、日本全国、世界各国を駆けめぐる、そういう使命を持った人間であるということです。日本はこのあたり考え方が違うので分か

りませんが。

　そういうことで、結局、これからいかにして、財政的な基盤を形成していくのかが問題になります。これは、「奨学金」の問題にも跳ね返ってきますし、これから充実させていかなければならない1つの課題です。九弁連の方でも、弁護士過疎対策の奨学金を考えてくださっています。財務担当の岡田さんにも、現在飛び回っていただいています。

　私が申し上げたいことは、まだ様々なことがあり、また、先程、「直耕」という話もしましたけれども、また、色々ご意見、ご議論をいただく中で、お話をさせていただきたいと思います。

　最後に1点だけ話したいのは、この『意見書』です。これは今バイブルみたいに考えられていますが、法曹の資質を、単に法についての専門的な資質、能力の修得という点だけではなくて、それよりも前に、かけがえのない人生を生きる人々の喜びや悲しみを理解できるような、豊かな人間性の涵養や向上を図ることをも謳っております。これは重要な指摘だと思います。法科大学院でそんなことができるのかという問題にもつながってくると思います。しかしながら、とにかくやるのですから、そういう方向も考慮に入れながら、一生懸命やって行ければと考えております。

　以上で、私の報告は終わります。長時間のご静聴、どうもありがとうございました。

第1編　法科大学院の誕生　91

【補論 2】 九州大学・法科大学院レポート 2006

（本レポートの背景）

　九州大学法科大学院が開学して丸 2 年が経過した頃、当時の 2 代目法科大学院院長と同副院長の私は、九州大学法科大学院の現況や展望について、インタビューを受けることになった。九州大学法科大学院は、既に述べたように（本書第 3章【資料】参照）、2001 年（平成 13 年）6 月 12 日に公表された『司法制度改革審議会意見書』が提示した法科大学院システムの理念に賛同し、そこで提示された骨子を実質化するための具体的な法科大学院システムを構築した。

　しかし、キャンパス移転が目前に迫り新規の恒久施設を建設することが困難であったことから、移転を見越したいわば仮校舎（プレハブ棟）から出発せざるを得ず、様々な制約の中で、学生の希望をも聞きながら制度改善に努めてきた。また、カリキュラムや施設の活用のあり方についても、2 年間の経験を踏まえて改善することに努めた。

　九州大学では、年齢順に仕事を行う慣行があったため、2 代目以降の法科大学院院長は、数年間にわたる九州大学法科大学院構想の準備作業に全く関与しなかった教授たちが務めることになり、法科大学院の創設前から長い間、大学院企画運営委員長や教務委員長を務めてきた私は、引き続き副院長として法科大学院運営をサポートすることとなった。

　このレポートは、2006 年（平成 18 年）5 月 23 日に法律雑誌『ロースクール研究』のインタビューを受け、私が回答した部分をまとめたものである（ただし、掲載雑誌の紙幅の関係で当時は削除した部分を一部復活させている。）。

　当時、日本には法科大学院が 74 校も誕生し、法学部人気の衰えが、その受験者数の減少に僅かに現れつつある時期であったが、法科大学院を通じた法曹養成教育への期待はまだまだ存続していた。私の回答は、その時代の法科大学院の現場における希望のメッセージとして提示したものであった。

I　入試と学修環境等

1　理念と入試選抜方法の特色
　——*最初に、九州大学法科大学院が求める学生像について、教えていただければと思います。*

　まず、九州大学法科大学院は、2001 年（平成 13 年）6 月 12 日に公表された『司法制度改革審議会意見書』で提示された法科大学院制度の趣旨に賛同し、そ

れを具体化するための様々な工夫を凝らして開設されました。入学者に占める社会人や他学部出身者の割合も相当大きくなっています（下記の【資料1】「入学者の概要」参照）。多様なバックグラウンドを持った学生の応募を期待しているのです。

【資料1】入学者の概要

	平成16年度	平成17年度	平成18年度
入学者数	100人	93人	104人
うち男性	59人	61人	60人
うち女性	41人	32人	44人
年齢構成（平均）	28.0歳	25.2歳	26.0歳
経歴別			
法学部出身者	50人	61人	66人
他学部出身者	12人	8人	10人
社会人経験者	38人	24人	28人

　九州大学法科大学院では、単に法曹を養成するための教育を行うだけではなく、その教育を通じて、紛争当事者を法的にきちんとサポートし救済するのみならず、司法制度改革というものを、将来にわたってしっかりと担って行けるような法曹を育て、全国津々浦々に送り込んでいきたいと考えています。

　私たちの法科大学院の理念を表すキャッチフレーズとして、「人に対する温かい眼差しをもち社会正義を実現できる法曹の育成」をあげていますが、司法制度改革を推し進めて行くと同時に、そういった法曹になることができる資質を備えた人に、ぜひ来ていただきたいと望んでいます。

　入試の際には、「職業経験報告書」や「社会体験報告書」を提出してもらっています。例示にすぎませんが、たとえば、医師、公認会計士、教員、会社員、銀行員などとして、これまで働いてきた経験を持つ学生にも応募してもらっています。

　――入試方法と既修・未修の選抜について教えていただけますでしょうか。

　九州大学法科大学院では、従来の基本理念をより実質化するために、来年度からカリキュラムを抜本的に変更しますので、それに伴い入試方法も大きく変わります。

　定員100名は変わりませんが、特徴的な点は、新たに既修者コース50名枠を設け、来年度からいわゆる「内部振り分け方式」（いったん全員3年コースに入学し、入学後に既修者試験に合格すれば既修者として扱う方式）を取りやめることにし

た点です。未修コースには、従来以上に多様なバックグラウンドを持った学生を呼び寄せたいと思います。しかも、これまで2回行っていました入試を、「1回2日間（本年は11月25日（土）、26日（日））のみ」に変更しました。

　新しい制度では、「既修コース」と「未修コース」との併願も可能です。ただ、併願希望者は、未修コース用の論文試験も受ける必要があります。

　法科大学院は、プロセスを重視する教育システムですので、法学部か他学部かの出身を問わず、学部時代から、こつこつと努力を重ねてきた多様なバックグラウンドをもった志願者の受験を期待しています。

　新しい既修コース試験の特徴としましては、民事法系、公法系および刑事法系といった区分で、試験を行います。なお、これまで行ってきた「一部既修」（試験科目ごとに既修者試験に合格した者はその科目の既修者とみなす制度）などといった中途半端な制度は廃止します。

　また、複数の教員の目から法曹の適性を見る面接試験も実施します。現場で苦労している教員の痛切な希望としては、できるだけ望ましい法曹の卵を選抜できればと考えています。

　なお、新しいカリキュラムに一言触れておきますと、「法律基本科目」について、現在よりも手厚く、いわばステップ・アップ方式の「3段階の段階的・発展的なカリキュラム」を用意します。しかも、「新司法試験の選択科目」についても、「3段階のきめ細かな段階的授業」を用意しています。たとえば、労働法でしたら、「労働と法→労働紛争処理→労働法実務」、倒産法でしたら、「倒産と法→倒産紛争処理→倒産法実務」、税法ですと、「税財政と法→租税紛争処理→租税法実務」などを用意します。

　　——入学試験における適性試験の位置づけについて教えてください。

　先ほど述べました書類選考（定員100名につき、300名を超える志願者がある場合には、300名に絞るために行う選考方式）において、予定としては、適性試験に50％以上のウエイトをおきたいと考えていますが、現在最終確定に努めています。近日中にホームページ等で詳細を公表します。

2　学習環境
——学習環境等でPR等があればお願いいたします。

　自習室は24時間利用できるようになっています。午後6時以降はカードがなければこの建物の中には入れませんので、セキュリティの面でも安全です。私は、時々困っていることはないかと学生たちに聞きに回ったりしていますが、試験の

前などには、寝袋がそのあたりに散乱していたりしまして、不夜城になります（笑）。教員も身が引き締まる思いです。

　法科大学院棟の中にある図書室も 24 時間利用が可能ですが、夜の時間帯には図書室のカウンターに人がいて貸出しを管理しているというのではありません。自己記入の貸出票はありますが、書籍は法科大学院棟内に限って使うということで、すべて学生を信頼しその自己管理に任せ、共有財産である書物の共同利用をしてもらっています。

3 「リーガル・クリニック・センター」・「九州リーガル・クリニック法律事務所」の設置

　——ほかにも何か特徴的な設備等があれば教えていただけますでしょうか。

　福岡高等裁判所・地方裁判所・簡易裁判所、福岡家庭裁判所の近くに、「リーガル・クリニック・センター」と弁護士法人「九州リーガル・クリニック法律事務所」を設置しました。

　所長は、上田国賠事件で有名な弁護士の上田國廣先生です。

　この弁護士事務所に属している弁護士は、すべて九州大学法科大学院の教員です。「リーガル・クリニック・センター」と弁護士法人は、いわば一体になってリーガル・クリニックの運営を行います。無料法律相談なども、そこで事務所所属の教員が中心になって行います。

　次頁の【図】「九州大学連携システム」に示しましたように、九州大学法科大学院が中心となって、市民と弁護士の橋渡しを行い、法科大学院制度創設の趣旨に沿った「法の支配」を実現できればと考えています。

4 テレビ会議システムの活用

　——他大学と連携して授業等を行っているとのことですが、具体的に教えていただけますでしょうか。

　まず、九州大学・熊本大学・鹿児島大学の連携、つまり「九州 3 大学法科大学院連携」があります。たとえば、ある 1 つの科目を鹿児島大学と九州大学で同時間帯に開講すれば、両方の学生がディベートや意見交換をすることができます。そういう面では画期的な装置ですし、実際にそれを使って多くの授業を行っています。学生も、テレビ会議方式の授業だから楽ができるということは決してなく、教員がタッチパネル方式で当てた学生をズームアップすることもできます。学生はとにかく何らかの意見や解答を述べなければなりませんので緊張感を持ってやっていると思います。意外と思われるかも知れませんが、音声も画像も鮮明です

【図】九州大学連携システム

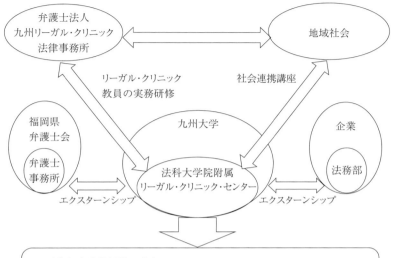

から距離感はさほど感じません。タイムラグもありません。
　このシステムを利用したカリキュラムは、それぞれの大学に専門の先生がいないとか手薄な科目にターゲットを絞っています。各大学の授業開始時間が異なりますので調整に苦労しましたが、集中講義ではなく通常の授業時間割に組込むことができましたし、3大学間で単位互換の協定を結んでいますので、普通の授業と同様に単位がとれます。学生にも好評を得ています。
　鹿児島大学法科大学院、熊本大学法科大学院との連携の成果につきましては、今年度中に大きなシンポジウムを企画しています。
　また、この連携に加えて、地域連携に関連して、福岡県弁護士会が核となって、「ロールーム構想」という取組みもしています。これは、西南学院大学、福岡大学、久留米大学、そして九州大学といった、福岡県下の4大学の法科大学院が連携して、各法科大学院で開講している科目を、他の法科大学院の学生も受講できるようにしているのです。
　もちろん科目は限定していますけれども、先ほど述べた「九州3大学法科大学院連携」と同じような各大学間で相互補完の関係にあります。福岡の地で良質の

法曹を涵養して行こうという目的が、そのような連携の根底にあるわけです。

ただし、「連携」は、地域性を考慮して各地に創設された法科大学院間で、相互補完関係を新たなかたちで具体化する素晴らしい試みだと思いますが、しかし、私は危惧も感じています。それは、TV会議システムなどを用いた遠隔地教育が首尾良く行われれば、法科大学院の統廃合の根拠にもなりかねないと思うからです。独立した大学間の連携にすぎないものが、本校分校化したり、統廃合の後始末に使われたりしないように、気をつけなければならないと考えています。

ちなみに、私の民事訴訟法研究の視点からは、このようにICT（Information & Communication Technology）は、法科大学院教育にも十分活用できることから、民事訴訟を中核とした民事手続全般のICT化も十分可能であり、ICTは活用されるべきであるとの考えから、福岡で研究をしています（その成果としては、後に、川嶋四郎＝笠原毅彦＝上田竹志『民事裁判ICT化論の歴史的展開』〔日本評論社、2021年〕を公表しました。）。

5　学生に望むこと

——そういった相互補完をし合いながら授業を行っている中で、学生に対して特に望むことなどがあれば教えてください。

「自学自修」です。「自ら学び自ら修める」というのは、本来的に法曹になるための基本的な要件です。決して新奇な目的でもなく、法曹として当然必要なことをいわば確認的に標語化したにすぎません。つまり、法曹になったら新たな社会的事象や事件に対して、依頼者や当事者のために、自分たちで問題解決の方法を考え一定の法律論を展開していかなければならないわけですから、そういう基礎体力をこの3年間のうちに身に付けてもらいたいと思うのです。私たち教員は、学生が自分で法律家のように考えることができる基礎体力を身に付けるためのサポートができるにすぎません。

このように、自学自修は、将来優れた法曹として活躍するために必要な当然の基層的考え方だと思いますが、合格答案の書き方や受験テクニックの修得を望み、法科大学院の受験予備校化を求めるごく一部の学生からは、自由放任と「誤解」されているのが極めて残念です。

当然のことですが、たとえばレポートや課題（問題演習）の評価・添削、リーガル・ライティング、担当教員制度、多様な選択科目、オフィス・アワー、自主ゼミにおける教員のアドバイスなど、他の法科大学院と比較しても、かなり丹念できめ細やかな教育を、九州大学法科大学院では行っていることを、特に付言しておきたいと思います。

II 授業における取組み

1 少人数教育の実現

——法科大学院の教育理念として、少人数ということが言われますが、この点についてはいかがでしょうか。

私は民事訴訟法を担当していますが、法科大学院創設の趣旨に従って少人数教育を行いますので、3クラスに分けて3コマ同じことを教えるということになります。

極端な話ですが、冗談も3回同じことを言えば、自己嫌悪に陥りますし、3回の反復授業はかなり苦痛です（笑）。それ以外に、他のいくつかの選択科目ももちろん担当しています。ただ、指示されているような35人標準の少人数教育ですと、学生の顔と名前は覚えられますし、1コマで最低1回は指名されるという意味でも、学びのモチベーションを高める良い機会とも思います。過度に緊張感を与えることは疑問ですので、どのように双方向の授業を行うかは工夫のしどころです。

ただ、現在、2年次、3年次教育における少人数教育のあり方を抜本的に変更しています。これについても近日中には、ホームページなどを通じて公表できると思います。

2 実務家教員との連携を図ったカリキュラムの実現

——実務家教員と研究者教員の連携等はどのようになされているのでしょうか。

九州大学法科大学院のカリキュラムの特徴は、実務家教員が担当される科目が非常に多いことです（後掲の【資料2】「カリキュラム一覧」参照）。たとえば弁護士が担当している「リーガル・ライティング」、「マンション法」、「法とジェンダー」、「外国人の人権と法」など、実務と直結した現代的な問題を扱った科目が、たくさん開講されています。研究者教員であっても、実務を意識しない授業は、おそらくすることができない状況になっています。

私も、現在の民事訴訟実務を絶えず意識して授業をしています。また、実際実務家教員と研究者教員が一緒に行っている授業が民事も刑事もいくつかあります。

法科大学院が発足したときから、月に1回程度学生とのコミュニケーションを活性化し、学生のニーズを汲み上げる意味合いもあって、学生と教員で「懇談会」すなわち「パーティ」をしようと決めたのですが、実務家教員の方も、後継者を養成しようという強い意欲を持って結構参加してくださっているのです。

それと、教員一人あたり学生何名というかたちの学生担当を決めて個別に悩みを相談したりするチューター制度（担当教員制度）があります。裁判官や弁護士の実務家教員の方にも、実はチューターになっていただいているのですが、研究者教員にはなかなか話せない将来の職業に関わる悩みなどを学生から聞いていただき、全体として制度などの改善に役立てているという面もあります。

　　——実務家が非常に協力的ということですが、エクスターンシップ等も盛んなのでしょうか。

　福岡では、エクスターンシップの受入先についても充実していますし、協力してくださっている弁護士の方々も、かなり教育的配慮をしてくださっています。たとえば民事事件で和解をするという場合などは、あまりその過程を第三者に見られたくない見せたくないというのが普通でしょうけれども、弁護士が事情を説明して、両当事者らの同意を得た上で、学生を和解の場に立ち合わせて、和解交渉の過程を見聞できるという機会を与えていただいたこともありました。
　また、エクスターンシップを企業や自治体でも行っているのも、多分、かなり特徴的だと思います。たとえば、自治体では、条例作成の問題や、もちろん自治体の中の紛争処理にも関与しますから、いい経験になります。
　たまたまですが、福岡市に隣接するある市で、エクスターンシップの期間中に市長のリコール問題が起こりましたが、早速、エクスターンの学生が大活躍をしたということもありました。
　今後は、何か重大な専門的事件が起こった場合でも、東京や大阪の弁護士にわざわざ相談するということではなく、地元に優秀な人たちがたくさん育って行けば、地方の活性化にもつながって行くと思います。そういった意味でも、学生にとってエクスターンシップは重要だと思います。

3　双方向授業への取組み
　　——授業の双方向性といった視点から、学生の発言を高めるための工夫等は行っているのでしょうか。

　私は、席順などにこだわらず、アトランダムに当てています。学生が、多少間違っていても、たとえば少しでも正解をかすっているような部分をできるだけ評価し、より深く考えてもらうように心がけています。積極的に発言してもらえるように双方向の授業をしていますので、学生にとって予習は欠かせません。そういう意味では双方向授業では、学生に適度の緊張感を与え、高いモチベーションの維持が求められているのではないかと思います。このことは、他者の人生に関

わる法曹として当然に修得しなければならないと考えています。真摯に法学教育に取り組む教員にとっても、たいへん心労の多い授業だと思います。アメリカのロースクール教育などを見てきた者からしますと、「褒めて育てる。」というのも有益な方法ではないかと考えています。

　なお、基本的な法律知識が不足している完全な法学未修者には双方向授業は難しいとも言われているようですが、それは考え方の違いにすぎないように思います。完全な法学未修者でも、論理的なものの考え方、説得的な説明力あるいは方向性を正す柔軟性などという基礎的な素養は有しています。一般にモチベーションも高く、予習もきちんとしています。私の担当科目である民事訴訟法は、通年でその全体を学ぶことになりますが、実際には、夏休みを明けたら見違えるように変わり成長してきます。

　1年を終わった段階で、私の担当している民事訴訟法では、80名程度の受講者の上位10名の中に、何人も完全な法学の未修者が入っていて、驚きとともに感動した経験があります。それは、法学部教育のあり方自体も課題を有していることを示しているのかも知れませんが（なお、100名定員で、80名程度の受講者というのは、先にも述べたように、個別科目ごとの既修認定をしていますので、民事訴訟法既修者が20名程度いたということです。「程度」というのは、旧司法試験の合格者が法科大学院を去ったということです。）。

4　成績の評価方法
　——*学内試験をはじめとする成績評価について教えていただけますでしょうか。*

　九州大学法科大学院は、これまで、いわゆる「内部振り分け方式」をとっていました。入学時に法曹としての一般的な資質を尋ね、それをクリアーした後、既修認定試験（個別科目別既修科目認定試験）で既修者に認定される学生を選抜するという丁寧なシステムをとっていたのです。成績にばらつきはありましたが、全般的に優秀だったという印象です。なお、初年度には、落第した学生はいませんでした。

　ただ、進級に際しては落第する学生もいます。そこで、私たち執行部の教員たちが手分けして、相対的に成績の低い学生と個別に会って、「学修の支援」というかたちで、学生と勉強方法などについて話を聞いたりして、サポートをするようにしています。

　——*再試験などは行っているのでしょうか。*

　現在、再試験制度はありますが、再試自体、当該科目の成績が一定範囲（65点

～69 点）にないと受けられません。民事訴訟法科目に関してですが、落第させて
もう1回1年から勉強してもらった学生が何名かいました。それらの学生たちの
中には、（筋違いに私を恨んでいる学生もいるかも知れませんが）結果としては非常
に成績が伸び、感謝されたこともあります。私は、法曹養成に際しては将来の依
頼者や民事訴訟過程等の公正・充実を考えざるを得ないと思いますので、成績評
価は厳格に行うべきだと思います。学生の中には、合格点が取れなかったゆえに
恣意的な評価がなされたと主張して、当該教員をアカデミック・ハラスメントで
訴えた者もいるようですが、第三者教員によって答案が再チェックされた結果、
嫌がらせ的な申立てであったことが判明したとのことです。古代ギリシャの昔か
ら、「汝自身を知る。」ことは、確かに難しいことです。

Ⅲ　教員の能力向上システム

*——教員の能力向上のためのFD活動などは積極的に行われているのでしょう
か。*

　法科大学院におけるFD（Faculty Development）活動は積極的に行っています。
すでに、法科大学院の開設前から行っていました（本書第4章参照）。
　FDには、当然、みなし教員の裁判官や弁護士の実務家教員も参加してくださ
っていますので、そういう面では研究者教員も含め非常に刺激的な議論を行うこ
とができて楽しみです。FDのテーマは多様です。カリキュラム、授業方法、学
生の成績、入試方法など多岐にわたります。
　また、年2回、授業について匿名で学生アンケートを実施しています。たとえ
ば、箱崎キャンパスでは航空機が頭上を飛んだりしますので、教員の声が聞き取
りにくくマイクを入れてほしいといった要望や、教員間の意思疎通を密にして一
定の制限を設けないと宿題や課題が特定の時期に集中して学生が悲鳴をあげると
いったことも、アンケートの結果明らかになりました。初年度に素早く対応した
わけですが、学生のニーズを汲み上げるためには、アンケートなどは非常に有益
です（ただ、法曹の卵から匿名にかこつけ誹謗中傷的なものが見られるのは残念です）。
　昨年度までは教務委員長でしたので、専ら学生からの苦情や要望の窓口になっ
ていました。学生の専用机の件でも、実務家教員の再任の件でも、数多くの「署
名」を受け取りました。学生が自己内発的に共同してよりよい制度を創ろうとし
ている姿に感動しました。専用机については、学生が「自分たちの居場所」を持
っているというのは非常に大切ですし、結果として、現在学生の皆さんには喜ん
でもらっていると思います。ただ、正直にお話をしなければならないのですが、
残念ながら、FDや教授会をかなり頻繁に欠席する教員がいることは、学生に対

して誠に申し訳なく思います。そのような教員に限って、負担の軽減を求めたり、執行部批判をしています。それなら学務を自ら担当すればと水を向けましても、完全に拒否されたと聞いています。残念ですが。

Ⅳ　今後の展望

——もうすぐ行われる新司法試験に対する期待や提言をお願いできますでしょうか。

　私は民事訴訟を教えていますので、プロセスが大事だと思っています。学生には、これまでプロセスをきちんと踏んで学修を重ねてきたことに自信を持ってもらって、結果は後から自ずとついてくると考えてもらうしかありませんし、またそういう試験制度を創らないといけないと思います。
　新司法試験制度も、司法制度改革の賜です。法科大学院で高質の法曹を多数育成するということで、法曹養成が、私たち教員に任せられている面もあるわけです。ですから、ある程度法科大学院教育を信頼して、量的な規制ではなく質の面での規制を考えて、一定の能力を持っている人には基本的に法曹の資格を与えるという具合に資格試験として徹底するのが一番よいのではないかと思います。医師の国家試験と同じです。
　私たちも、学生を、厳正な成績評価を通じて、おかしな法曹を輩出しないように確かな篩を用いたいと考えています。しかも、アメリカのロースクールのように、3年間真面目に勉強していれば司法試験に通るので、将来における自己の専門を磨くために特定の専門分野を自発的に深く勉強できるといった心の余裕が与えられるような学修環境が日本全国で創造されれば、この国の法曹の質もより広範に高質化して行くのではないかと思います。ただ、仮初めにも、法曹の適格性に欠ける者が新司法試験に合格しても、厳しい社会における「市民の良識」によって選別されると、私は信じています。

——最後に、今後の展望や一生懸命勉強している学生に対する期待等についてお願いします。

　九州大学法科大学院の教育理念としては、「複眼的な視角でものを見ることができる」、つまり、いろいろな人の立場に立って物事を考えることができる法曹を、きめ細かな教育を通じて育成したいと思っていますので、「当事者的な視点」というものを忘れないでほしいと思っています。しかも、常に司法制度改革の理念や法科大学院制度の理念・使命を忘れずに、現実を可能な限り理念に近づける

ことができる志と静かなパワーを持った良識ある学生を、良き法曹に育てたいと考えています。

　利己的な社会の中で、「他者に対する温かい眼差しをもって社会正義を実現できる法曹」を目指す学生を、心から歓迎します。

　司法というのは、面前の個別事件の当事者に一定の法的救済を与えるのが使命だと思いますが、しかし、立法や行政と違って、司法はじっくりと長い目で見てあるべき方向性を考え判断する、重要な役割を有していると思います。

　ちなみに、九州大学の法科大学院棟の1階入口に、私は、政治学の石川捷治先生（九州大学名誉教授）から頂戴した「亀の置物」を置いたのですが、学生には、最後には勝つことになっている亀のように、「Slow & Steady（ゆっくりだけれど着実）」に目標へ向かって歩んでもらいたいという願いを、そこに込めています（笑）。

第1編　法科大学院の誕生　103

【資料2】カリキュラム一覧

	受講年次	科目名
〈必修科目〉		
法律基本科目群	1年次	人権と法
	1年次	統治と法
	1年次	行政と法
	2年次	公共法Ⅰ（人権と憲法訴訟Ⅰ）
	2年次	公共紛争処理と法
	2年次	税財政と法
	1年次	民法Ⅰ（民法総論）
	1年次	民法Ⅱ（物権法総論）
	1年次	民法Ⅲ（担保物権法）
	1年次	民法Ⅳ（債権総論）
	2年次	民法Ⅴ（債権各論）
	1年次	民事訴訟法Ⅰ（訴え・審理等）
	1年次	民事訴訟法Ⅱ（証拠・判決等）
	1年次	刑事法Ⅰ（基礎と原則）
	1年次	刑事法Ⅱ（刑事手続と人権）
	1年次	刑事法Ⅲ（犯罪と刑罰1）
	1年次	刑事法Ⅳ（犯罪と刑罰2）
	2年次	刑事法Ⅴ（犯罪と刑罰3）
	1年次	企業法総論
	1年次	企業組織法
	2年次	労働法
	1年次	国際関係法
	2年次	現代基礎法
法律事務基礎科目群	1年次	リーガル・ライティング
	1年次	法情報論
	2年次	民事裁判実務
	2年次	刑事訴訟実務
	3年次	法曹倫理
	2年次	民事弁護論
	3年次	刑事弁護論
	3年次	模擬裁判

〈選択科目〉		
基礎法学・隣接科目群	2年次	現代法哲学
	2年次	現代司法論
	2年次	紛争処理論
	2年次	現代弁護士論
	3年次	文学と法
	2年次	歴史と法Ⅰ
	2・3年次	歴史と法Ⅱ
	2年次	法と政治
	2・3年次	法と経済学
	2年次	法医学
	2・3年次	目撃と証言の心理学
	2・3年次	統計学
	2・3年次	社会調査論
	2・3年次	紛争解決の心理学
展開・先端科目群	2・3年次	公共法Ⅱ（人権と憲法訴訟2）
	2・3年次	公共法Ⅲ（公共制度設計論）
	3年次	地方分権と地方自治
	3年次	公共部門労働法
	3年次	社会保障法
	3年次	経済法
	3年次	民事法総合
	3年次	民事責任法
	2年次	担保法
	2年次	家族法
	2・3年次	民事複雑訴訟法
	2・3年次	民事執行法・民事保全法Ⅰ
	2・3年次	民事執行法・民事保全法Ⅱ
	3年次	民事救済法
	2・3年次	倒産処理法
	2・3年次	家事事件手続法
	2年次	手形法・小切手法
	2年次	企業会計法

2・3年次	消費者法Ⅰ（消費者契約法）
3年次	消費者法Ⅱ（商品安全関係法）
3年次	刑事法総合
3年次	少年法
3年次	子どもと法
3年次	刑事処遇論
2・3年次	産業財産法
3年次	著作権法
2・3年次	Laws of GATT/WTO（GATT/WTO法）
2年次	International Economic and Institutional Law（国際経済組織法）
2・3年次	International Law and Legal System in East Asia（東アジアにおける国際法と法システム）
2年次	International Litigation（国際民事訴訟）
3年次	International Business Law and Foreign Investment（国際ビジネスと投資に関する法）
2年次	Comparing Legal Cultures（比較法文化）
3年次	International Maritime Law（国際海商法）
3年次	EU Law and International Trade（EU法と国際貿易）

	2年次	Contemporary Debates in Criminal and Commercial Law（刑法と商法の個別テーマに関する比較法的研究）
	3年次	外国人の人権と法
	3年次	精神医療と法
	3年次	マンション法
	2年次	高齢社会と法
	3年次	ロイヤリング・法交渉
	2年次	要件事実論
	3年次	契約実務
法律実務展開科目群	2・3年次	企業法務
	3年次	知的財産法実務
	3年次	破産・民事再生の実務
	3年次	ジェンダーと法
	2・3年次	労使紛争処理
	2・3年次	紛争管理と調停技法Ⅰ
	2・3年次	紛争管理と調停技法Ⅱ
	2・3年次	インターネットと法
	3年次	リーガル・クリニックⅠ
	3年次	リーガル・クリニックⅡ
	2年次	エクスターンシップⅠ
	2年次	エクスターンシップⅡ

第２編

法学教育・法学部教育と法科大学院

第 5 章 ─────────────
法科大学院構想と法学教育

2000 年

I　はじめに

　九州大学大学院法学研究院（当時は、大学院法学研究科）は、1999 年 5 月に「司法改革問題検討ワーキング・グループ」を発足させて以来、標題の課題をも含めて厳しい検討を重ねてきたが、多方面からご意見を拝聴する機会を得るために、同年 10 月から 12 月にかけて、『大学教育と法律実務家養成』に関する 3 回連続シンポジウムを開催した。第 1 回は、「法曹養成の将来と大学・大学院教育」をテーマに、最高裁判所司法研修所、法務省および日本弁護士連合会（日弁連）からシンポジストをお招きし、第 2 回は、「法律実務家への期待と大学の果たすべき役割──利用者の視点から」をテーマに、経団連、連合および消団連からシンポジストをお招きし、さらに、第 3 回は、「日米における大学・大学院教育と法律実務家養成──現状と課題」をテーマに、ニューヨーク大学および文部省からシンポジストをお招きし、それぞれ、ご報告を頂いた。それらの議論を踏まえ、第 3 回シンポジウムの際に、法科大学院構想（仮称）に関するワーキング・グループ案[1]（いわゆる「九大案」）を、教授会の承認を得て公表させていただいた。

───────────────────
(1)　「法科大学院構想と法曹養成教育の再構成」と題して、第 1 回から第 3 回のシンポジウムの全記録は、法政研究〔九州大学〕66 巻 4 号 1559 頁以下（2000 年）に掲載している。「九大案」は、同 1721 頁以下および『法律時報増刊・シリーズ司法改革 I』468 頁以下（2000 年）に収録されている。

108　第5章　法科大学院構想と法学教育

その後も、九州大学は、本年（2000年）3月付で、上記基本構想を具体化するかたちで、「九州大学法科大学院カリキュラム試案」[2]を公表し、現在、学内外で意見交換を行いつつ、さらに、様々な状況に対応することができる法科大学院構想を具体化・実質化させるために、鋭意検討を重ねている。現在の予定では、法科大学院構想の検討のために司法制度改革審議会から依頼を受けたいわゆる「検討会」での議論の推移や状況を睨みながら、夏休み明けには、再び法科大学院構想に関する提言を行いたいと考えている。

なお、以下の内容は、学内外の様々な議論から多大なご示唆を賜っているものの、私個人の責任による。

II　「法学教育」アンケート各項目に対する回答

1　司法制度改革審議会における法曹養成に関する審議について

一般に、そこでは限られた時間に幅広くかつ密度の濃い議論[3]がなされており、来るべき21世紀の「この国の司法のかたち」の人的基盤創りに対する並々ならぬ熱意が感じられる。「法科大学院（仮称）に関する検討に当たっての基本的考え方」に盛り込まれた「目的」、「教育理念」および「制度設計のための留意事項」には、これまで公表された各種法科大学院構想のエッセンスが盛り込まれ、しかも、個々の項目は「九大案」の基本的な方向性ともおおむね合致するものであるので、今後「検討会」における具体化が大いに期待される。

特に、「留意事項」の筆頭に挙げられたように、法科大学院の「全国的な適正配置」は、市民に根ざした法曹を生み出し全国均質の望ましい法化社会を実現するための不可欠的な前提となるであろう。それは、これまでに公表された多くの法科大学院構想が指摘するところである。ただ、法科大学院制度の構築に際して、司法試験合格者数自体を基準にすることは、その大本の

---

(2)　『シリーズ司法改革I』479頁以下に所収。内容的には、全国に設置される法科大学院カリキュラムの理念型を提示している。

(3)　たとえば、井上正仁「法曹養成制度改革の課題」ジュリスト1176号147頁（2000年）等を参照。

変革が迫られている現在、必ずしも適切ではないであろう。万一、その合格者数等を一応の基準とするにしても、たとえばその出身都道府県（全国各地の医大の例のように、地元あるいは近接地に法曹養成のための大学があれば、そこへ進学することも考えられること）や、受験者数とその合格率（合格率が悪くても受験者や合格者が多いのは、時間をかければ不合格者が合格者になれる機会が場所的に開かれていることが考えられ、競争環境・競争条件が平等ではないこと）を勘案するのがフェアーであろうし、また、各大学における合格者数の増加はその大学内でいわば芋蔓的な効果を持つこと（学生間で身近な人間が合格すれば、良きライバル意識や夢が現実化できるといった心理的な効果が生じ、学習・受験への強力なインセンティヴになること）などをも、視野に入れる必要があるであろう。それらをも踏まえて、真に「公平性・開放性・多様性」を基本原則とした新たな法科大学院の創設が切望される。

2　法学系学部教育および法曹養成の現状について

　現在の日本における法曹養成に関する最大の問題点は、正規の系統的な法学教育課程を通じて法曹（弁護士・裁判官・検察官）を養成するシステムが欠落していることであると考えられる[4]。陽の当たる法曹職を獲得するための最も近道が受験予備校の活用といったいわば裏街道の爆走であるとは皮肉この上なく、現代の「錬金術」さえ髣髴させる。

　このような現状に対する責任の一端は確かに大学にあると考えられる。真摯に反省しなければならない。それを前提として、系統立った法曹養成教育が行われなければならない。「プロセスとしての法曹養成教育」の実現である。そのためには、この問題に関係するあらゆる局面で、従前の総ての既得権的なものが一旦ご破算にされた上で、全法曹養成教育が再構築されるべきであろう。この意味で、先の井上報告（脚注（3））で的確に指摘されているように、大学・大学教員の責任も極めて重大であり、また、国家予算の面でも、相当な財政支出が要求される。前者は後述するが、後者は、国家が系統

（4）　川嶋四郎「法科大学院構想をめぐる議論の到達点とその課題——法曹養成教育の現状と各種の構想を踏まえて」法学セミナー 547 号 56 頁（2000 年）〔本書第 1 章〕参照。

110 第5章 法科大学院構想と法学教育

的な法曹養成教育のためにこれまで投入すべきであったものを投入してこな
かったツケを、これから何年もかけて利息・遅延損害金込みで分割弁済すべ
きがごとき性質のものであると考えられるであろう。その点で、国家の度量
が試されていると言える。そのことについての国民に対するアカウンタビリ
ティは、大学と政府の双方が負うことになる。

3 学部段階・法科大学院段階における教育のあり方について

　この点に関する最大の難問は、学部段階に「法曹コース」等の法科大学院
進学コースを設けるべきか否かの議論であろう。

　「九大案」は、その設置に否定的である。前掲注（1）に挙げた法政研究
1732頁および『シリーズ司法改革Ⅰ』473頁で述べた理由のほかに、次のよ
うな諸点が考えられる。まず、一定の資質を有しかつ学習のツボを押さえた
人間は、法学部出身者であろうとなかろうと、2、3年で十分に法曹として
の基礎的素養をマスターし、さらにそれに加えて、自己の専門領域を開拓す
る足掛かりを得られるのではないかと考えられるからである。次に、教員と
して様々な大学を遍歴してきた私個人の体験からは、たとえば当然のことな
がら、学生の大学選択が種々の事情に左右されるものであること、大学入試
の成績では学生の真の能力や法曹資質を測ることはできないこと、さらには、
現在のシステムでは潜在的な能力がそれを開花させる「機会」に恵まれない
場合が少なからず存在することなどを考慮する必要があると思われる。また、
九大赴任後の乏しい経験からではあるが、大学院修士・博士課程に他大学出
身の極めて優秀な学生も見られることを付言する必要がある。しかも、より
基本的には、リターンマッチの機会が開かれた社会、多様な進路変更の可能
性の開かれた社会こそが、活気ある望ましい社会であると考えるからである。
したがって、学部段階に「法曹コース」等の特別コースを設置することは基
本的に妥当でないと考えられる[5]。

　さらに、問題はその先であり、特に具体的な教育課程の構築が必要となる。
とりわけ、法律実務へのソフト・ランディングを可能とするカリキュラム上

---

(5)　さらに、川嶋・前掲論文注（4）59頁も参照。

の工夫もまた不可欠となる[6]。

　ただ、個人的には、アメリカのように、「……上から70ほどのロースクールでは、ほとんどの卒業生は、この〔司法試験という〕最低限のクオリティフィケーション〔資格付与試験〕を、難無くパス致します。NYU〔ニューヨーク大学〕のようなトップ・スクールでは、したがいまして、司法試験というのは全く無視しております。」[7]と言い切れる世界にも憧憬を感じるが……。

Ⅲ　おわりに

　法科大学院構想（現法学系学部、現司法試験、現司法研修所の制度改革を含む。）は、日本における空前の国家的な法曹養成制度・法学教育制度改革プロジェクトであり、先例はない。幸か不幸かその激流に飲み込まれた者の一人としては、関係各主体が既得権を墨守することなくいわば身を殺して仁を成す必要に迫られていることを痛切に感じる。勿論、大学もその例外ではない。政府のレベルでは、安易な政治決着だけは避けてもらいたいものである。

---

　(6)　「九大案」としては、前掲注（1）の法政研究1738頁、『シリーズ司法改革Ⅰ』477頁および479頁を参照。
　(7)　フランク・アッパム発言・前掲注（1）法政研究1699頁。

第6章
近未来法学部の展望
——2004年4月における法科大学院制度の創設を目前に控えて

2003年

Ⅰ はじめに
——法学部人気と法科大学院

　現在（2003年）、法学部の人気が急上昇し、その偏差値が高騰しているという。日本経済の長引く不況は、株価の長期低落傾向を生み出し、また、労働者の雇用環境も厳しく、日本社会は未だ冬の時代を抜け切れていない。しかし、大学受験界では、前途有望な学部として法学部を選択する受験生の数が増加傾向を示しているという。

　その原因は、来春から開校される日本型ロースクール、すなわち「法科大学院」に由来する。現在のところ、どの大学に法科大学院が開設されるのかは確定していないが、法科大学院の開設を予定し、すでにそれを喧伝している大学も少なからず見られる。そのような大学の法学部には、現に受験生が殺到しているという。政府の役職を占めている教員の多い大学なのかも知れない。その法学部に入れば、その大学の法科大学院に進学できる蓋然性が高いと考えられているからとも言われている。

　確かに、法学教育や大学経営の視点からは、法学部人気は、それはそれで1つの望ましい傾向かも知れない。また、近い将来実現される法曹（弁護士・裁判官・検察官）人口の増大は、現代の科挙とも言われる現行司法試験に堰き止められていた優れた学生の法曹への志の制約を解き放ち、より多くの優れた法曹を育成する契機をなすものとも考えられるかも知れない。それ

ゆえ、法学部の前途は明るいようにも思われる。

Ⅱ　危機に立つ法学部

　しかし、私は、現在法学部は危機に直面していると思う。その理由は、次の通りである。

　まず、第1に、法学部教育の内容が、どのように変革され充実化されるかが必ずしも見えてこないからである。多くの大学では、まず、法科大学院の創設が第1義的な使命と考えられているようであり、法学部の教育内容を積極的に改革し提示している大学は必ずしも多くはないのである。

　第2に、これと関係するが、法学部教育の実質的な空洞化や希薄化が予想されるからである。法科大学院の創設は、そこへ教育の重点がシフトするという面もあり、ほとんどの大学で、法学部から法科大学院に一定数の教員が異動し、かつ、教員の何割かは法学部と掛け持ちの授業を行うことになる。たとえば国立大学等におけるように、教員数の飛躍的な増加が困難な法学部では、つまるところ法科大学院の創設前よりもより少ない教員数で学部教育を担わざるを得なくなる。それは、学生定員が現在より削減されたとしても、教員の負担増と共に教育内容の希薄化をもたらし、ともすれば法学部教育全体の空洞化を惹き起こしかねないのである。

　さらに、第3に、法学部内で法科大学院進学用の特別の学科またはコースが設けられる場合には、法学部学生の差別化さえ生じるおそれがある。また、特別の学科またはコースが設けられない場合には、法学部の教育課程を経る中で、学生間に意欲やモチベーションに差を生み出しかねない。現在（2003年）、全国の93大学におかれている法学系学部では、1学年約4万5千人が学んでいるが、法曹人口の増大と言っても、その数は年間3000人にすぎず、その養成のための法科大学院の定員総数もある程度限られてくることが予想される。法科大学院は、社会人や他学部学生にも門戸を開くものであるので、法学部生の中でも、法科大学院に進学できる者の数は実のところ必ずしも多くない。それゆえに、法学部入学後にまた熾烈な受験競争が繰り広げられることにもなり、ゆとりを持って将来の職業選択を行うことなど覚束なくなる。

受験戦争を勝ち抜き大学の法学部に入学した学生が、また法学部でもひたすら法科大学院への入学に照準を合わせて学ぶことになるとも考えられるが、その意欲こそ評価できるものの、法学部教育が、法科大学院の予備校教育と化してしまった場合には、望ましい法学教育や法曹養成とはほど遠い状況も生まれかねない。しかも、学生が、学部の飛び級（または早期卒業）や法科大学院の法学既修者コースへの入学を目指す場合には、その問題性がより増幅するようにも考えられるのである。

　以下では、このような法学部の危機を踏まえた上で、近未来の法学部のあり方を考えていきたい。

Ⅲ　新たな法学部像の模索

　まず、司法制度改革のいわばグランド・デザインともいうべき『司法制度改革審議会意見書——21世紀の日本を支える司法制度』（2001年6月12日）は、「法学部教育の将来像」について、次のように記している。すなわち、「法科大学院導入後の法学部教育については、それぞれの大学が特色を発揮し、独自性を競い合う中で、全体としての活性化が期待される。学部段階における履修期間については、いわゆる飛び級を適宜活用することも望まれる。」と。つまり、法学部教育における独自性の創造と、履修期間の短縮のみが、謙抑的に示されているにすぎないのである。後者は、法科大学院・司法研修所の修学期間を考えた場合に法曹養成にかかる時間の長さを考慮したものであり、法学部教育に対する実質的な提言は、前者のみである。

　この点について『意見書』は、これまで、法学部が、法曹以外にも社会の様々な分野に人材を輩出して来たことを評価し、その機能は法科大学院導入後も基本的に変わりはないと記し、法学部自体が、法科大学院創設後にも存続すべきことを確認する。その上で、法科大学院導入後の法学部教育については、法科大学院との役割分担を工夫するものや、法学基礎教育をベースとしつつ、たとえば、副専攻制の採用等により幅広い教育を目指すものなど、それぞれの大学が特色を発揮し、独自性を競い合う中で、全体としての活性化が期待されるとの付言を行っている。

116 第6章　近未来法学部の展望

　このような基本指針を受けて、現在、危機に立つ法学部は、新たな方向性を模索している。その進展度合いは、大学間にかなりのばらつきが見られる。現在公表されている新法学部像は、必ずしも多くはない。

　法科大学院との役割分担の工夫は難題である。たとえば、『意見書』では、それと並列的に書かれているが、副専攻制の採用等による幅広い教育の実施を、その中に含めて考えることもできる。また、これまで法学部が果たしてきた役割を考え、社会の多様な分野に法の基礎的素養を有する人材を輩出することや、たとえば司法書士などの隣接法律専門職を養成することなども、法科大学院との役割分担のあり方として考えられる。

　ただ、将来法曹を目指す学生の受け皿としての法学部は、法科大学院制度が創設された後には、おおむね、次のいずれかの道を両極端として、その狭間にある様々な道を歩むのではないかと考えられる。

Ⅳ　「法科大学院予備課程化」の傾向

　まず、第1は、いわば「法科大学院予備課程化」の傾向である。これは、何名を法科大学院に入学・進学させたかによって、その法学部のプレスティージが定まると考えられた場合には、たとえば受験予備校等と手を組んで、法学部におけるこの傾向が一層加速するのではないかとも考えられる。『意見書』に記された法科大学院との役割分担が、このようなかたちで貫徹されることもあり得るのである。そこでは、極端な場合、受験のマニュアル通りに、統一適正試験対策が入念に施され、法学既修者コースを目指した法律知識の詰め込みと受験テクニックの伝授が行われることになる。

　しかし、これは、現在進行中の司法制度改革でまさに否定された法曹養成の仕方であり、基本的に妥当性を欠く。この傾向における最悪のシナリオは、たとえば、附属高校をもつ大学で、大学入試がない場合には、高校教育あたりから法科大学院への進学のために統一適性試験の受験勉強を始め、同時に、法学既修者コースへ進むために法律学の勉強に明け暮れるという、いわばお受験の延長としての法曹養成が行われてしまうことである。大学時代は、通例多感な青春期の一部をなす。一期一会的に他者の法的救済を職業とする法

曹には、まず、自らが悩み考え、それと同時に、「かけがえのない人生を生きる人々の喜びや悲しみに対して深く共感しうる豊かな人間性の涵養、向上を図る」ための基礎的な資質を育むための人生のプロセスこそが不可欠となるであろう。万一、自在に法的三段論法を操り、機械的な法的判断を垂れ流す、冷たい法律家が造られるとすると有害でさえある。なお、学部段階に法学部は存在しないものの副専攻として法学を学べるプログラムをもつアメリカの大学でも、そこをロースクールの予備校代わりに利用する学生が存在するという問題を抱えており、課題の根深さを感じさせる。

V 「法学教養学部化」の傾向

これに対して、第2は、いわば「法学教養学部化」の傾向である。『意見書』にも記されているが、法学の基礎教育を主専攻としながらも、それ以外の社会諸科学を学ぶことにより、たとえば、歴史的、社会的、政治的、経済的および人間的な視点から法の見方や考え方を学ぶと共に、多角的かつ広範な視点から法を創造的に駆使できる基礎体力を形成するために、法学部が新たなカリキュラムを呈示するという方向性である。

それは、法を立体的に理解し、創造的な法活用能力の基礎を涵養し、法や制度をより人間的な血の通ったものにするために不可欠な課程であり、新たな法学部の目指すべき理想像を示していると考えられる。また、法科大学院での教育が、ともすれば法の解釈と活用に重点が置かれかねない中で、より広くより積極的に新たな法政策さえも形成できる能力をじっくりと涵養できるのは、法学部における教育課程ではないかとも考えられるので、社会諸科学を学ぶことが不可避であるとも感じられる。さらに、将来的な活動領域の可能性を開くためには、多様な世界観・考え方・生き方に触れ、相互研鑽を積むことと共に、外国語（特に英語）を学修することも不可欠となるであろう。法を本格的かつ専門的に学ぶ前にも、人間と社会に対する認識を深める必要があり、法学部は、法学を中心に学びながら様々な社会諸科学や語学を教養として学ぶことができる学部へと脱皮し、進化することが望ましいのである。

118　第6章　近未来法学部の展望

　このような基礎体力を涵養できてはじめて、法学部が、広い視野に立ち、法的な救済の処方箋を与えることができ、日本のみならず世界の人々が求める、自由で平和かつ公正な活力ある社会を構築し、しかも、他者や環境さらには将来世代に対して思いやりのある豊かな社会の実現をサポートできる人間味溢れる法曹を育成することに貢献できるのではないかと考えられるのである。

　さらに、法学部が廃止されることなく、「法学教養学部」として生まれ変わった場合には、より積極的な意義もあると考えられる。それは、「法の支配」の普及と実質化への貢献である。学部段階に法学専門教育が存在し、毎年数多くの卒業生を多方面に輩出していること自体、プレモダンとモダンの渾然一体化した今日の日本社会にとって、大きな価値がある。それは、法を法曹の独占物とすることなく、国民すべてのものとすることができる可能性を開く。法学部卒業生という法の基礎を理解する層が数多く存在することが、法化社会における市民と法曹との架橋にもつながり、ひいては、法の全国的な普及、つまり、法の支配の実質化に役立つと考えられるからである。新たな法学部が、このような実を上げることができれば、新たなリベラルアーツとしての「法学」の復権さえもまた可能になるであろう。

VI　おわりに
——新たな法学部の学生のために

　これまで、法学部の危機を背景に望ましい新法学部像を述べてきたが、以下、紙幅の関係でごく簡単に、新たな法学部学生のための若干のメッセージを記したい。

　まず、法科大学院のある大学の法学部に入れば、その大学の法科大学院に進学できる蓋然性が高いというのは、幻想と考えた方がよいであろう。あくまで法科大学院の入試は独自独立に行われ、結果として自大学からの進学者が一定割合を占めるとしても、他大学からの志願者らと平等に競争を行わねばならない点には注意しなければならない。ただ、幻想を現実に変えるためには、新たな法学部における上記基礎体力の形成に励み、自己固有の付加価

第2編　法学教育・法学部教育と法科大学院　119

値を身につけることに努めなければならないであろう。

　しかも、法科大学院における教育は、知識教授型の受動的なものではなく、自学自修を前提とした積極的な学生参加型・双方向的な教育であるので、新たな法学部では、それに耐え得る基礎体力の涵養に努めなければならない。そこでは、主体的な自学自修が要請され、かつ、将来的に継続して学ぶ方法を習得することが求められるであろう。いわば、法学部とは、法を中心とした社会諸科学等を学ぼうと思えば学べる場所なのであり、目的意識と緊張感を持って、学問と人間に対する飽くなき探求を行うべきである（なお、自然科学関係の他学部の講義を受講することも考えられる。）。そのためのサポートを、教員が行うべきであると考えられるのである（あるべき教員像等、細かな教育内容・教育方法等については、他日を期したい。）。

　ただ、教養と一口に言っても、かつてのようなエリート育成教育における半ば衒学的かつ高等趣味的なものではなく、良き市民を育成するという視点からの全人格的な学術基礎教育とでもいうべき教養が重要となるであろう。それと共に、新たな法学部では、法の基礎教育を通じて、正義・平等・公平に対する鋭敏な感性にも磨きをかけ、国家・社会・権力についての認識を深めるべきである。

　なお、本章の執筆途中に、河野進牧師の詩「ぞうきん」に出会った。

　　　こまった時に思い出され
　　　用がすめば
　　　すぐ忘れられる
　　　ぞうきん
　　　台所のすみに小さくなり
　　　むくいを知らず
　　　朝も夜もよろこんで仕える
　　　ぞうきんになりたい

　これは、「玉島の良寛さま」と呼ばれた牧師の詩である（玉島は岡山県の南に位置する。）。この聖らかな詩文に作為を施すことは野暮な話であるが、た

とえば、「台所」を「社会」に置き換えた場合に、「ぞうきん」のところに何を入れるか、想像は膨らむ。……たとえば、「司法」、「裁判官」、「弁護士」、「法学教員」、「法学部卒業生」等……。

　私は、近未来の法学部が、法曹志願者の基礎的な資質・能力と正義・公正に対する鋭い感性を涵養できる場となり、それと同時に、法化社会を下支えできる法的基礎能力を備えた数多くの市民を育てる場になることを、心から望んでいる。

第7章
法学部・法科大学院の授業展望
──2004年以降、法学部・法科大学院の授業はどうなるのか

2004年

I　はじめに
──司法制度改革と法科大学院構想

　2004年4月に新しい法科大学院制度が創設され、いよいよプロセスを通じた本格的な正規の法曹養成教育が日本全国で始まった。それと同時に、改変された新たな法学部教育もまた開始された。

　法科大学院制度は、2001年6月12日に公表された『司法制度改革審議会意見書──21世紀の日本を支える司法制度』が、その設立を提言した制度であり、司法制度改革の一環として、この国の法曹養成制度を抜本的に変革することを目的としたものである。

　21世紀のわが国社会における司法の役割の増大に応じて、その担い手である法曹（弁護士、検察官、裁判官）の果たすべき役割も、より多様で広くかつ重いものにならざるを得ないという認識の下で、法科大学院制度は考案された。つまり、司法部門が政治部門と共に「公共性の空間」を支え、法の支配が貫徹された潤いのある自己責任社会を築いて行くには、司法の運営に直接携わるプロフェッションとしての法曹の役割が格段に大きくなることは必定であり、質量共に豊かな「国民の社会生活上の医師」としての法曹を産み出すことが不可欠だからである。そのような法曹の養成制度として、従来の司法試験という「点」による選抜では十分ではないので、法学教育、司法試験および司法修習を有機的に連携させた「プロセス」としての法曹養成制度

を整備することとし、その中核として法曹養成に特化した「法科大学院」が設けられたのである。

この法科大学院における授業を通じて、学生は、「豊かな人間性」を涵養され、理論面では、「専門的な法知識」を修得するだけでなく、批判的な創造的論理力などを身につけることが要求され、実務面では、法実務の基礎的な能力の育成が要請され、さらに、「法曹としての責任感や倫理観」を体得することさえも求められているのである。

それと共に、『意見書』は、法学部改革にも言及し、「法科大学院導入後の法学部教育については、それぞれの大学が特色を発揮し、独自性を競い合う中で、全体としての活性化が期待される。」と論じたのである。

そこで、本章では、法科大学院制度の発足後、その授業・教育がどのように行われ、法学部（法学系学部を含む。以下同じ。）等の授業がどのように変容すべきかについて、まず、総論的な展望を示してみたい。各科目の個別の授業が、法学部と法科大学院においていかに行われるかについては、各専門領域でご活躍の教員の方々の本誌御論稿に委ねたい。

II 従前の法学部教育

従来の法学部における教育は、度重なる改革を経たものの、基礎的教養教育の面でも法学専門教育の面でも、必ずしも十分なものとはなり得なかった。

一般的な教育目標として、一方で、法学部段階では一定の法的素養をもつ者（ジェネラリスト）を社会の様々な分野に送り出すことを主たる目的とし、他方で、法学系大学院段階では法学研究者の養成を主たる目的としてきた。いずれも、一定の教育成果はあげてきたものの、大学教育と法律実務との乖離といった問題点も指摘された。大学自体が、「プロフェッションとしての法曹」（法のスペシャリスト）を養成するという役割を、これまで適切に果たして来なかったからである。

法学部教員のほとんども、研究に軸足をおいた教育を行ってきた。現行司法試験の受験生の多くは、その試験の傾向と対策を念頭に置くことなくしかも自分の頭で悩み考える類の課題を出す大学教員の授業では、受験に不利で

あり不適当であると考え、マニュアルに基づいた教育を通じて受験テクニックを教え込む予備校教育に走ったのである。ただし、司法試験委員の授業は、別であった。他大学からの無断聴講生さえも集ったのである。

ところで、これまでの法学部教育の特徴は、いわばマスプロ授業にあった。

大学、授業科目および教員の個性にもよるが、授業は、通例大講義室で、教員が一方的に法的知識を伝授する形式で行われてきた。通常学生は、親に授業料を負担してもらって大学に通う。受講学生の年齢も、一部の社会人学生を除いて20歳前後でほぼ均質であり、予習して授業に臨むことなどほとんどなく、授業風景としては、一生懸命にノートを取る学生も居れば、ただ出席して聞いているだけの学生や、居眠りしている学生さえ見られる。大講義室では、授業中でも学生が自由に出入りする。時に私語や携帯の着メロが教員の怒りを買い授業が中断したりする以外は、実に淡々と牧歌的に講義が進行する。

大講義室では、学生が授業中に質問することもほとんどなく、教員が特に授業時間の終わりに質問時間を作っても、それにまともに食らいついてくる学生はほとんどいない。授業中には私語があるが、質問時間には死語化するのである。多くの学生にとっては、その科目をいかに学び体得するかよりも、多くの場合単位取得という結果こそが重要であり、試験直前に友人から借りた授業ノートを丸暗記することで単位を取得する者もざらに存在したのである。また、教員側の成績評価の基準も統一的ではなく、学生は、授業に出なくても簡単に「優（A）」を取ることができる科目の教員を、蔭で「仏の○○」などと呼び、その種の授業の履修登録に学生が殺到することも珍しくなかった。

このように、総じて従前の大講義室における法学部教育では、学生は、緊張感を持って授業に臨む姿勢をとりにくく、大学における知的な研鑽の場は、おおむね週1回の演習（ゼミナール）かあるいは私的な勉強会などに委ねられたのである。

III 法科大学院教育の理念型

　従前の法学部教育に対して、法科大学院教育では、鮮やかな違いが浮き彫りになる。

　その授業の特徴としては、少人数教育を基本とし、双方向的・多方向的で密度の濃いものとなることが運命づけられている。そこでの授業風景は一変し、アメリカのロースクールの授業のように、クラスには、年齢もバックグラウンドも多様な学生が集まり、時に教員の講義さえをも遮って学生が矢継ぎ早に質問を行う光景さえ見られる。とりわけ職を捨て人生を賭け貯蓄を切り崩して背水の陣で法科大学院に入学した社会人学生の存在は、学生間での知的な刺激を増幅させ、人間性の涵養にもつながる可能性を持つのである。

　法科大学院は、第1に法曹養成機関であるので、教員は、教育に軸足を移した研究生活を余儀なくされる。各専門領域でポイントとなる最新の法的情報を提供しつつそれを議論の素材とし、毎日大学に出勤し学生の質問の機会を保障することも要請される。

　法科大学院における教育方法（授業方式）として、少人数教育が基本となるために、そこでは顔の見える教育が行われ、学生は、予習をした上で緊張感を持って授業に臨まざるを得なくなる。学生は、教室で教員から体系的な法的知識を得る受動的な姿勢ではなく、自学自修を基礎に法的知見の吸収体得に努めるといった能動的な姿勢を取らざるを得なくなる。たとえば、ソクラティック・メソッド（問答型・対話型の手法）が用いられ、教員・学生間の双方向的な授業や、教員・学生相互間の多方向的な授業が行われるので、授業中学生は絶えず自分の頭で考え続けることを強く要求される。しかも、その授業科目には、単に法理論科目だけではなく、法実務科目も含まれているので、学生は、社会や人々の間に根付いた「生きた法」を学び考え展開させる契機が得られるのである。

　なお、授業では、時に、クイズ、調査、レポートの作成、口頭報告等も課され、法科大学院の3年間（または2年間）の教育課程において、学生は、理論的かつ実践的な法の学修に明け暮れることになる。また、教育補助教員

による個別的学習指導や、採録された授業を、インターネットなどを通じて適宜活用し学習効果を高めることなども可能になる。

そこでは、厳格な成績評価や修了認定の実効性を担保する仕組みが、各大学で具体的に講じられる。「楽勝」科目などはなくなり、プロセスの成果がそのまま法科大学院での成績につながり、就職にも影響するのである。

教員間でも、FD（Faculty Development：相互研鑽のための研修会）などを通じて、不断に教育方法の改善と向上に関して意見交換がなされ議論が交わされることになる。さらに、各法科大学院は、相互に情報を交換しながら競い合うことにより、その教育内容が総体として向上されて行くことになる。

理念的には、このような法科大学院の教育課程を経て修了した者のうちの相当数が、新司法試験に合格できるように、新司法試験制度自体が創案されるべきなのである。

Ⅳ　法科大学院教育の影響力

このような法科大学院教育のあり方は、法学部教育にも、既存の大学院教育にも、大きなしかも有益な影響を与えると考えられる。以前、私は、法科大学院創設後の法学部は、「法科大学院予備課程化」の傾向と「法学教養学部化」の傾向とを両極端として、その狭間の道を辿るのではないかと予想したが（本書第6章参照）、法学部がどのように変わろうとも、法科大学院教育が首尾良く行われれば、それが、次に述べるように、日本の教育のあり方全体を望ましい方向に大きく変革する可能性を有していると考えられるのである。

1　「垂直的教育」から「水平的教育」へ

法科大学院の授業は、教員の講義を通じた法的知識の学生への注入という「垂直的教育」スタイルから、学生の積極的な自学自修を通じ、教員と学生との対話によりその理解を深めるという「水平的教育」スタイルへの変化の可能性を開く。そのための教育技法が、双方向型・多方向型の授業であり、これは、学生の参加・参画意欲や学修意欲を高め、自ら自己にふさわしい法

126 第7章 法学部・法科大学院の授業展望

曹のあり方さえ切り開く契機を創り出す。しかも、学生の法的コミュニケーション能力が日々の授業を通じて向上することは、法曹にとっての基礎体力の向上につながり、ひいては、民事裁判における口頭弁論の活性化や刑事裁判における公判手続の活性化にもつながる。たとえば、レポート作成・答案作成といった「書面作成能力」の向上だけでなく、「水平的教育」スタイルによる「口頭コミュニケーション能力」の向上も、法科大学院教育では可能となるのである。

2 「単眼的視点」から「複眼的視点」へ

従来の法学教育内容の中心は、裁判所・裁判官の視点から見た静態的な法体系や判例理論の教授が中心であったと考えられる。これは、いわば「単眼的視点」からの法学教育である。確かに、紛争解決のための最後のよりどころである裁判所で法的救済を得るためには、その理解は不可欠である。しかし、『意見書』の意図する豊かな法曹、つまり「社会生活上の医師」を育成するためには、裁判官的視点だけでなく、当事者的視点をも理解し、事件や法を「複眼的視点」から見極め構成する能力もまた不可欠となる。「単眼的視点」の伝授は、先に述べた「垂直的教育」でも可能であるが、「複眼的視点」は、「水平的教育」を通じて、その体得と堅持をよりよく実現することができると考えられるのである。

3 「多人数教育」から「少人数教育」へ

「水平的教育」と「複眼的視点」の価値は、「少人数教育」の価値をクローズアップする。確かに、「多人数教育」は、効率的な法的知識の学生への注入には便利であるが、しかしそこで、「水平的教育」を行い、「複眼的視点」からものを考える能力を涵養するには十分ではない。そこで、「少人数教育」の実施が重要な課題となり、仮にそれが十分に行えない場合でも、学生間でのグループ学習の重要性が浮かび上がることになる。

4 「暗記再生型」から「思索創造型」へ

このような学びの場の環境変化は、学生像をも一新することになるであろ

う。法科大学院では、予習に重点をおき、主体的・能動的に授業に参加する新たな学生像が見出され、従前のいわば法的知識「暗記再生型」の素直なしかししたたかな学生像とは訣別して、自学自修と対話・議論を通じて法的な解決方法についての「思索創造型」のタフな学生像を産み出すことにもつながるであろう。それは、『意見書』の期待する法曹に成長するにふさわしい学生像である。ただ、それは、「正解指向型」から「創造的問題解決型」への転換の可能性をも秘めており、試験による成績評価が困難になる恨みもあるものの、事が法という動態的な社会と個性ある人間に関わる問題であるだけに仕方がないであろう。

5 「座学中心」から「多様な学びの世界」へ

　法科大学院の授業で求められる「理論と実務の架橋」は、学生の学修スタイルを、「座学中心」から「多様な学びの世界」へ誘うことになる。法の現場で、社会に根ざした「生きた法」を学ぶためには、「百聞は一見に如かず」、「習うより慣れろ」であり、フィールド・ワーク的な学修も不可欠となる。模擬裁判、リーガル・クリニックおよびエクスターンシップなど、法科大学院の授業は、「多様な学びの世界」を創造するのである。これは、図書館の書庫に足を踏み入れることさえなく、インターネットで検索をし、パッチワーク的なレポートさえ提出しかねない当世学生気質に強く修正を迫るものでもある。

6 「聖域としての授業」から「共有財産としての授業」へ

　これまで、教員の授業は、いわばある種の聖域であり、授業内容、授業方法および成績評価は、教員のいわば自由裁量に委ねられていた。他の教員などがそれに介入する余地は必ずしも大きくなかったのである。しかし、法曹養成に特化した教育目的をもつ法科大学院では、付加価値を付ける自由を残しつつも、授業内容や成績評価の標準化は不可欠であり、教員相互の意見交換を通じてその質的向上に邁進しなければならない。その意味で、授業はいわば教員や学生にとっての共有財産であり、その質的向上が図られなければならないのである。

7 「鋳物職人的教員像」、「飴細工職人的教員像」等から、「杜氏的教員像」へ

　以上に述べてきた法科大学院教育のエッセンスは、法学部教育にも影響を与え、かつ、伝統的な教員像に変化をもたらすであろう。従前の法学部教育に見られたような、一定の法知識を有する学生を、あたかも鋳型にはめ込んで効率的に大量生産することを目指すようないわば「鋳物職人的教員像」も、また、従前の研究者養成のための大学院教育に見られたように、叩いて延ばす「うどん職人的教員像」や手塩にかけて時に自己の思うような姿形に一人ひとりの学生を造り上げるいわば「飴細工職人的教員像」も、そこでは妥当性を欠くであろう。むしろ、学生との一期一会的な出会いと対話の場である授業時間・授業期間を通じて、学生を鍛え、後は学生自身の自学自修による育成、つまり知の醸成を静かに温かく見守るといった、酒造りの「杜氏的教員像」に変化して行くことが望ましいと考えられるのである。これは、長い目で見た良き法曹の育成方法であり、また、教員の権威の源泉を変化させ、学生への信頼と学生からの信頼が鍵となるであろう。そのことは、同時に、「学生を評価する教員像」から、「学生に評価される教員像」への変化をも意味することになるであろう。

　このような新たな教育のあり方の波紋は、静かにしかし確実にこの国の法学教育全般に変革をもたらすことになるであろう。それは、当然、法学部教育をここで述べた理念型に近づく形で変容させることになるであろう。その意味で、法科大学院教育は、大学教育改革のいわば「プロジェクトＸ」なのである（これは、「プロジェクト・エックス」であり、「プロジェクト・バツ」とか「プロジェクト・ペケ」になってはならない。）。

V　おわりに
──「贈る言葉」に代えて

　最後に、読者の皆さんに私の１つの思い出を記して「贈る言葉」に代えたい。
　私は、2001 年秋アメリカ南部のノース・カロライナ大学ロースクールで約１か月間の授業を終えて去るときに、ロースクールの教員や学生にとって何が一番大切かについて、ある教授に尋ねた。そのとき、言われた言葉が

「MPT」。M は、Motivation であり、P は、Preparation であり、T は、Trust である。「気概と準備と信頼」、教員にとっても、学生にとっても、ロースクールの教育課程では、これらが大切であると。そのことは、日本の法科大学院教育についても、法学部教育についても、そのまま妥当するであろう。

　ただ、それでも、法学部への入学が法科大学院への進学を保証するものではなく、また、法科大学院への入学も、法曹への第 1 歩ではあるものの、法曹資格の自動的付与を保証するものでないことには注意しなければならない。結局のところ、学び理解し考え悩み新たな世界を切り開くのは、法学部であれ、法科大学院であれ、その他の学部大学院であれ、もとより学生自身であり、教員はそのためのささやかな「サポート」を行い、あるいは、学生の学びのための僅かな「伴走」を行うことができるにすぎないからである。

　しかも、「所詮、一人の人間が自分と生活を異にするもう一人の人間の、生活はおろか、心の動きや深い思いを理解できるはずがない。また、どこまで、その人の生活に責任が持てるというのだろう。できることと言えば、その人ができるだけ後悔しないですむ正しい『選び』を行うために、必要な知識と経験を（もし自分が持っていれば）分ち合うことであり、話すことによって、相手が自分の心や考えの整理ができるのであれば、聞く人になってあげられるということ位であろう。」という、修道女・渡辺和子さんの言葉にも、私は深く共感を覚えるからである。

〈参考文献〉

・柳田幸男『法科大学院構想の理想と現実』（有斐閣、2001 年）〔書評として、川嶋・ジュリスト 1220 号 146 頁（2002 年）を参照。〕〔本書第 2 章【補論 1】〕
・松本克美「法科大学院の意義と教育理念・教育内容」立命館法学 275 号 225 頁（2001 年）
・川嶋四郎「法科大学院構想をめぐる議論の到達点とその課題」法学セミナー 547 号 56 頁（2000 年）〔本書第 1 章〕
・同「法学部教育と法科大学院教育との関係」月刊司法改革臨時増刊・シリーズ 21 世紀の司法改革 1、75 頁（2000 年）〔本書第 2 章〕
・同「近未来法学部の展望」別冊法学セミナー 179 号『法学入門 2003』142 頁（2003 年）〔本書第 6 章〕、等

第３編

法学学修の方法と展開

第8章
法学教育における「判例学習」の展望
——法科大学院時代における「判例学修」への総論的な処方箋

2006 年

I はじめに

1 法学における判例学習

　法学、特に憲法、民法、民事訴訟法等、実定法の学習・学修には、条文だけではなく、判例は不可欠であり、その理解、活用、批判そしてその創造的展開が、必然的に要請される。

　判例学習を通じて、学生は、裁判所において、紛争当事者がいかなる「法的救済」を獲得しているかを知り、抽象的な法規範が個別具体的な紛争処理過程でどのようなかたちでその機能を現実に果たしているかを知り、そして、裁判所がいかにして社会秩序の維持を図り、将来展望に立った教育的な配慮を行い、さらに、新たな法のルールを形成し、司法が社会的にいかなる役割を果たしているかを知ることができる。新たな事例に直面した場合の創造的な問題解決能力さえ体得することができる。しかも、判例は、社会生活を営む市民にとっては、民事紛争に巻き込まれた場合に、その救済の基礎として自己のために参照し援用することができる有益な「法情報」の１つなのである。また、それは、紛争処理の結果を通じて、「社会を映す鏡」ともなる。

　このような意味で判例を考えた場合には、判例には、最高裁判決例・決定例だけではなく、下級審判決例・決定例、さらには、（実質的に重複する面はあるが）その他の審判例、命令例、審決例などをも含めることができる。

　裁判官や研究者の中には、「判例」と言えば、最高裁判例のみを指し、下

級審のそれは、「裁判例」として明確に区別する者もいるが、本章では、広い意味で判例という用語を用いたい。それは、紛争当事者に一定の法的指針を提供し、一般市民にとって有益な法情報となるのは、単に最高裁判決例・決定例だけではないと考えるからである。しかも、法科大学院教育だけではなく、法学教育全般における「判例学習」のあり方を考えた場合には、下級審で認定された事実関係をもとに法適用の当否を判断する法律審である最高裁の判決例・決定例だけではなく、当事者の主張と証拠に基づいて事実認定と法適用を仔細に行っている下級審判決例・決定例は有益な教材となり得るとも考えられるからである。

2 法科大学院の創設

2004 年（平成 16 年）4 月における法科大学院の創設は、法曹養成教育に大きな影響を及ぼしただけではなく、大学における法学教育のあり方全体に対しても静かなしかし多様な影響力を及ぼしている。

法科大学院制度は、日本で初めて、大学という高等教育機関において、正規の法曹養成教育課程を創設することを企図した国家的なプロジェクトである。そのことは、プロセスを通じた法曹養成教育を着実かつ組織的に行う契機を大学に与え、大学人に対して、そのような高度専門職業人を養成するために、これまでにない教育課程の創発的な考案を促した。

法科大学院教育が、「理論と実務の架橋」を伴う「プロセス」を通じた法曹育成過程の中核となる使命を有しているだけに、法科大学院における教育のあり方は、法科大学院のシステム設計にとっては本質的な部分をなすものである。それだけに、法科大学院の創設は、法学教育を行う授業内容に対しても大きな変革を要請した。現在、日本全国に 74 校創設された各法科大学院では、基礎的な共通科目に加えて、個性に溢れた多様な授業科目が設けられ、現在（2006 年）、総数 1 万 1 千人以上の法科大学院生が日々学んでいる。

本章では、法科大学院生のためだけではなく、学部学生、その他各種法律関係の試験の受験生、さらには、法学研究者等を目指す大学院生のためにも、判例学習の基本的なあり方を示したい。ただ、筆者の専門が、民事訴訟法・民事手続法であるので、その領域の判例などを念頭に置いてはいるが、しか

し、一般論であるだけに多少とも汎用性を有するであろう。

　なお、本章は、判例学習の課題と展望を総合的に行うものである。それゆえ、本誌特集の5つの解説のいずれかを読んだ後に、再び本章に目を通せばその理解もより一層深まることになるであろう。

Ⅱ　法科大学院等における判例の位置

1　法科大学院教育の基本理念

　平成13年（2001年）6月に公表された『司法制度改革審議会意見書』は、法科大学院教育の使命として、「理論と実務の架橋」を挙げた。それは、困難な課題であるが、21世紀の司法を支えるにふさわしい質・量共に豊かな法曹を、いかにして養成するかが、真剣に検討された成果である。『意見書』は、法科大学院の教育内容および教育方法についての言及も行った。

　つまり、「法科大学院では、法理論教育を中心としつつ、実務教育の導入部分（たとえば、要件事実や事実認定に関する基礎的部分）をも併せて実施することとし、実務との架橋を強く意識した教育を行うべきである。教育方法は、少人数教育を基本とし、双方向的・多方向的で密度の濃いものとすべきである。」と。

2　教育内容の変革と判例の役割

　ここで注目すべきことは、法科大学院の「教育内容」として、「導入的な実務教育」の実施が明記されたことである。しかも、実務教育の導入部分の具体例として、要件事実や事実認定等が挙げられたことは、新たな教材開発の必要性を、喚起させてくれる。そこで、クローズアップされるのが、生きた教材としての「判例」である。

　判例は、文字通り、法律実務の所産であり、民事法の領域で言えば、民事訴訟という紛争処理過程の果実である。そこでは、要件事実（法律効果を導き出す法律要件事実）の主張や争いある事実をめぐる立証活動の結果、事実認定が行われ、その帰結として、判決が言い渡されることになる。そのような民事訴訟過程を知り学び会得する格好の素材となるのが、まさに判例なの

である。

3 教育主体の変革と判例の役割

そのような新たな教育内容についての提言は、「教育主体（教員）」面の変革をも導いた。従前の法学部の教員は、そのほとんどが法律実務の経験を全く持たない研究者教員によって占められていた。そこでは、判例を用いた教育が行われるとしても、あくまで、その理論的な側面からの分析と検討が主流を占めていた。理論と実務の架橋を実現するといった意識は、ほとんどなかったようにも思われるのである。

この点、アメリカにおけるロースクールの教員のほとんどが、法曹資格を有し実務経験をも有しているのとは大きく異なっていた。それゆえ、法科大学院教育を充実したものにするためには、法律実務にも精通した教員の教育への貢献が不可欠となるのである。

先に述べた教育内容を有意義に実現するためには、理論に精通した教員だけではなく、実務に精通した教員による教育も不可欠となる。そのための最も効率的かつ理想的なかたちは、理論と実務に共に精通した1教員による教育であろう。しかし、理論に精通した教員と実務に精通した教員との協働による教育が行われる場合には、判例を、理論と実務の双方から立体的に考察することができ、教育の質が飛躍的に向上することになるであろう。

4 教育方法の変革と判例の役割

『意見書』は、「教育方法」についても言及している。少人数教育を基本とし、双方向的・多方向的で密度の濃い授業は、単に参加学生のモチベーションを高めるだけではなく、「複眼的な視点」から法や判例を議論する格好の機会を学生に提供してくれる。

つまり、かつての大教室における講義形式の授業は、一定の立場から、一定の知識を効率的に伝達するためには最良の教育方法であった。そこには、いわば「単眼的な視点」からの一定の正解志向型学生の大量生産の場という一面も存在したのである。

しかし、少人数での双方向的・多方向的な対話型授業は、単に特定の考え

方の理解だけではなく、多様な視点、とりわけ対立的な紛争当事者の視点に立った議論を誘発できる可能性を有している。判断者（裁判官）の視点だけではなく、当事者の視点に立った「法的救済の頼もしいサポーター」としての弁護士となり得る能力の涵養にも役立つのである。つまり、「複眼的な視点」の涵養である。そのような少人数クラスの授業で、教材としての判例が占める役割は大きい。判例は、いわば当事者の主張・立証プロセスの記録の成果でもあり、それに対する判断だからである。

5　判例学習と実務批判力の涵養

　さらに、このような教育現場における「教育主体」の変革と、「教育方法」の深化は、「教育内容」の充実化をももたらし、実務に理論的基礎を与え、時に批判的視点を与え、しかも、実務改革の起点にもなり得るとも考えられる。

　つまり、一方で、法理論を教える際には、その理論の実務的な意義と価値を具体的に教え、学生の問題関心を涵養し、他方で、法実務を教える際には、単に皮相的な実務的テクニックだけではなく、確かな理論に根差し裏打ちされた法律実務を会得させることができると考えられるからである。それによって、その学修を体験した法曹の卵が、将来的には新たな理論に裏打ちされた新たな実務を創造して行くことができる基礎体力を学修する契機が形作られると考えられるのである。

　以上は、基本的には教員サイドから見た研究者教員と実務家教員の連携による判例教育の意義であるが、視線を変えて、学生の立場から見れば、そのような判例学習を通じて、理論と実務の有機的な関連性を理解し、理論に裏打ちされた説得的な法律実務の展開の基礎が修得できることになるのである。

　つまり、将来法曹を志す者にとって不可欠な「法律家のように考える（Think like a lawyer.）ことができる能力」の涵養であり、それこそが法曹の有すべき「基礎体力」なのである。

6　法科大学院教育の法学部教育への影響

　このような法科大学院における法曹養成教育は、現在、法学部教育などに

も影響を与えつつある。

　かつての法学部教育における判例の扱われ方などから見れば、先に少し述べたように、そこでは例外はあるものの、理論と実務の架橋など、ほとんど念頭には置かれていなかったように思われる。

　現在では多少様変わりしたようではあるが、四半世紀ほど前の私的な経験では、たとえば、民法や民事訴訟法等の実定法の講義でも、判例が教えられないことは少なくなく、仮に教えられても、学説と同列に語られていた。しかも、言及されるとしても、判例の抽象的な規範だけが一般的なかたちで紹介・批判されるだけであった。とりわけ、民事訴訟法の領域など、たとえば、学説上の通説は、新訴訟物理論（訴訟法独自の観点から訴訟物のサイズを決定する考え方）であったとしても、実務（判例）は、旧訴訟物理論（実体権ごとに訴訟上の請求〔訴訟物〕を分断して考える考え方）を堅持しているといった具合に、実務は実務として、法学部の教室の多くでは、あるべき法理論が孤高の存在であるかのように抽象的に講義されていたにすぎなかったのである。

　法領域によっては、判例によって、議論が深化した不法行為法や手形小切手法などの分野もあるが、かつては、会社法関係判例では、大企業の名前が現われることは稀であった。また、一般に、判例が教材として用いられ、比較的詳しい分析・検討がより一般に行われたのは、各専門法領域における演習（ゼミナール）においてぐらいであった。

　しかし、このような状況は、法科大学院教育の普及によって、現在では様変わりしつつあり、判例に対する基本スタンスも自ずと変化しつつある。たとえば、会社法上、株主代表訴訟（責任追及等の訴え。会社法847条以下）などを中心として、アメリカにおけると同様に、著名な企業が当事者となった判例が頻繁に見られるようになったのである（なお、労働法の分野では、以前から事件名が被告企業名で表記される点が興味深い。学習や研究には便利であるが、労働紛争に対する一般予防となるか否かは定かではない。）。

7　司法試験と判例、そして司法修習

　また、現行司法試験（旧司法試験）勉強における判例学習も、一般にはかつての法学部教育における判例学習と比較してあまり代わり映えのしないも

のであった。

たとえば、著名な判例が存在する論点でさえも、判例を全く引用しないで論述を展開する答案も決して少なくなかった。また、仮に判例に言及していても、その援用方法に驚くこともしばしばあった。

司法試験の受験参考書などで、判例は、その事実関係が抽象化され、一般的な規範定立の部分のみが、当該具体的な事実関係へのあてはめとは切り離して要約的に紹介され、受験生は、その暗記に勤しんできたように思われる。その結果、民事訴訟法の領域では、たとえば、「将来給付の訴えの利益（民訴法135条）」の判断基準について、あたかも学説のように、「請求権の発生の基礎をなす事実上および法律上の関係が存在し、その継続が予測され、その請求権の成否および内容について債務者に有利な将来に事情の変動が予め明確に予測し得る事由に限られ、しかも、これにつき、請求異議の訴えによりその発生を証明してのみ強制執行を阻止し得るという負担を債務者に課しても格別不当とはいえない場合に限られる。」といった「私見」を展開した後に、その末尾に「（判例同旨）」と記された答案に、一再ならず遭遇した。

また、「自己専用文書（民訴法220条4号ニ）」の該当性に関する判断基準についても、「ある文書が、その作成目的、記載内容、これを現在の所持者が所持するに至るまでの経緯などの事情から判断して、専ら内部の者の利用に供する目的で作成され、外部の者に開示することが予定されていない文書であって、開示されると個人のプライバシーが侵害されたり個人ないし団体の自由な意思形成が阻害されたりするなど、開示によってその文書の所持者の側に看過し難い不利益が生ずるおそれがあると認められる場合には、特段の事情がない限り、自己専用文書に当たる。」といった「私見」を展開した後に、「（判例同旨）」と記したものも、見たことがある。

前者は、著名な大阪国際空港訴訟事件大法廷判決（最高裁大法廷判決昭和56年〔1981年〕12月16日・民集35巻10号1369頁）の多数意見であり、後者は、富士銀行文書提出命令事件最高裁決定（最高裁第2小法廷決定平成11年〔1999年〕11月12日・民集53巻8号1787頁）の法廷意見であり、いずれも、最高裁が初めて定式化した法規範である。両判例共に、現在少なからず、学説上、有力な批判が存在する「判例理論」なのであり、仮に、その立場に立

つとしても、論述問題である限り、理由を述べた上で、「判例」であること
を（大法廷判決かどうかも含めて）明記して、援用してもらいたいと、思った
ものである。

　おそらく、そのような学習方法で最難関の司法試験に合格し、司法研修所
に入所した後には、その者たちには全く別の光景が待ち構えていたことであ
ろう。ほとんどの司法修習生は、学説に比べて、判例の法律実務に占める影
響力の重要さに驚き、とりわけそのことが、最高裁判例において顕著である
ことに気づいたであろう。そして、一方で、判例検索や判例活用などに習熟
し、下級審判例をも含めて判例の読み方に深い関心を抱き、その学習に励む
ことになると共に、他方で、学説などは、判例法を有利に援用できない場合
の補充的な代物とさえ考えるようになったかも知れない。

　たとえば、民事訴訟法の領域では、学生時代や受験生時代に新訴訟物理論
や手続保障の第3期派の学説（手続過程自体に価値を置き、そこにおける当事
者の役割分担のあり方を論じる意欲的な学説）などに心酔したとしても、それ
はそれとして、判例理論や実務慣行をマスターできなければ、現実の訴訟に
おける勝訴など覚束ないため、そのような学習に必然的に向かわされること
になるのである。

8　小括

　しかし、日本における判例の社会における役割とその基本的な位置づけは、
法科大学院の創設前も創設後も、基本的には変わらなかったはずであり、ま
た、変わらないはずである。その意味では、法科大学院教育が、単に、従前
の司法試験受験教育等に対するアンチテーゼとなるだけではなく、判例学習
の意義と法律実務における判例の役割を、学生に再認識させる格好の機会を
提供したとも評価することができる。

　法科大学院における各種の実定法科目でも、また、たとえば、要件事実、
民事裁判実務・刑事裁判実務、民事弁護・刑事弁護、模擬裁判、ロイヤリン
グ等の実務科目でも、判例は不可欠の存在であり、「生ける法」の具体的な
姿として、今後ともその重要性が減少することなどないであろう。

第3編　法学学修の方法と展開　141

Ⅲ　判例学習の意義

1　判例の役割
　もとより、判決または判決書（決定または決定書等）には、様々な意義と役割がある（なお、判決書や決定書等を総称して「裁判書」と表記するが、「裁判所」との混同を避けるために、実務では、「さいばんがき」と、呼ばれている。）。
(1)　当事者との関係
　判決は、いわば訴訟過程の果実であり、そのプロセスの帰結である。それゆえ、判決は、当事者に対して裁判所の判断内容とその過程・理由を知らせる機能を持つ。それ自体が、1つの手続の最終段階で裁判所により言い渡される公権的な判断であり、かつ、当該審級における裁判所と当事者との間の最後のコミュニケーションであるので、たとえ、簡潔な内容であっても、当事者にとって分かりやすく納得の行く内容である必要がある。
　それは、同時に、判決の確定後に生じる効力（既判力〔訴訟上請求権等の存否を確定し、紛争の蒸し返しを禁止し、後の裁判所を拘束する効力〕、形成力〔新しい権利関係を創設する効力〕、執行力〔強制執行を可能にする効力〕等）が及ぶ範囲を明確化する役割を担うことになる。また、当事者に上訴できる範囲を示す意味合いも持つ。
　判決の名宛人は、当事者であり、あくまで判決は、その個別事件における当事者のものである。この点で、次のような裁判官の言葉は、様々な意味で示唆的である。
　すなわち、「学者は色々に言うが、判決の名宛人はあくまでも当事者であって、上級審でもなく、まして判例時報や判例タイムズの編集者や読者ではない。ああいう雑誌に載る判決は、中にはそれ相応の価値のあるものもあるが、多くはどこかおかしいというか珍しいから載る訳で、きちんと釈明し、すらりと判決を書ければ載る訳はない。かつて、ある皮肉な裁判官は、下級審判例集は、実は下級審誤判例集だといったくらいである。私はなるべく載らないように注意しているつもりである。」旨を、語った裁判官が、存在したのである。

(2) 裁判所との関係

判決を行う裁判所自体（裁判官自身）にとっては、自己の判断を客観視させる意味があり、判決作成を通じて、当事者の主張や争点についての証拠を再確認し、事実認定過程や法適用過程を再確認する中で、自己の判断の慎重さを期す機能もある。当事者によって上訴された場合には、上級審の裁判官に対して、その審査の対象を明確に示す機能もある。しかも、上述のように既判力は後訴等の裁判所に対する通用力であり、執行力も執行裁判所への規範的指針を与えるのである。

(3) 一般国民・市民との関係

一般国民・市民に対しては、具体的な事件における判決内容を明らかにし、かつ、その判決理由で、裁判所の判断内容とその過程を明らかにすることによって、裁判の公正を保障し、同様な紛争を抱える一般市民に対して、予め裁判所の判断に関する法情報を提供する役割を担っている。しかも、一般に裁判所によって合理的な判断が行われていることを知ることによって、市民生活や企業活動に対して安心信頼と予見可能性をもたらすことにもなるのである。

2 判例の意義

これまで判例を、判決や決定などを含む一般的なかたちで述べてきたが、判例とは、一般に、一定の手続過程における「判断の果実」であり、いわば「法律実務のある種の結晶」である。それは、たとえば、訴状、答弁書、準備書面、控訴理由書、上告理由書などの書面や証拠資料だけではなく、弁論と証拠調べの過程が凝縮したものであるはずである。

「法律上の争訟（裁判所法3条）」を判断する使命を帯びた裁判所は、あくまでも、当事者間の具体的な権利関係の存否に関する紛争であって、それが法律の適用によって終局的に解決できるものについて、裁判を行う。そこには、必ず対立する当事者が存在するのであり、具体的な事件と離れて、一般的抽象的に、法規範を定立する機能を、裁判所が有することはない。それゆえ、判例とは、個別具体的な事件における司法の有権的解釈であり、民事の領域では、私人であれ法人等であれ、紛争当事者が存在し、手続過程で対論

が行われ、証拠が提出され、個別具体的な状況に即応してなされる解決の処方箋が、判例なのである。つまり、たとえば、判決や決定そのものが判例なのではなく、その中で示された裁判所の判断が、判例なのである（命令例や審決例などについても、同様である。）。

しかも、その通用力には、様々なヴァリエーションが見られる。一般に、上級審の判例になればなるほど通用力が増大し、最高裁大法廷判決・決定がその頂点を極めることになる。ただ、そのような通用力を有する判例は、裁判の理由中に示された法律的な判断であり、しかも傍論（余論。事案の判断には直結しないが、付随的に言及された理由）ではなく、事案の判断に必要不可欠な部分における判断なのである。

3　判例の構造

ここ20年ほどの間に、民事判例（民事関係の憲法判例や行政判例も含む。）とりわけ民事判決書は、その様式において、大きな変更が見られる。それは、「旧様式判決」から「新様式判決」への大きな転換である（縦書から横書への変化も見られる。）。

旧様式判決とは、要件事実を基軸とし、要件事実を漏れなく記載することに腐心した判決様式である。典型的には、判決主文の後の「事実」欄には、「第1　当事者の求めた裁判、一　請求の趣旨、二　請求の趣旨に対する答弁、第2　当事者の主張、一　請求原因、二　請求原因に対する認否、三　抗弁、四　抗弁に対する認否、五　再抗弁、六　再抗弁に対する認否（以下、これに準じる。）、第3　証拠、一　原告、二　被告、三　職権」が記載され、「理由」欄には、「請求原因、抗弁、再抗弁……」の順に認定内容が、縦書で記載されていた（旧民訴法191条参照）。これは、論理的な法的推論と要件事実論の実践的な理解に最適な判決様式であった。しかし、法律専門家には容易に理解できても、一般市民である当事者にとっては、難解に映ったのである。

その反省から生まれ、争点中心型の集中審理を直接的に反映した判決様式が、新様式判決と言われるものである。これは、典型的には、判決主文の後の「事実及び理由」欄には、「第1　原告の請求、第2　事案の概要、一　争

いのない事実（証拠上容易に認定できる事実を含むこともある。）、二　争点（争いのある事実）、第3　争点に対する判断」を（近時は）横書で記載するものであった（民訴法253条参照）。このような新様式判決は、事件の争点を把握し理解するのに最適であり、判決の名宛人である当事者にとっても、分かりやすいものなのである。それゆえに、争点中心型の審理を行う現行民事訴訟では、この判決様式がよく用いられているのである。ただ、古い判例でも、また近時の判決でも、旧様式・新様式でもない独自の構成を採るものもあり、また、現在でも、論理立てて要件事実をきちんと判示することが不可欠な場合などには、旧様式判決は用いられることもある。

　したがって、判例の理解の大前提として、まず、判例の意義と役割を知るだけではなく、正確に判例を読み解くことができるようになるためには、このような判決様式の構造的なアウトラインを押さえておく必要が存在するのである。

4　判例から学ぶことができるもの

　さて、法的論理と法的感性のアンテナを張りめぐらせれば、判例学習を通じて、様々な事柄を学ぶことができる。以下では、思いつくままに、その効用を列記したい。

（1）　法の社会的役割を学ぶ

　民法や利息制限法・借地借家法などの実体法は法規範であり、民事訴訟法などの訴訟法（手続法）に規定された紛争処理過程で裁判規範として機能する。社会に生起する個別具体的な民事紛争を、裁判所が、実体法を適用して処理する過程で生み出されるのが判例であるので、判例学習を通じて法（実体法・手続法等）の社会における現実的な機能や役割を知ることができるのである。

　それは、社会における「生ける法」を認識することにつながるのであり、その判例が、法の欠缺（法の隙間）を埋め、抽象的な規範を具体化することにより法が精緻化され、場合によっては新たな法規範を定立したりすることを通じて、法律と現実社会とが架橋されるありさまや法を現代社会の新たなニーズに適合させて行くダイナミクスを、実際に窺い知る契機ともなる。そ

れは、社会における裁判所の現実的な機能とその将来展望を行うきっかけさえ、与えてくれるのである。

ただし、現実の民事紛争は、たとえ訴訟に発展しても、判決以外の方法、たとえば訴訟上の和解などの方法でも、解決されていることも忘れてはならない。

(2) 弁護士の役割を学ぶ

さて、法科大学院の修了者の多くは、弁護士になるが、判例は、弁護士の訴訟活動を通じて形成されることも少なくない。

たとえば、アメリカ法ではあるが、プライバシーの権利を確立するのに貢献したのは、ブランダイス弁護士（後に連邦最高裁判事）であり、公立学校における白人と黒人との別学が連邦憲法違反であるとするブラウン判決につながる一連の判例法理の形成に大きく寄与したのは、マーシャル弁護士（後に〔アフリカ系アメリカ人で初めての〕連邦最高裁判事）等、一群の公民権運動（Civil Right Movements）に献身した弁護士たちであった。日本でも、一例を挙げれば、たとえば、生存権（憲法25条）規定の解釈と生活保護行政等に大きな影響を及ぼした朝日訴訟最高裁大法廷判決（最高裁大法廷昭和42年〔1967年〕5月24日・民集21巻5号1043頁）における原告代理人の活動などについては、新井章『体験的憲法裁判史』（岩波書店、1992年）に活写されている（なお、朝日訴訟事件については、第1審判決から最高裁判決までの判決〔上告理由を含めて、すべて民集登載〕の比較一読を、法科大学院学生に是非お勧めしたい。）。

ともかく、通例訴訟が終われば判決文は残るが、そこに至る弁護士等の活動の実践過程は、あたかも雪の上の足跡のように儚く消えて行く。しかし、当事者および訴訟代理人弁護士らの判決形成に導いた法廷内外における訴訟活動には相当な重みがあり、判例学習を通じて、そのような活動についての推測や想像をめぐらし、民事弁護に関する能力を培うこともまた可能となるのである。したがって、裁判原本（判決原本等）だけではなく、訴訟事件記録の保管の重要性もクローズアップされることになる。

とりわけ、自己が担当した事件を、弁護士である実務家教員が教材として用いる場合には、用い方によっては効用が増大するであろう。

146 第8章 法学教育における「判例学習」の展望

(3) 裁判所の役割を学ぶ

民事訴訟法上、訴訟手続の形成は、裁判官の職責（職権進行主義）であるが、実体内容の形成は、当事者の責務（当事者主義〔処分権主義（当事者の意思によって、訴訟物を特定でき、訴訟を開始・終了させることができる原則）、弁論主義（裁判所は当事者の主張しない事実や証拠を判決の基礎にできない原則）〕）である。「判決」は、実体私法を「大前提」にし、自白された事実や証拠によって認定された事実等を「小前提」とする「判決三段論法（法的三段論法）」による帰結であり、その判断過程の合理性が諸種の手続原則によって担保されている。判例形成は、決して、ブラックボックスの中での営為ではなく、判例は、法と良心に従った裁判官の人間的な営みの合理的な所産であるべきものなのである（憲法 76 条 3 項参照）。

判例は、このような裁判官の職務を知るための好個の資料となることもある。

たとえば、ゴミ集積場事件東京高裁判決（東京高判平成 8 年〔1996 年〕2 月28 日・判時 1575 号 54 頁）に見られるように、裁判官による独創的な判断も見られるからである。これは、自宅前のゴミ集積場を輪番で移動することを提案し続けていた原告が、一切話し合いに応じない被告に対して、ゴミを出さないことを求めたのに対して、裁判所が、6 ヶ月の猶予を置いて、その後被告はゴミを出してはならない旨の差止判決を言い渡したものであった。つまり、裁判所は、その間に、当事者間の話し合いの促進を期待したのであり、「味のある判決」と評価されているのである。

これは市井に生きる市民に関わる事件であるが、たとえば、公害・環境事件等に典型的に見られるように、裁判所の判断が、公共政策に一定の影響を与えることも少なくない。それゆえに、判例学習は、多様な民事紛争の局面における裁判所の役割とその将来の展望を学ぶ契機ともなるのである。

(4) 当事者の訴訟活動やその思いを学ぶ

しかし、先に言及したように、あくまで判決は当事者のものである。一生に一度経験するかしないか分からない一世一代、一期一会的な紛争処理過程における当事者の訴訟活動やその思いを判例学習を通じて学ぶことも、先に述べた「複眼的な視点」からは、有用であり、将来の法曹にとっては、不可

欠となるであろう。それには、たとえば、医療過誤訴訟を本人で闘ったある女性の語り（佐々木孝子＝山崎浩一＝〔司会〕川嶋四郎「座談会：本人訴訟で医療過誤訴訟を戦って」カウサ〔Causa〕2号18頁〔2002年〕参照）や、1人娘を交通事故で亡くしたある経済学者による紛争処理過程の記録（二木雄策『交通死──命はあがなえるか』〔岩波書店、1997年〕参照）などは、当事者本人の「手続にかける思い」を伝えて余りあるものがある。判例学習は、ともすれば、公刊判例からのみの学習プロセスとして考えられかねないが、ここで述べたような判決形成過程における当事者の思いや活動を学ぶことも、その背景や生成過程の理解の増進につながり、紛争に巻き込まれた当事者に対する人間的な理解にもつながるのである。

(5) 手続法と実体法との有機的な連携を学ぶ

ところで、研究者教員による法学教育では、これまで、専門領域毎に蛸壺的な教育が行われてきたが、社会に生起する事件は、常にいわば専門領域複合的なものである。しかも、実体法と手続法（訴訟法）の問題が、有機的かつ複合的に絡み合っている事案も少なくない。

しかし、判例は、実体法に従った手続過程の帰結という面があるので、先に少し言及したように、判例学習を通じて、あたかも車の両輪のように実体法と手続法とが、有機的な連携をとりあって社会的に機能している実情を学ぶことができるのである。

しかも、判例が、裁判外紛争処理制度（ADR）における解決規準としての役割も演じていることを、学ぶことさえ可能である。法の影の下での合意の中には、判例法といったある種の法源の下での合意という作用さえ含まれているのである。

(6) 判例自体の社会的な機能を学ぶ

さらに、判例は、次のような社会的な作用も果たしている。

一般に、判決には、第1審判決であれ、控訴審判決であれ、最高裁判決であれ、法的な効力（民訴法114条、115条等参照）のほかに、社会的、事実的な効力や影響力もある。

つまり、1つの判決が言い渡され確定すると、一定のルールが明らかにされ、原則として、社会や民事紛争の関係者または訴訟当事者と同様な立場や

境遇にある者は、その判決内容を尊重し、それに沿った行動を行うようになることもある。

たとえば、ある薬の副作用とみられる被害が服用者の多数に生じ、その一部が製薬会社に対して、薬害被害による損害賠償請求訴訟を提起した場合を考えてみよう。被害者が勝訴判決を獲得し、その判決が確定すると、その判決中で、ある成分を含んだ特定の薬の服用と損害の発生との間に因果関係の存在が肯定され、損害賠償額の算定方法が示されていた場合には、通常、提訴しなかった残りの被害者と製薬会社との間でも、その判決内容に沿った損害賠償額に関する話し合い（和解）がなされる。そこでは、残りの被害者が、改めて提訴し訴訟追行する負担が回避できることになり、紛争が一挙的かつ統一的に解決されることになるのである。

(7)　法的感性を磨く

良き判例は、時に文学作品以上に当事者だけではなく一般に感動を与えることがある。それゆえ、判例学習の過程でそのような判例に出くわした場合には、法的感性に磨きがかけられる可能性も生じる。

たとえば、ある医療過誤訴訟事件判決（東京地判平成8年〔1996年〕12月10日・判時1589号81頁、判タ925号281頁）は、その好例であり、裁判官の温かくきめ細やかな心配りを、判決文言中に読み取れる点や、民事訴訟法の運用に対する1つのあり方を提示している点で、光彩を放っている。この判決は、かなり型破りな判断であるにもかかわらず、控訴もされることなく終了している。つまり、その判決内容について、両当事者に不服が存在しなかったのである。紙幅の関係で判決内容の紹介は割愛せざるを得ないが、この判決が、「当裁判所としては、両親……には、この判決も糧の1つとして、今後も、これまでと同様、（植物人間状態になった娘）を見守ってもらいたいと考えている。」という一文で閉じられていることのみ、付言しておきたい。

Ⅳ　判例学習の処方箋

1　実体法と手続法の知見を有する

あたかも学問に王道がないように、判例学習にも王道はない。しかし、判

例学習に際して、留意すべき事項は、いくつか存在する。その理解と会得を通じた判例の読み込みが、判例のマスターにつながると言えるであろう。

判例学習のポイントの原点は、学び手の主体的な「判例学修」の姿勢にある。「習うより慣れろ」とは至言であり、「判例学習」にも同様に当てはまる。以下、何点かについて判例学習の方向性を指摘したい。

まず、前提として、判例の用いる用語法を理解し、それに慣れることである。特に、大審院判決等は、漢字とカタカナによる文語体で書かれており難解なものも少なくない。しかし、今でも、先例的な意義がある判例も多い。漢和辞典を片手に慣れるまで読み込むほかはないのである。ただ、判例は、当時の時代思潮を反映した側面もあるので、その後の社会状況の変化や法の改正などにも留意する必要がある。

さて、法科大学院教育については、時として知識の伝授ではなく法的なものの考え方を教えることの重要性が指摘されることがある。そこでは、「法的知識」と「法的推論能力」等が対立的に捉えられすぎているきらいもなくはない。確かに、3年間で、教員が手取り足取り念入りに知識ばかりを伝達する余裕もなければその必要性もないであろう。

しかし、あたかもたとえば物理の知識がなければ物理の書物を理解できないのと同様に、法的な基礎知識なしに法律書や判決を読み、また、法的推論能力を発揮することなど、できるわけはない。法的な知識や知見といった法的な基礎体力は、法的にものを考えるための前提条件であり、創造的な法的推論能力の源泉となるのである。したがって、判例を十分に理解できるようになるためには、まず、基礎的な実体法と手続法等の知見を有していなければならないであろう。

2 判例の原典に当たり、それを自分でまとめる

近時、判例をまとめた手軽な読み物が様々なかたちで出版されている。インターネットでの手軽な検索機能も容易に活用できる時代になった。

しかし、判例学習の要諦は、判例の原典に当たり自分で判例をまとめてみることである。判旨の一部の引用や他者の要約に依拠したり、または、孫引きの記述に依存するのではなく、たとえば、『最高裁判所判例集』、『判例時

報』、『判例タイムズ』、『金融商事判例』などといった定期刊行物に直接当たることである。それらには、判決の全文が掲載されており、とりわけ、『最高裁判所判例集』には、原則として事件の第1審判決および第2審判決も掲載されているので、その事件の事実関係の全貌と判断の変遷などを知るのに極めて有用である。

3 事実関係を正確に理解する

　先に触れたように、あくまで判例は特定の事件における判断であり、その事件の事実関係と切り離して、一般的に論じることはできない。確かに、社会に生起する紛争は、多様な事実の複合的な集合体であり、そこから、法的判断にとって意味のある事実が抽出され、認定された結果が判例となって結実している。したがって、生の事実の中から、有意的な事実を見つけ出す作業はすでに実施済みであるが、判断の基礎となった事実関係を正確に理解することは、判例理解の基礎である。

　また、要件事実論の具体的な応用例として、先に述べた旧様式判決のいくつかを読み込むことも、要件事実の考え方の現実的作用を知る上では有益であろう。

　ある裁判官は、判決起案に際しては、事実認定に安定感や説得力をもたせる必要があること（スジ、スワリの良さを考えること）を説いたが、そこで、証拠調べの結果や事件記録等から、事実を再現する作業は、「多少複雑な風景の写生」に似ているとも表現した。正確な写生を行う能力は、繰り返し写生を行いその技量を向上させることを通じて育成されて行くであろう。

4 事実認定過程と法適用過程を正確に追う

　判例は、いわば判断過程の集積であり、単に判決の結論やその判断要旨の暗記では、法律家のように考える能力を体得できないであろう。判決という結果から、一方で、判断過程というプロセスの全貌を見抜き、他方で、将来の望ましいあり方を展望できる能力もまた、必要になるであろう。事実関係の全貌と法適用過程を自分の頭で再現して再構成する思考訓練は、そのような応用力の涵養に役立つであろう。

第3編　法学学修の方法と展開　151

　そのような中で、判決の結論を左右する「重要な事実」に気づくこともあり、また、事件の背後に「隠れた争点」が存在することに思い至ることもあるかも知れない。判例学習を通じて、事実関係とその法適用の醍醐味を学ぶことは、「法的な問題解決能力」の涵養につながるのである。

　その際に唯一の拠り所となるのは、判決理由である。

　ごく最近、裁判官の再任の適格性を審査する最高裁の「下級裁判所裁判官指名諮問委員会」から、判決理由の記載が短かく当事者から不満が出ているある裁判官について、再任を「不適格」とする答申案が出された（例、毎日新聞平成 17〔2005 年〕年 12 月 11 日朝刊第 28 面参照）。裁判官の判断過程を示し、判決の命でもあり判決の説得力の源泉になり得る判決理由を必要以上に切り詰めていたとすると、先に述べた判決の諸種の役割からして、裁判官としては適格性を欠くであろう。

　さらに、判例学習では、単に当該事件における事実関係をなぞり、法適用過程を辿るだけでは足りない。当該事実関係における法適用の当否や判断結果の妥当性もまた検討されなければならない。しかも、そのような判断過程が公正に行われたかどうかも、手続的な視点から厳格に検討されるべきである。公正な手続で行われた当事者間のやりとりの集積が、判決に結実しているかどうかが事後的に検証されるべきである。

5　判例の射程を理解する

　先に述べたように、判例は、あくまでも、特定の事件における法的解決のために下された判断であるが、しかし、判断内容次第で、特定の事件を超えて一般的な通用性を有する場合もある。

　これは、たとえば、重大な社会的事件や法の適用要件等に関する「一般的な規範定立」を行った最高裁判決等であるが、ただそのような判例でも、特段の事情などといった安全弁を用意している場合もあり、例外的な事情に柔軟に対応できる仕組みを備えていることもある。

　したがって、ある判例が、単なる個別事件の解決をもたらすにすぎないものか、一般的な規範定立を行ったものか、また、後者の場合に、その射程はどこまでであるかなどについても検討する必要がある。判例解説（最高裁判

所調査官解説等）や判例批評などがその手掛かりになる。そのような検討は、「将来の判断予測」のために不可欠の作業となるのである。

ただ、個別事件の具体的な解決にすぎない「事例判決」と呼ばれるものや、かなり異例なかたちで法的救済を付与した「救済判決」などと呼ばれるものも存在する。しかし、そのようなものの中にも、前述した東京地裁判決のように、注目すべき判断が含まれている場合もある。

さらに、従前の関連判例（裁判例）や学説の傾向の中で、当該判例を位置づけることによって、その背景、射程および将来展望が明らかになる場合もある（なお、厳格な研究者は、「判例・通説」と「通説・判例」という表記を区別して用いることがある。前者は、判例が通説になった場合にあり、後者はその逆を表わすといった具合である。）。

なお、上述の最高裁民事・刑事判例集に登載された判例については、『最高裁判所判例解説〔民事編〕』や『最高裁判所判例解説〔刑事編〕』に、最高裁調査官による判例解説が登載されている。現在では論文に匹敵するほどの力作と評することができる解説もあり、判例の背景や射程を知り、将来の判断展開を占うのに役立つものも少なからず存在するのである。

6　批判的な視点も堅持する

ある裁判官からは、最高裁判例の存在は、裁判官にとって、それ以上の思考停止をもたらすほどの力をもち、それに安住することにもなりかねないことに、警鐘が鳴らされている。最高裁判例への盲従に対する戒めである。

このような危惧は、理論と実務の架橋を目的とする法科大学院教育の現場でも生じかねない。その判例の射程を見極め、具体的な事案との関係でその判例の援用可能性を慎重に検討すべきである。それは、とりもなおさず、判例に対してであれまた通説に対してであれ、決して鵜呑みにして追従することなく、批判的な視点を堅持しながら学ぶことの重要性である。

7　新司法試験への道程

ともかく、法科大学院教育は、いわば暗記詰込み吐出し型の学習から訣別した。そして、思考をめぐらし理解し論理的かつ創造的な法構築を行いかつ

第3編　法学学修の方法と展開　153

法的救済をサポートできる法曹としての人材を育てる教育に大きく転換したと考えられる。その教育理念から、判例の学習の占める割合は飛躍的に増大した。それは、新司法試験の短答試験や論文試験のサンプル問題やプレテスト問題の内容からも明らかである。法科大学院における日々の判例学習は、それらの試験問題に対応できる基礎的な能力を着実に体得させてくれる。つまり、判例の読込みと理解の積み重ねが、その種の試験問題への慣れと安心とを生み出し、合格への近道となるであろうと考えられるのである。

　ただし、判例は、認定された事実に基づくものであり、そこには証拠資料も付されていないので、生の事実から個別事件の法的判断にとって有意的な事実を抽出する作業などは、民事弁護、民事裁判、模擬裁判、リーガル・ライティング、リーガル・クリニック等、法科大学院に配された各種の実務関係科目の学修などによって体得する必要があるであろう。

8　「判例学習」から「判例学修」へ

　さらに、以上を総括して、教員から教わる受動的な「判例学習」から、学生が主体的かつ能動的に学ぶ「判例学修」への姿勢転換をすることの重要性を指摘してこの処方箋を締めくくりたい。

　法科大学院の限られた授業時間内に学ぶことができるのは主要な判例に限定される。それゆえ、そこでは、個別判例の事実関係、判決内容およびその射程などの理解力を体得するだけではなく、「法律家のように考える基礎体力」の涵養にも努めなければならないのである。

　法律実務家は、将来、様々な事件に遭遇する。先例もない新たな事件であることも少なくない。その際に、自己が担当する事案にとって有利な判例の的確な援用や不利な判例の説得的な批判を行うことができ、新たな判例を創造する契機となるのは、そのような「判例学修」の過程で得られた「創造的な問題処理能力」だからである。

V　おわりに

　最後に、現在（2005年）、新司法試験における合格者数が明らかにされ、

154 第8章 法学教育における「判例学習」の展望

その激震は、法科大学院で真摯かつひたむきに学ぶ学生に言い知れぬ不安感を与えている。しかしそれでも、法科大学院教育では、社会における「生きた法」である判例を素材として、『意見書』に掲げられた法科大学院教育の原点を忘れることなく行われなければならない。

『意見書』は、法曹を、「法の支配」の直接の担い手と捉えた上で、「国民の社会生活上の医師」としての役割を期待される法曹に共通して必要とされる専門的資質・能力を習得し、かけがえのない人生を生きる人々の喜びや悲しみに対して深く共感し得る豊かな人間性を備えた法専門家として位置づけ、法科大学院における育成を志向した。

本章で述べたように、複眼的な視点から、法科大学院教育のプロセスを通じて判例を学修できる力を体得した法科大学院生は、この『意見書』の理念を具現化し、社会の隅々で、「人々の心に届く法の言葉を紡ぎ出すことができる能力」を身につけることができるであろう。

その意味でも、教員としての責任の重さを実感しながらも、学生が法科大学院での「学修」に専念し一定の成績を修めることさえできれば、新司法試験に合格でき法曹になることができる時代が到来することを心から祈念したい。

〈参考文献〉
・中野次雄編『判例とその読み方』（有斐閣、1986年）
・賀集唱「民事判決書の合理化と定型化」鈴木忠一＝三ケ月章監修『実務民事訴訟講座2』3頁（日本評論社、1969年）
・藤原弘道「思うて学ばざれば則ち殆し」同『民事裁判と証明』199頁（有信堂、2001年）
・東孝行『判例による法の形成』（信山社、1996年）
・新堂幸司『新民事訴訟法〔第3版補正版〕』62頁（弘文堂、2005年）
・加藤新太郎編『民事訴訟審理』1頁〔田尾桃二論文〕、25頁〔武藤春光論文〕、427頁〔佐藤繁論文〕
・川嶋四郎「法学部・法科大学院の授業はこれからどうなるのか——21世紀における『大学教育の理想像』を求めて」法学セミナー593号42頁（2004年）〔本書第7章〕
・同「アメリカにおけるロースクール教育関係文献紹介(4)——Ruta K. Stropus,

Mend It, Bend It, and Extend It: The Fate of Traditional Law School Methodology in the 21st Century」法政研究（九州大学）70 巻 1 号 286 頁（2003 年）〔後に、川嶋四郎『アメリカ・ロースクール教育論考』60 頁（弘文堂、2009 年）に所収〕、等。

第9章
法科大学院教育における「演習科目」の展望
——現在の理論と実務を踏まえつつ新たな救済のあり方を探究し、法システムの改善に寄与できる法曹の育成を目指して

2006 年

I　はじめに
——『司法制度改革審議会意見書』公表5周年の初夏に

　2004 年（平成 16 年）4 月、法曹を育成するための本格的な教育組織として、法科大学院が全国各地に創設されて以来、既に 2 年以上が経過した。その現場では、日々、学生の弛みなき学修が行われ、多くの真摯な教員の創意工夫に満ちた教育が行われている。

　学生の視点から見た場合に、人生の一時期において、「他者の人生に深く関わる将来の専門職」につながる知的な営みを集約的に行うことは、そのプロセスの充実度に見合った結果が保障される限り、有意義なものと考えられるであろう。

　法科大学院は、言うまでもなく、受験技術を伝授する予備校でもなく、また、その入学が法曹資格の安易な取得を保証するものでもない。さらには、ほとんどの法科大学院教員は、新司法試験のより先をも見つめて、優れた法曹の育成に日々努めている。全国各地の法科大学院では、それぞれ育成すべき法曹像を掲げて具体的な教育カリキュラムを提示して実践しており、そのような「競走」と「連携」は、総体として日本司法の人的基盤の拡充に、大きく寄与し得ると考える。

　さて、この 6 月には、今次の司法制度改革の起点となった綱領的な文書である『司法制度改革審議会意見書』（以下、単に『意見書』と略す。）が公表さ

れて、5周年を迎えた（ちなみに、本年は、現行民事訴訟法が制定されて、10周年の節目でもある。）。このような時期に、法科大学院教育のあり方をトータルに論じることを目的とした『ロースクール研究』の書誌が創刊され、法科大学院システムの全貌について本格的な研究が進められる契機が作られたことには大きな意義がある。

　ところが、昨年、私は衝撃的な経験をした。

　シンガポールで行われた法学教育に関する国際シンポジウムで、私は、ある「批評」に直面させられたのである。そこで、私は、日本の法科大学院システムを紹介し、その問題点、課題そして展望を行った。何の疑いもなく、私は、「法科大学院」を"Law School"と訳して報告した。しかし、その報告の後の質疑応答の機会に、あるアメリカのロースクール教授が、私に対して鋭い質問を行った。

　「日本の法科大学院は、ロースクールと言えるか。」という主旨の「批評」が、それである。私は、そのとき、あたかも、高村光太郎が、智恵子から、「東京に空が無い。本当の空が見たい。」と言われて驚いた、そのときの心境に似た「驚き」を感じたのである（『智恵子抄』を参照）。

　彼の疑問の核心を端的に言えば、日本のように3割程度しか新司法試験に合格できず、（あいかわらず、法学部も残り受験予備校も繁栄し、）学生が自己の専門法領域を極める余裕のない法曹養成システムは、アメリカで言うところの「ロースクール」ではないのではないか、というものであった。

　確かに、そうかも知れないと感じた。その際、私は、ある日本法に精通したアメリカ・ロースクール教授の話も思い出した。

　ともかく、その質問に対する私の応答の詳細は、ここでは割愛するが、日本の法科大学院制度は、日本の司法制度および大学教育制度の中で、基本的には日本独自の制度として創造されたものであること、ご指摘のように問題の多い制度であり、「日本型ロースクール」が今後どうなるかは、歴史の文脈に委ねられていることなどを回答した。

　しかしそれでも、本章が題材とする演習は、法科大学院教育における少人数教育として、重要な授業方法であることには変わりがない。

　そこで、以下では、問題をやや基層的にとらえ、より広い視野から「法律

学演習」のあるべき姿を考え、その上で倒産法演習を1つの例として、その
あり方にも若干言及してみたい（ちなみに、私は、本務校〔九州大学〕の法科
大学院で、演習系の科目としては、「民事訴訟法Ⅰ」（3クラス）、「民事訴訟法Ⅱ」
（3クラス）、「民事救済法」（1クラス）、「文学と法」（1クラス）を担当している。
負担に応じて給与が増加することはないのは、国立大学一般と同じである。）。

Ⅱ　法科大学院制度の原点とそこにおける授業観

　さて、法科大学院の創設の原点は先に述べた『意見書』であるが、残念な
がら、法科大学院の入学生の中にも、その存在さえ知らない者が多く、まし
てやそれを通読したことがない者がほとんどであることには、今更ながら驚
かされる。

　そこには、法科大学院制度のマスタープランだけではなく、学生が目指す
べき法曹のあり方に対する基本的な指針が、熱くかつ説得的に語られている。
「社会生活上の医師」という、比喩的な言葉が持つ深く広い意味あいも、『意
見書』を読んで初めて明らかになると言えるのである。

　『意見書』によれば、法科大学院を中核とするプロセスを通じた法曹養成
教育では、次のような教育が目的とされていた。

「・『法の支配』の直接の担い手であり、『国民の社会生活上の医師』とし
　　ての役割を期待される法曹に共通して必要とされる専門的資質・能力
　　の習得と、かけがえのない人生を生きる人々の喜びや悲しみに対して
　　深く共感し得る豊かな人間性の涵養、向上を図る。
　・専門的な法知識を確実に習得させるとともに、それを批判的に検討し、
　　また発展させていく創造的な思考力、あるいは事実に即して具体的な
　　法的問題を解決していくため必要な法的分析能力や法的議論の能力等
　　を育成する。
　・先端的な法領域について基本的な理解を得させ、また、社会に生起す
　　る様々な問題に対して広い関心を持たせ、人間や社会の在り方に関す
　　る思索や実際的な見聞、体験を基礎として、法曹としての責任感や倫

理観が涵養されるよう努めるとともに、実際に社会への貢献を行うための機会を提供しうるものとする。」

　そして、法科大学院における教育方法（授業方式）としては、講義方式や少人数の演習方式、調査・レポート作成・口頭報告、教育補助教員による個別的学習指導等を適宜活用することとし、とりわけ少人数教育を基本とすべきであることも、『意見書』には明記されていたのである。まさに、演習方式の少人数教育の重要性の指摘である。

　しかも、そこでは、従前の大講義室における講義のような一方通行的なものであってはならず、教員と１人または複数の学生との間における双方向的または多方向的で密度の濃い教育方法が採用されねばならず、セメスター制（１つの授業を学期ごとに完結させる制度）の採用等により、なるべく集中的に行うこととすべきである、とされたのである。

　質の高い法曹を量的にも多数育成するために、「点」のみによる選抜ではなく「プロセス」としての法曹養成制度を新たに整備するという趣旨から、このような教育システムが望ましいものとされたのであり、法科大学院には、法曹となるべき資質・意欲を持つ者が入学し、厳格な成績評価及び修了認定が行われることを不可欠の前提とした上で、その教育課程を修了した者のうち相当程度（たとえば約7～8割）の者が新司法試験に合格できるように、充実した教育を行うべきであると、『意見書』には明記されたのである。

Ⅲ　九州大学法科大学院における「演習」の考え方

　さて、このような法科大学院制度の原点を確認した後に現場に戻ろう。

　九州大学法科大学院（１学年定員100名）は、これまで、『意見書』全体の司法制度改革の理念とその具体的な方向性に強い共鳴を受け、その制度的な具体化と実践に、愚直なまでに腐心してきた。

　そのような九州大学法科大学院には、逆説的であるが、「演習」と題した授業科目は皆無である。率直なところ、「演習」などといった、マスプロ教育の象徴的な権化と考えられる大教室における「講義」と対を成しかねない

言葉自体、用いたくないという気持が、私にはあった。つまり、法科大学院の授業にも、「講義」形態が存在し、それが「演習」形態と併置されるといった誤解を招きかねない言葉は、あえて回避したのである。すなわち、「すべての授業は演習であるべきである。」という信念で、1年次の法律基本科目から、厳格な少人数教育（35人標準）を実施してきたのである。

　したがって、3年標準を採用し「内部振り分け方式」の試験方法（既修認定試験〔既修科目認定試験〕は、入学試験に合格した者に対して、個別科目ごとに認定試験を課す方式）を採用してきた九州大学法科大学院は、たとえば、法律基本科目の「民事訴訟法」などでは、既修者が少ないために、初年度から今日に至るまで、3年間も、30名弱のクラスを1日に3クラス持ち、3回繰り返し同じ内容の教育を行ってきた。それは、極論すれば、時折発する冗談も、3回繰り返し言わねばならないありさまであり、時に、自己嫌悪に陥ったりすることもある。

　できるだけ早く学生の顔と名前が一致するように、机上に置くタイプの「ネームプレート」を大学側で準備し、学生に毎回授業に持参してもらっている。教員は、学生の顔写真入りの名簿を有している。このような工夫は、双方向多方向型の授業を行わない授業はないことをも意味し、一般に教員の視点から言えば、理念的にも現実的にも予習をしてこないで学生が授業に出席することなど考えられないのである。

　しかし、現実は厳しい。

　正当な理由なく授業に欠席する者も存在し、明らかに予習をしていないと思われる学生も散見される。指定したテキストではなく、堂々と予備校本を持参している学生が存在することに危機感を覚え、また、判例でも原典に当たることなく、安直に引用・要約本に頼ろうとしたりする学生が見られるのは残念である。『意見書』の理念を忠実に実質化できる教育システムを具体的に考案しようとしている法科大学院でさえこのありさまなのである。しかも、私は、民事訴訟法を担当しているので、「教室を法廷と考えてほしい。」と言っているにもかかわらず、これが現状なのである（もちろん、私に、裁判官ほどの権威も威厳も権力もないのだが……）。

　そこで、次に、アメリカのロースクール教育における演習の一断面を垣間

162　第9章　法科大学院教育における「演習科目」の展望

見たい。

Ⅳ　アメリカのロースクールにおける驚くべき「法学教育演習」

　アメリカのロースクールでも、日々数多くの多様な演習が開講されている。私が、何度か滞在したノース・カロライナ大学ロースクールでもそうである。

　ただ、2001年の秋学期に、かつてDean（ロースクール長）であったJudith Wegner（ジュディス・ウェグナー）教授が、「法学教育演習（ロースクール教育演習）」を開講していたのには驚いた。

　10数名の学生たち（3年生！）が、厚さ10数センチにのぼるバインダーに綴じられたA4判の教材を毎回読んで授業に臨み、そこでは、活発な議論が展開されていたのである。

　教授のシラバスから、この演習の目的および基本計画を示してみよう。

　まず、「演習目的」については、「この演習は、法学教育の文脈における教育と学習のあり方について、徹底的な反省を迫るために企画されたものである。学生たちが、Wegner教授や他の教授、演習受講者やその他の学生との間でパートナーシップを確立し、積極的な調査研究に関わることを目的とする。

　本演習を通じて、学生たちは、①ロースクールにおける教育と学習の性質をより深く理解し、②よりよい学習者になり、そして、③法教育を理解しその向上を図るための継続的な努力に対して、固有の寄与をなすことができるであろう。」と、記されていた。

　次に、「コース点描」として、この演習が、全体として3部構成をとることを明らかにしている。

　すなわち、「第1に、コース前半の演習は、次に掲げた3つの主要問題に関する文献の講読と、それについての議論に関わる。

　①アメリカのロースクールにおける今日の教育と学習は、いかなるものであり、それは、どのようにして歴史的に形成されてきたか。

　②どうして、法学教育は、法曹のプロフェッショナルとしてのアイデンティティ、判断および価値をあまり明らかにしてこなかったのか。

③法学教育とプロフェッショナルとしての法曹との関係は、いかなるものか。

次に、第2に、この①および②の争点をより深く検討するために、弁護士、裁判官およびその他の専門家を交えて、演習期間中1日を割きリトリートを行う。

そこでは、学生たちは、プロフェッショナルとしてのアイデンティティの意味や法学教育と法曹の相互関係を再考する機会を持つ。

さらに、第3に、コース後半の演習はいくつかのセッションで締め括られることになる。そこでは、学生たちがセミナー・ペーパーとして準備した主題について議論を行う。

本演習は、学生がじっくり考え、学びへの多様なアプローチを実験し、効果的な学び手としての学生をエンパワーするために企画された。それゆえ、学生たちは、学び手としての個人的な経験と見解を述べ、学習と教育に積極的に関わり、グループ学習という協働的な手法を用い、そして、各自が独自のセミナー・ペーパーを仕上げるための機会が与えられることになる。」と。

さらに、より詳細な授業の課題と要件などについては、次のように記されていた。

「本演習は、双方向的な授業方法で行われるので、学生たちの積極的な参加が要請される。

①リフレクティヴ・ペーパー　学生は、毎週、短いリフレクティヴ・ペーパー（1頁～2頁）を書き、インストラクターに提出することが求められる。これは、演習前日の午前9時前に、できれば電子文書で提出されねばならない。

②小論文　コース前半の演習では、学生は、配布された資料の中からテーマを選択し、演習期間中に2回、小論文（1頁～2頁）をインストラクターに提出しなければならない。これも、演習前日の午前9時前に、できれば電子文書で提出されねばならない。

③演習資料　コース前半の演習では、クラスが2つのチームに分割され、多くの場合、異なった内容の資料が配布される。このアプローチは、より多くの文献を素材として、議論を豊饒化させ、学生たちに責任感を植え付ける

ことにより、学生たちをエンパワーすることを意図している。

④協働的に教えること　　コース前半の演習では、ペアを組んだ学生のチームが、インストラクターと共に、翌週の演習のためのフォーマットの策定に参加することが要求される。そのチームは、演習において積極的な役割を演じなければならない（演習のフォーマットは、非常に独創的なものでもよく、その役割は毎週異なってもよい。）。コース後半の演習では、学生が前もって教授と議論して決めたアプローチと資料を用いて、演習におけるリサーチ・トピックについて、主導的な役割を演じる責任を持つ。

⑤リサーチ・ペーパー　　学生は、重要なリサーチ・トピックを確定し、かつ、かなり高度なリサーチ・ペーパー（約40頁）を完成させるために、個々人またはチームで活動を行い、学習を行う。学生は、伝統的にロースクールで行われているリサーチ、フィールド・ワーク（弁護士、裁判官、その他専門家にインタビューを行うこと）、または、その他のリサーチ（たとえば、アメリカの法学教育と他の専門家養成教育との比較や、諸外国の法学教育等との比較）を行う。

リサーチ・トピックのリストは、下記の通り（略）である。インストラクターの許可を得てリサーチ・トピックを選んだ学生は、独自の学習を継続的に行うことが許される。

⑥リトリート　　本演習では、特に、リトリートを行う。そこでは、学生に、教育についてより深く考える機会を提供する。これは、専門家のアイデンティティを明らかにし、インストラクター、優れた弁護士、裁判官および法以外の分野の専門家と共に学ぶ機会である。リトリートに先立ち、特別な資料や質問書が配布される。リトリートは、さし当たり、10月26日金曜日の夜に設定される（同日、夕食を共にとることから始まる。10月27日土曜日の午前9時から午後3時まで、学外の施設でリトリートを行う。）。

⑦一般的な参加学生は、全クラスに出席することが期待される（ただし、インストラクターが、相当な理由があると認める場合はこの限りではない。）。また、インフォーマルなかたちで、ウェブサイトを用いて、クラスメイトのために、アイデアを提供し、コメントを述べ、かつ、リサーチの示唆を与えることを通じて貢献することも期待される。」

これは本格的な演習である。州毎の司法試験を半年後に控えたその時期に、このような演習が行われ、数多くの学生が参加していることは、私にとって衝撃であった。約40頁のリサーチ・ペーパーも課されていた。評価の高いロースクールが、そして教育経験の豊かなロースクール教員が、さらに不断に教育面での向上を志向し続けている姿は、私にとっては驚異であり深い感動さえ覚えた。食事会やリトリートなどは、イングランドにおけるインズ・オブ・コートでの法曹養成を想い起こさせる。また、学生が、そこで自己が学びアメリカの法曹が育成されるロースクール教育の質的向上のために議論を重ねる姿を見て、あるべき教育システムの一断面を見た思いがした（さらに、詳しくは、川嶋四郎「アメリカにおけるロースクール教育関係文献紹介(1)〜(11)」法政研究〔九州大学〕69巻1号〜72巻4号〔2002年〜2006年〕参照。これらは、後に全面的に改稿して、川嶋四郎『アメリカ・ロースクール教育論考』〔弘文堂、2009年〕にまとめた。）。

V 「倒産法演習」の具体的設問

一般論としての「演習論」について述べてきたが、ここで「倒産法演習」を例にあげて、若干具体的な言及を行いたい。なお、倒産法演習の教材としては、三木浩一＝山本和彦編『ロースクール倒産法』（有斐閣、2005年〔2014年に第3版が刊行〕）が秀逸であり、設例や質問事項などの具体例については、それを参照していただきたい。

以下では、それとは別に、予め「テキストの予習範囲」を指定し、設例設問を出題するという方式で、学生にその場で具体的に考えてもらうタイプの演習の一端を示したい。

配布するペーパーには、たとえば、次のような簡潔な事実関係が書かれている。

「X会社は、瀟洒な建物に本社を構える商社であるが、平成15年秋、Aが代表取締役を務める用品雑貨の輸入・販売等を業とするP会社が経営難に陥ったので融資を行うことになった。その際、X会社は、P会社およびA

と基本取引契約を締結すると共に、平成 15 年 11 月 30 日、A の妻である B との間で、この取引から生じる債務につき 2 億円の極度額の範囲で、連帯保証契約を締結した。

X 会社は、平成 16 年 6 月当時、B に対して、2 億円の連帯保証債務の履行請求権を有していた。

P 会社の経営難を契機として、A からの生活費の仕送りが滞ったことが直接の原因となって、B は、その保有する Q 会社（B の親族が経営）の株式を譲渡することになった。その際、Q 会社は従業員持株制度を実施していたので、Q 会社の従業員である被告 Y₁ ないし Y₆ に、1,600 株を額面 500 円、計 800 万円で譲渡した。

当時、B には他にめぼしい資産がなかったので、この株式譲渡行為が、X 会社からの本件詐害行為取消訴訟の対象となったのである。その後ほどなく P 会社は倒産し、B も、平成 17 年 10 月 10 日、福岡地方裁判所に自己破産の申立てを行い、同年 11 月 10 日に、同裁判所から破産手続開始決定・同時廃止決定を受けた。

その後、免責許可決定前の 10 月 15 日に、X 会社は、福岡地方裁判所に、前記株式譲渡行為に対する詐害行為取消訴訟を提起した。

しかし、本件の第 1 審係属中の平成 17 年 12 月 1 日に、B は免責許可決定を受けた。」

このような設例を演習で用いる場合には、まず、前提として破産免責手続についての基本的な知見を確認し、詐害行為取消権と詐害行為取消訴訟の基本構造などを、一般的に確認する作業を行う。

その次に、クラスを、本件詐害行為取消訴訟における原告 X 側弁護士チーム、被告 Y ら側弁護士チームにそれぞれ分けて、原告側弁護士チームおよび被告側弁護士チームの主張を、基礎づける理由等と共に、各自箇条書きで白い大きな模造紙に太いマジックペンで書いてもらう。そして、左右の壁面にそれぞれ同時に張り出し、それぞれのチームに説明をしてもらい、学生間で相互に質問や議論を展開してもらう。教員は、その都度、必要な説明や回答を行い、議論の交通整理なども行う。

第3編　法学学修の方法と展開　167

　議論が一段落した段階で、この事案の基礎になった旧法下の判例の判決文を配布し、それについての議論を重ねる。判決文は次の通りである。

　「上告棄却　　詐害行為取消権は、債務者の責任財産を確保し将来の強制執行を保全するために債権者に認められた権利であるところ、原審の適法に確定した事実関係の下においては、BがXに対する本件連帯保証債務につき（旧）破産法第3編第1章の規定による免責決定を受けてこれが確定したことにより、XのBに対する右連帯保証債務履行請求権は、訴えをもって履行を請求しその強制的実現を図ることができなくなったものであり（〔旧〕破産法366条ノ12参照）、その結果詐害行為取消権行使の前提を欠くに至ったものと解すべきであるから、Xにおいて、Bが自己破産の申立て前にした財産処分行為につき、右債権に基づき詐害行為取消権を行使することは許されないと解するのが相当である。」

　最高裁判決については、出来るだけ批判的に検討してもらうことを心がけたいと考えている（素材とする場合には、それが可能なものを選択したいと考えている。）。ただ、判旨が妥当でないと評することができる場合でも、現行法上やむを得ない結論であるような場合には、学生たちには、立法論的にあるべき新たな規範をも検討し定立してもらいたいと考えている。
　この教材は、最判平成9年〔1997年〕2月25日・判時1607号51頁、判タ944号116頁、金法1518号38頁を素材にしたものである（この事例については、伊藤眞『破産法〔第4版補訂版〕』513頁以下（有斐閣、2006年）や、川嶋四郎「消費者破産・免責手続と詐害行為取消訴訟——私人による破産・免責手続の補完とその育成の視点から」河野正憲＝中島弘雅編『倒産法大系——倒産法と市民保護の法理』432頁（弘文堂、2001年）などを参照していただきたい。）。

Ⅵ　法科大学院における課題

　以上、演習について、その断面をいくつか描いたが、最後に、若干の将来展望を示して結びに代えたい。

現在、法科大学院に学ぶ学生は、確かに、その多くが高い志を持ち、その勉学の基本姿勢も、意欲的であり、勤勉かつ真摯で好感を持つことができる者も多い。しかし、ごく一部法曹としての資質に疑問を抱かざるを得ない学生も存在する。

演習は、その意味では、学生の資質を知る絶好の機会でもある。演習に限らないが、厳格な成績評価も不可欠である。教員側も、心しなければならない。確かに、ごく僅かではあるが、教授会やFD（Faculty Development）にほとんど出席・参加せず九大法科大学院の理念を誤解している教員もいなくはないが、ともかく、本大学のほとんどの教員は、寝食研究を二の次にして、現場の教育に専心しているのである。

本章の最後に、最初に掲げた問題提起に対する1つの回答として、高い質の専門法曹をゆとりを持って育成するシステムを考案する際の手掛かりを示したい。いわば、学び続ける法曹の基礎的要件としての「自学自修力」を育む教育環境の創造である。

それは、九州大学大学院法学研究院の外部評価委員の一人であり、日本法にも精通し、"ミナマタ"に関する著名な著作をも公刊しているニューヨーク大学のFrank Upham教授が、アメリカにおけるロースクール教育の全般について、数年前に福岡で行った講演の一部である。

それは、アメリカのロースクール、とりわけトップ30ぐらいのロースクールで、創造的な教育が行われているが、それがなぜ可能か、しかも、学生が、法曹としての専門領域を自発的に深く学ぶことが、なぜ可能かについて語られた印象的な一節である。

「……そのような学際的な教育をも含め、アメリカのロースクールで創造的な教育ができる最大の理由は、司法試験にあります。それは、司法試験自体がクリエイティブなものを要求しているからではありません。むしろ、司法試験が易しいからです。日本の司法試験は、受験生の出来不出来にかかわらず、合格者数に制限がありますが、アメリカの司法試験では、あくまでも最低限度の資格を備えているかどうかが、問われるにすぎません。それゆえ、200校近くある中の上位70校ほどのロースクールの卒業生が、この最低限の要件を、難なくパスしているのです。

ニューヨーク大学のようなトップ・ロースクールでは、司法試験というものを、全く無視した教育を行っています。そのような司法試験ゆえに、司法試験のことなどを、何ら心配することなく、教員は教育ができるのです。確かに、学生たちは予備校に通うことがありますが、それは、卒業後2ヶ月程度のみです。その目的は、試験が州毎に行われますので、州法の規律も含めて、最低限度必要なルールをマスターするためなのです。

　なお、自分の経験を付け加えますと、私は、ハーバード・ロースクールの学生だった頃、司法試験には、多少心配がありました。面白いことに、ハーバードの卒業生の司法試験合格率というのは、ボストンにあるサセックス・ロースクールよりも、むしろ低かったのです。なぜならば、ハーバードでは、司法試験対策を一切行わないのに対し、サセックスでは、試験対策しか行っていなかったからです。

　私は、当時心配でしたが、ハーバードの教授たちは、司法試験とは無関係の教育を自由に行っていました。私は、それが正しい方向であろうと考えています。一度不合格でも、ハーバードの卒業生は、2度目には間違いなく合格するからです。」(川嶋訳)。

第 10 章
法科大学院教育における「エクスターンシップ」の展望
—— 「エクスターンシップ」の全国調査結果をまとめて

2015 年

I　はじめに

　現在（2012 年）、日本の法科大学院教育は、様々な側面で岐路に立たされている。その核心的な原因は、法律実務家に対する現代社会のニーズの減少や法科大学院を通じて育成された法曹の質の問題ではなく、人為的にボトルネックとして存在する「司法試験」（新司法試験と呼ばれたもの）にある。2004 年当初における適正配置を度外視した法科大学院の乱立的な状況にも起因しているものの、司法試験の合格者数の限定つまり頭打ちが、個々の法科大学院教育に与えてきた影響には計り知れないものがある[1]。

　その状況は、専門法曹教育に長い伝統をもち、毎年夥しい数の法律実務家を輩出していながら、さらに近年大規模なロースクールの新設さえ行われているアメリカの状況[2]と比較して、悲惨でさえある。日本における市民や企業と法との距離の未来を考えると、正義への情熱を持った人々[3]が希望をもち続けることを困難にしているようにも思われるからである。それは、2001年 6 月に公表された『司法制度改革審議会意見書』がその具体化を目指した

---

　(1)　たとえば、川嶋四郎「日本の法科大学院における法曹養成の課題と展望——研究者教員の観点から」比較法研究 73 号 80 頁（2012 年）〔本書第 11 章〕参照。

　(2)　川嶋四郎「アメリカのロースクール教育改革から見た法科大学院制度の展望——柳田幸男＝ダニエル・H・フット『ハーバード卓越の秘密——ハーバード LS の叡智に学ぶ』（有斐閣、2010 年）を読んで」同志社法学 354 号 151 頁（2012 年）〔本書第 12 章【補論 5】〕参照。

崇高な理想である「法の支配」を実質化するために不可欠な法曹、特に弁護士の数の増加に、期待が持てなくなったからである。法と市民をつなぐ架け橋の数の問題である。

そのような基層的な問題と共に、法科大学院教育における実務教育のあり方についても、近時議論が展開している。司法試験に合格しただけでは法曹になることができない日本型法曹養成システムの中で、しかも、資格試験としての司法試験の合格者数が限定されている現状で、司法研修所教育と法科大学院教育における「法律実務教育」の役割分担のあり方をめぐる議論も存在する。法科大学院における理論教育と実務教育の重点の問題でもある[4]。

その法科大学院における実務教育の中で、本章の調査対象としてのエクスターンシップは、リーガル・クリニック等と並んで最も普及した形態の臨床的な教育方法の1つである。本シンポジウムの開催時点で開設されている74校の法科大学院の中で、3校を除く71校が、エクスターンシップの授業科目を提供し、実施している[5]。

本章は、2012年12月1日（土）に、早稲田大学で開催されたシンポジウム、「エクスターンシップ教育の実施と課題―法科大学院学生と実務現場を繋ぐ―」（主催：早稲田大学臨床法学教育研究所、共催：早稲田大学大学院法務研究科・科研費臨床法学グループ）における私の報告を原稿化したものである。

---

(3)　ちなみに、ヴィクトル・ユーゴーは、その著『レ・ミゼラブル』（1862年）で、19世紀のフランス刑事法廷の様子について、「…一種の尊厳な印象があった。なぜなら人はそこにおいて、法律と呼ぶ偉大な人事と正義と呼ぶ偉大な神事とを感ずるのである。」（豊島与志雄訳『レ・ミゼラブル〔第1巻〕』455-456頁〔岩波書店、1987年〕）と記したが、ここでは、将来専門法曹として、法の活用を通じて具体的な正義を実現しようという「志」を持った人々を指す。

(4)　ちなみに、アメリカにおける専門法曹の養成期間は3年であり、司法研修所は存在しないので、多くのロースクールにおいて、理論教育だけではなく実務教育にも重点が置かれている。その象徴的な一例が、ニュー・メキシコ大学ロースクールであり、ロースクールの敷地入口の両側に聳える巨大な門柱には、一方に「ロースクール」、他方に「リーガル・クリニック」の文字が刻まれている。川嶋四郎『アメリカ・ロースクール教育論考』183頁、195頁（弘文堂、2009年）参照。

(5)　「全国法科大学院エクスターンシップ調査結果」（『臨床法学セミナー』12号巻末所収）（調査実施主体：日本学術振興会科学研究費臨床法学グループ、協力：早稲田大学臨床法学教育研究所、実施期間：2012年11月〜12月、実施方法：全国74法科大学院が公開するホームページ上のカリキュラム情報によって、エクスターンシップ科目の開設状況を集計）を参照。

第3編　法学学修の方法と展開　173

　また、本章の基礎資料は、臨床法学教育学会（理事長〔当時〕・宮川成雄、早稲田大学教授）の第4回学術大会（2011年4月24日、関西学院大学にて開催）において行った報告の際に用いたものを活用した[6]。それは、2010年12月17日（金）を期限に、臨床法学教育学会名で、74法科大学院へ、郵送（返信用封筒同封）またはメールにてアンケート用紙を送付し、回答を依頼したものである。74校中、38校から回答を得ることができた。回収率は、51％である。ここでいう「エクスターンシップ」とは、一般に、科目の名称にかかわらず、「受入先（派遣先）における学習を通じて法律実務に関する教育を行う科目」を指す。

　ご多忙な中、ご協力をいただいた法科大学院（大学名のみ、順不同）は、北海学園、大宮、駿河台、駒澤、上智、成蹊、創価、大東文化、東海、東洋、明治学院、関東学院、愛知学院、中京、名城、同志社、龍谷、関西、近畿、関西学院、甲南、広島修道、西南学院、福岡、東北、東京、一橋、新潟、信州、金沢、名古屋、京都、島根、岡山、広島、香川愛媛、首都、大阪市立であり、心から御礼を申し上げたい。以下の調査結果では、特色のある内容の記述が見られたものについては、特に（　）内に、ここに挙げた法科大学院名を記した。

II　調査内容と調査結果

　調査項目は、大きく5つに分かれている。すなわち、「エクスターンシップ科目の設置状況等について」（→1）、「エクスターンシップの受入先について」（→2）、「エクスターンシップの授業内容等について」（→3）、「エクスターンシップの科目担当教員について」（→4）、および、「成績評価の方法について」（→5）であり、そのほか、エクスターンシップ受講学生の感想等で印象深いもの、各法科大学院におけるエクスターンシップ教育の特色、臨床法学教育学会第4回大会に寄せる期待や要望等の記述欄を設けた[7]。

　（6）　その資料は、「〈資料〉全国法科大学院『エクスターンシップ』実施状況調査結果の概要」法曹養成と臨床教育4号160頁（2011年）に所収。

174 第10章 法科大学院教育における「エクスターンシップ」の展望

以下順次に紹介していきたい。

1 科目の設置状況等について

　まず、エクスターンシップ科目の「設置の有無」については、回答校38校中、37校が設置しており、非設置は、1校（東京）にとどまった。なお、設置校の中には、2011年度から法科大学院の開設を予定している1校も算入した。ただし、非設置校でも、リーガル・クリニックは実施されており、エクスターンシップについては検討中とのことであった。

　次に、「科目名」については、そのほとんどが、「エクスターンシップ」であったが、「リーガル・クリニックⅠ、Ⅱ」の中でエクスターンを行う大学（新潟）のほか、「ロークリニック」（信州）、「臨床科目」（東洋）、「法務研修」（龍谷）、「総合実務演習」（愛知学院）、「夏期特別研修」（一橋）、「弁護士実務」（甲南等）で、エクスターンシップを行う大学が見られた。

　さらに、科目の「設置時期」については、2004年からが、34校、2007年からが、1校、2008年からが、1校、2011年からが、1校であった。

　エクスターンシップの「科目の位置づけ」（複数回答可）については、必修科目としているのが、2校（新潟、龍谷）、選択必修科目としている大学が最も多く、18校、選択科目が、13校見られ、さらに、卒業単位非加算科目としている大学が、4校（関西、広島修道、西南、福岡）見られた。

　エクスターンシップ科目の「単位数」については、1単位が、7校、2単位が、22校、3単位が、3校、4単位が、5校であった。奇数単位となっているのは、実務科目の特色であり、卒業単位との関係では、他の実務科目（1単位科目）と合わせて偶数単位化できる仕組みがとられているものと思われる。ただし、実際には、多くの法科大学院の学生が、卒業必要単位を超えた履修も行っていると思われる。

　エクスターンシップ科目について、「履修条件」を設けている大学が、15校、設けていない大学が、22校であった。履修条件を設けている場合には、法曹倫理の履修が多かった。その他、指定実務基礎科目の履修を条件としている大学や、一定以上のGPA等を要求している大学も存在した。

　エクスターンシップ科目の「配当年次、実施時期等」（長期履修は除く。）については、まず、「配当年次」としては、2年次が、8校、2・3年次が、13校、3年次が、16校であった。次に、「実施時期と期間」としては、夏期集中が多かっ

（7）　調査項目は、第4回学術大会「エクスターンシップ部会」のコーディネーターとして、川嶋が作成したものについて、企画委員会においてコメントをいただき、それを反映したものとなっている。

第3編　法学学修の方法と展開　175

たが、春夏集中、夏冬集中も見られた。また、前期または後期における40時間または80時間以上（香川愛媛）や、通年15時間（岡山）という開設の形式をとる大学も見られた。

　そのほか、科目の設置状況に関する「特色」についての自由記載欄も設けたが、そこにも興味深い記述が見られた。たとえば、選択科目であるが、ほとんどの学生または多くの学生が選択していること（一橋、上智）、学期中に学生が各自で派遣先と相談の上、自由にスケジュールを立てること（香川愛媛）、ベトナム（ハノイ）へ法整備支援に赴くこと（関西）、「法務総合プロジェクト」という教育・研究組織を設置し、研究者教員・実務家教員、法律実務家が協働して、教育・研究活動を行っており、「民事系」、「刑事系」、「共生社会」、「企業法務」、「社会・労働」および「公益弁護活動」という6つのプロジェクトを設け、エクスターンを実施していること（龍谷）等がそれであり、このほかにも、エクスターンシップ科目の開設に際しては、ほとんどの大学で様々な工夫が見られると推測される。

2　受入先について

　まず、エクスターンシップの「受入先」については、その科目を開設しているすべての大学（37校）で、受入先として、弁護士事務所を準備している（ここでは、弁護士事務所の中に、法テラスの弁護士事務所を含む。）。その数は、大学により多様であり、2か所から134か所にわたるものであった。弁護士事務所以外には、たとえば、企業（その法務部等）が、11校で、その数は2か所から25か所に及んだ。また、官公庁等も、7校あった。受入先としては、霞ヶ関インターンシップの影響もあり、たとえば、内閣府、法務省、総務省、国土交通省、金融庁、警察庁を挙げた大学があり、また、県庁、市・区役所、保護観察所、JICAも見られた。なお、公証人役場も、受入先として存在した。

　次に、「受入先の確保」の方法について、弁護士事務所については、単位弁護士会との協定・依頼等が、9校、大学のOB会の活用が、3校、地元弁護士に個別依頼が、15校であった。また、県庁、JICAを受入先としている大学は、専任教員からの個別依頼によるものであった[8]。

　なお、受入先の確保に関する現在の課題としては、弁護士事務所について、人数や時期との関係で、司法修習生の受入先との調整を挙げた大学が、5校、弁護士事務所、企業法務部の受入先の確保自体を挙げた大学が、4校、法科大学院が

（8）　なお、法科大学院におけるエクスターンシップの実施が、法科大学院創設以前から学部等でエクスターンシップを行ってきた延長線上にある場合も考えられることから、法科大学院開設前の実施の有無についても尋ねた。大宮等（「等」の中には、翌年度からエクスターンシップを実施する旨の大学が含まれる。）を除く35校中、9校が、法科大学院開設前から実施している旨の回答を得た。

設置されている地域以外の場所での受入先の確保を挙げた大学が、1校存在した。また、入学者定員の削減に伴い、受入先の維持が困難となったことを挙げる大学が、1校（ただし、その内容は、「多くの受入先」の維持が困難というものであった。）、選択科目化に伴い受講者の減少（受入先確保の困難さは減少）を挙げる大学が、1校、さらに、官公庁、諸団体への受入先の拡大を挙げる大学が、1校存在した。

　次に、「弁護士会等の支援等」については、支援があるとの回答が、19校、協定を締結している大学が、7校、受入先の紹介を依頼している大学が、8校、弁護士会との間で協議会を設けている大学が、1校存在した。また、OB会の支援を挙げた大学が、3校存在した。これに対して、弁護士会からの支援等がないとの回答も、18校から寄せられた。

　さらに、「受入先の地域的な広がり」（法科大学院が位置する都道府県以外の場所でエクスターンシップを実施することができること）については、地域的に限定されているとの回答が、17校、限定されていないとの回答が、20校から、それぞれ寄せられた。具体的には、たとえば、東北大学が、東京、関西、九州等で、一橋大学が、海外、北海道から沖縄まで、名古屋大学が、岐阜、三重、法務は東京も、金沢大学が、北陸、島根大学が山陰、香川大学・愛媛大学が、四国、明治学院大学が、名古屋、長野の弁護士事務所、静岡の法テラス、大東文化大学が、東京、韓国、中国、上智大学が、東京、大阪、札幌、創価大学と同志社大学が、大学法曹会の会員の所在地で、龍谷大学が、関西、東京、群馬、島根、沖縄等で、それぞれ実施しているとのことであった。

　エクスターンシップの実施に際して、「学生の要望」に応えて新たに受入先を確保した例について尋ねたところ、学生が現役書記官であったために、弁護士事務所ではなく公証役場へ派遣したという回答（名城）、更生保護関係として高松保護観察所を新たに確保したとの回答（香川愛媛）が見られ、また、法テラスの希望に応えて多摩地区の法テラスへ派遣したとの回答（成蹊）も見られた。

　「謝金等の有無等」については、大学から企業等への支出例はなかったが、弁護士事務所については、非常勤講師、客員教授として任用する場合以外に、支出しないという大学が、8校、支出するという大学が、29校見られた。その金額は、2万円から7万円であり、その他、「手土産」との回答も見られた。なお、年額20万円、学生1名あたり5千円を加算等の記述もあり、その内容は多様であった。

　エクスターンシップの科目の履修に際して、個別的に、「学生の実習先の決定」をどのように行っているかについては、「学生の希望」による場合が多く、次に、「担当教員が決定」する場合が多く、また、「弁護士会に一任」という例も見られた。「学生の希望」の場合、学生の居所に配慮する例（東洋、愛知学院、名城）や、受入先との面談を実施する例（信州、香川愛媛、島根、西南）も見られた。

なお、「受入先の特色」も尋ねたが、たとえば、海外の法律事務所や海外の大学（一橋）、法テラス（広島、成蹊）、保護観察所（香川愛媛）、事務所規模の多様性、官公庁・企業受入先の多様性（上智）、企業法務、一般民事、倒産、知財に配慮（成蹊）、京都府北部、群馬県、島根県などいわゆる「司法過疎地域」の弁護士事務所を受入先としていること等のほか、国際人権・ジェンダー・公益弁護・労働問題等を重点的に取り組んでいる弁護士事務所なども受入先として確保していること（龍谷）、海外があること（関西）等、受入先の多様性と工夫を垣間見ることができた。

3　授業内容等について

まず、「派遣前の説明会等の実施」については、エクスターンシップの科目を開設している37校すべてが、実施しているとのことであった（なお、2011年の科目開設予定校も、派遣前の説明会を実施する予定とのことであったので、この中に含めた。）。

その説明会等の内容としては、多くの法科大学院が、授業ガイダンスと守秘義務を中心とした授業およびエクスターンシップに際しての注意の喚起であったが、説明会等で、エクスターンシップの歴史や意義等に言及する法科大学院や、民事保全・執行、家事、倒産処理および刑事弁護実務の概説をする法科大学院も存在した。また、服装および派遣先への配慮等を行っている大学や、礼儀など、社会人としての通常の行動についての注意を行っているところもあった。なお、周到にも、解説ビデオを作成している大学も存在した

次に、エクスターンシップの実施に際して不可欠な「守秘義務の遵守等の方策」については、エクスターンシップを実施している37校のすべてが、何らかの方策をとっているとのことであった。その方策の具体的な内容としては、受講学生から誓約書を徴求している大学が、34校、授業での注意喚起が、2校、専攻規則で対応している大学が、1校存在した。なお、守秘義務違反の対応として、懲戒処分、法曹倫理（必修科目）の単位の不認定等を挙げる大学もあった。

さらに、エクスターンシップの科目における「参加学生数の傾向」としては、33校（必修科目としている大学、未実施の大学、および〔経年変化を見るために〕実施後3年内の大学を除く。）について、科目の位置付け別に見た場合に次のような結果であった。

エクスターンシップが選択必修科目の場合には、参加者数は横ばいであるとの回答が多かった。ただ、増加が、2校、減少・やや減少が、3校、増加から減少に転じ再度増加した大学が、2校、減少から増加に転じた大学が、1校存在した。

エクスターンシップが選択科目の場合には、参加者数が横ばいとの回答が、2校、増加が、1校、減少が、3校であった。また、増加から減少に転じた大学が、

4校、減少から増加に転じさらに減少に転じた大学が、2校存在した。なお、エクスターンシップの科目の位置づけが必修科目から選択必修科目に、また選択必修科目から選択科目に変更された大学（各1校）では、いずれも減少に転じた。

　ちなみに、エクスターンシップを卒業単位にならない選択科目としている大学では、減少が、1校、増加から減少に転じた大学が、1校、さらに減少から増加に転じた大学が、1校存在した。

　ここでの調査の主眼が、表面的な受講者数の推移だけではなく、新司法試験（当時）の現実が明らかになるに連れて、実務科目の受講数に一定の有意的な変化が見られるか否かを調査することにも存在したが、調査の結果、学生による「実務教育の軽視」という結論を得ることはなかった。これには、後述するように深い意味があるように思われる。

　さらに、受入先での実習における「質の確保」の方策についても尋ねた。エクスターンシップ教育の質を担保する手段としては、受入先と協議することを挙げた大学が、9校、書面での依頼により担保している大学が、6校、報告書による質の担保を行っている大学が、5校、実習中に教員が訪問することにより質の確保を行っている大学が、4校、派遣弁護士会との協議等を行っている大学が、3校、懇談会・説明会の実施により質の確保を行っている大学が、2校、5年以上の弁護士経験を持つ弁護士の下でのエクスターンシップにより質の確保を行っている大学が、2校、受入れの実績やOB間での評判により質の確保を行っている大学が、1校存在した。個々の学生のエクスターンシップにおける質の確保から、一般的なエクスターンシップ科目の質の確保まで、概して多様な質の確保手段が見られた。

　エクスターンシップにおける「具体的な実習内容」としては、まず、弁護士事務所の場合には、立会い、調査、書面作成等であった。「ただし、危険なことや酒席への同席などは当然除く。」との回答（1校）もあった。また、2校（上智、福岡）からは、詳細な回答をいただいた。次に、企業の場合には、契約法務、起案、工場・工事現場等の見学、法務研修への参加等であり、官公庁の場合には、法律の施行規則の策定、法人審査の実務、情報公開審査事務等であり、その他、公証役場の場合には、公正証書作成や定款認証事務であった。立会いという受動的なスタイルから、様々な書類作成等という積極的なスタイルまで、大学ごとに多様性が見られた。

　エクスターンシップにおける「学生からの報告書等」については、必要とする大学が、37校中36校あり、具体的には、研修報告書（レポート）タイプと、研修日誌タイプが、それぞれ半数を占めた。また、それらの両方を課す大学も、1校存在した。さらに、報告書等に加えて、エクスターンシップで作成した起案の提出を求める大学も、1校存在した。学生からの報告書等については、不要とす

る大学が、1校存在したが、ただし、その大学では（次に述べるような）「報告会」
が実施されており、いわば口頭主義による評価が行われているとのことであった。
　「実習後の報告会」については、開催している大学が、22校存在した。その中
には、シンポジウムを開催している大学（新潟）もあった。また、報告会をオー
プン形式にして、未履修の学生（下級生を含む。）も参加可能とする大学も、3校
（駒澤、龍谷、福岡）存在した。なお、非開催との回答は、14校から寄せられた。
　授業内容に関する特記事項の中には、次のような興味深い記述も見られた。ま
ず、関西大学からは、「エクスターンシップ中に、担当教員が派遣先を訪問し、
指導弁護士や院生と面談や意見交換を行う。また、元気に問題なく履修できてい
るか確認する。さらには、儀礼的な挨拶も兼ねるが、直接中間報告も聞かせても
らう。また、担当教員は、院生と常時連絡や面談がとれる体制をとり、院生から
のSOSや質問に対応できるようにしている。」こと、また、龍谷大学からは、
「『法務研修』では、エクスターンを中心として、2年次後期に事前演習を行い、
エクスターンで必要な知識の修得をはかる。実習終了後には4月に実施する『報
告会』をはじめとした事後演習を実施し、実習成果の共有をはかり、事後の個別
演習では実習成果を理論的・実務的視点から検討する。」旨の回答を得ることが
できた。
　なお、「刑事事件・民事事件における非公開手続の同席・立会い等」について
は、多数の法科大学院から、非公開手続では立会いが許されていない旨の回答が
寄せられた。ただし、数校から、和解調停の同席が認められた例が報告され、4
校からは、刑事事件・民事事件における非公開手続の同席・立会い等について、
弁護士会と協議や裁判所へ申入れを行った旨の回答を得た。なお、大阪地方裁判
所では、民事訴訟における弁論準備手続について、平成18年頃から同席可能で
ある旨の回答を得た。また、地域や事務所により、刑事事件・民事事件における
非公開手続の同席・立会い等の状況が異なる旨の回答も存在した。龍谷大学から
は、刑事の非公開手続についての詳しい回答（詳細、略）を得た。
　エクスターンシップが、法科大学院における実務教育の重要な部分を占めるに
もかかわらず、「刑事事件・民事事件における非公開手続の同席・立会い等」に
ついては、全国的に見て偏差が見られた。法曹養成教育という法科大学院教育の
原点に立ち戻って考えれば、現在、司法修習生との地位の差別化は顕著であり、
全国均質に法曹養成を行う目的を実現するためには、法科大学院における実務教
育で可能な事項について全国的に統一的な基準の設定や法によるその保障が不可
欠であると考えられる。

4　担当教員について
　まず、「科目担当教員の数とその内訳」について尋ねた。ここでいう科目担当

教員とは、「単位認定権限を有する者」を意味する。

　まず、実務家教員、1名が、9校、2名が、9校、3名が、3校であったが、研究者教員が担当する場合も、その形式は多様であるが、数多く見られた。たとえば、研究者教員1名が、比較的多かったが、研究者教員4名の大学（京都）や、研究者教員9名の大学（駒澤）も見られた。また、実務家教員と研究者教員の両者が担当する場合も見られた。その内訳は、以下の通りである（（　）内には、実務家教員と研究者教員の数を表記）。2名（1名、1名）が3校、3名（2名、1名）が、2校、3名（1名、2名）、4名（1名、3名）、5名（4名、1名）、7名（5名、2名）、9名（8名、1名）、11名（10名、1名）、13名（2名、11名）が、それぞれ1校ずつであった。

　さらに、法科大学院におけるエクスターンシップ担当の「実務家教員」の職についても質問した（複数回答含む。未記入3校）。実務家専任教員という回答が、24校、実務家みなし専任教員が、12校、実務家非常勤教員が、10校、実務家非常勤教員のみで担当が、1校であった。

5　成績評価について

　まず、「成績評価の方法」は多様であった。確かに、受入先からの報告書、学生からの報告書、報告会（または、面接）等の結果を総合考慮して評価する大学が多かったが、受入先からの報告書のみによるとする大学も、2校存在した。

　この成績評価については、いくつかの大学から比較的詳しい報告を受け取ることができた。

　まず、広島修道大学からは、「実習姿勢（積極性、真摯さ、誠実さ）及び提出書面等（報告書等）に基づき、担当教員が指導弁護士の講評（法的知識、分析能力、対話能力、説明能力等）に基づき総合的に検討し最終評価をしている。」との回答をいただいた。

　次に、龍谷大学からは、次のような記述をいただいた。「事前・事後演習への参加、実習、報告書（レポート）の内容に基づき評価を行う。ただし、事前・事後演習の評価、実習の評価については、実習期間の長短によって比重が異なる。〈評価内容〉

　実習期間3週間の場合：事前・事後演習＝30点、実習＝50点、法務研修報告書＝20点

　実習期間2週間の場合：事前・事後演習＝40点、実習＝40点、法務研修報告書＝20点」

　さらに、信州大学からは、エクスターンシップの「講義は通算5回予定、4回以上の出席を単位取得の必須要件とする。法律事務所及び検察庁でのエクスターンシップにおける参加状況（法律事務所においては30時間以上）や同エクスター

ンシップにおける成績評価を 40％とし、上記 5 回の講義中における質疑応答等の成績評価を 10％、科目修了試験（期末試験）の得点を 50％とした総合点を 100 点満点で換算し評価する。」旨の回答をいただいた。

エクスターンシップについては、次に述べるように「合否のみ」の評価を行う大学も少なくはないが、客観的な評点を付ける試みにも注目すべきであろう。

エクスターンシップにおける「成績評価の仕方」については、「合否のみでの評価」と「評点を付ける形式での評価」が、おおむね半々であった。ただし、その中で、2009 年から合否のみに変更する大学が 1 校見られた。

エクスターンシップの「成績評価の基準等」については、設けているとの回答が、16 校から寄せられ、設けていないとの回答が、18 校から寄せられた（なお、エクスターンシップの実施校で未記入校があったために、総数が 34 校となっている。）。

ちなみに、エクスターンシップの成績評価に関する「特記事項」としては、たとえば、「シミュレーションにおける評価はグループごとにより個人評価が困難な部分もあるが感想も含めできるだけ個人の評価にフィードバックさせている。」との記述（成蹊）や、「派遣先により内容がかなり異なるため、不公平にならないように、客観的なものを中心に評価をすることに留意している。」旨の記述（関西）も見られた。

Ⅲ　おわりに

以上でエクスターンシップの実態調査に関する報告を終えるが、これまで述べた以外にも、学生の感想、教員の意見、今後の展望や課題などについて、アンケートでは多数のコメントも受け取ることができた。

調査結果から窺い知ることができるのは、一般に、法科大学院では、理論教育と実務教育が二項対立的に論じられることが少なくないものの、現実には、実務教育を通じて理論教育の深化が図られているという実状である。学生の感想の多くが、新司法試験（当時の名称）というボトルネックが存在するにもかかわらず、試験科目の学修への惑溺や誘惑を避け、積極的に実務教育に取り組んでいるという現実をも、垣間見ることができたのである。それは、法曹となった先輩や、実務家教員などから、エクスターンシップであれリーガル・クリニックであれ、法律実務科目の学修を通じて理論面での理解が深められることが、いわば「伝承」されていることにもよると考えられる。

法理論の分野では、実体法と手続法に分かれ、しかも実体法領域でも手続法領域でもさらに細分化されたかたちで学生たちが学んでいるものの、現実の紛争で解決の糸口となる法現象は「一体的」であり、全体的・立体的な法の理解と活用（さらには、分析）こそが、満足の行く解決を導く鍵となることを、法実践の現場で知ることを可能にするのが、実務教育科目だからである。「百聞は一見に如かず。」であり、法に生命を吹き込むのは経験であるので、エクスターンシップ科目をはじめとする実務教育科目の重要性ひいては臨床法学教育の重要性がクローズアップされることになる。

　しかし、その反面いくつかの課題も析出されたように思われる。

　まず、エクスターンシップの科目は、その内容も評価も大学ごとに多様であることである。確かに、多様性にはそれ自体価値はあるものの、そのメリットやデメリットを共有し、より充実した質の高い法曹養成教育を全国的に行う機会も必要となるであろう。その意味では、今後、臨床法学教育学会等が重要な役割を果たすことが期待される。

　次に、学生の学びの機会の多様性を、どのようにして確保するかの問題である。この点でも、全国の法科大学院ごとに様々な努力が積み重ねられており、そのこと自体が法科大学院の個性と魅力を創出する源泉にもなっているが、しかし、個々の大学の努力を評価しながらも、情報共有とノウハウの共有もまた重要となるであろう。法科大学院の適正配置の下で、都市部か地方かを問わずいわゆる司法過疎地域をなくすと共に、社会の様々な分野で活躍する法曹資格者を増やすことにより、公正な社会の実現に寄与するためである。

　さらに、法科大学院生と司法修習生との身分に大きな開きがあることも問題となり得る。司法試験の合否をいわば分水嶺とする考え方であるが、「学生実務規則」に従って法律実務に関与することが許されているアメリカのロースクールの実情と比較した場合には、制度的な見劣りが感じられる側面でもある。そのような身分の開きの存在自体、法科大学院が、社会的かつ実質的には法曹養成過程として不十分な点を象徴しており、立法レベルの問題を含めた改善が求められることになるであろう。

　なお、臨床法学教育一般の問題として、法律実務教育を支える財政的基盤

の問題も避けて通ることができないであろう。旧司法試験が、ダブル・スクール現象の下で、「司法試験」というよりも「資本試験」ではないかと、陰口が囁かれていた時代が存在したように、現在の法科大学院教育も奨学金制度の充実等を背景とする一部の例外を除いて、法曹養成が「様々な資本家の競争」のような観も帯び始めている。

　今回、エクスターンシップの実態調査を行い、それをまとめる機会を与えていただいたことを通じて、現在こそが日本における法曹養成教育の正念場であり、今一度、『司法制度改革審議会意見書』の原点に立ち戻って、全国的に「人のために法を生かすことのできる良質な法律実務家」を数多く輩出できるシステムを再構築すべき時機であると感じた[9]。

〈追記〉

　ご多用な中でご協力いただいた全国の法科大学院の先生方やご担当の職員の方々に、心から御礼を申し上げます。本調査から5年以上が経過し、法科大学院制度自体が一層困難な局面に立ち至っている2015年現在、法科大学院における実務教育全体の調査や本調査の対象としたエクスターンシップの実態調査もまた不可欠であると考えられる（なお、最高裁判所の裁判迅速化法に基づく調査は、2年ごとに行われている。同法8条1項を参照）。年々歳々、予備試験を経由した司法試験合格者が増加し、また、法律実務教育が、かつてよりも期間の短縮化された司法研修所教育に委ねられる傾向さえ感じられる中で、『司法制度改革審議会意見書』の趣旨を再確認し、質の高い法曹を育成すべき原点に立ち返って、法科大学院における法律実務教育の基本的なあり方を再考察すべき時が来ているのではないかとも考えられる。

　なお、法学部教育における多様な法実務教育にも、近時、目を見張るものがあることから、その調査が実施されることも望まれる。

---

　(9)　さらに、川嶋・前掲書注 (4) 154頁、312頁も参照。

184 第10章 法科大学院教育における「エクスターンシップ」の展望

【補論3】 アメリカにおけるリーガル・クリニック教育の新展開
―― 「コミュニティ・ロイヤリング」への展望を視野に入れて[*]

I はじめに

1 リーガル・クリニックの価値

　九州法学会におきまして、報告の機会を与えていただき、ありがとうございます。本日は、できるだけアメリカのリーガル・クリニックの歴史や近時の展開をお話ししたいと思います。そのロースクール教育の展開の歴史の中に、近時注目を浴びている「コミュニティ・ロイヤリング」を位置づけながら、アメリカにおけるリーガル・クリニック論の真髄の一端を、多少ともお伝えできればと思います。そして、日本の臨床法学教育への若干の示唆ができればと思います。

　まず、はじめに、今から半世紀以上前、アメリカにおけるリーガル・クリニックの創成期に、デューク大学でリーガル・クリニックを指導したジョン・ブラッドウェイ教授[1]は、次のような興味深い核心的な指摘をしていました。すなわち、「法の学修と実践に人間的な要素を注ぎ込むこと」を、リーガル・クリニックの目的の1つに掲げたのです。これは、法学理論の教育・研究過程でともすれば忘れられがちな法学の本質や教育のあり方を再考させる機会を与えてくれると思います。

　人間を抜きにした法学など考えられないからです。

　生身の人間、とりわけ法的に苦境に陥った人々や法人等を考えないで、そのための法曹の養成プロセスなど、全く考えられないと思うからです。それゆえ、法実践の現場で、主体的、直接的かつ臨床的に「生きた法」を学ぶことができるリーガル・クリニックは、法科大学院教育において不可欠な授業科目ではないかと考えるのです。

　そのような基本的な位置付けから、九州大学法科大学院におきましては、「リーガル・クリニックI」および「リーガル・クリニックII」の授業科目を開設し

（＊）　本章は、2007年（平成19年）7月1日に熊本大学で開催された九州法学会における私の報告がもとになっています。すでに、その報告をまとめたものは、法政研究（九州大学）74巻2号321頁（2007年）で公刊し、川嶋四郎『アメリカ・ロースクール教育論考』183頁（弘文堂、2009年）に収めましたが、その学会の紀要である年報には、紙幅の関係で、報告本体ではなく、資料の一部を掲載するという不思議な経験をすることになりました。本書には、その紀要掲載用のものを収録します。法科大学院が開設され数年が経過した時期におけるある種の熱気を、少しでも味わっていただければ幸甚です。

（1）　John S. Bradway, Some Distinctive Features of a Legal Aid Clinical Course, 1 University of Chicago Law Review, 469 (1933). それ以外の4つについては、後述を参照。

ております。特に、「リーガル・クリニックⅡ」では、現在、「九州４法科大学院教育連携」(2)における連携科目の１つとしまして、鹿児島大学法科大学院で開講されています「リーガル・クリニック——離島における法律問題」に参加させてもらっています。それは、屋久島および種子島で行っている法律相談を内容としたリーガル・クリニックなのです。周到なコーディネートと鹿児島県弁護士会の諸先生方のご尽力・ご協力によって、その授業科目は、学生からもまた相談者からも高い評価を受けていると、私は思います(3)。

　私は、参加するたびに貴重な経験をさせてもらっていますが、そこでは、たとえば、日本の広さ、奥深さ、文化的な多様性、人間的な面での様々な思いの存在、被害者を喰い物にする「悪」の存在、法や法書の役割、法およびその活用のあり方、裁判所の存在意義、人間の幸福、共同体のありようなどを考えさせられますし、リーガル・クリニックにおけるロイヤリング（弁護士活動）では、そのような多様性や独自性などに配慮しなければならないことも感じました。また、社会正義の実現目標と共に、九州大学法科大学院が堅持する「人間に対する温かい眼差し」の重要性をも再確認することができたのです。

　特に、司法制度改革の文脈で象徴的な用語として、「司法過疎」が指摘されますが、その本来の意味は、そのように評される土地に行って相談者などから話を聞いたり現場を見たりしてはじめて理解できることだと思います。司法過疎の凄まじさ、とりわけ弁護士がいないだけではなく、裁判所（特に、地方裁判所の支部）が身近にないことの不便さや悲劇性（泣き寝入りの事例や非弁行為によって食い物にされる事例等）さえも知ることができました。そのような地域とそこに住む人々の生活に根差した「法の支配」のあり方を肌で感得する貴重な機会となったのです。

２　リーガル・クリニックと『司法制度改革審議会意見書』の含意

　さて、今次の司法制度改革の起点となり、法科大学院制度のグランド・デザインを提示しました、2001 年（平成 13 年）6 月 12 日の『司法制度改革審議会意見書』(4)の中には、本論にとっても重要な法科大学院教育における基本的なあり方が提示されています。

---

　(2)　この成果については、2007 年（平成 19 年）1 月 27 日に、九州大学、鹿児島大学、熊本大学および琉球大学の４大学を映像と音声の送受信システムでつないで行われたシンポジウムの記録である、『〈報告書〉九州三法科大学院教育連携シンポジウム・法科大学院における教育連携の新たな可能性』（2007 年）を参照。なお、この連携の経緯、内容、到達点については、同書に収録されている、川嶋四郎「九州三法科大学院における教育連携の概要と展開」を参照。
　(3)　これについては、たとえば、米田憲市「離島等司法過疎地における法律相談実習——鹿児島大学法科大学院の取り組みから」自由と正義 60 巻 4 号 63 頁（2008 年）を参照。

186 第10章 法科大学院教育における「エクスターンシップ」の展望

よく引用される部分ですが、「法科大学院における法曹養成教育の在り方は、理論的教育と実務的教育を架橋するものとして、公平性、開放性、多様性を旨としつつ、以下の基本的理念を統合的に実現するものでなければならない。」と論じた上で、まず、「『法の支配』の直接の担い手であり、『国民の社会生活上の医師』としての役割を期待される法曹に共通して必要とされる専門的資質・能力の習得と、かけがえのない人生を生きる人々の喜びや悲しみに対して深く共感しうる豊かな人間性の涵養、向上を図る。」ことが、目的として掲げられたのです。

これは、どのような法曹を養成するかの文脈における見事な処方箋だと思います。このような「人間的共感」が、育成されるべき法曹像の一番最初に挙げられている点は至当だと思いますし、意義深いものがあると考えます。しかし、その実践は難しい課題であり、このようなことを、たとえば、私が担当しております「民事訴訟法」などの授業の中で実現できるかどうか、さらにそもそも、このようなことを教えることができるかについては心許ない限りです。むしろ、このような人間的な感覚あるいは感性を育むためには、生身の人間の具体的な事件に、法科大学院生が対峙する機会がなければならないと思います。そうでなければ、そのような感性の大切さを学び身に付けることはできないのではないかとも思うのです。人間に想像力は重要です。しかし、人間の想像力には限界があり、現実に経験し体験し感得することなしには身に付けるのが難しいと考えるのです。

さらに、『意見書』には、その少し後の部分にも、本論の文脈で非常に重要な指摘があります。すなわち、「専門的な法知識を確実に習得させると共に、それを批判的に検討し、また発展させていく創造的な思考力あるいは事実に即して具体的な法的問題を解決していくため必要な法的分析能力や法的議論の能力等を育成する。」ことが、明記されていますし、さらに、「先端的な法領域について基本的な理解を得させ、また、社会に生起する様々な問題に対して広い関心を持たせ、人間や社会の在り方に関する思索や実際的な見聞、体験を基礎として、法曹としての責任感や倫理観が涵養されるよう努めると共に、実際に社会への貢献を行うための機会を提供しうるものとする。」とも論じられているのです。

これらの能力こそ、法科大学院の使命としてリーガル・クリニックの実践を支え、基盤として存在するものと考えられます。ただ、現在すでに法科大学院が創設されて3年以上が経過しますが、このようなことは必ずしも十分に具体化されておらず、まだまだ根付いてはいないように思われるのです。

---

(4) これは、首相官邸のホームページ（http://www.kantei.go.jp/jp/singi/sihou/ikensyo/index. html）にアップされていた。そのほか、たとえば、ジュリスト1208号185頁（2001年）、月刊司法改革22号44頁（2001年）などにも掲載されている。

3 考察の視角

さて、私は、民事訴訟法の研究を行う中で、民事手続過程を通じた法的救済のあり方の重要性を強調して参りました[5]。これまで、民事訴訟制度の目的として、たとえば、権利保護や紛争解決の重要性が指摘されてきましたが、より人間的に見た場合には、民事手続過程は法的な救済過程にならなければならず、手続過程を通じて、人々に救済が保障されなければならないと考えるようになりました。それは、私の熊本時代に、本日お越しの多くの先生方や多くの書物・学生から、様々な示唆を得ることができた結果でもあります。

しかも、権利利益を侵害された者にどのような救済を与えるかだけではなく、権利利益を侵害したとされる人に対しても、手続過程を通じて一定の救済が与えられなければならないと考えます。ただそのようないわば結果的な救済だけではなく、プロセス自体の価値すなわちプロセスにおける救済の価値もクローズアップされるべきであり、紛争関係者がそのプロセスに関わる中で、創造的な救済形成やその実現ができれば望ましいとも考えるのです。プロセスを通じて、人々——もちろん自然人法人等をすべて含むわけです——が、一定の満足を得るためには法理論ももちろん大切なのですが、それに加えて、事実的な要素、人間的な要素が大切であると考えているのです。

つまり、「過程的な救済（プロセス的な救済）」の重要性です。本論の考察の視角としても、私は、このような「救済法の視角」が有益であると考えます。「紛争関係者間の手続過程における一期一会的な対論的関係の展開を通じて、新たな信頼と希望を醸成できる手続フォーラムの創造的構築」こそが、手続法研究者の課題であり使命であるといった信念に近い考えを持っているからです。それゆえ、私は、リーガル・クリニックこそが、このような法実践を実際に学ぶ絶好の機会であると考えているのです。

Ⅱ　アメリカにおけるリーガル・クリニックの生成と展開

1　アメリカにおけるリーガル・クリニック略史

まず、アメリカのリーガル・クリニックの歴史を概観したいと思います。

アメリカの法曹養成は、古くは、見習いの制度、すなわち徒弟制度によって行われていました。法曹志願者（弁護士志望者）が、弁護士事務所に見習いとして弟子入りして、一定期間修業を積むことによって弁護士になっていったのです。

---

(5)　たとえば、川嶋四郎『民事訴訟過程の創造的展開』1頁（弘文堂、2005年）、同『民事救済過程の展望的指針』1頁（弘文堂、2006年）などを参照。なお、「救済」の問題への気づきの契機を与えてくれたのは、差止請求訴訟の基本構造を研究する過程であった。これについては、川嶋四郎『差止救済過程の近未来展望』（日本評論社、2006年）の「はしがき」を参照。

188　第 10 章　法科大学院教育における「エクスターンシップ」の展望

　たとえば、年老いた元大統領のジョン・クインシー・アダムズ弁護士の法廷弁論が生彩を放っていた、アメリカ映画『アミスタッド（Amistad）』（スティーブン・スピルバーグ監督、1998 年）にも、「若い弁護士」、ロジャー・ボールドウィンが出てきますが、その映画を通じて、法曹養成の原初的な形態を看て取ることができるように思います（ちなみに、「アミスタッド」とは、スペイン籍の奴隷輸送船の名前です。）。

　ただし、そのような法曹養成の仕方では、育成された弁護士の質も均質化しないし、また、一度に多くの法曹を育てることもできませんので、アメリカ各地の大学の中に、ロースクールを創設して、そこで組織的な法曹養成が行われるようになりました。ロースクールの数は現在のように多くはなかったのですが、1800 年代の中頃には、ロースクール教育が全米に普及していったようです。アメリカのロースクールが、最初にその存在を正当化されたのは、法曹志望者に対して弁護士になるためのある種の適切な準備段階を提供するために、特に相応しかったからにほかならなかったとの指摘さえ見られるのです。

　アメリカも極端で、徒弟制度を通じた法曹養成は良くないこととしてうっちゃられ、むしろ、ロースクールにおける座学を通じて法曹養成が行われることとなったのです。

　ところが、アメリカでは、日本のように司法研修所の制度がなく、また、州によっては、司法試験に合格しなくても当該州のロースクールを修了さえすればその州の法曹資格が与えられる州さえ存在しました。そのような中で、学生は、法律実務教育や実技トレーニングを受けることなく法曹になって行くという事態が生じました。それゆえに、法曹養成教育のあり方としてそれでいいのかどうかをめぐって、ロースクールの擁護者と徒弟制度の擁護者との間で、激しい議論が展開されたのです。

　そのような議論のいわば妥協的な帰結として、ロースクールにおけるリーガル・クリニックが開始され発展してきたという側面もなくはないと思います。いわば、徒弟制度の補助手段としてのロースクールから、リーガル・クリニックを持つ本格的な法曹養成制度としてのロースクールに発展して行ったのです。なお、1860 年代までには、ほとんどの州が、法曹資格の前提条件として、いかなる種類の徒弟期間も要求しなくなったとされています。

　そこで、リーガル・クリニックは、最初は、「リーガル・エイド（Legal Aid）」、すなわち法律扶助事業の一環として行われ始めました。プロボノ（Pro Bono）活動として、貧しくて弁護士を付けることができない人々のために、ロースクールの学生が無償の弁護活動をするといった教育が中心になっていったのです。その必要性が高く有用性も大きかったのでしょうが、それ以外の領域でリーガル・クリニックを行えば、弁護士の「権益」を侵害することになりかねないといった配

第3編　法学学修の方法と展開　189

慮も存在したのかも知れません。その動きは、アメリカ東海岸のアイヴィ・リーグの大学あたりから始まり、西海岸の方に展開していきました。

それを概観すれば、次の通りです[6]。

リーガル・クリニックの教育は、いくつかのロースクールにおける一連の個別的なプログラムとして始まりました。それは、しばしば、学生ボランティアにより遂行され、最初のうちには単位が与えられることはなかったと、言われています。

1893年に、ペンシルベニア大学ロースクールで初めてリーガル・エイド活動がロースクールの授業に組み込まれて単位化されました。その後、独立したリーガル・エイド協会が、1913年にハーバード大学、1914年にジョージ・ワシントン大学、1915年にイエール大学、1916年にテネシー大学のロースクールに、それぞれ創設されました。

1916年には、また、ウィスコンシン大学が、卒業のための必須の単位科目として、弁護士事務所での6ヶ月間のオフィス・ワークを要求し、1923年には、サザン・カリフォルニア大学ロースクールが、ロサンゼルス・リーガル・エイド基金による活動に参加した学生に単位認定を開始しました。

先に述べたブラッドウェイ教授のデューク大学ロースクールも、1931年に、リーガル・エイド・クリニックを開始しましたが、その後におけるリーガル・クリニックの展開は、1930年代の法律雑誌に掲載された一連のリーガル・クリニックを推奨する論文が、ロースクールにおけるその種の授業の開設に力を貸すことになったのです。

2　ブラッドウェイ教授・フランク判事の見解とマックレイト・レポート

(1)　ブラッドウェイ教授の指摘

教授は、リーガル・クリニックについて5つの意義を指摘しております。彼は、デューク・リーガル・エイド・クリニックのディレクターであり、リーガル・クリニック教育に大きく貢献した初期の学者です。

すなわち、第1に、ロースクールにおける理論教育と法実務との間を架橋することです。これは、日本の法科大学院教育の目的にもそのまま妥当します。

第2に、学生が学んだ様々な一群の実体法および手続法を統合すること、すな

---

(6)　以下は、William P. Quigley, Introduction to Clinical Teaching for the New Clinical Law Professor; A View from the First Floor, 28 Akron Law Review, 464 (1995).〔上記・川嶋『アメリカ・ロースクール教育論考』第7章を参照〕、日本弁護士連合会司法改革調査室＝日本弁護士連合会法曹養成対策室編（マーガレット・マーティン・バリー＝ジョン・C・デュビン＝ピーター・A・ジョイ著、道あゆみ＝大坂恵理訳）『ロースクール臨床教育の100年史』（現代人文社、2005年）などを参照。

わち、法を有機的かつ立体的に学び理解することです。

第3に、人間的な要素を法の学修と実践に注入すること、つまり、最初に挙げたポイントです。

第4に、弁護活動の中に不文の教訓を導入すること、つまり、弁護士倫理や弁護士の取るべき行動のあり方を学ぶことです。

そして、第5に、上訴審における終局判決からではなく生の事件の現場から法的な問題を考える基本姿勢を学生に教えることを、リーガル・クリニックの教育目的に掲げたのです。

この最後の部分は、ハーバード大学ロースクールで、ケース・メソッド（その教育の手法として、ソクラティック・メソッド）を開発し、やがてその教育手法を全米のロースクールに普及させた、クリストファー・コロンバス・ラングデル教授[7]のロースクール教育方法論に対する批判的な意味合いが込められています。

（2）フランク判事の批判

また同時期に、ジェローム・フランク判事が、ラングデル教授の議論に対する痛烈な批判をしています。すなわちハーバード・ロースクール方式の法曹養成方法に対する批判です。

判事は、法学教育が上訴審判決の検討に焦点を当てて行われていることを批判し、いわば「徒弟制度の改訂版」のような教育をロースクールに取り込むことを積極的に主張したのです。

フランク判事のその著作『Courts on Trial』は、日本では、『裁かれる裁判所』という表題で翻訳されています。一回読んだら絶対忘れることができないフレーズに数多く出会える痛快な書物です。そこから、判事のフランクな指摘・批判をいくつか取り上げたいと思います[8]。

彼は、ロースクールの学生は、その学んでいるすぐ近くに恰好の教育の場、すなわち裁判所があるのに、それには見向きもしないで、教室や図書館で学んでいる。それは、「実務法学」を学んでいるのではなく、いわば「図書館法学」を学んでいるにすぎないと指摘しています。

さらに、ラングデルは、「『孤高の隠遁生活』をこよなく愛した人間」であるとか、「ラングデルの精神症的で逃避主義的な性格は、やがてわが国〔アメリカ〕の主要なロースクールの教育計画に刻印されるに至った。」とも記しています。

「依然として、多くのロースクールでは、訴訟の依頼者に会ったことも助言を

（7）　Langdell は、アメリカでは「ランデル」と発音されているようであるが、ここでの日本語表記として、「ラングデル」と記述する。

（8）　以下、フランク判事の様々な言葉の引用は、ジェローム・フランク（古賀正義訳）『裁かれる裁判所——アメリカ司法の神話と現実』（弘文堂、1960年〔原著、1949年〕）による。ただ、若干訳語を改めたところもある。

第3編　法学学修の方法と展開　191

与えたこともなく、和解による紛争の解決を協議したこともなく、複雑な契約書を起草したこともなく、証人たちと打ち合わせをしたこともなく、また事実審裁判所で審理を担当したりその補助を務めたりした経験もなく、或いは上級裁判所で事件について弁論したことさえないといった人々が教授の大部分を占めているのが実情であると、私には思えるのである。」とも指摘しています。

　究極的には、次のような批判を展開するのです。

　「ラングデルは、いわゆるケース・メソッド（Case Method）という、裁判例を用いた教育方法を創案し、アメリカの主要なロースクールはいまだにその方式を採用している。つまり、学生は事件（Cases）を学んでいると考えられている。だが、実際はそうではない。彼等は殆どもっぱら、上級裁判所の判決意見を学ぶのである。しかしながら、そのような判決意見はいずれも、事件自体ではなく、事件の小さな断片、その尻尾の端にすぎない。ロースクールの学生は、剪りとられた花だけを研究している園芸家の卵に似ている。或いは建造物の設計図だけを研究している建築家の卵に似ている。彼等は、剝製になった犬だけしか見ない犬の養育家の卵に似ている。（このような剝製犬式の法学教育とわが法曹界での勿体ぶるだけでさっぱり役に立たぬ剝製紳士の過剰生産との間には、或いは、何らかの相関関係があるかも知れない。）」〔（　）内は原文。〕

　これに対して、フランク判事は、次のようなあるべきロースクール教育の姿を論じるのです。

　「事実審裁判所および上訴審裁判所の双方に対する準備書面の作成に参加することによって、学生は、教師の助けを借りて、生きた事件の刺激的な文脈の中で法規範や法理論を学ぶであろう。このような学び方と、学生が現在大学でそれだけ押し付けられているような方法との間の差異は、筆舌に尽し難いほどである。それは、実際に少女に接吻することと、接吻についての論文を読むことの差異にも似ているのである。」

　「接吻についての論文」などといったものがあるのかどうか私には分からないのですが、このような激烈な批判などに呼応して、たとえばフォード財団などいくつかの財団が、ロースクールのリーガル・クリニックに財政支援を行うことになり、その結果、リーガル・クリニックが発展することにもなりました。
　⑶　マックレイト・レポートの要請
　そのようなロースクール教育評価の1つの到達点は、1992年のアメリカ法曹協会（ABA）が公表したいわゆる、マックレイト・レポート[9]です。それは、ロ

192　第 10 章　法科大学院教育における「エクスターンシップ」の展望

ースクールの学生のために、より多くのリーガル・クリニックを行うことを強く要請しました。

　本論との関係では、このレポート第 5 章の「基本的なロイヤリング技能とプロフェッションの価値観に関する声明」が重要です。

　ここでは、適切な弁護士代理の活動にとって不可欠な「基本的なロイヤリングの技能」を分析し、10 個の技能と 4 個の「プロフェッションの基本的価値」について論じています。

　まず、「基本的なロイヤリングの技能」としましては、①「問題解決」の技能、②「法的分析と法的推論」の技能、③「法情報調査」の技能、④「事実調査」の技能、⑤「コミュニケーション」の技能、⑥「カウンセリング」の技能、⑦「交渉」の技能、⑧「訴訟および裁判外紛争処理手続」の技能、⑨「法律業務の組織化と経営」の技能、および、「倫理上のディレンマの認識と解決」の技能が挙げられ、それぞれ詳論されています。

　次に、「プロフェッションの基本的価値」につきましては、①「適切な代理活動の提供」という価値観、②「正義、公平、および道徳性を促進するための努力をすること」という価値観、③「プロフェッションを向上させるために努力をすること」という価値観、および、④「プロフェッションとしての自己展開」という価値観が、挙げられており、それぞれ詳論されています。

　このマックレイト・レポートは、たとえば、法務研究財団の第三者評価の基準の定立の際にも大きな影響を与えたと考えられますが、法科大学院教育を担当される方には、具体的な処方箋が示されていて、とても有益ですので、是非一度、読んでいただければと思います。

Ⅲ　アメリカにおけるコミュニティ・ロイヤリングの展開

1　ニュー・メキシコ大学におけるリーガル・クリニック

　さて、コミュニティ・ロイヤリングの核心に話を移したいと思います。

　九州大学も、名古屋大学や鹿児島大学などからのお誘いをいただき、周回遅れで、名古屋大学を主幹校とする「実務技能教育教材共同開発共有（PSIM）プロジェクト」[10]に参加させていただくことができました。そのおかげで、2006 年（平成 18 年）の夏に、私は、ニュー・メキシコ大学ロースクールを訪問する機会

（9）　日本弁護士連合会編（宮澤節生＝大坂恵理訳）『法学教育改革とプロフェッション――アメリカ法曹協会マクレイト・レポート』1 頁（三省堂、2003 年〔原著、1992 年〕）。
（10）　PSIM プロジェクト（実務技能教育教材共同開発共有プロジェクト）については、菅原郁夫「法科大学院教育における法技教育の可能性」『〈報告書〉九州三法科大学院教育連携シンポジウム・法科大学院における教育連携の新たな可能性』（2007 年）所収を参照。

第3編　法学学修の方法と展開　193

に恵まれました。

　同大学のロースクールは、アメリカのロースクールの中では比較的小規模ではありますが、ニュー・メキシコ州で唯一のロースクールであり、リーガル・クリニックに大変力を入れている点に特色がありました。

　一般に、アメリカのロースクールについては、一方で、ともすれば、トップ・ロースクールは、理論に特化した授業が中心で、法曹の養成というより、ロースクール教員の養成を行っていると批評されることがあり、他方で、下位のロースクールは、司法試験にのみ焦点を当てる受験予備校にすぎないとも評されることがあります。そのような状況で、ニュー・メキシコ大学ロースクールは、理論と実務の架橋に成功し、かつ、地域に根差した法曹になるためのロースクール教育が、リーガル・クリニック教育の実践を通じて実現できているように感じることができました。

　その象徴が、ニュー・メキシコ大学ロースクール建物前の巨大な2本の門柱です。その一方には、「ロースクール（Law School）」と刻まれており、他方には、「リーガル・クリニック（Legal Clinic）」と彫り込まれていたのです。ロースクールの中に、その一部門としてのリーガル・クリニックが存在するという以上に、あたかもロースクールと対等な存在としてリーガル・クリニックが特徴づけられていること、「ロースクール教育、イコール（あるいは、その核心は）、リーガル・クリニック教育である。」とでも標榜しているような気概さえ感じることができました。これは、現在の日本における法科大学院の現状からは分かりにくいかも知れませんが、たとえば、医師の養成機関として、一方の門柱には「○○大学医学部」の看板が掲げられており、他方の門柱には「○○大学医学部付属病院」の看板が掲げられているようなものと思います。

　そのニュー・メキシコ大学で、私は、印象深い論文「[On the] Road Back In」[11]の著者、クリスティーン・ズニ・クルーズ教授に会うことができました。彼女は、ニュー・メキシコ大学のリーガル・クリニックの教授であり、これから若干紹介します論文はとても印象的な書き出しで始まります。

　彼女が、コミュニケーション学部の学生だった頃、8ミリ・フィルムを作成した際に、そのサウンド・トラックとして用いた曲の一節に、「あなたは、私の弁護士。あなたは、私の医師。そうだ、でもなぜかしら、私のことを、忘れている。」といった歌詞が、含まれていたという回想です。しかも、その論文には、インディアンの社会で生まれ大学まで行って、自分が得た教育は自分が生まれ育ったところで生かすことによってこそ意義があるといった意味合いのセンテンス

---

(11)　Christine Zuni Cruz, [On the] Road back in: Community Lawyering in Indigenous Communities, 5 Clinical Law Review, 557（1999）.

194 第10章 法科大学院教育における「エクスターンシップ」の展望

も含まれていたのです。

　教授は、「どのような職に就くとしても、インディアン・コミュニティおよび教授自身の部族のコミュニティから離れ、関係を持つことなく働くことを、良心的なことではないと考えていた。」と、そこに明言しているのです。

　その時私は、近江聖人、中江藤樹の大洲からの帰郷の逸話さえ想起しました[(12)]。

2　コミュニティ・ロイヤリングの生成と実践

　さて、ニュー・メキシコ大学のリーガル・クリニックにおけるコミュニティ・ロイヤリングの内容に入りたいと思います。

　要するに「インディアンのコミュニティ」におけるロイヤリングなのですが、私は、それを超えてより普遍的な価値があり、日本の各地でリーガル・クリニックが行われる際にも具体的で有益な示唆を与えてくれるのではないかと考えます。

　1993年に、「サウスウエスト・インディアン法クリニック」が創設されました。それは、ニュー・メキシコ州法によって、インディアン法の領域において、リーガル・クリニックの経験を学生に提供することを目的としています。その翌年から、学生にインディアン法についてのクリニックの経験を積む機会を与えています。題材となる事件は、インディアンの人々、インディアン国家および非政府組織から持ち込まれるのですが、1996年に、ニュー・メキシコ大学ロースクールにおけるコミュニティ・ロイヤリングの教員たちは、そのリーガル・クリニックのために共通の理解を提供し、ロイヤリングおよび教育の形態を明らかにするために、コミュニティ・ロイヤリングに関する次のような声明を公表しました。少し長いのですが重要な指摘を含みますので紹介します。

　〈コミュニティ・ロイヤリングは、広い意味を持つ言葉である。それは、伝統的なロイヤリングの多くの部分を含んだロイヤリングの方法を描いている。一般に、コミュニティ・ロイヤリングは、法的なサービスを提供する手法であり、コミュニティの価値などを適切に考慮しつつ法的争点や事件処理にアプローチする仕方である。コミュニティ・ロイヤリングは、法的な活動がコミュニティに与えるインパクトを注意深く考えながら、コミュニティを理解しつつ、依頼者個人やそのコミュニティにアプローチすることを求める。コミュニティ・ロイヤリングは、コミュニティとその構成員である個人と共に働くことである。

　コミュニティ・ロイヤリングを担当する弁護士・学生は、個々の依頼者を代理

（12）　これについては、内村鑑三（鈴木俊郎訳）『代表的日本人』111頁（岩波書店、1941年〔原著、1894年〕）を参照。

する以上の職務を遂行しなければならない。弁護士・学生は、限定できるコミュニティ内の依頼者を代理する。弁護士・学生は、コミュニティ内の文化、価値および信仰について学ぶ。弁護士・学生は、コミュニティの文脈において、個々の依頼者の問題を見る。コミュニティにおける個人は、あらゆる種類の問題に直面するかも知れないが、しかし、コミュニティ・ロイヤリングを行う弁護士・学生は、同様な問題に直面したコミュニティ内の人々に利益をもたらすように、コミュニティに広がる解決を考案し実施するために、「個人の事件を超える」ことになる。コミュニティ・ロイヤリングは、個人の依頼者に対する「情熱的な代理」とコミュニティの関心との間の緊張関係にも取り組むことになる。

　コミュニティ・ロイヤリングを行う弁護士・学生は、また、「その職務がコミュニティに与えるインパクト」にも気付いている。その帰結として、コミュニティ・ロイヤリングを行う弁護士・学生は、コミュニティにおける人々の文化、価値および信仰に照らして、コミュニティが法制度を利用する手助けをするように努めるのである。〉

　コミュニティ・ロイヤリングは、このように、依頼者中心のロイヤリングを超え、人々やコミュニティ自体への配慮を、不可避的に要請することになります。しかも、より広く、コミュニティ内の他の人々やコミュニティ自体への配慮を、不可避的に要請することになるのです。

　しかし、教授は、「不幸にも、依頼者とそのコミュニティとの間に存在するインパクトおよび相関関係は、これまで必ずしも満足の行くかたちでは強調されてはこなかった。」と指摘しているのです。それは、コミュニティにおける文化の理解や、法およびそれを取り巻くコミュニティ内の人々の法意識の理解の重要性をクローズアップすることになります。

　このようなコミュニティ・ロイヤリングは、いわば依頼者中心のロイヤリングに近似した面はありますが、コミュニティとその文化や法を視野に入れている点で異なるとされます。個別具体的な事件を担当しているものの、実はその事件処理が、コミュニティ全体に一定の波及的な影響力を有していることを考慮に入れたロイヤリングなのです。ただ、先に挙げました声明の最後に述べられていましたように、「コミュニティ・ロイヤリングを行う弁護士・学生は、コミュニティにおける人々の文化、価値および信仰に照らして、コミュニティが法制度を利用する手助けをするように努める。」という、コミュニティの自治と自己決定を涵養するためのロイヤリングのアプローチをとっている点は重要だと考えます。

　そこで、教授が挙げています「アングロ・アメリカ法システムとネイティヴな法原則との相違点」を述べたいと思います。そうすることによって、具体的な違いがより浮彫りになると考えます。

やや2項対立図式的な説明なのですが、次のような興味深い異同が指摘されています。

第1に、裁判の基本的なシステムが、「アドヴァーサリー・システム」か「非アドヴァーサリー・システム」か（当事者対立構造を採用しているか否か）の異同が挙げられています。アングロ・アメリカ法システムでは、当事者対立構造を採用しているゆえに、一方当事者が勝訴し、他方当事者が敗訴するという構造になるのに対しまして、ネイティヴの法システムでは、すべての人が、解決案を考案するために、一同に集う審理システムを採用しているのです。

第2に、その審理のあり方にも異同が見られます。「分離・独立した司法機関」において「（法的な）議論＝弁論」を行うのか、それとも、「伝統的、慣行的な指導者」の面前で「語り」が行われるのかの違いです。アメリカ法システムでは、法の観点や事実の観点について、互いに対立的な議論を行い、その不一致の点、すなわち争点に審理の焦点が当てられ、しかも、その主張・証明については事件について当事者適格を有する者のみが、それを行うことを許されます。つまり、争点中心型の紛争解決方式です。これに対して、ネイティヴの法システムでは「皆が語る」ことができるとされます。しかも、いわば「事件」とネーミングされる「出来事」が、それぞれの観点から語られるとされているのです。つまり、事件の当事者以外の者も話すことが許されるのです。

さらに、その方式についても、アメリカ法システムでは「書面主義」に力点が置かれるのに対して、ネイティヴの法システムでは「口頭主義」に力点が置かれ、語ることの価値が重視されます。また、不服申立ての手段についても、アメリカ法システムでは、「不服申立権」が存在するのに対して、ネイティヴの法システムでは、不服申立権が存在しないという特徴があります。そこでは、いわば一審限りで事件の最終的な解決が目指されるのです。

第3に、「個人の権利」と「コミュニティの権利」との間では、どちらが優位性を占めるかについても差異が見られます。アメリカ法システムは個人主義を基調とし、個人の権利が最高位を占め、裁判システムでは、個人の権利を保護することに最大限の配慮が示されるのに対して、ネイティヴの法システムではコミュニティの権利が、最高位を占め、土着のコミュニティにおいては、個人よりもコミュニティに力点が置かれます。

第4に、刑事事件においても、アングロ・アメリカ法システムとネイティヴな法システムとでは、「社会の防衛」か「平和の回復」かといった法の目的に顕著な差異が見られます。つまり、アメリカ法システムでは社会防衛に力点が置かれ、被害者または被告人個人に焦点が当てられるのに対して、ネイティヴな法システムではコミュニティの平和の回復に力点が置かれ、コミュニティおよびその基礎にある問題の解決に際して「コミュニティ固有の正義の目的」が探究されると言

第3編　法学学修の方法と展開　197

われているのです。

　第5に、手続上、「英語」を用いるかそれとも「ネイティヴな言語」を用いるかの差異も存在します。アメリカ法システムでは、英語の多くが対応する言葉を持たないために、ネイティヴな言語に翻訳することはできず、ネイティヴな法システムでは、多くの言葉が対応する言葉がないために英語に翻訳することはできないのです。しかも、ネイティヴな法の世界では、先に述べた口頭主義にも関わりますが、「言葉こそが世界観を伝える。」とされているのです。

　コミュニティ・ロイヤリングにおいては、それを首尾良く行うためには、このようなネイティヴな法システムのありようを十分に理解した上で、その活動を行う必要があるのです[13]。

3　コミュニティ・ロイヤリングの課題

　このようなコミュニティ・ロイヤリングを、西洋近代法の視点から批判することは理論的に可能であると思われます。しかし、私たちがそれこそ法であると考えている近代法が、その根底から挑戦を受けているとも考えられます。プレモダンの克服すべき課題として切り捨てることなどできないのです。むしろ、そこで語られていることは、たとえば、ADR（裁判外〔訴訟外〕紛争処理手続）を正面から認知し多様な紛争処理システムの価値を評価し、参加の価値を重視し、かつ、司法における人間的側面に多大な意を払っている『司法制度改革審議会意見書』の趣旨とも基層的な部分で符合するとも思われます。

　また、個の価値が共同体の中に埋没することを疑問視する向きもあるかも知れませんが、しかし、古来から人間が社会的存在であり、個から出発しつつもその社会的生活にも配慮したロイヤリングを行うべきことに注意を喚起した考え方であると評価した場合には、その応用可能性も開けてくると思います。たとえば個人の権利が保護されても個人の社会生活が立ち行かなくなれば、手続過程における救済など覚束ないと考えられるからです。

　教授は、また、コミュニティでリーガル・クリニックを展開する際に学ぶべき教訓をも指摘しています。

　ここでは、時間の関係で、結論のみ述べますが、第1に、多様なクリニック活動を提供し、リーガル・クリニック活動を継続的に運営可能なものとすることの重要性であり、第2に、学生の成績評価の際に、評点を付ける方法を用いることの不十分さを認識することの重要性であり、第3に、コミュニティ・ロイヤリン

---

(13)　以上については、上記論文のほか、Christine Zuni Cruz, Four Questions on Critical Race Praxis: Lessons from Two Young Lives in Indian Country, 73 Fordham Law Review, 2133 (2005) も参照。

198　第10章　法科大学院教育における「エクスターンシップ」の展望

グの実施に際して、時間的空間的に事件関与には限界が存在することを認識することの重要性です。日本とは異なり、学生実務規則[14]の下で、アメリカのリーガル・クリニックの多くが事件を一件丸ごと学生に担当させるのですが、事件によっては、そのセメスターの期間内に終わらないものもあり、また、リーガル・クリニックを実施するコミュニティがロースクールから遠く離れている場合には、授業との関係で十分な弁護活動が行えないこともあるのです。

　いずれも、日本の法科大学院におけるリーガル・クリニックにも当てはまる課題だと思います。

　特に、第1の点は、通常の教室における授業などと比較して、リーガル・クリニックの場合には、その内容を充実させればさせるほどリーガル・クリニック担当教員の数を増やす必要があり、コストが増加する可能性を孕んでいるのです。さらに、依頼者から信頼を得るためには、依頼者と同じ言葉、すなわち「方言」などが重要な役割を演じることも忘れてはならないと思います。

　ただし、言葉の問題は、どの地域でも、歴史的な経緯を考えた場合には、多かれ少なかれ難しい問題も孕んでいるようにも思われます。ある地域の「方言」を話すこと自体が問題を生み出す場合さえなくはないのです。ごく一例にすぎませんが、たとえば、奄美大島では、薩摩藩時代の搾取収奪の歴史を思い出すので、「鹿児島弁を聞くとむしずが走る。」という島民もいるとのことです[15]。

Ⅳ　おわりに

　そろそろ、まとめに入りたいと思います。

　コミュニティ・ロイヤリングを行う際に、クルーズ教授は、コミュニティの自治、自己決定の尊重およびエンカレジメントの精神に基づく自己決定の涵養の重要性を指摘されていることを再度付言したいと思います。それらこそが他者配慮の実践であり、敬意の表現だと思います。基本的には、コミュニティの外にいる者がコミュニティの内にいる者に対する最低限の礼儀であり作法であると考えられるからです。

　コミュニティ・ロイヤリングにおける自己決定の価値について述べましたが、

---

(14)　これについては、たとえば、大坂恵里「アメリカの学生実務規則」宮川成雄編『法科大学院と臨床法学教育』305頁（成文堂、2003年）、ピーター・A・ジョイ「ミレニアム論文筆者による追加説明——ABA学生実務模範規則の説明」日本弁護士連合会司法改革調査室＝日本弁護士連合会法曹養成対策室編・前掲書注(6)110頁などを参照。

(15)　名越護『奄美の債務奴隷ヤンチュ』291-292頁（南方新社、2006年）を参照。
　なお、ジャック・デリダ（鵜飼哲訳）『生きることを学ぶ、終に』42頁（みすず書房、2005年）も参照。

それは、決してリーガル・クリニックやADR（裁判外〔訴訟外〕紛争処理手続）の技能・技法にとどまらず、実はその手続過程が多様化した判決手続をも含む民事紛争処理一般に通底する課題ではないかと、私は考えます。

　なお、このような考え方の基本には、修道者・渡辺和子さん[16]の次のような基本的な考え方に対する強い共感が存在することも、付言しておきたいと思います。

　「所詮、一人の人間が自分と生活を異にするもう一人の人間の、生活はおろか、心の動きや深い思いを理解できるはずがない。また、どこまで、その人の生活に責任が持てるというのだろう。できることと言えば、その人ができるだけ後悔しないですむ正しい『選び』を行うために、必要な知識と経験を（もし自分が持っていれば）分ち合うことであり、話すことによって、相手が自分の心や考えの整理ができるのであれば、聞く人になってあげられるということ位であろう。」

　現在、日本の法科大学院教育におきましては、残念ながら、未だにリーガル・クリニックの価値が、必ずしも十分に共有されてはいないように思われます。日本の場合には、少なくともアメリカにおけるリーガル・クリニックの歴史と発展を知っているはずでありますし、また、アメリカと異なり、研究者教員がほとんど法曹資格を有していない中でクリニック教員は通例法曹資格を有しており、学生から見た場合にはより近い存在（あるいは、先輩法曹としてより「尊敬」すべき存在）のはずであるにもかかわらず、そうなのです。

　そこには、どうも、次のような要因があるように思われます。すなわち、第1に、日本における臨床法学教育の意義や内容が、必ずしも十分に明らかにされているとは言えないこと、第2に、日本においては、司法研修所が存在するので、法律実務の教育はそこで行えばいいとの発想がなくはないと考えられること、第3に、リーガル・クリニックをすべての学生に教授できる教員が確保しづらいこと、第4に、新司法試験が事実上競争試験と化しており、学生にはリーガル・クリニックにじっくり取り組む余裕がないことなど、根深い問題が横たわっているように思われます。

　しかし、それはそれとして、『司法制度改革審議会意見書』で基本的な処方箋が示されたように、21世紀の司法を担うことができる「良き法曹」を育成するためには、リーガル・クリニック教育の価値は明白だと思います。しかも、現在の実務をより良いものにするという気概をもち、批判的建設的な法律実務の実践

---

(16)　以下は、渡辺和子『信じる「愛」を持っていますか』224頁（PHP文庫、1994年）からの引用。

をより良く行うことができる者を育成することこそが、国民にとっても国家にとっても極めて望ましいものであることから、学問の自由の保障された大学で臨床法学教育を行うことには大きな意義が存在するのです。

ただ、リーガル・クリニックの開拓には時間も労力もかかります。大学教員が、頭を下げて回らなければならない局面も少なくないのです。この教室で、先ほど「熊本地方裁判所における少額管財事件の現状」についての学会報告があり、そこで、破産管財人（少額管財人）の報酬について質問が出ていました。確かに「お金」も大切なポイントなのかも知れませんが、私の印象では、アメリカのロースクールで、「報酬」など度外視してリーガル・クリニックを担当している多くの教員の「献身」には頭が下がる思いを抱いております。終身在職権（テニュア）を持ったクリニック教員はもちろんのこと、そうでない教員や非常勤の教員でさえ、学生のクリニックの実践に際しては、スーパーバイザーとしても、多くの時間を割くことになるのです。また、日本の場合には、アメリカのように、学生に法律実務を担当することを許す「学生実務規則」に相当するものも存在しません。法科大学院教育の現場から、早急にその種の規則制定のために声を上げて行かねばならないと思います。

このような日本の状況では、先に述べましたアメリカのリーガル・クリニックにおけるコミュニティ・ロイヤリングは、かなり先を走った議論であるように、思われるかも知れません。しかし、法科大学院の段階で優れた法曹である弁護士の下でリーガル・クリニックを行うことは、司法研修所教育の充実にもつながって行き、ひいては、日本の法律実務の全体的な向上に裨益すると思います。最高裁判所の下でいわば実務内在的な研修所教育を受ける前に、法科大学院において優れた教員の下で法律実務に触れることが、現行実務に対する批判精神や改善志向の涵養に役立つとすれば、全国的に行われる研修所教育自体も日本の司法制度自体も質的な向上につながると考えられるからです。

なお、アルバカーキにあるニュー・メキシコ大学を訪問した際、幸運にもサンタフェのニュー・メキシコ州最高裁判所で口頭弁論を傍聴する機会に恵まれました。その敷地には門もなく、それを取り囲む塀もなく、瀟洒な建物に続くスロープの両側には花が植えられていました。その最高裁の低い建物の入口には、連邦裁判所に設置されているような金属探知機もなく、受付の事務職員の方は目にとまったものの、いかめしい守衛さんらしき人はいませんでした。傍聴席に座れば、素朴な木彫りの正義の女神像やナイーヴなステンドグラスが目に入りましたので、裁判所の方に尋ねてみますと、その裁判所自体、大恐慌の時代に雇用確保のために地域の人たちが総出で造ったものであるとのことでした。地域とそこに生きる人々の生活に根差した、手作りの司法・裁判所という一面をも垣間見ることもできたのです[17]。そこは、州の最高裁判所ですが、地域の人々にとっては、「私た

第3編　法学学修の方法と展開　201

ちの裁判所（Our Courthouse）」なのです。

　リーガル・クリニックとの関係では、その口頭弁論が終わった後、若きエドワード・チャベス最高裁判事（当時。その後、首席判事）が、私たちの様々な質問に気さくに答えてくれました。その中で、ニュー・メキシコ州内の弁護士が、まだまだ足りないと指摘されたことが印象的でした。ニュー・メキシコ州の人口は200万人程度で毎年200人ほどの人が法曹資格を得ることになるそうですが、多くの弁護士が、実入りのよいビジネス関係事件を扱う方向に向かうのに対して、増加した弁護士の恩恵にさえ与ることのない紛争当事者がいる点を最高裁判事が指摘したことには、心を突き動かされました。そのような人たちのためのリーガル・クリニックは重要です。その意味でも、コミュニティ・ロイヤリングは重要であり、ロースクールでそのようなリーガル・クリニックを知り、学び、そして、その道に進む弁護士が一人でも多く出ることを、判事は願っていたのです。

　日本でも、リーガル・クリニックを実践し、法科大学院学生を基本的には信頼し、充実した教育プロセスの下で厳格な成績評価を行い、真摯な学生の自学自修の姿勢を制度的にサポートできる法科大学院システムが全国的に構築されることを私は願ってやみません。

　お話したいことがたくさんあり、つい早口になってしまい、申し訳ありませんでした。ご静聴ありがとうございました。

〈背景資料〉「アメリカにおけるリーガル・クリニック教育の新展開」の基礎資料

　はじめに　　私の報告では、法科大学院教育におけるリーガル・クリニック教育の価値とその具体的なあり方に示唆を得るために、アメリカにおけるリーガル・クリニックの新たな展開を追い、「コミュニティ・ロイヤリング」について論じた。これについて、詳しくは、九州大学の『法政研究』74巻2号321頁以下（2007年）に掲載された私の論考を参照していただくとして、以下では、当日の報告を補い、内容の理解を助けるために、その報告の基礎になった覚書（の一部）を記しておきたい。なお、この大会では多くの民事訴訟法学者に報告していただいたが、この報告も、その一部であった。

　以下に掲げる文献等は、時間の関係で十分に引用できなかったものの、私の報告の基礎に存在し、その言説を支えていた。したがって、今回は、報告の要約を行うことはやめ、より生産的かつ建設的に、その背景的な資料を提示することに

---

(17)　同じような話は、客員研究員としてノース・カロライナ大学ロースクールに滞在した際に、あるカウンティ・コートでも聴いた。そのような経緯から、小さな街の真ん中にあるその裁判所は、秋祭りの会場になり、その日は、子どもたちにも開放されていた。

したい。そこには、現時の「学」とその「担い手」等に対する批判、そして、「学」の近未来に対する危惧が含まれていることは言うまでもない。

伊藤整の逆説　本報告のために様々な考えをめぐらしていた折、ふと、伊藤整の秀逸な短編小説を想起した。かなり前に読んだものであるので正確なタイトルは忘れたが、早稲田大学の創立何十周年かの記念式典の祝辞という体裁をとった作品であったように記憶している。早稲田大学の教授であった、坪内逍遙の「偉業」を「裏」から評した生真面目な伊藤の作品の中では、意表を突く愉快な読み物であった。

伊藤はいう。

通例、歴史上、「人は何を成したか。」によって評価されるが、しかし、「人は何をしなかったか。」によって、もっと評価されてもいいのではないか。この点で、坪内逍遙は高く評価できる。第1に、小説の分野ですでに自分の時代ではないと感じたとき、彼は筆を折ったのであり、第2に、芸者遊びに明け暮れたが、妻を娶ってからは彼はその道から足を洗った。それらを、伊藤は讃えたのである。

含蓄の深い短編だと感じた。

特に、大学に身を置く者としては、教員のあり方として、深く考えさせられる思いをしたことを、今回改めて想起したのである。学の矮小化（歴史や外国法への惑溺等をも含む。）と、権威とか権力といった悪縁の承継を断ち切るためには、不可欠の自制的な決断が不可欠ではないかとも考えた。研究者にとっては1つの逆説的な指針でもある。

サン＝テグジュペリの卓見　人間や社会、そして国家について、様々に考えさせてくれる彼は、「死」とたえず隣り合わせの「職務」を遂行していた。

たとえば、『星の王子さま』には、次のような場面がある。

「国のワンマンであるばかりではなく、宇宙のワンマン」である「王さま」が、「王子さま」に「法務大臣」にしてあげると言ったところ、「王子さま」は、「だって、裁判しなけりゃならないような人は、だあれもいないじゃありませんか」と反論した。それに対して、「王さま」は、こんなことを言った。

「そりゃ、わからん。わしは、まだ、わしの国をまわってみたことがないんでね。……」

「おまえ自身の裁判をしなさい。それが一ばんむずかしい裁判じゃ。他人を裁判するより、じぶんを裁判するほうが、はるかに困難じゃ、もし、おまえが、りっぱにじぶんを裁判できたら、それは、おまえが、ほんとに賢い人間だからじゃ。」と。

サン＝テグジュペリ（内藤濯訳）『星の王子さま』（岩波書店、1953年）より。

第3編　法学学修の方法と展開　203

　細かなことはさておき、これもまた、「裁判」もしくは「自己決定」あるいは「教育」のあり方を考えさせられる含蓄の深い記述である。しかも、「権力」の存在意味だけではなく、判断者が、「現場」そして「地域に生きる人々の生活」を知ることの重要性をも示唆してくれる。

　また、彼の『人間の土地』の中にも、示唆的な表現が数多く見られる。

　「それは昨夜ぼくらがそこを発ってきたカサブランカの発信だった。転送が遅れたため、この無電はいま、不意に、二千キロの遠方で、雲と靄とのあいだに、海上に道を見失ったぼくらに追いついたのだ。この無電は、カサブランカ空港駐在の管制官から送られたものだった。ぼくは読んだ、〈サン＝テグジュペリ殿、貴殿カサブランカ出発の際あまりに格納庫の近くにて方向を転ぜられたるにより、本官は余儀なくパリに対し貴殿の懲戒を申請するに立ち至りたることを報告す〉ぼくが、格納庫の、あまりに近くで、方向転換をしたことは事実だった。他方また、この人物は立腹するのが仕事なのでもあった。ぼくにしても、これがどこかの空港の事務室で告げられるのであったら、謙虚な気持で聞いたはずだ。ところが、それは届いてはならない所で、ぼくらに届いたのであった。それは、このあまりにも稀な星と、靄の層と、脅かすようなこの潮の味とのあいだにあっては、あまりにも大きく鳴り響いた。ぼくらはいま、固く握った手の中に、自分たちの運命を、郵便物のそれを、愛機のそれを握っていた。ぼくらはいま、生きるためには多くの困難を克服しなければならない状態にあった。それなのに、このお役人は、自分の小さな腹立ちをぼくらに向かって吐きかけている。ところが、憤りを感じるかと思いのほか、ネリとぼくは、あべこべに、大きな、そして急激な喜びを感じた。ここ、天外にあるかぎり、ぼくらは自由だった。この事実を、彼、あの小役人はぼくらに思い知らせてくれたのだ。」

　サン＝テグジュペリ（堀口大学訳）『人間の土地』（新潮社、1955 年）より。

　金子光晴の感性　　この詩人の金子光晴『マレー蘭印紀行』（中央公論社、1940 年）は、「自然と人間」のありようを考えさせてくれるだけではなく、開発あるいはいわゆる「近代化」における人間の関わり方、ひいては、「社会の法化」における法律家の関わり方についてさえ、示唆を与えてくれる（紙幅の関係で内容は割愛）。リーガル・クリニックは、「けちな砂利禿」を造る営為ではなく、生き生きとした人々の躍動の基盤としての法環境を整備することにより保障し、地域に根差した法的救済のセーフティネットを構築することなのである。学会についても同様である。

　岩岡中正の分析　　石牟礼道子さんの「現代性」についての論考において、水俣病の「患者さんたちの闘いはただの権利の闘争ではなく、自然といい共同体と

いい、かつてあった全的な世界、つまり人間にとっての調和的世界を奪われたことに対する闘いだった」。そして、「民衆の中に根付いていた『善きもの』をもう一度ふり返って見てみようと石牟礼さんは思った」。「石牟礼文学には、本来の人間の原点に帰ってそこにある豊かな感性やモラルを取り戻すことが社会を変えていくことだという、隠れたメッセージがあ」る。

リーガル・クリニックという法科大学院における授業科目は、確かに、法科大学院学生の教育のための科目ではあるが、それは同時に、地域における「調和的世界」を壊してはならず、むしろ、それを涵養する方向で実践されねばならないであろう。私の報告では、近時のアメリカにおける「コミュニティ・ロイヤリング」の発展を素描したが、その基礎には、コミュニティの文化の尊重と涵養こそが、人々の心に届く法の言葉が生きたものになると考えるのである。

岩岡中正「石牟礼道子と現代」同編『石牟礼道子の世界』（弦書房、2006年）より。

トマス・ペインの気概　　大道廃れて仁義ありなどと言われるものの、大道廃れて仁義も滅びつつあるようなこの時代に、『コモン・センス』の著者の言葉は、重く響く。

トマス・ペイン（西川正身訳）『人間の権利』（岩波書店、1953年）よりの引用を、当初記していたが、紙幅の関係で削除割愛した。

井上治典の先見性　　今から15年以上前に、井上治典先生は、興味深い指摘をされていた。大学における「民事訴訟法」教育、否「民事手続法」教育の文脈における議論であるが、紙幅の関係で引用を控えざるを得なかった。

これについては、井上治典「大学における民事手続法の教育はいかにあるべきか」同『民事手続論』（有斐閣、1993年）を参照。

藤永茂の良心　　真摯な量子化学者は、大学紛争の時期に九州大学を去ってカナダに渡った。そこで、彼は、『アメリカ・インディアン悲史』を書き上げた。その核心は、当時、公害問題にも揺れる日本社会に対して、人間にとっての「普遍的な課題」を提示していた。これも、紙幅の関係で割愛せざるを得ないので、藤永茂『アメリカ・インディアン悲史』（朝日新聞社、1974年）を参照。

ヴィクトル・ユーゴーの切望　　かつて私は、『差止救済過程の近未来展望』（日本評論社、2006年）で、ユーゴー先生（なぜ、「先生」と呼ぶかは、略）の著作『レ・ミゼラブル』から、下記の部分を引用した。

「ついでに言うが、贅沢を憎むことは知的の嫌悪ではないだろう。かかる嫌悪

のうちには芸術の嫌悪が含まれるようである。さりながら教会の人々の間においては、演戯典例を除いては、贅沢は1つの不正である。それは実際においてあまり慈善的ならぬ習慣を示すがように見える。栄耀なる牧師というものは1つの矛盾である。牧師は貧しき人々に接触していなければならない。およそ自ら自己のうちに、労働の埃のごとき聖き貧しさを多少有せずして、人はいかにして日夜絶えずあらゆる憂悶や不運や困窮に接することができるであろうか。炉のほとりにいて暖かくないという者を、想像し得らるるであろうか。絶えず竈で働いている労働者で、髪の毛を焦がさず、爪を黒くせず、一滴の汗をも知らず、顔に一粒の灰をも受けない者を、想像できるであろうか。牧師において、特に司教において、慈悲の第1のしるしは、それは貧しいということである。」

　私は、牧師も弁護士も基本的に変わりがないと考えるが、ここでは、訳者、豊島与志雄が1917年に記した言葉も、引用しておきたい。現在でも決して無益ではないと考えられるからである。

　「熱烈なる共和党員であった父より生まれ、追放令を受けた老将軍と還俗した老牧師との家庭教育を受け、詩人としてはロマンティック運動の主将であり、政客としては民主派であり、主義よりもむしろ情熱の人であった彼ヴィクトル・ユーゴーの脳裏に、最もあざやかに浮かんだところのものは、実に社会の底に呻吟するレ・ミゼラブル（惨めな人々）であり、彼らを作り出した社会の欠陥であり、彼らが漂う時運の流れであった。

　……

　作者は人類を導く上帝の手が『自由』と『正義』とをさすものであると説いている。……本書のごとき性質の訳書も、『地上に無知と悲惨とがある間は、おそらく無益ではないであろう。』」

　ジョージ・オーウェルの警鐘　　オーウェルからは、多くを学ぶことができる。原著からも、そして、彼の著作を論じる論考からも、いつも色々なことを考えさせられるのである。たとえば、こうである。

　「オーウェルのものの考え方の底に、どうあろうとじぶんが『良い』子ではありえない世界に、このじぶんがいるのだという自覚があったのだということを考えます。オーウェルはどんなときにもすすんで割の合わない側にいることを、われからもとめています。

　正義というのはつねに割の合わない側にいる人間のあいだにあるのではないか。割が合わない人間の側というのは、社会において弱い人の側、権力をもたない人間の側ということです。オーウェルが重んじた正義というのは、どんなときにも弱い人間にとっての正義であり、その他の正義を必要としませんでした。」

　長田弘「オーウェルという人は」同『本という不思議』（みすず書房、1999年）

より。

これは、詩人の長田弘の評価であるが、私も同感である。いつも「割の合わない側にいること」にむしろ居心地の良ささえ感じている私にとって、オーウェルは、若いときからの師のような存在であった。ロールズの悲願とも相通じるものがある。

なお、オーウェルの『象を撃つ』については、弁護士論として考察したことがある。川嶋四郎「救済展開における弁護士の役割」同『民事救済過程の展望的指針』82頁以下（弘文堂、2006年）を参照。

ミシェル・フーコーの喝破　あえて私が引用するまでもないことかも知れないが、フーコーは、次のように指摘している。このようなことが日々感じられるからである。

「人々が、自分で考えているよりもはるかに自由なのだと教えること、人々が自明で真理だと信じているいくつかのテーマが、歴史の特定の時点に作り出されたものであり、このみかけの上での自明性は批判し、破壊することができるものだということを示すことです。人々の精神において何かを変えること、それが知識人の役割です。」

「①権力は獲得されたり、所有されたりする実体ではなく、さまざまな力の関係のなかで行使されるものである。

②権力の関係は他のさまざまな社会関係の外部にあるのではなく、それらの社会関係のなかで働いている。

③権力は、上から下へ波及するのではなく、むしろ下からやって来る。包括的な支配・服従の対立を支えているのは、局所的な場における多様な力の関係である。

④権力の関係には一定の目標をもった合理的な戦術の系列が貫通している。この戦術の合理性は主体の選択や決定の結果ではなく、非主観的で匿名の権力の戦略に属している。

⑤権力に対する抵抗は権力の外部に立つものではなく、むしろ権力のゲームの相関項である。」

中山元『フーコー入門』（筑摩書房、1996年）、および、内田隆三『ミシェル・フーコー——主体の系譜学』（講談社、1990年）より。ここに居ると「権力」とその「堕落」を考えざるを得なかった。

ドストエフスキーの祈念　『カラマーゾフの兄弟』のエピローグ「イリューシャの葬儀。石のそばの挨拶」で、ドストエフスキーは、アリョーシャに次のように語らせている。

第3編　法学学修の方法と展開　207

「何かよい思い出、とくに子ども時代の、両親といっしょに暮らした時代の思い出ほど、その後の一生にとって大切で、力強くて、健全で、有益なものはないのです。きみたちは、きみたちの教育についていろんな話を聞かされているはずですけど、子どものときから大事にしてきたすばらしい神聖な思い出、もしかするとそれこそが、いちばんよい教育なのかもしれません。

　自分たちが生きて行く中で、そうした思い出をたくさんあつめれば、人は一生、救われるのです。もしも、自分たちの心に、たとえ1つでもよい思い出が残っていれば、いつかはそれがぼくらを救ってくれるのです。」

　私の報告の基礎を提供してくれた Christine Zuni Cruz さんの「[On the] Road Back in: Community Lawyering in Indigenous Communities, 5 Clinical Law Review, 557 (1999)」、および、「Four Questions on Critical Race Praxis: Lessons from Two Young Lives in Indian Country, 73 Fordham Law Review, 2133 (2005)」の基礎には、ドストエフスキーの救いへの希求と相通じるものが存在し、それゆえに、私は心を動かされたのである。

　ドストエフスキー『カラマーゾフの兄弟〔第5巻〕』(光文社、2007年) より。

　おわりに　　報告時間の関係で、当日は、これらの優れた著作のすべてには言及することができなかった。しかし、日本の法科大学院教育におけるリーガル・クリニック教育が、政府と大学と学生と教員の「配慮と献身」によって実践され、良き法曹の育成と(逆説的ではあるが)日本文化の多様化——いわば「画一的な法化社会化の克服」——に貢献できることを、願い続けている。

　さらに、学問における多様性の価値については、第14章【補論7】も参照。

208 第10章 法科大学院教育における「エクスターンシップ」の展望

【補論4】 新司法試験の展望
——民事系サンプル問題の検討：民事訴訟法研究の学窓から

I　はじめに

　　法科大学院教育が、その学生をはじめ、教員や教育関係者、さらには正規の教育課程を通じた質の高い法曹の育成を願うすべての人々の期待と不安のうちに開始され7ヶ月が過ぎた平成16年（2004年）11月12日、「新司法試験サンプル問題（必須科目）」が公表された。その後、12月16日には、選択科目のサンプル問題も公表された。

　　この公表が法科大学院教育の開始後一定の月日を経過した後に行われたことは、司法試験委員会が、法科大学院教育の実情とその現場を踏まえた上で、法科大学院課程の修了者についてその学修の成果を試すにふさわしい試験を考案する機会が十分に存在したことを意味する。したがって、一般にそれが功を奏している場合には望ましい試験と評することができる。

　　ところが、新司法試験の合格者数には一定の限定が存在するので、その試験自体が、法科大学院教育に与える影響には、計り知れないものがある。

　　そこで、以下では、新司法試験の基本的なあり方との関係で、今回公表されたサンプル問題を、やや具体的に検討して行きたい。その際、筆者の専門から、民事訴訟法関連問題（短答式試験問題と論文式試験問題）に限定して、その要点を解明しサンプル問題に対する評価を行い、法科大学院教育の今後を占うと共にその課題を析出して行きたい。新司法試験の問題は、それ自体独立して評価されるべきものではなく、法科大学院の教育現場や教育のあり方と密接な関係を有していると考えられるからである。

II　新司法試験の位置づけと新司法試験問題の基本指針

1　新司法試験の法曹養成過程における位置づけ

　　平成13年（2001年）6月12日に公表された『司法制度改革審議会意見書』によれば、新司法試験は、次のように位置づけられていた。

　　すなわち、その基本的な性格としては、「点」のみによる選抜から「プロセス」を通じた新たな法曹養成制度に転換すべきであるとの観点から、その中核としての法科大学院制度の導入に伴って、新司法試験も、法科大学院の教育内容を踏まえた新たなものに切り替えるべきであることが、提言されていたのである。しかも、新司法試験は、法科大学院と司法修習とを有機的に結び付ける役割を果たさ

なければならないので、それは、法科大学院教育とそこで育成されるべき法曹像によって規定されるべきものである。

『意見書』がプロセスを通じた育成を指示した21世紀のこの国の法曹像は、「法の支配」の直接の担い手であり「国民の社会生活上の医師」としての役割を期待される法曹に共通して必要とされる専門的資質・能力を習得し、「かけがえのない人生を生きる人々の喜びや悲しみに対して深く共感しうる豊かな人間性」を持った姿である。

このように、法曹養成のあり方が変容を期待される中で、新司法試験の位置づけも、（評価すべき部分もなくはないものの）その批判の対象とされた従前の司法試験とは、自ずと異なるものとなることが期待されていた。それゆえ、新司法試験は、競争試験ではなく、法科大学院における学修の成果を確認するための試験すなわち資格試験的なものにならねばならないはずである。

2　新司法試験問題の基本指針

ところで、上記『意見書』では、新司法試験は、法科大学院の教育内容を踏まえたものとし、かつ、十分にその教育内容を修得した法科大学院の修了者に新司法試験実施後の司法修習を施せば、法曹としての活動を始めることが許される程度の知識、思考力、分析力、表現力等を備えているかどうかを判定することを目的とすると明快に論じられていた。そこには、法科大学院教育に対する絶大な期待と信頼が存在していたことが窺われる。

そしてさらに具体的に、新司法試験は、たとえば、長時間をかけて、これまでの科目割に必ずしも囚われずに、多種多様で複合的な事実関係による設例をもとに、問題解決・紛争予防のあり方、企画立案のあり方等を論述させることなどにより、事例解析能力、論理的思考力、法解釈・適用能力等を十分に見る試験を中心とすることが考えられるとされていた。そこでは、いわゆる専門領域横断的な融合問題の可能性が示唆されており、法科大学院教育の基本指針に沿った出題を行うことが要請されていたのである。

このような基本指針を受け、『新司法試験実施に係る研究調査会報告書』（平成15年〔2003年〕12月11日付）は、まず、「短答式試験問題」については、幅広い分野から基本的問題を多数出題することにより、専門的な法律知識および法的な推論能力を試すものとし、次に、「論文式試験問題」については、事例解析能力、論理的思考力、法解釈・適用能力等を十分に見ることを基本とし、理論的かつ実践的な能力の判定に意を用いること、そして、多種多様で複合的な事実関係に基づく、比較的長文の事例を出題し、十分な時間をかけて、法的に意味のある事柄を抽出させ、その事実関係に相応しい解決策等を示させたりすることなどにより、法的な分析、構成および論述を行わせることを中心とするとの基本指針が示され

210　第10章　法科大学院教育における「エクスターンシップ」の展望

ていたのである。これらは、採点の基本方針であることは言うまでもない。

Ⅲ　サンプル問題の評価と課題

そこで、このような基本指針に照らして、次に、サンプル問題の評価と検討を行いたい。

1　短答式試験問題

まず、短答式試験問題は、幅広い分野から基本的な問題が出題されている。民事訴訟法関係をざっと拾い上げても、土地管轄〔第17問〕、訴額の算定〔第20問〕、当事者の欠席〔第18問〕、引換給付判決〔第10問〕、既判力の基準時や客観的範囲〔第19問〕、共同訴訟〔第20問〕、訴訟承継〔第21問〕、抗告〔第22問〕、会社訴訟〔第15問〕、手形訴訟〔第16問〕など、その範囲は広範囲にわたっており、しかも、手続の隅々までカバーされている点が特徴的である。

問題の性格も基本的で素直な問いが多く、基礎的な事項を理解していることが合否の鍵を握ると考えられる。また、出題形式にも工夫が凝らされており、様々な角度から出題がなされている。過度に技巧的な問いかけも見られず、法科大学院教育を修了した受験生が些細な事柄に神経を尖らせる必要もないであろう。なお、〔第21問〕では、ドイツ法が採用する制度にまで選択肢が及んでいるが、それは基本的な事項であり、この国の民事訴訟法が、いわば1つの大きな法継受の歴史的所産であることを考えると、その出題も不当とは言えないと考えられる。

ところで、個々の設問の「出題趣旨」には、「要件事実」の用語が何カ所か見られる。要件事実論の意義や射程も問題になるが、ここでは、それを極めることが要求されていると言うよりは、むしろ、個々の法律関係における法律要件および法律効果の基礎的な理解、すなわち、法律の条項に関する知見についてのいわば基礎体力の獲得こそが必要とされているように思われる（また、サンプル問題を見る限りそれで十分であるように思われる。）。

また、民事系関係では、ほとんどの問題で、実体法と手続法とは交錯する可能性を有しており、両者の融合問題を作ることも比較的容易である。たとえば、〔第1問〕の成年後見制度については、民事訴訟の代理の問題を織り込むこともでき、また、〔第2問〕に見られる相続関係の問題は、民事訴訟の当事者（当事者適格、共同訴訟等）や確認の利益などと絡めた問題に展開させることができるといった具合である。そのほか、今回サンプル問題として示されている、債権譲渡、賃貸借、贈与、代理、法人格のない社団等……等でも同様である。このことは、商法関係の短答式試験問題にもあてはまるであろう。

いわばそれこそが、法実践の現場における当事者（弁護士も含む。）の法援用や、

裁判官の事実認定・法適用の現実でもあろう。ただそれは、法実務に対して極端に傾斜した学修を要請するというよりも、学修に際して「法理論・法システムの立体的な理解」が増進されるべきことを意味していると考えられる。その教育面への影響は後述するとして、民事訴訟システムの全体的かつ総合的な理解が要求されるだけではなく、民法・商法領域との間の有機的な関連性の把握や、民事訴訟領域に関わる限りで、民事執行法・民事保全法等の基礎的な知見が要求されるのである。

　民事訴訟法領域に関するサンプル問題の出題範囲の広がりは、論点にヤマをはることも手を抜くことも許さない。円環的な構造を持ち、個々の手続が全体的な諸問題と有機的なつながりを持つ民事訴訟手続の領域では、手続の全体像の不足のない基礎的な把握が、不可避的に要請されることになるであろう。条文の基本的な理解もまた不可欠である。しかも、民事執行法、民事保全法、民事調停法、家事審判法（当時。現、家事事件手続法）、仲裁法、破産法、民事再生法等、民事訴訟法に隣接する手続領域の関連項目についても、民事訴訟法の標準的なテキストに挙げられている項目の範囲内で修得しておく必要があると考えられる。

　短答式試験問題の主軸は、民事訴訟の重要事項についての「基本的知識」であるが、他の法領域と民事訴訟法領域に関係する「融合問題」、実務的に活用されている制度の理解、手続相互間・基本的な制度相互間の関係性の理解、論理的な思考力などが、そこでは試されることになるであろう。

　今回の民事訴訟法領域に関する短答式のサンプル問題では、重要判例を問う設問がほとんど見られなかった。しかし、民事訴訟法の学修に際してそれらをも押さえておくべきであろう。また、この領域における法的性質論の多くが、今日一般にいわば「没落貴族の悲哀」を噛みしめているとはいえ、論理的な思考力を問う問題として出題が予想されるので、その理解の増進も望まれる。短答式試験問題の並べ方については、それが変わり得ることも予告されているが、ともかく、サンプル問題の短答式試験問題には、それほど奇を衒った問題もなく、おおむね法曹としての基礎体力を確認するための良問であると評価できるであろう。

2　論文式試験問題

　民事訴訟法領域に係わる民事系〔第1問〕は、民法92条2項と同177条についての、最高裁昭和42年（1967年）10月31日判決（民集21巻8号2232頁）の事例が題材として用いられている。それは、民法と民事訴訟法にまたがる融合問題であり、資料を含め、全体として13頁にわたる。

　そこには、「事例解析能力、論理的思考力、法解釈・適用能力等を十分に見ることを基本とし、理論的かつ実践的な能力の判定」を行うことが、その目的に掲げられている。しかも、比較的長文の具体的な事例問題を出題し、現在の司法試

験よりも長い時間（4時間程度）をかけて、法的な分析能力、構成能力および論述能力を試すことが目指されている。これは、当然のことながら、先に述べた論文式試験の基本方針とも合致するものである。

　出題形式が、各当事者の言い分に基づくものであるので、それらの整理や対比と、法的に意味のある事実の摘示、そして、それに対する具体的な法適用が、重要な意義を持つことになる。それゆえ、事案を離れて、抽象的な法律論を展開するだけでは、出題の意図に反することになる。つまり、民法に関する〈小問1〉では、限られた時間内に、主張等を適切に整理分析し、事案に即した論理構成を行うことができる能力が試されている。実体法上の諸問題を分析し検討させる中で、論理的に筋の通った分析検討の結果を呈示することが求められているのである（なお、Yの言い分の中で、甲土地の代金が支払済みとされているが、登記がDにあり、Yが移転登記を得ていない点などには、実際の取引の観点からは不自然さも見られる。）。

　さて、民事訴訟法に関係するのは、〈小問2〉以下である。

　まず、〈小問2〉は、当事者の主張の一部について、どちらが、どのような内容の主張責任・証明責任を負うかを分析し検討させる問題であり、民事訴訟における重要な問題について基礎的な理解力を試す問題である。

　ここでは、確かに一般には、法律要件分類説に立って、判例（たとえば、最判昭和35年〔1960年〕2月2日・民集14巻1号36頁〔第三者に自己の「善意」の主張・証明責任を負わせた事例〕）等の見解を踏まえて書けば、無難な答案構成が可能である。ただ、それではどこか物足りなさを感じる。

　証明責任の分配の問題は、かつて民事訴訟法学で大論争を巻き起こしたテーマの1つである。実体法の基本構造から証明責任の分配を形式的に導き出す「法律要件分類説」が、多少の修正を施しながらも通説たる地位を占めているが、現在、「利益考量説」にも根強い支持が見られる。そこで、答案に際しては、前者に立つとしても、民法94条2項における第三者の「善意」に関する主張・証明責任が、第三者側にあるのか否かについて、「利益考量説」にも意を払いつつ、実質的な理由付けをも交えた議論を展開することが望ましいであろう。たとえば、民事訴訟における表見法理の適用に関する問題とも関わるが、同条項が外観優越の法理であるならば、外観を信じた者が訴訟上も容易に保護されてしかるべきであり、それが、当事者間の実質的な公平に資することになると考えられるからである。実務を意識するかどうかはともかく、個別事件の具体的な文脈で、証明責任を負わされる当事者の立場に配慮した立論も必要となるであろう。

　〈小問2〉については、確かに、主張・証明責任を問うことがその出題の意図であるが、現行民事訴訟法は、いわば「争点中心主義に基づく集中審理」の実現を1つの理想として目指しており、また、判決様式も、その審理方式に即応でき

しかも当事者にとって分かりやすいいわゆる「新様式判決」が主流を占めている。そこで、要件事実の考え方は、確かに争点整理に資するものではあるが、その過度の探求が個別事件の具体的な解決の文脈でどれだけ大きなウエイトを占めるものであるかについては、疑問が生じる場合もあるであろう。それは同時に、要件事実論による事案の腑分けから漏れ落ちたものの、事件の重要な鍵となる事情やファクター等の析出あるいはクローズアップの必要性をも喚起させる。それが、生身の人間の紛争を扱い、公正な法的救済を実践して行く法曹のあるべき姿、ひいては法曹の感性に照らして重要であると考えるからである。このような問題を考える際に要件事実論を念頭に置くとしても、それがオールマイティではないことにも、留意する必要があるであろう。

　次に、〈小問3〉は、訴訟手続の流動的・展開的な性質に関わる問題である。当事者の弁護士に対する説明から、民事訴訟法上、問題となり得る陳述を明らかにし、自白の撤回に関する問題点を中心に分析検討させる問題ではあるが、動態的な民事手続過程における民事弁護のあり方にも関わる。つまり、たとえば、現実の民事訴訟では「陳述書」が繁用されているので、その種の事件では、弁護士は、通例手続の早期段階で事案の全貌を把握しているはずであり、また、早期に信頼関係を構築しようとするのが望ましいであろう。仮に陳述書で当事者の言い分が固定されているとすれば、X側の弁護士Zが手続の当初からこの事件を受任していた場合には、「別紙2」にあるような「Xの説明(1)」が、仮にそのまま弁論準備手続の終結後に出されるとすると、そのこと自体、望ましい弁護活動とは言えないと考えられるのである。また、一般に、民事訴訟法学の世界では、主要事実と間接事実の区別の基準についても争いがあり、さらに、間接事実の自白も、奥の深い問題なのである。

　また、〈小問4(1)〉は、確定判決の効力の主観的範囲（民訴115条1項）の問題についての基本的な知見を問う問題である。Fの占有開始時期にもよるが、口頭弁論終結時より後に占有がなされた場合には、Fは口頭弁論終結後の承継人として判決の効力を受け、口頭弁論終結時より前に占有を開始していた場合であっても、目的物の所持者として判決の効力を受けることがある。これも、制度の基礎的な理解を試す問題である。また、被告による占有移転に対応するための法的措置について問う〈小問4(2)〉は、特に論文式試験問題でも、民事訴訟法以外に民事保全法・民事執行法等の関連する法律の基礎的な事項が出題されることを予告する意味合いを有している点で象徴的である。

　なお、司法試験委員会『新司法試験問題検討会（必須科目）の前期検討事項について』（平成16年〔2004年〕11月12日付）によれば、いずれの科目についても、サンプル問題として提示された出題・解答形式のみにこだわるものではなく、新たな出題・解答形式の問題が検討される可能性があることが、注意点として指摘

されている。また、民法領域と民事訴訟法領域にまたがる問題だけではなく、他のヴァリエーションによる出題も予定されているという。

このような多様な出題のあり方は、法科大学院を新司法試験の「傾向分析と対策対応の場」におとしめず、そこにおける多様な教育の総体が、試験結果に反映できる可能性を有している点で、評価できるであろう。紛争主体の考え方は多様であり、また社会に生起する紛争も多様である。渾然とした事実状態・事実関係の中から、当該具体的な事件との関係で、事案における法的に有意的な事実を整理し分析する能力は、法曹にとって重要であると考えられる。したがって、ある程度整理された言い分に基づくものではあるが、本問も比較的オーソドックスな良問であると評価できる。

ところで、一般に、最高裁判例の存在あるいはその位置づけは難しい問題を生み出す。たとえば、ある練達の裁判官は、最判の存在によって裁判官の思考が停止することを指摘したりしている。それは、答案についても同様な結果を導く可能性があるが、法曹としての批判的能力、つまり、新たな法理論や法実務を創造して行く能力は、確立したとされる判例の個別事件における適用の妥当性を理論的に問うことを通じて、それが試されることにもなるであろう（先に述べた、証明責任の分配をめぐる議論をも参照）。試験では、確立された判例であっても、その当否についての議論を試してみたいという場合も考えられるとの指摘が現実になされていたりするゆえんである。

また、資料を読み込む能力、すなわち、契約書等、書証の記載などが、解答に具体的な影響を与える設問なども考えられるであろう。将来的には、たとえば契約の条項（特約）の解釈を問題としたり、経理関係書類の数字に対する分析力を問うことや、収入印紙のデザインで文書の偽造を見抜かせたり（これは、添付資料のあり方にも関わる。）、さらには、人証調べのビデオを素材に尋問方法や証言等の証拠評価のあり方を問うことなども考えられるであろう。ただ、細かな実務の知恵やそれに関わる臨機応変な技法は、新司法試験合格後における現実の法実践の場で培われるべきものであるとも考えられるので、大切なのはそれを支える法理論であろう。したがって、現在のところ、本問で問われているような基礎的な設問で新司法試験の論文試験は十分ではないかと考える。ともかく、論文式試験問題の出題に際しては、問われている内容が、解答者のために明確に表現されていなければならないであろう。

なお、特に論文式試験については採点のあり方も課題となる。また、法科大学院の教育課程を修了した者の視点に立って、試験問題の適切な分量を決める必要もあろう。それとの関係では、「公法系」、「民事系」および「刑事系」各科目間の分量、出題形式、設問方式などの点でのバランスをとることも、重要な課題となる。

ちなみに、学生から法律論文の書き方を問われることもある。法律論文の書き方には、何かパターンのようなものがありそのマスターが合格への近道であると学生が思い込んでいるようでもあった。1つの論文を仕上げるのに、悩み苦しみ呻吟を重ねている私としては、むしろ、そのようなものがあれば逆に教えて欲しいくらいである。私自身は、「反対の立場をも踏まえた説得力のある自由な論述の価値」こそが、高く評価されるべきではないかと考える。問われたことに誠実かつ確実に対応することが、形式以上の価値を持つことを忘れてはならないであろう。

Ⅳ　法科大学院における授業への展望

サンプル問題の提示は、すでに法科大学院教育に計り知れない影響を与えつつある。受験生は、試験対策の有無で法科大学院を選び、学生は教員に具体的な対策を求め、一部の教員も目の色を変えて利権の獲得と拡大に奔走しているという。

しかし、私は、各法科大学院で準備された「法律基本科目群」、「法律実務基礎科目群」、「基礎法学・隣接科目群」、「展開・先端科目群」および「法律実務展開科目群」の諸科目などをきちんと履修することが、新司法試験の合格への王道であると考えている。そして、新司法試験が、そのような学修の成果を試す試験となり得るものであることを切望している。

ところで、法科大学院が開設され法学未修者のクラスの授業を始めたとき、私は驚くべき出来事に出会った。民事訴訟法に関する答案練習をしてもらいたいという要請を、受講生から受けたことである。私は、高村光太郎が、智恵子さんから、「東京に空が無い。」と聞いたときの驚きと正反対の意味ではあるが同程度の驚きをもって、その学生を見つめた。気持ちは理解できなくはなかったが、しかし、法律の学修には順序があり、私は、まず民事訴訟法のシステム全体に関する基礎的知見の修得を学生に求めた。もちろん、そのときにはまだサンプル問題さえ公表されていなかった。

しかし、新司法試験の合否、すなわち法曹資格の取得の可否が、面接試験がないことから、ただ短答式試験と論文式試験でのみ決定されるので、答案練習等、試験に直結した指導への希求は、今後ますます増大することが予想される。現に、様々な名目で事実上の補習等も行われており、自学自修を基調とする法科大学院（私はすべての法科大学院がそうあるべきであると考えているが）でも、そのような補習等に熱心な教員が学生の高い「評価」を得ているという。

また、合格者数の限定は、新司法試験科目以外の科目について、学修面での手抜き状況さえ生じさせかねない。司法制度改革の成果であり、それを下支えすべき法曹を育成する使命を帯びた法科大学院で、先に述べたような理想の法曹が現

実に育成され得るか否かについても不安の影を感じる。

　ともかく、私は、少なくとも民事系のサンプル問題を一瞥した限りで次のように思う。まず、短答式試験問題に対しては、法科大学院の授業について、予習復習を日々着実に行うことによって十分に克服可能であると考える。膨大かつ広範な民事訴訟法の領域の一定部分は、学生の自学自修に委ねざるを得ないとしても、授業において、学生も教員も手を抜くことは許されないであろう。たとえば、管轄から、上訴、再審、少額訴訟手続や督促手続等を含む簡易手続までをも、授業等であらかた網羅しなければならないのである。

　次に、論文式試験問題に対しては、多くの部分を自学自修に委ねざるを得ないとしても、日頃から、相手方の意見にもしっかりと耳を傾けつつ自己の意見を論理的かつ説得的に表現できる能力を身につけることを通じて、自ずと涵養されて行くのではないかと考える。授業中の議論やグループ学修にも利点がある。サンプル問題で問われている程度の実務は、通常の法科大学院教育の中で繰り返し学び得るものだからである。

　それと同時に文章力の鍛錬も重要となろう。効率的な学習を志向し、他人（教員等）の作成したレジュメ（他人の褌で相撲を取ること）で満足することなく、自らオリジナルのサブノートを作成することを通じて、思索力や文章の表現力等を磨く訓練をも行うべきである。学生は、自ら悩み考え書くことの価値にも思いを致すべきであろう。ただ、答案は、他人に読んでもらうことを前提とした（きれいな字かどうかはともかく）丁寧な字で書くことが重要であり、それが基礎的な作法でもあろう。

　なお、新司法試験問題検討会（選択科目）『前期検討事項の検討結果について（報告）』（平成16年〔2004年〕12月10日）には、出題方針として、「法科大学院における教育内容を踏まえ、事例問題を中心として、対象となる法律分野に関する基本的な知識・理解を問い、又は、法的な分析、構成及び論述の能力を試す」ことが、記されていたのである。

V　おわりに

　新司法試験に話題が集中しかねない現況で、ともすれば忘れられがちなのは今次の司法制度改革の理念である。それは、基本的に司法制度の利用者である国民の視点に立って、どのようにすれば質の高い法曹を着実に相当数育成できるかの探求であったはずである。突如、一部のマスコミ報道を通じて、新司法試験初年度の合格者数等が公表されたり、試験対策が様々な機会を通じて声高に要請されたりすることに、私自身、不自然さやぎこちなさそして配慮のなさを感じる。法曹養成の中核を成すのは、日々の淡々とした法科大学院教育であるはずであり、

良き法曹を目指す意欲ある学生たちのたゆまぬ日常の学びの姿勢こそが、結果的に、新司法試験の合格を保証し保障するものでなければならないと考えるからである。

試験は利権と関わる。ある法科大学院内でも特定の科目が新司法試験の選択科目になったことによって、それまで陰に陽に法科大学院教育と学内議論に消極的な姿勢をとり、また議論をかき乱し他者の足を引っ張ってきた教員が、反省どころか掌を返すように自己の利権を露骨に主張するケースも見られるという。浅ましい限りであるが、それはともかく、新司法試験科目を担当する教員とそれ以外の科目を担当する教員との間で、法科大学院教育のあり方や法曹養成の考え方について、基本姿勢に差異が生じないように注意しなければならないであろう。法科大学院制度では、各法科大学院が設置基準の呈示した基本的な枠組みの中で、その教育面での個性を発揮しつつも、豊かな法曹を養成するために、科目の属性を問わず担当教員が一丸となってその教育に取り組んで行かねばならないからである。

実際の法科大学院教育の現場からは、「学生の決意および意欲と、法科大学院側の準備がそのまま現実のものとなれば、法科大学院の修了者である限り、新司法試験の合格水準に到達しない者はほとんど存在しないと考えている。」といった声さえ聞かれている。私自身も全く同感である。それゆえに、法科大学院教育の場が、21世紀のこの国の司法を担うタフな人材、多様な知の背景を持った豊かな法曹を育成する場ではなくなるような事態は、回避されねばならないであろう。今ならまだ手遅れではない。

また、ある法科大学院に新司法試験の委員がいるかいないかによって、受験生に有利不利が生じてはならないことも言うまでもない（残念ながらこの懸念は、後に慶應義塾大学法科大学院の植村栄治事件や明治大学法科大学院の青柳幸一事件で顕在化した。個人的には2008-09年の願い下げのような事件〔穎水耳洗い事件〕も忘れることができない。）。これは、試験制度に重要な「平等性の確保」と「公正さの外観の堅持」であり、学生に過度の不安を与えないような制度設計こそが望まれるのである。民事系のサンプル問題の分析は、そのような制度のあり方までをも再考させてくれるのである。

なお、夢のような話であるが、万一、法科大学院を修了した新司法試験の受験生の中で、たとえば5000人または5500人近くあるいはそれ以上の者が優れた答案を書くことができれば、制度設営者側も、3000人を超える部分、つまり2000人をも、無碍に切り捨てることは憚られるのではないだろうか。資格試験だからである。司法制度改革の理念を踏まえた場合に、そのようなことは、他者の人生を左右する人間の良心と信頼性に関わる問題だからである。

218 第 10 章 法科大学院教育における「エクスターンシップ」の展望

〈**参考文献**〉

・伊藤眞「法科大学院における法学教育」法の支配 133 号 21 頁（2004 年）

・山本克己「間接事実についての自白」法学教室 283 号 73 頁（2004 年）

・藤原弘道「思うて学ばざれば則ち殆し」判例タイムズ 929 号 4 頁（1997 年）〔後に、藤原弘道『民事裁判と証明』199 頁以下（有信堂、2001 年）所収〕

・大橋正春「民事法系／民法・民事訴訟法融合問題」法律時報＝法学セミナー編集部編『法律時報増刊・ロースクールジャーナル新司法試験』30 頁（2004 年）、等。

第4編

法曹養成教育の課題

第11章
法科大学院における法曹養成の課題と展望
——研究者教員の観点から

2012 年

Ⅰ　はじめに

　前の世紀が終わろうとしていた時期から現在の法科大学院制度が創設されるまで、全国の心ある多くの法学者や法律実務家は、その専門領域や基本的な立ち位置を超えて、21 世紀におけるより良き司法の人的基盤造りのために、最良の法曹養成制度の構築を視野に入れつつ理想的な法科大学院システムの構築のために情熱を傾けていた。その後、2004 年（平成 16 年）の法科大学院制度の創設から 7 年が経過し、その制度の現実は、すべての関係者に困難な現実を突き付けており、様々な局面でその解決が迫られている。

　その渦中にあって、現在の世界的・日本的な社会経済状況は問題を増幅させている。紛争の予防をも視野に入れた法的救済のニーズは、法律実務家の助力をより一層強く求めることになった。それは、2001 年（平成 13 年）の『司法制度改革審議会意見書』で示された「事前規制から事後救済へ」の課題が不幸なかたちで急激に顕在化した現代社会における厳しい試金石でもある。法的救済を求める人々や企業等が数多く存在する現状は、他者の生命・身体・自由・名誉・財産・こころと直接的または間接的に関わる法律実務家の育成問題とも深く関わることになると考えられるからである。

　私は、民事司法のあり方に深い関心を懐く者として、九州大学法科大学院の創設に深く関わった。人間と法的救済の学としての民事訴訟法研究者として、「人々に対する温かい眼差しをもち社会正義を実現できる法律実務家」

の育成は、紛争主体の法的救済を使命とする民事訴訟過程を支える人材の育成に直結すると考えたからである。それはまた、本比較法学会シンポジウム（2011年6月5日、会場・法政大学）の基層にある考察視角、すなわち、法曹養成の場のあり方における「徒弟的環境から学術環境への変遷」という世界的な潮流の把握から、大学におけるプロセスを通じた法律実務家の養成に長い歴史を持つアメリカでの経験を、多少とも生かすことができればと考えたからでもあった[1]。

さて、法科大学院制度の骨格は、上記『意見書』で形成され、そこでは、法科大学院の目的や涵養されるべき法曹像などについて崇高な理想が明記されていた。「点」による法曹選抜から「プロセス」を通じた真の法曹養成へのシフトが目指され、しかも重要なことに、新司法試験の合格率は約7、8割となることが具体的に明示されていた。それは、法律実務家を目指す人々にとっては、魅力的な天職獲得の機会が開かれた瞬間でもあり、より多くの真摯で有能な人材に法曹となる期待を抱かせるに十分な内容であった。

しかし、新司法試験における20数パーセントの合格率は、法科大学院学生（法科大学院生）に過酷な現実を突き付けている。上記『意見書』は、法曹を「社会生活上の医師」に準えたが、その医師の養成機関である医学部は、全国的に適正配置が実現され、定員も厳格にコントロールされ、附属病院を擁し、医師国家試験の合格率も高水準が維持されている（背景に、国民皆保険の制度も存在する。）。現在の新司法試験の合格率は、最も高い合格率を誇る法科大学院でさえ、医師国家試験における最低合格率の大学のそれにも及ばないのが現状である。それでも、全国各地の法科大学院では、日々学生たちが法律実務家を目指して学び、熱心な教員たちは良き法曹の養成に力を尽くしている。

以下では、より良き法科大学院教育の実現を目指して、現在の法科大学院が直面している問題[2]を概観し、制度創設の原点に立ち返ってその解決のあり方を概観して行きたい。

---

(1) なお、そのささやかな副産物として、たとえば、川嶋四郎『アメリカ・ロースクール教育論考』（弘文堂、2009年）を参照。

Ⅱ　法科大学院の制度的側面

　さて、法科大学院制度の創設は、単に法曹の養成機関として創られたのではなく、日本の司法制度改革の一環として設けられた。それは、国民の目線で継続的な司法改革を担うことができる人材の養成も目的としていたはずである。その創設の起点となる『意見書』内容の達成具合は、制度の成否を判断するバロメータになるはずである。

　『意見書』は、制度が人であることの認識から、「真摯に語られる正義の言葉」を十分に受け止めることができる法律実務家の育成を強く要請していた。「社会生活上の医師」としての法曹は、人々の「かけがえのない人生」に関わる課題を扱う専門職と位置付けていたのである。

　また、プロセスを通じた法曹養成については、「法科大学院──→新司法試験──→司法研修所」の有機的な一体論を展開し、法科大学院はその中核となるべきことが期待されていた。それ以前のいわゆるダブル・スクール状態からの脱却が企図されていたものであるが、しかし、現状は悲惨である。さらに、法科大学院入試の局面では、「公平性、開放性、多様性」がその理念として掲げられていたが、それが実現できているか否かは定かではない。社会人・他学部卒業生の応募人数に関する減少傾向は、多様なバックグラウンドを持つ専門法曹の育成を困難にしている。予備試験制度なるものの創設とその正統化は、法科大学院制度自体の理念とは本来的に矛盾する要素を内在していたことは明らかであった。

　かつて、法科大学院の創設過程では、アメリカとは異なり、日本の場合には財政面等を通じた法科大学院運営に対する「官僚的コントロールの危惧」が指摘されていた[3]が、その予言は現在的中しつつある。また、たとえば、

---

　(2)　巷間では、現在の法科大学院が直面する問題は、「法科大学院問題」などと表現されている。しかし、私は、この表現に対しては疑問を持っている。かつて、日本を離れた科学者・藤永茂は、その著書『アメリカ・インディアン悲史』（朝日新聞社、1974 年）248-249 頁で、インディアン問題は、インディアンの問題ではない、我々の問題であると喝破したが、その指摘に倣えば、法科大学院問題は、法科大学院固有の問題ではなく、その外在的な主要要因自体の問題（つまり、政府の問題）であると言えると、私は考えている。

ハーバード大学ロースクールでは、近年、独創的かつ抜本的なカリキュラム改革が行われ日本でも注目を浴びた[4]が、そのような学問の自由の保障を前提とした独創的なカリキュラムの創造など、日本の法科大学院制度には存在しないかの如く、その教育内容に対する官僚的な統制もますます強まりつつあるのである。

　さらに、法科大学院教員についても、より良き法曹を養成すべく真摯な教育を行っている教員が多い中で、旧態依然とした研究重視のいわば片手間的なロースクール教育（授業）なども散見され、また、「理論と実務の架橋」の真の意図とは異なり、現行実務追随型・秘儀奥義伝授型などの教育も見られ、現行実務の正確な理解を前提とした批判的考察を行いつつ実務改善志向を持った理論教育が、どれだけ行われているかも定かではない。これは、「学問の独立」とも関わるのではないかと考えられる。

　ロースクール教育に長い伝統を有する彼の地では、ロースクール教員は、少なくとも学期中は、学生の声に耳を傾け、学生と対話を行うことの価値が重視されている[5]。しかし、日本では、この点は必ずしも十分に理解も実践もされていないように思われる。制度の創設の意義は、形式ではなく内実にあり、学生教員関係の変容は不可欠であったはずである。基本的な意識や姿勢の問題は継受が困難な課題であるが、より良き制度の創設のためには不可欠であろう。

　システムの課題はまだ続く。アメリカと比較して、「学修環境」としての施設設備、教員・職員等の員数とその待遇の貧弱さは、目を覆いたくなる。文部科学省とそのために働いてきた研究者たちの責任である。

　法科大学院の外在的な課題の最たるものは、新司法試験である。かつて、

---

(3)　Koichiro Fujikura, Reform of Legal Education in Japan: The Creation of Law Schools without a Professional Sense of Mission, 75 Tulane Law Review, 941 (2001). この論文については、川嶋・前掲注 (1) の第9章を参照。

(4)　たとえば、柳田幸男＝ダニエル・F・フット『ハーバード卓越の秘密』（有斐閣、2010年）〔本書第12章【補論5】〕を参照。

(5)　Gerald Hess, Listening to Our Students; Obstructing and Enhancing Learning in Law School, 31 San Francisco Law Review, 941 (1997). この論文については、川嶋・前掲注 (1) の第6章を参照。

私は、あるロースクール教員からある話を聴き、最初は驚きつつもすぐに合点した。それは、アメリカのロースクールでクリエイティヴな教育ができるのは、司法試験のお蔭であり、司法試験が比較的簡単であるので試験を気にすることなく、自己の専門領域を深める学修が可能になる[6]との言辞であった。これが確かに真実であるとすると、日本の法科大学院でクリエイティヴな教育ができないのは司法試験のせいであり、司法試験が難しすぎるので（資格試験が競争試験化し、医師国家試験と比較して合格率が極端に低いので）、試験を気にしすぎて、自己の専門分野を深める学修の機会は存在しないということになるのだろうか。ここに、現在の法科大学院教育が直面する最大の問題が存在すると考えられるのである。

とにかく、このような法科大学院の現状を一言で表現すれば、それは、「もったいない」に尽きる。全国各地で、情熱的で優れた研究教育者および実務家がその貴重な時間を費やして日夜教育に当たっているが、その尽力と成果とを比較した場合に、日本の法学教育にとって「もったいない」状態が生じているのではないかと考えられるのである。経済効率とは異なる次元に位置すると考えられる法学教育の局面でさえ、この点は特に指摘する必要がある。

さらに、アメリカ・ロースクールの現状[7]と比較した場合には、日本における「公益弁護士」の育成についての未来は決して明るくない。これは、司法研修所における給費制の廃止が拍車をかけた。法科大学院における制度的な公益弁護士の育成は、国家の度量あるいは文明の尺度に関わる問題であり、国民にとってきめ細かで豊かな社会を形成するための法のセーフティネットを支える支柱の構築の課題でもある。司法研修所の廃止論も俎上に上ること必定である。

なお、法曹の育成あるいは学や知の領域に、たとえば、権力迎合・権力威嚇・合理化・効率化・省力化等といったことが基本的に馴染まないのは言うまでもない。

---

(6) これについては、川嶋・前掲注（1）の第10章を参照。
(7) これについては、川嶋・前掲注（1）の第2章と第10章を参照。

226　第 11 章　法科大学院における法曹養成の課題と展望

Ⅲ　法科大学院の教育的側面

　日本の法科大学院における制度的課題の深刻さと共に、教育面での課題も
また少なくはない。上記『意見書』では、法科大学院教育の目指すべき理想
が語られていたが、その実現度は必ずしも高くはない。「書物によっても理
論を伝達することができるが、いかなる書物であっても、深い関心を持って
参加している人々の面前で行われる、知的な討論に取って代わることはでき
ない。」[8]とは至言である。法が説得の学問であり、陪審裁判の歴史を持つア
メリカ司法の実践にも活用できる資質の涵養につながる指摘であるが、日本
における法の営みにとっても、重要かつ必要な前提となるであろう。

　また、法科大学院の学生における人的多様性の価値の実現も覚束ない。現
実の社会を知らない学部卒業生によって法科大学院学生の大半が占められる
場合には、社会の多様なニーズに即応できず、若い新エリート層の形成にも
つながりかねず、それらは司法改革の本旨に即応しない恨みも生じかねない。

　さらに、法科大学院における教員の関心と学生の関心の乖離も、少なくな
いように思われる。たとえば、授業科目について、心ある法科大学院の教員
は法的基礎能力を備えた多様で有能な法曹を養成するために、多種多様な理
論科目と実務科目の提供を試みるものの、学生の最も重大な関心事は、司法
試験科目の学習であり、その種の科目の授業でさえ、その評価は、多かれ少
なかれ、受験に有用と学生が考える情報の提供の有無に係っているのが現状
なのである。学びに対する基本姿勢に関しては、将来の法曹の卵として変わ
らなければならないと思われる学生も少なくないのが現状であるが、ともか
く責任感が人を育てる面もあると考えられる。

　また、さらに法科大学院の教育方法については、法曹が、説明と弁論と交
渉で身を立てる職業であるにもかかわらず、学生は、対話型・双方向型の有
用性にはそれほど関心を払うことなく、むしろ、中教審（の委員たち）さえ
もが陰に陽に推奨していると考えられる知識伝授型の受動的な教育の価値に

---

　(8)　柳田＝フット・前掲注（4）26 頁〔Sutherland の言葉〕。

惑溺しているようにも思われる。法科大学院における学生に対して期待されていたことは、受動的な「学習」ではなく、能動的な「学修」であったはずである。そうでなければ、知的環境を離れて、実務の世界に参入した後に、自ら積極的に学び考え悩む基本姿勢さえもが培われなくなるのではないかとの懸念である。説得と意思疎通が鍵となるロイヤリングにあって、たとえば、理想的なグループ学修よりも、むしろ、受験のための、いわば孤独な引き籠り型の学習が支配的となれば、日本の法曹に対する国民の信頼と国際競争力の将来は、必ずしも明るくないように思われる。それは、論理的推論能力の涵養を阻害しかねない暗記学習の隆盛につながり、口頭表現能力（口頭コミュニケーション能力）がおろそかになり、さらには新ダブル・スクール化の要因ともなりかねないであろう。教員の関心と学生の関心との乖離は、心を摑む予備校教育、心離れる法科大学院教育ともなりかねないのである。

　法科大学院の学生にとっての最大の課題は、新司法試験を意識することなく主体的な学修を行う機会の創造であろう。先に指摘したように、それは、新司法試験制度の変革の課題でもある。生き生きとした法科大学院教育の実践は、法学教育への学生の関心をも高め、法科大学院（および法学部等）の教員養成にもつながると考えられるが、現在のところこの点の未来も必ずしも明るくはない。アメリカでは普遍的に行われているロースクール学生による法律雑誌の編集、つまり、法科大学院学生の学問的な貢献とその評価も、日本では現在のところ全く十分ではない（学生〔法科大学院生〕の投稿論文を掲載する紀要も存在するが極めて限られている。）。それゆえに、法科大学院を通じた教員養成の課題もクローズアップされることになる。

　要するに、法科大学院教育に責任を持つ様々な主体（学生も含む。）における品位と度量と志の問題でもある。

Ⅳ　おわりに

　日本の法科大学院制度は、実際に、そのモデルやアイデアの多くの部分を、アメリカのロースクール制度から得ていると考えられる。しかし、残念ながら、その実質的な制度のトータルな理解も受継も展開も現時点では不十分で

228 第11章 法科大学院における法曹養成の課題と展望

ある。

　日本でも、形式的に見れば、確かに法曹養成の場が「学術環境」へ移されたが、しかし、現在、学術環境の場での法曹養成の本旨が実現されているか否かについては疑問がある。それは、法科大学院が、真に「学術」環境かという根源的な問いかけにも関わる。現行実務の理解の上で、その改革のための批判的な検討が継続的になされているかどうか、学生が意識的にその問題に取り組んでいるかの問題でもある。この回答いかんでは、「学術環境の危機」にもつながりかねないであろう。

　さらに、法科大学院で育成された法曹が、たとえば芥川龍之介の「蜘蛛の糸」に見られる「カンダタに成り下がっていないか」どうかも厳しく問われるべきであろう。法科大学院教育を通じて法曹資格を得た者が、自己の後に続く者たちの法曹資格の取得を制限する方向で行動することなど決してあってはならない。芥川の描く「糸」は、地獄から極楽に至る糸であったが、本章のこの文脈では、国民の信頼をつなぐ糸と考えるからである。また、上記『意見書』における司法の人的基盤の拡充的な再構築の核心には、国民・市民のための既得権の排除と法曹エリート化の排除の意図があったと考えられるからである。しかも、それは合格率が極めて低く「現代の科挙」とさえ言われた一時期までの旧司法試験に合格した法曹の意識から、その「懐古と郷愁」を国民・市民のために廃棄する営みであったはずだからである。

　その意味で、法曹養成プロセスに新たな権限を獲得した文部科学省の責任は看過できず、無理に法科大学院を創設した大学もそれを認めた文部科学省も、厳しい自省の下で過去を清算しつつ責任を持って制度の再構築を行うことが望まれる。遺憾ながら、このような誠実な自省はほとんど聞いたことがない。

　また、たとえば法科大学院の適正配置や統廃合などは喫緊の課題であり（定員の削減という対症療法では不十分と考えられる。）、日本における公益弁護士の養成へのサポートも不可避の課題となるであろう。法科大学院も、国民さらには全国各地の地域住民の支持なしには、制度的な存続など望むべくもないであろう（東京にも多くの「地域」が存在することも言うまでもない。）。

　最大の課題は、法科大学院の統廃合と予備試験の廃止であり、新司法試験

の受験制限の廃止と合格者数の増加であると考える。法科大学院修了生（弁護士）の就職問題がクローズアップされているが、法曹資格を得て多様な職業に就く可能性は必ずしも少なくはないであろう。法科大学院制度の創設と共に、法曹像がより市民に身近な存在として大きく変容したはずだからである。

　いずれにせよ、合格率が低く受験制限（回数制限・期間制限）がある資格試験はかなり特異であり、その改善いかんで、法科大学院教育のあり方も大きく変わるのではないかと考えている。若干の例外はあるものの、真摯に学ぶ多くの学生には、今一度上記『意見書』の趣旨に立ち戻り、21世紀の新たな司法を下支えすることができる「良き法曹」となることを期待したい。そして、新しい法曹には、「人々に対する温かい眼差しをもち社会正義を実現できる法律実務家」となるために、主体的な終わりなき学びの姿勢を期待したい。

第12章
アメリカ・ロースクールと法科大学院
── タマナハ『アメリカ・ロースクールの凋落』との出会いを機縁として

2017 年

Ⅰ　はじめに

　日本の法科大学院制度とそれを取り巻く環境を考えるために、まずこのような所感から始めたい。

　ある日私はアメリカの空港にいた。ハリケーンが接近しており、ふだんよりも強い風が吹き横殴りの雨も降っていた。欠航になるかも知れないと思いながら、私は、ざわめくロビーで搭乗案内を待っていた。出発予定時刻を過ぎ、ようやく条件付きのフライトながら搭乗の開始を知らせるアナウンスが流れた。乗客の顔には心配の表情も読み取れたが、私は、それほど心配することはないと思った。なぜなら、かなり前にコックピットに向かった機長と副機長の姿を覚えていたからである。機長は年配の操縦士であった。

　もし私が見た操縦士が若い2人だったら、多少は心配したかも知れない。経験と実績を重ねていることの意義はそこにあると思った。「亀の甲より年の功」とはよく言ったものである、すべてがそうではないとしても……。

　ところで、日本の法曹養成制度では、学部（特に、法学部）の飛び級や早期卒業を通じた法科大学院入学システムの許容、法科大学院における修学年限を短縮するための既修者コースの設置、さらには、法科大学院教育のプロセスを蔑ろにした予備試験制度の普及等、若年法曹の誕生を促進する様々な仕組が公式に設けられ一定の評価さえ受けている。2001年（平成13年）6月12日に公表された司法制度改革審議会の『意見書』[1]は、法曹を「社会生活

232 第12章 アメリカ・ロースクールと法科大学院

上の医師」に準えているが、医師の養成過程では、若年医師の誕生を促進する多様な方策が現実に採用されているとも思われない[2]。高度の専門職を養成するためには、一定のプロセスが必要になると考えられるからである。

日本の法科大学院は、アメリカのロースクール制度をモデルとした側面が強いとされているが、学部段階には法学部が存在せず国家（連邦・州）レベルにおける司法研修所も存在しないアメリカの制度とは、ずいぶん様相を異にするように思われる（ただし、アメリカでは、「飛び級」や「早期卒業」に相当する制度は、大学に至る教育システムの中に垣間見ることができる。また後述のように、2年制ロースクールに関する議論も見られなくはないが、若年法曹の輩出という視点とは異なる背景がある。)[3]。

しかし、法科大学院における修学年限の問題は、ただ若年法曹の輩出の当否問題だけではなく、学生（法科大学院生）の学費問題等とも関係する。仮に司法試験の合格率の低さは措くとしても、司法研修所における1年間の修習期間が無給とされたことにより、法曹志望者の経済的な負担がより深刻な問題となり顕在化するからである。

近時日本で翻訳され出版された、タマナハ著の『アメリカ・ロースクールの凋落』（原題は、Failing Law Schools. 以下本章では、この訳書を「本書」と呼ぶ。）は、アメリカ・ロースクール学生の経済的な負担をも視野に入れた著

---

(1) http://www.kantei.go.jp/jp/sihouseido/report/ikensyo/（最終アクセス、2016年12月5日).

(2) ただし、国内で初めて、関西のある国立大学医学部（京都大学医学部）が、2016年度入試（2015年度実施）で、高校2年生から医学部への「飛び級入学」を受け入れると発表したとのことである。毎日新聞・日本経済新聞2014年3月26日（電子版）を参照。しかし、試験の結果、合格者はいなかったとのことである。京都新聞2016年1月13日（電子版）を参照。

(3) ただし、少し前に、オバマ大統領がロースクール（J.D.コース）を3年制から2年制に短縮することを支持したというニュースが流れたとのことである。宮澤節生「LL.M.オリエンテーションはどのように行われているか――米国ロースクール教員の現場レポート(1)」NBL 1012号31頁（2013年）を参照。

なお、同志社大学法学部では、「ダブルディグリー・プログラム」を実施し、修士課程の在学生を対象に、2年間で同志社大学と他大学（チューリッヒ大学〔スイス〕、シェフィールド大学〔イギリス〕、成均館大学〔韓国〕）で修士の学位を取得することができる制度や、学部学生を対象に、2年間でアリゾナ大学ロースクールにおけるJ.D.の学位を取得することができる制度を、それぞれ提供している（後者については、2016年12月の時点で、1名がJ.D.の学位を取得し1名が同大学ロースクールにも在学中である。）。

作であった。本章は、近時日本で取り沙汰されている、いわゆる「法科大学院問題」とされるもの自体にかねてから違和感を覚えていた中で[4]、本書の出来により、より大きな視点からアメリカのロースクール制度を眺め、また、日本の法科大学院を取り巻く真の問題に目を向けながら考えなければならないと思い、若干の検討を行わなければならないと考えたことに由来している[5][6]。

Ⅱ 『アメリカ・ロースクールの凋落』？
——この著作の含意

1 本書の公刊時における日本の状況

国民にとっては、いわば「希望の司法制度」とも言える「21世紀の日本を支える司法制度」を構築するために、上記『意見書』は、司法制度の3つの柱を盤石なものにすべきことを提言した。それは、「国民の期待に応える司法制度の構築（制度的基盤の整備）」、「司法制度を支える法曹の在り方（人的基盤の拡充）」、および、「国民的基盤の確立（国民の司法参加）」であり、人的基盤を拡充するために、プロセスを通じた法曹養成過程の中核として、新たに法科大学院制度が設けられた[7]。

---

(4) たとえば、川嶋四郎「日本の法科大学院における法曹養成の課題と展望——研究者教員の観点から」比較法研究73号80頁（2012年）〔本章第11章〕ほか、同号所収の様々な論文等をも参照。

(5) 本章の元の論考は、宮澤節生先生の古稀記念論文集に寄稿させていただいたものである。「宮澤先生は、法曹養成制度や法科大学院制度についても、折に触れ建設的な具体的提案を数多く行われてきた。これまで、テキストの執筆や学会・研究会・シンポジウムでの活動等でご一緒させていただき、様々な知見やインスピレーションを授けていただいたことに、心から感謝すると共に、今後ますますのご健勝、ご活躍を心から祈念して、この小稿を捧げたい。」と、その論考には記載した。

(6) 私のアメリカでの経験も本章には生きている。その一端については、たとえば、川嶋四郎『アメリカ・ロースクール教育論考』（弘文堂、2009年）等を参照。それは、1993年に、いわば僥倖によりアメリカのノース・カロライナ大学で研究する機会を得たことから始まる。当時、国立大学に文部省在外研究のための「追加予算」なるものが交付されたのである。

(7) この点について詳しくは、たとえば、四宮啓「法曹養成制度の現状と課題」国立国会図書館・国政の論点（平成26年5月7日）1頁（2014年）、後藤昭「法科大学院の10年とこれからの課題」法曹養成と臨床教育7号26頁（2014年）、川嶋・前掲論文注（4）80頁等を参照。

234 第 12 章 アメリカ・ロースクールと法科大学院

現在、この法科大学院制度は、当初の理想や基本構想とは異なり、たとえ
ば、受験者数の激減（社会人志願者の激減も含む。）、司法試験の合格者数の頭
打ち、大学間格差、閉校数（募集停止校数も含む。）の増加、予備試験の隆盛
化等の諸問題に直面しており、また、司法研修所における司法修習の無給化、
マスコミが報道する弁護士の就職難や収入問題等（一部マスコミ等によるある
種のネガティブ・キャンペーン）、ひいては、文部科学省による財政削減形式
でのコントロール等ともあいまって、冬の時代を迎えている。

特に、2015 年（平成 27 年）6 月末に、政府が、本来資格試験であるはずの
司法試験の合格者数を、当初の 3000 人から、「1500 人程度以上」と変更し、
各法科大学院が各年度の修了者の司法試験累積合格率がおおむね 7 割以上と
なる教育を目指すことを要請する旨等を決定したこと[8]から、今後ますます
法科大学院制度への風当たりが強くなることも予想される。2012 年（平成
24 年）夏にはそのような帰結を導くこととなった政府の有識者会議（法曹養
成制度推進会議）が設けられ、その第 1 回会合が開かれる前の 2013 年（平成
25 年）4 月に、『アメリカ・ロースクールの凋落』[9]という衝撃的なタイトル
を持つ本書が出版されたのである[10]。

---

(8)　たとえば、毎日新聞 2015 年 6 月 30 日（電子版）等を参照。

(9)　ブライアン・タマナハ（樋口和彦＝大河原眞美訳）『アメリカ・ロースクールの凋落』（花
伝社、2013 年）。訳者の一人である樋口弁護士によって、「法曹養成検討会議での議論が終わ
らないうちに出版しようとの強い意向を持って」この訳書が出版されたと、「訳者あとがき」
の掉尾に記されている（なお、本書の帯には、私の個人的な印象とは異なるが、「日本の法科
大学院のモデルになったアメリカ・ロースクールの惨状」というキャッチ・コピーが記されて
いた。）。書評として、戒能通厚「法科大学院に『持続可能性』はあるか──『アメリカ・ロー
スクールの凋落』の書評に代えて」法と民主主義 480 号（2013 年）72 頁〔本書は、「ロースク
ールを根底から揺るがすような『告発の書』が書かれたことで、大きな反響を呼んでいる。」
と記されている。〕、大坂恵里「書評」法曹養成と臨床教育 7 号 180 頁（2014 年）〔臨床法学教
育学会の学会誌に掲載されたこの書評は、本書全体の評価と共に、特に、本書に垣間見られる
臨床法学教育〔リーガル・クリニック〕への基本スタンスに対する興味深い指摘が見られる。
なお、本書のアメリカにおける主要な書評についても言及されている。また、本書が、著者の
「期待どおり、アメリカの法学教育界法曹界に大きな波紋を及ぼすことになった。」ことも、具
体的に紹介されている。〕等がある。

(10)　原著は、Chicago University Press から、2012 年に刊行されている。その頃、サン・フラ
ンシスコのヘイスティングス・ロースクールで教鞭を執られていた宮澤教授は、米国ロース
クールの現職教授が書いた本が、原題以上に危機的な響きを持つ邦題で出版されたと、指摘さ
れている。宮澤・前掲論文注（3）31 頁参照。

2 本書の大要[11]

(1) 書名の含意？

本書の内容は、その訳書のタイトルの広範さとはやや異なり、主としてロースクール制度における経済的側面に関する議論に限定されている。それは、ロースクールの財政問題であり、教員の給与問題であり、学生の経済的な負担の問題である（ただし、それらとの関係で、様々な課題にも言及されているが、教育的側面には深く立ち入らない旨が明言されている〔本書9頁〕。）[12]。

Failing の動詞形は、Fail であり、名詞形は、Failure である。Failure は、破産や支払不能を意味する、Bankruptcy や Insolvency と類語であり、一般には、うまく行かないことや失敗することを意味するが、本書での用法は、特に経済面・財政面での破綻を意味すると考えられる。印象的には、本書は、『経済破綻に瀕している（あるいは、しつつある）法科大学院』の実情を語る書籍である。しかしそれでも、Failing という用語が多義的であり、Without や Unless という意味も存在することから、もう1つのタイトルとして、仮定法的（あるいは反語的）に、『もしもロースクールがなければ……』等と訳すことも可能であるように思われる。そのことから明らかなように、本書のタイトルは意味深長であり、そこからは、単にアメリカ・ロースクールの問題点だけではなく、希望の曙光さえ垣間見ることができるように見えるのである（あるいは、厳しい論調の中に、一筋のユーモアの光を感じることもできる。最終章の最後の項目は、「未来への希望」である〔本書219頁〕。）。

このように本書の論述の主題が、アメリカ・ロースクールの経済的側面に関する論評を中心とすることから、その限りで、海の向こうの異なる制度固有の問題という側面もなくはない[13]。しかし、本書は、日本の公立2校を除くほとんどの法科大学院に対する文部科学省の予算面でのコントロール（現在では、「法科大学院公的支援見直し強化・加算プログラム」を通じた法科大

---

(11) 当初は、本書全体の紹介と検討を予定していたが、紙幅の関係で、本稿では本書の全体にわたるコメントを行うことはできなかった。特に、第2部「ロースクール教授について」と第3部「USニュースの格付け」は若干の言及にとどめているにすぎない。

(12) 大坂・前掲書評注（9）182頁も参照。

(13) アメリカ・ロースクールにおける様々な教育面からの日本の法科大学院教育に対する示唆としては、川嶋・前掲書注（6）の各章を参照。

学院コントロール）が、いかに大きなインパクトを個々の法科大学院に与えるかを間接的に知るための傍証を満載しているとも考えられる。

　本書の著者 Brian Z. Tamanaha は、ミズーリ州セント・ルイスにある私立ワシントン大学ロースクールの教授であり、現在、比較法、法哲学、法曹倫理および不法行為法のクラスを担当している[14]。

　本書は、「序章」および「4 部 14 章」からなる原著の全訳である。

　(2)　身を捨ててこそ浮かぶ瀬もあれ？

　「序章」は、「ロースクールの危機（1997 年ころ）」と題されている。そこでは、著者が、ニューヨーク市にあるセント・ジョーンズ大学のロースクール准教授時代に、ロースクール長代行として改革を行った経験に基づいて、本書を著したことが述べられている。当時、たとえば、教育に関心を持たない教授、弁護士業に忙しく本業があたかも副業のようになっている教授、数年間に一本も論文を書いていない教授、士気の低い学生、US ニュースの格付けの低下（C ランク〔101～150 位〕から D ランク〔151～200 位〕への下落）等、問題が山積している中で、ロースクール長が辞任し、その跡を受けて、終身在職権（tenure. テニュア）を得ていない准教授の著者が、暫定のロースクール長となり、改革の大鉈を振ったのである。

　その結果、一定の成果は上がったという。たとえば、相当多くの教授が退職し、研究業績の多い教授陣を有するロースクールになり、US ニュースの格付けは、元の C ランクに戻ったという[15]。しかし、著者がロースクール長代行に在職していた時代は、「全員にとって悲惨な時期だった。色々な手段を取った。たとえば、教授の給与（私〔著者〕のも含めて）を凍結し、研究調査の旅費を切り詰め、新規採用者を除いて夏季研究費補助を廃止し、教授の財布からお金を取り上げた。こうして浮かした分を、学生の奨学金の増加と授業料値上げの 1 年間凍結に使った。」（本書 20 頁）という。

---

　(14)　https://law.wustl.edu/faculty_profiles/profiles.aspx?id=7287（最終アクセス、2016 年 12月 5 日）。それによれば、本書は、韓国や中国でも翻訳され出版されるとのことである。

　(15)　最新の US ニュースの格付け（2016 年版）については、http://grad-schools.usnews.rankingsandreviews.com/best-graduate-schools/top-law-schools（最終アクセス 2016 年 12 月5 日）を参照。

第4編　法曹養成教育の課題　237

　日本とは異なり、アメリカのロースクールには定年という概念がないことから、確かに退職の時期は難しい。自己責任に基づく自己決定が要求される。私がアメリカに滞在していたときには、たとえば、小川洋子の『博士の愛した数式』[16]に登場する、交通事故のために記憶時間が限られた博士のように、前日に翌日の講義の予習をしても内容を記憶できないので、朝早く起きて午前の講義の準備をしていた、ある著名ロースクールの老教授の話を聞いたことがある。法律実務についても、アメリカのロースクール教授のほとんどが弁護士資格を有しているので、確かに法律実務を行うことはできるが、ロースクールによっては、（リーガル・クリニックや公益弁護関係を除き）週に1日のみ法律実務を許している大学があるという話も聞いたことがある（これは、「5分の1ルール」などと呼ばれていた。本業を疎かにしないための工夫である。）。

　ちなみに、私が滞在していた時期のノース・カロライナ大学ロースクールの教員は、公民権訴訟の支援等、公益訴訟事件等を除いて、法律実務は行っていないとのことであった。学期中は毎日大学に来て研究室のドアを開けておき、いつでも学生の質問に応じる態勢を取っている教授が多かった。教員同士が話す姿もよく見かけた。1990年代の初め頃の話である。

　しかし、2010年代の初めに滞在した頃はドアが閉ざされた研究室が多かった。また、オフィス・アワーの時間帯をドアに掲示して学生の入室を制限している教授もいた。1週間に数時間という限られた時間のみが、学生に開かれていたにすぎなかったのである。教員数も増え施設も拡張されたが、20年程前と比較して、教員間のコミュニケーションさえもことのほか少なかったように思われた[17]。

　それはともかく、セント・ジョーンズ大学のロースクールにおける著者た

──────────

(16)　新潮社刊、2003年。

(17)　しかし、それでもまだ、日本の法科大学院と比較すれば、アメリカの場合には、学生と教員との間の距離は、より近いのではないかと思われる。

　　ちなみに、日本ではある司法試験委員の不正問題を契機として、当該法科大学の教員から、（教育環境ではなく）「研究環境が一層向上した」との「喜びの声」を聞いたことがある。すなわち、以後、不正の発生を未然に防止するために、教室以外では教員と学生との接触を原則制限するとの方針が打ち出されたことにより、学生のために割かれるべき時間を、教員は研究時間に回すことが可能となったという。これまた驚くべきことである。日本においてまさに改革すべきは、教育姿勢と司法試験制度自体であることが、浮き彫りになったとも言えよう。

238　第12章　アメリカ・ロースクールと法科大学院

ち教員の身を切る改革は、給与等の決まり方の違いもあり、日本では改革構
想の選択肢としては、ほとんど存在しないようにも思われる。そのようなロ
ースクール制度側・運営者側の自己改革を一番敏感に感じ取るのは、おそら
く学生ではないかと推測される。それは、その種の奨学金を受けたか否かに
は関わりなくである。ランキングと評価は別のものとしても、そのような改
革の成果が迅速に評価に反映されるシステム自体は望ましいことと考えられ
る。

　要するに、日本の法曹養成制度において、身を捨ててこそ浮かぶ瀬もあれ
と考えて制度改革に邁進する者の数の問題でもあろう。

　(3)　誰がために？

　さて、本書の「第1部」では、「自主規制への衝動」という見出しの下で、
ロースクール教員が、自己の利益を増進させるために、どのように繰り返し
規制の仕組みを利用してきたかが論じられている。日本の法科大学院制度で
も認証評価システムのモデルとしたが、アメリカのロースクールは、7年お
きにアメリカ法曹協会（ABA〔American Bar Association〕）の認証評価を受
けることとなっている。なお、認証評価機関はこの1機関のみである。公正
かつ合理的と言える。

　この認証評価はロースクールの改善の機会となる。認証評価の査察団に入
っているロースクール教員は、大学とロースクールとの関係では後者に、ロ
ースクール長とロースクール教員との関係でも、後者に肩入れする傾向にあ
り、その査察団は、ロースクールの利益、すなわち、大学からのより多くの
財源獲得やロースクールの自治権の確立を擁護する存在となり、ロースクー
ル教員の報酬、その研究の支援、テニュア（終身在職権）をもつ教員の増員、
他学部等の教員よりも良き労働条件を強く要求してくれる存在なのである
（本書27頁）。著者は、「認証評価が実施していることは、法学教員が全米の
ロースクールを駆けずり回って、同僚の教員の便宜を図っているだけであ
る。」（本書28頁）と喝破し酷評するのである。馴れ合い的、談合的、相身
互い的、ひいては、お手盛り的なニュアンスさえ感じられる。誰のための認
証評価であるかも疑わしくなる。その後、独禁法違反事件の同意判決で、ア
メリカ法曹協会の認証評価権限にも制約が加えられたとのことである（本書

第4編 法曹養成教育の課題 239

28〜29頁）[18]。

　また、本書は、アメリカのロースクールにおいて古くから存在する研究者
教員とリーガル・クリニック担当教員との間の亀裂についても言及する。ロ
ースクール内での後者の待遇問題等、要するに格差の存在である（本書33
頁）[19]。この点は、日本の場合にはほとんど問題とはならないであろう。む
しろ、日本では、ロースクール運営等はともかくとしても、法曹資格を有す
る臨床法学担当教員の地位は、アメリカの現状とは対照的ではないかと思わ
れる、学生の視点からの評価にも関わる問題でもあるが[20]。

　なお、本書では、「なぜロースクールは3年なのか」についても論じられ
ている。20世紀に至るまで、圧倒的に大多数のロースクールは2年制であ
った（本書38頁）。それを3年制としたのは、様々な理由が付加されてはい
るものの「さらなる1年の授業料収入という魅力的な要素があった。」（本書
38頁）。ここでも、ロースクール制度が財政問題と絡めて論じられており、
ロースクールの「現状は、公然の秘密である嘆かわしい問題は、『弁護士に
なってもなかなか払いきれない借金の山の負担』なのだが、中流や貧困階級
の真の敵は、ロースクールに行くのを思いとどまらせ、ロースクールに行っ
た者には過重の借金を課すお金のかかる3年制課程というロースクールの制
度である。」と指摘されている（本書44頁）。

　本書では、「当の本人にはそのような資質は1つも備わっていないようで
ある」アメリカ・ロースクール協会会長が、ロースクールに終身在職権を有
する「社会貢献歴をもつ常勤教員を配置しておくことは、有能な弁護士養成

---

(18)　その他、認証評価を通じた校舎の新築・増築の例等については、川嶋・前掲書注（6）314
　　頁注（2）も参照。
　　　日本の場合には、認証評価が現実にどれだけ法科大学院教育の改善に対して有効に寄与して
　　いるかは定かではない。司法試験の合格者や合格率等は、直接的には認証評価の対象となって
　　いなかったはずである。ところが、現在では、「法科大学院公的支援見直し強化・加算プログ
　　ラム」では、本来的には司法試験制度の問題であるにもかかわらず（川嶋・前掲論文注（4）
　　82頁、88頁を参照）、各法科大学院における司法試験の合格者や合格率等がクローズアップさ
　　れて事後的に査定対象とされている。なお、日本の認証評価システムに関して驚くべきことは、
　　あるとき、現実には認証評価委員の適格性こそ、まず前提問題として評価すべきではないかと
　　感じさせられたことである。その選任過程も研究・教育実績等も全く不透明である。
(19)　大坂・前掲書評注（9）183頁以下の分析と検討も参照。
(20)　川嶋・前掲書注（6）177〜179頁も参照。

において不可欠である。」旨を強調していた（本書47頁）ことに言及している。しかし、著者は、ロースクールにおいて、「法学教授が、知の探求のために金儲けをあきらめ、若者を育てるといった時代は、遠い昔のこと」（本書48頁）なのであると指摘し、ロースクール教員が、アメリカ法曹協会の認証基準変更（終身在職権の保障に対して切り込んだ変更）に反対したことを指摘する。教員の地位の保障は、その研究教育の基礎をなす条件であるが、しかし、ここでの指摘の背景は、多かれ少なかれ日本の法科大学院や法学部にも妥当するであろう。

　本書において興味深いのは、アメリカでも、「ロースクールを規制してきたアメリカ法曹協会の委員会が、ロースクールとその教員の利益を最大優先している組織の指導者達に占められているという、長い伝統の最新の事例である。繰り返しになるが、規制を受けていた者が規制の規制を書くのである」（本書55頁）という指摘である。誰がために制度や組織が存在するかを、根源的に考えさせてくれるからである。

　日本の場合も、特定の大学出身者等によって、いわば一定の生殺与奪権を持ったポジションが占められていることも少なくなく、公平中立な意思決定が行われているか否か疑問に感じることもなくはない（もちろん、「慈悲と親分気質」により、おこぼれは特定の他者にばらまかれるが、そこには隠れた背景も存在する。）。認証評価委員の出身大学・大学院や所属法科大学院等をも考慮した場合には、他山の石以上の教訓となるであろう（日本では、今後公正さを期すために、募集停止の法科大学院の教員（または元教員）のみが、認証評価委員として認証評価を実施することなども考慮に値するのではないかと思われる。少なくともその法科大学院との関係では評価されることはないからであり、自由かつ公正な評価が期待できると考えられるからである。）。しかも、感情を持った人間のことであるので、一見もっともらしい理由をつけて恐るべき恣意的評価が行われかねないことも容易に予想できる。理由付けに長けた法律家たちのことだからである。稀であることを願いたいが、たとえば公正でなければならない者で不公正を働く者、公平そうでいて偏見を隠す者、寛容そうでいて陰湿で不寛容な者、都合が悪い場合は恫喝してその場をしのぐ者、金や権力には恬淡との風を装いながら人一倍その志向性や執着心の強い者、お

第4編　法曹養成教育の課題　241

よび、知への探求を装いながら俗物根性を隠そうとする者など、人間も大学人も多様なのである[21]。

　問題の本質は、本書が指摘するような不正や不合理が、日本の場合にどれだけ白日の下に曝される可能性があるかである。アカデミズムの社会さえ狭い日本において、形式的には表現の自由（憲法 21 条 1 項）が認められていても、実質的には表現の自由に対する萎縮作用は日常的に存在するからである。経験的に言えば、「裸の王様」と指摘できない世界ほど怖いものはないであろう[22]。

　(4)　天国の日々？

　「第 2 部」は、「ロースクール教授について」論じる。詳細は割愛するが、ロースクール教授が何を行ってどれだけの収入を得るかを明らかにする。そして、著者は、弁護士や裁判官は、ロースクール教授たちが実務に疎く、弁護士養成をきちんと行っていないことを慨嘆しているとする。

　ここは、「講義の負担を減らすが、給料は上げる。」ことを要求するロースクール教員と、その給料の支払いのために高額の授業料を支払う学生について論じられている。そして、「私達、ロースクール教員の生活の質は、弁護士よりもずっと良く、ほとんどの弁護士よりもたくさん稼ぐのである。ロースクールの教授は、教員と弁護士という 2 つの職業のよいとこ取りをしている——心よりお礼を申し上げる。」（本書 76 頁）と、（おそらく良心に基づく）本音が語られている。

　本書では、誰かが語らなければならないことが、語られているように思われる。日本の法科大学院関係では類書がない[23]。

　アメリカでは、ロースクール教員にとってはいわば天国の日々も、多くの学生にとっては将来につながる希望の光を模索する厳しい道程の始まりであ

---

(21)　なお、石坂洋次郎『丘は花ざかり』（新潮社、1956 年）を参照。川嶋・前掲書注 (6) iv 頁も参照。

(22)　実質的には、ジョージ・オーウェル（高橋和久訳）が『1984 年』（早川書房、2009 年）で描いた社会（「完全監視型独裁社会」）と、それほど変わらないと思われるからである。

(23)　なお、文学作品ではあるが、文系教授については、筒井康隆『文学部唯野教授』（岩波書店、1990 年）等を参照。また、理系教授については、今野浩『工学部ヒラノ教授の事件ファイル』（新潮社、2012 年）、山崎豊子『白い巨塔（1〜5）』（新潮社、2002 年）等も参照。

る。私は、法学者の世界では、〈どれだけ目に見えないものを観つつ言葉で伝えることができるか、どれだけ人に対する温かい眼差しをもちつつ社会正義をも実現することができるか〉が重要な課題であり、そのためには、想像力も創造力も大切ではないかと考えている（「法」自体が権威であり権力であるので、法律家は権力的であってはならないとも考えている。）。現場のロースクール教員にとっては容易に想像できる学生たちの厳しい道を、どれだけ制度設営者側として共感を持ちつつ想像することができるか、そしてそれを制度改革にどのように創造的につないで行くかは、日本でも大きな課題となるであろう。

　なお、本書はロースクール研究者教員についても手厳しい批判を行っている。「何十年もの間、ロースクールは、実務経験がほとんどない超一流ロースクール出身者で占められていた。50年前、アメリカ法曹協会の法学教育部門の古くからの会員であり、数多くの認証評価に関わった人が『弁護士が実務で何をやっているのかについて理解ができていない多くの人たちが法律を教えようとしている。』、『中には、研究することとそれを論文にすることしか興味がない教授がいる。』」（本書82頁）と述べたという、合点の行く汎用性のある引用もなされているのである。これは、法科大学院の創設当初、その運営に携わっていた者として、このような教員を数多く見てきたことを回顧させる契機となった。法科大学院における教育の価値を話しても、無視されたり逆切れされたり蔭でおかしな行動をとられては、たまったものではない。学内委員の負担を頑なに拒否する者たちにも辟易した。自己利益中心思考の裏返しかも知れないが、しかしすべて、研究教育者のレゾンデートルや真価、ひいては研究内容自体の信頼性に関わる問題であろう。「天網恢恢疎にして漏らさず。」とは悲願であり理想にすぎないのが今の日本である。

　一般に、著者の言うように、「特に、卒業生が収入の低い仕事にしか就けない格付けの低いロースクールでは、学生は教員の研究のために経済負担を負うようなことはすべきでない。」（本書85頁）とは至言である。本書では、「2011年のトーマス・ジェファーソン校卒業生のわずか33.4％しかカリフォルニア州の司法試験に合格しなかった（2008年の76.2％からの落下である。）。何ともショッキングな低率である。」（本書202頁）との指摘も見られる。

この論法を、日本の現状を考慮し、日本の法科大学院に当てはめれば、かなり厳しい指摘となる。2016年度の日本の司法試験において、合格率が30％を超えた法科大学院は、6校にすぎなかったからである。合格率がトップであった一橋大学でさえ、50％には及ばなかった。しかしながら、そもそも司法試験制度が全く異なるので、本書の援用やアメリカとの比較は不当であろう。むしろ本書の指摘からの教訓としては、日本の司法試験制度の改革への提言を導き出すべきであろう。法科大学院制度のボトルネックの除去（司法試験の純粋な資格試験化）である。

なお、本書では、「教授が増え、予算が増える」ロースクール（それでも盤石なロースクール）も紹介されている。たとえば、「ハーバード大学は、超一流大学とは何かの新しい定義を定めた。『超一流』ロースクール（またこの地位のためにしのぎを削る大学）は、知的な豊かさを誇示するため教員規模を拡大する、エリート校は学問的才能を蓄積する、というものだ。ハーバード大学には、それをやるだけの財政的基盤〔が〕あるが、多くのロースクールにはない。増収への取り組みが始まったのである。」（本書94頁）と[24]。

ハーバード大学等の超一流大学は、多くのロースクール教員を輩出している。興味深いことに、その卒業生の中である種のシンジケート的な人的ネットワークが形成されており、ある卒業生があるロースクールに就職または異動すれば、他の卒業生（すでにロースクールに就職している者を含む。）を自校に呼び寄せ、そのネットワークをさらに広げる事実上のシステムが広く確立していることを、私はアメリカで何度も耳にした。日本でも、多かれ少なかれ同様の状況が見られる。法律学の世界であるだけに、学問の世界における不合理な排他的独占が、暗黙裡に形成されないことを願うばかりである。

なお、上記引用の末尾に「増収への取り組みが始まった。」と記されているが、問題は、個々のロースクールが誰から（どこから）その資金を獲得するかである（学費問題については、後述(6)を参照）。

（24）　近時におけるハーバード大学ロースクールの改革については、柳田幸男＝ダニエル・H・フット『ハーバード卓越の秘密——ハーバードLSの叡智に学ぶ』（有斐閣、2010年）〔本書第12章【補論5】〕を参照。

244　第 12 章　アメリカ・ロースクールと法科大学院

(5)　格差（好き）社会、アメリカ？

「第 3 部」は、「US ニュースの格付け」問題を論じる。なぜロースクールが、US ニュースの格付けに牛耳られているか、そしてそのことが、ロースクールの発展にとっていかにマイナスに作用しているかを明らかにしている。

すでに言及したことがあるが、アメリカ人には、「ランキングがお好き」な人々が多いようである[25]。一例にすぎないが、大学スポーツも盛んなアメリカでは、シーズンが始まる前から大学の各種スポーツのチームに関するランキングが公表され、それらが一定期間ごとに更新される[26]。しかも、バスケットボール、野球、フットボール（アメリカン・フットボール）等、複数の組織がランキングを発表するスポーツの種目もある。

本書では、毎年ロースクールの格付けを行う US ニュースがロースクールを支配していると断言されている（本書 105 頁）。「政府会計局は、ロースクール間の格付け競争が授業料高騰の主な原因だとする報告書を議会に送った」（本書 105 頁）ことも紹介されている。より上位の格付けを得るために、様々な不正も行われているという。「エンロン流の会計基準は、ロースクールの間で標準となった。データを見るたびに不快感をぬぐえない。」との指摘も紹介されているのである（本書 105 頁）。

定時制のロースクールへの風当たりも厳しいという。かつて「定時制は労働者階級の人々が法律家になるための道だった（連邦最高裁長官であったワレン・バーガーはフルタイムで働きながらミネアポリスの夜間校に通ったのである。）」（本書 116 頁）という。それがアメリカと言えばそれまでであるが、法曹養成のあり方としては、ある種の郷愁さえ感じる（また、最高裁判所裁判官任用システムにおける日米間の懸隔をも感じさせる。）。

なお、「転入学」を広く認め、「現金収入を上げる」ロースクールも見られる（本書 119 頁）。これは、ロースクールの財源を増やすだけではなくランキングの上昇にもつながるようである。

---

(25)　川嶋・前掲書注 (6) 43 頁、48 頁を参照。

(26)　たとえば、NCAA（National Collegiate Athletic Association〔全米大学体育協会〕. http://www.ncaa.com/〔最終アクセス、2016 年 12 月 5 日。本書校正時の最終アクセス、2024 年 5 月 30 日〕）の各スポーツ種目別のランキング等を参照。

さらにまた、「奨学金」の制度（日本の貸与型のものは、「教育ローン」であり、奨学金の範疇には含まない。）についても言及されている。「ロースクールの席は飛行機の席に似ている。同じ部屋の席に座りながら価格が異なる。」（本書126頁）との指摘は印象的である。しかし、「抜け目のない学生はときに他の同レベルのロースクールの申し出ている高額の奨学金の話を持ち出して入学決定前に奨学金を釣り上げることもある。」（本書126～127頁）との指摘や、「貧しい将来展望しかない学生が裕福な将来展望ある学生の勘定書を受け取るという形で資力を再分配している。」（本書128頁）との指摘には驚きを隠すことができない[27]。

現実には、「法律はアメリカ社会の中心的役割を担い、その中でエリート・ロースクールの卒業生は高給法律職の席を並はずれた割合で占めている。」（本書133頁）のである。ことほどさように、ロースクールのランキングは影響力を持っている。確かに、日本の場合には、そのような格付機関は存在しないが、法務省や文部科学省が、事実上、格付け的な行為を行っているように見える。毎年秋に公表される司法試験の合格者数等の一覧表は、ロースクールの教員・学生や受験生等にとっては、有益なランキング表のようなものである。毎年冬に公表されることとなった「法科大学院公的支援見直し強化・加算プログラム」の審査結果等も、同様にランキング表として絶大な効用を発揮すると考えられる。いずれも、マスコミによって取り上げられニュースとして全国に伝えられることになる。無償の優良広告である。

なお、紹介は割愛したいが、著者は、ロースクール志願者に対して様々な注意を促すことも、決して怠ってはいない（本書178頁以下）。その中で、ロースクール・サイドの提供情報の問題点も縷々指摘しているのである。

---

(27)　1990年年代の初めにノース・カロライナ大学で研究をしていた際に、私はいわゆる割愛の話（他大学からのお誘いの話）をいただいたことがある。悩んでいたこともあり、親しいロースクール教授たちに相談をもちかけると意外な言葉が返ってきたのを想い起こした。「それはめでたい。アメリカなら、まずそのことをロースクール長に話し、給与額をアップしてもらうための交渉を行うが、日本ではどうか。」という話である。個人主義の社会であり、交渉社会、競争社会、能力社会、そして、格差社会であるアメリカ社会の一端を垣間見た感じがした。国立大学である限り、そのような情報によって給与が上がることはない。彼ら彼女らは、私の話で日本社会の一面を知ることとなった。

246　第12章　アメリカ・ロースクールと法科大学院

(6)　学生の視点に立って？

　「第4部」は、「壊れた経済モデル」と題されており本書の核心部分でもある。ここでは、ロースクール教育における授業料、借金、および経済的な見返りに焦点を当て、ロースクールの財政と経済的な特徴の問題点が明らかにされている。

　アメリカのロースクールにおける授業料高騰と学生の借金の増加は凄まじい。学生の借金負担の実像が、詳しいデータと共に記載されているが、「2010年における借金のある卒業生の最高平均借金額22校のリスト」（本書140～141頁）によれば、カリフォルニア・ウェスタン校の14万5621ドルを最高に、22番目に借金額が多いロースクールでさえ、12万3025ドルである。2010年には、公立・私立を含めた88校の卒業生が、平均10万ドルを超える借金を負っていたとのことである（本書141頁）。

　授業料も急騰している。本書ではその理由も整理されている（本書157～159頁）。すなわち、①ロースクール教員の研究促進のために担当授業が軽減されたのでそれを埋め合わせるため、また、②リーガル・クリニックのプログラムや法律文書の作成を指導する教員数を拡大するために、教員数が増加したこと、③ロースクールにスター教授を獲得するために資金が必要となったこと、④ロースクール教員が新卒学生と比較して自分たちは十分な給与をもらっていないとし、教授の質を落とさないために給与アップを主張したこと、⑤ロースクールにおける研究活動を支えるための費用を捻出すること、⑥奨学金が膨れあがったこと（これは、一部の学生から他の学生への再配分を意味する。）、⑦いくつかの大学は、ロースクールを「金のなる木」として扱い、ロースクール収入の何十％かを吸い上げていること、⑧州立ロースクールが、議会による予算削減分を埋め合わせるために授業料を値上げしていること、⑨アメリカ法曹協会の認証基準が、図書館の多くの蔵書とロースクールの充実した設備を要求していること、および、⑩USニュースの格付け競争が学生一人当たりの出費を増加させていることが挙げられている（これは、出費額が格付けのための得点に勘定されるからとのことである。）。

　先に挙げた本年度のUSニュースの格付けによれば、トップランクのイエール大学ロースクールで、5万8050ドル（Tuition and Fees〔授業料と手続費

用〕以下同じ。)、2位のハーバード大学ロースクールで、5万8242ドルである。州立大学として、トップランクのカリフォルニア大学（バークレー）でさえ、州外の者は、5万2630ドルであり（州民でも、4万8679ドル）、同順位のミシガン大学は、5万6112ドル（州民でも、5万3112ドル）であった[28]。

このようなアメリカの場合と比較して、日本の法科大学院の場合には、ばらつきはあるものの授業料はアメリカよりかなり低い。2014年度のデータであるが、国立大学は、すべて108万6000円（入学金と授業料）であるが、私学は、慶應義塾大学と中央大学が、群を抜いて高額であり、それぞれ201万2900円（入学金と授業料等）と200万円である。その他の私学は、国立大学の1.5倍程度のものが多い（ちなみに、同志社大学は、140万6000円〔同大学出身者は、126万6000円〕であり、早稲田大学は、159万円である。）。

一般に考えて見ても、日本では、ここに挙げられた10個の事情のほとんどが妥当しないと考えられる。ただし、③について、日本では、裁判官や検察官を退官した者等を採用する際に、他の研究者教員等とは異なる（より高額の）給与体系（高給）で採用している大学もあるようであるが、それでも、それ自体が授業料を著しく引き上げる要因にはなっていないと考えられる。

また、著者は、「ロースクールへの警告」として、2005年から続くロースクール志願者数の減少を指摘し、その理由が、このような授業料の高額化と、弁護士の過剰供給による切迫した就職難にあるとする。特に志願者については、2008年のリーマン・ショック後には、「ロースクールは志願者の大幅増を経験するはずだった。伝統的にロースクールは、不況時に卒業したばかりの大学生と新たに解雇された人々が群れを成して飛び込んでくる避難場所として機能してきたからだ。……しかし、そうはならなかった。」（本書195頁）

そのような志願者数の減少、ひいては、ロースクールの危機の背景には、リーマン・ショック以降の就職難の問題がある。あるロースクール長からは、「景気が回復すればまた良くなる。」（本書204頁）という楽観的な声さえ聞か

---

(28)　なお、州立大学の場合、州外からの入学者も通例1年間州内に住めば州民となるので、翌年の授業料は州民のそれと同額となる。

248　第12章　アメリカ・ロースクールと法科大学院

れたというが、しかし、現実はそれほど甘くはないようである。

　著者は、それでも、経済破綻に瀕したロースクールのモデルから、学生達を救済するために、いくつかの方途を示唆している。著者の学生（志願者も含む。）の視点に立った行論には、深い共感を覚える。この文脈では、日本の法科大学院に対する示唆に富むとも考えられる。

　すなわち、著者は、①先に述べたように、志願者が目指すロースクールの正確な情報を入手するように警告する（ロースクール側には正確な情報の提供を促す。）と共に（本書178頁以下）、②ロースクールの役割を分化させ研究志向のロースクールと実務志向のロースクール[29]に2分すること（本書209頁）、③司法試験受験のためにアメリカ法曹協会の認定ロースクールの終了を受験資格として課さないこと（本書213頁）、④連邦ローン受給資格の要件を変更し個々のロースクールごとに連邦ローンの総額に規制を加えること、および、⑤後述するように、一部州立大学に期待すること等も指摘する。

　日本の場合と比較したときに、これらはいずれも興味深い指摘である。

　①については、情報提供主体が法科大学院であるだけに、提供する情報の正確さと一定程度の詳しさは、不可欠の前提となるであろう。法曹養成機関である法科大学院であるだけに、情報提供者責任は、一層厳しく問われることになるであろう。

　②については、一応示唆的であるが、どのように法科大学院の役割を分化させるかは熟慮すべきである。日本の場合には、定員にも大きなばらつきが見られ、現在、やや意図的に法科大学院自体が淘汰されつつあることからその見極めは困難である。上記『意見書』では、法科大学院の適正配置が重視され、夜間の法科大学院等の創設も目指されていたこと（これらは現実化したこと）を考慮すれば、役割分担は有益な示唆であろう。しかし、現在のところ、日本では、閉校を示唆する法科大学院が続出する中で、法科大学院ご

---

　(29)　著者は、「実務には、多くの実務慣行や特殊知識が存在する。ある種の基本的技術は移転可能だが、それ以外は実務の中で学ぶしかない。」（本書209頁）とも指摘し、「野心的なプログラムとしては、ロースクールが、政府出資の機関と協力して、中産階級と貧困層の人々に低価格で法律サービスを提供する活動に参加するというもの」（本書212頁）が存在することも紹介している。いずれも、歴史を踏まえたものであり、臨床法学教育（リーガル・クリニック）の重要性を物語っている。

第4編　法曹養成教育の課題　249

との役割分担を考えることは難しいかも知れない[30]。しかし、たとえば、臨床法学教育（リーガル・クリニック）等の実務教育の重視の程度については、司法研修所が存在し難関の司法試験が待ち受けている現状では法科大学院間にばらつきが見られる[31]。

　③については、日本と比較して興味深い。アメリカでは、日本の予備試験に相当する制度は存在せず、しかも、アメリカ法曹協会の認定ロースクールではないロースクールの場合でさえ、「プロセス」を通じた法曹養成の基本スタンスが堅持されている点は、（そのプロセスの質は措くとしても）特に注意を要する。司法試験受験のために、アメリカ法曹協会の認定ロースクールの終了を、受験資格として課さない州も、既に存在する。ただ、実際には、その種のロースクール出身者は、たとえ司法試験に合格しても、就職面ではかなり厳しい現実が待っているようである。法科大学院教育を受けることもなく、したがって、法曹倫理の教育や実務基礎科目の受講をすることなく、予備試験で合格した者が優れた法曹であると評価されるような日本は、やはり相当異常であるように思われる（そのような者でも、司法研修所の実務教育をクリアーできるとすると、形式的に考えた場合には、法科大学院における実務教育の価値が再考されると共に、司法研修所の実務教育がその程度のものであると考えられかねないことにもなるであろう。）。ジェローム・フランク判事の「図書館法学」なる当時のアメリカ・ロースクール批判[32]が、日本的な文脈で改めて想起される。

　④については、奨学金の問題は、日本では重要であり、喫緊の課題である。そもそも、日本における奨学金概念には、教育ローンも多く含まれており、それが、アメリカと比較できるような文字通りの奨学金と言えるかどうかには疑問がある。一般に、独立行政法人日本学生支援機構[33]が、大学生に対

---

(30)　川嶋・前掲書注（6）265〜267頁も参照。

(31)　日本の法科大学院におけるエクスターンシップの実践例に関して、川嶋四郎「『エクスターンシップ』の全国調査結果について」臨床法学セミナー12号3頁（早稲田大学臨床法学教育研究所、2015年）〔本書第10章〕を参照。

(32)　これは、ジェローム・フランク（古賀正義訳）『裁かれる裁判所——アメリカ司法の神話と現実』（弘文堂、1960年）による。これについては、たとえば、川嶋・前掲書注（6）192〜193頁参照。

しても、広範に日本的な奨学金の支給を行っているが、驚くべきことに、日本では大学卒業後に奨学金を返済できないで「奨学金破産」に追い込まれる受給者・保証人も、少なからず存在するのが現実である[34]（その前提として、保証人の徴求自体にも違和感を覚える。その発想は明らかにローンである。）。

これまで日本の法科大学院は、各種の奨学金を準備したり、学費の全部または一部免除を行う等、様々なかたちで経済的な支援等を行うことにより魅力的なイメージを形成し、優秀な学生を集めることに努力してきた。高額の授業料等を徴収しつつ、法科大学院の全入学生に、一律一定額の資金を給付していた大学もある（なお、司法試験合格後の司法修習生に、一定の支援を行う大学もある。）。しかし、文部科学省による法科大学院に対する財政面での統制が厳しくなるに連れて、法科大学院の維持・存立の危機は今後も続くことが考えられる。

⑤については、日本とは異なり、「官尊民卑」的な発想がほとんど存在しないように思われるアメリカでの指摘として、しかも、US ニュースのロースクール・ランキングの上位校に見られるように、私学がランキングの上位をほぼ独占するアメリカ[35]での指摘として、興味深い。

私の昔の経験にすぎないが、ノース・カロライナ大学の学生の年齢層等は多様であった。社会人経験者も多かったが、経済学部の教授を退職してロー

---

(33) この組織の歴代理事長には、従前は国立大学の学長経験者が就任していたようであるが、2011 年からは日本銀行出身者（その後、日本証券代行株式会社、ときわ総合サービス株式会社を経た者）が就任し、現在に至っている。要するに、金融機関としての性格が鮮明化されたと言えよう。取立ての強化もその性格の具体化と考えられる。この日本の現状における問題点は、もっと共有されてもいい情報である。

(34) たとえば、朝日新聞 2016 年 6 月 14 日版、同 2016 年 2 月 16 日版、安田賢治『教育費破産』（祥伝社、2016 年）等を参照。なお、日本とは異なり、アメリカでは、破産手続上教育ローンは非免責債権（免責決定を受けても個別的に免責されず支払が強制できる債権）と法定されている。川嶋四郎「アメリカ合衆国における消費者破産法制の現況・素描」クレジット研究 31 号 61 頁、77 頁（2003 年）を参照。

　なお、無給となった現在の司法修習においては、最高裁判所が、司法修習生の申請により、修習のため通常必要な期間、無利息で、修習資金（司法修習生がその修習に専念することを確保するための資金）を貸与する「修習資金の貸与」制度（裁判所法 67 条の 2）がある。なお、裁判所法 67 条 1 項には、司法修習生の職務専念義務が規定されている。ちなみに、容易に想像できるが、たとえば、地方で司法修習を行い（あるいは、行わざるを得ず）、大都市での就職活動を行う司法修習生には、そのための旅費等も大きな負担となることがある。

スクールに入り直した初老の紳士、軍隊経験者、夫婦でロースクールに通学する者、企業の法務部から派遣された外国人、他のロースクールからの転入生等も、印象に残っている。大学の学部を卒業して、社会人として一定期間働き、学費等を貯めてロースクールに来たと話していた学生たちとも友人となった。1990年代の初めは、そのようにロースクールは魅力的だったのである。その20年後に滞在したときも、学生についての印象は基本的に変わらなかった。学生の話では、近くにある私学（デューク大学）の入学者の平均年齢は、ノース・カロライナ大学のそれよりもかなり低いとのことであった。彼の話では、学費は高いが、裕福な子女が大学卒業後すぐに親の支援でロースクールに通うケースが多いからであるという。奨学金を得られなければ大学院に通えなかった者としては考えさせられる話であった。

　なお、本書の「結び」では、2007年の興味深い新設校（カリフォルニア大学アーヴァイン校）の情報が明らかにされている。

　すなわち、そのロースクールは、授業料高騰と学生の債務の増大、エリート・ロースクールによる弁護士独占という事態を打開するために、エリート校と競争する目的のために創設された。しかし、結局のところ、格付けの面で上位を狙うために、従前の大学と同じ轍を踏んだという。たとえば、立派な校舎を建て、有名教授を集め、LSAT（Law School Admission Test. ロースクール入学のための適性試験）の得点とGPA（Grade Point Average. 学業平均点）の数値が高い学生を、授業料の全部または一部免除や、充実したリーガル・クリニック等で呼び込んだのである。そのロースクールは、州立であるにもかかわらず、結局学生には高額の授業料を支払わせることになり、多額の債務を負った学生を生み出しているとのことである（本書219～220頁）。

　本書では、最後に、「未来への希望」も語られている。低いコストで良質の教育を提供することを使命とし続けている州立のロースクールにこそ希望

---

(35)　先に挙げた情報では、上位10校の順位としては、7位までを私学（イエール大学、ハーバード大学、スタンフォード大学、コロンビア大学、シカゴ大学、ニューヨーク大学、ペンシルベニア大学）が占め、同じ8位に州立校3校（カリフォルニア大学バークレー校、ミシガン大学、ヴァージニア大学）が入っている。http://grad-schools.usnews.rankingsandreviews.com/best-graduate-schools/top-law-schools/law-rankings?int=a1d108（最終アクセス、2016年12月5日）.

が残されているとの指摘である（本書222頁）。そして、値ごろ感のある州立ロースクールは、法律学の分野における最後の理にかなった場所であるが、その存在に対する最大の脅威は、予算削減命令から来るか、また、ロースクールの不行跡から来るかは別として、「公的資金の後退」である（本書223頁）と記して本書は閉じられている。

　この最大の脅威に直面しているのが、現在の日本における多くの法科大学院である。その意味で、本書は、日本においては、奇しくも、経済面・財政面（予算）で法科大学院のコントロールを行うことが、当局にとって最も効果的な方法であることを、アメリカの具体例を交えて指南する書物のような意味合いさえも有することとなったのである。

　本書の最初の部分に回帰するが、「序章」は、次の言葉で締めくくられている。すなわち、「ロースクールがしっかり機能するためには、個々の教授が、自己の利益を犠牲にしてでも、自発的で、責任感にあふれ、良心的で、公益を優先していることが求められる。別の言葉で言えば、法学教授は他の人々よりも高い品性を備えなければならないということだ。しかし実際には、悲しいかな、私たちは他の人々と同様に、過ちを犯しやすく、自己優先的なのだ。」（本書22頁）という事の本質を突いた印象的な言葉である。

　そして、「エピローグ」は次の言葉で締めくくられている。

　「全国の多くのロースクールの教授たちは、身近な人には勧めない学位を、自分たちの学生に売りつけているのである。」

Ⅲ　おわりに
──「法科大学院問題」？

　本書は、日本の法科大学院制度のあり方を考える上で直接かつ具体的に貢献するものではないが、これまで見てきたように、現在のアメリカ・ロースクール制度のいわば「闇の奥」を垣間見るには好個の著作である。本書が、財政的基盤の重要性を指摘している点を正確に制度設営者が理解すれば、日本の法科大学院制度やその教育の発展に大きく寄与するのではないかと思われる。

第 4 編 法曹養成教育の課題　253

　しかし、残念ながら、現在の文部科学省によるほぼすべての法科大学院に対する財政的コントロールは異常である。自らが設置認可を与えた法科大学院組織を、自省も謝罪も行うことなく、有識者とされる御用を司る者たちのお墨付きを得て、財政面からその存立の基盤を掘り崩して行くありさまは、近代社会において苛斂誅求を窮める時代錯誤的な封建領主のイメージさえ彷彿させる。教育の機会均等の保障（憲法 26 条 1 項参照）にも、抵触しかねないように思われる。なお、本書には、アメリカのロースクールとの関係で、日本の文部科学省に相当する機関が登場しないことは、興味深い。私は、法科大学院の創設前に何度か文部科学省を訪問したが、残念ながら、担当者からは、法曹養成に対する高い志をサポートするという熱い思いをほとんど感じることができなかった。結局のところ、冷徹な官僚的な対応にすぎなかったのである。

　それはともかく、日本の法科大学院の創設前に、藤倉教授[36]は、すでに現在の多くの法科大学院が置かれた状況を予言されていた。2001 年の段階で、文部科学省が、法科大学院による公的資金の支出を監視するだけではなく、教育課程をも官僚的に監視するのではないか、また、官僚主義的な財政支援ゆえに、法科大学院間の十分な競争が期待できないのではないかなどの問題点を指摘されていたのである。

　このような経済面での問題のほかに、日本の法科大学院制度を取り巻くいくつかの環境にも、法科大学院を危機に直面させる大きな要因があると考えられる。

　第 1 に、「予備試験」の問題である。その存在と人気、合格者に対する高い評価は、法曹養成のプロセス自体を蔑ろにするからである。それは、法科大学院教育の存在自体を揺るがしかねない。「プロセスを通じた法曹養成」にとっては自己否定を象徴するからである。ただ興味深いことに、本書は、日本における予備試験の迅速な廃止を示唆しているようにも思われる。なぜならば、本書が述べるように、アメリカの場合には、どのようなロースクー

(36)　Koichiro Fujikura、Reform of Legal Education in Japan: The Creation of Law Schools without a Professional Sense of Mission, 75 Tulane Law Review, 941 (2001). この論文については、川嶋・前掲書注 (6) 242 頁以下を参照。

254 第12章 アメリカ・ロースクールと法科大学院

ルであれ、一定の教育プロセスを経て法曹が養成されるのであり、一発試験に合格すれば司法試験が受験できるわけではないからである。ちなみに、日本の医師になるための医師国家試験においても、確かに予備試験の制度は存在するが（医師法10条参照）、受験資格は限定されている。それは、「外国の医学校を卒業し、又は外国で医師免許を得た者であって、厚生労働大臣が適当と認定したもの」等である。これは、司法試験の予備試験とは全く似て非なるものであり、まさに医師の養成プロセスを尊重するものである。

　第2に、日本の「司法試験」の問題である。興味深いことに、本書では、アメリカの司法試験に関する事項にはほとんど触れられていない。本書で述べられたロースクール卒業生の就職難という問題でさえ、それはあくまで普通に学んで卒業すれば合格できる試験であるアメリカの司法試験（各州等が実施する司法試験）に合格した後の問題である。アメリカの司法試験自体、日本の司法試験とは大いに異なることに注意を要する。日本の場合には、マスコミなどを通じて、法科大学院のボトルネックとなっている司法試験の難関を突破した後でさえ就職難の壁が待ち構えているなどと喧伝されているのである。日本のような多様な隣接法律職がなく、弁護士の業務や職務ももとより多様であり、弁護士資格を得た上で、仕事探しを行う機会が保障されているアメリカの場合と比較して、法曹になるためには司法試験の難関を突破しなければならず、突破してもさらに1年間無給の研修施設に入り、地方修習を経て考試（いわゆる二回試験）に合格しなければ法曹資格が得られず、さらに出所（修了）しても就職難が待ち構えているといった日本での情報は、法科大学院の受験を決断する段階で大きな差異をもたらすように思われる。皮肉なことに、ハーバード大学元総長は、日本では司法試験が難しいので、リスクをとりたくはない優秀な若者が、理系に進学し、物作り社会の原動力となり、日本の経済発展を下支えしていたと分析し[37]、また、ある教授は、アメリカでは、司法試験が難しくはないので、3年間という短い在籍期間で（特に、ロースクールの2年目、3年目に）特定領域の専門科目を深く学び、専門分野に秀でた弁護士となることができると指摘した[38]。やや単純な図式

──────────

（37）　川嶋・前掲書注（6）16頁以下を参照。

のように思えるが、核心を突く指摘とも考えられる。日本の場合には、司法試験科目につき満遍なく細かく暗記しなければならず、合格率の低さと相まって、法曹志望者にとっては大きな障害となっていると考えられるからである。

第3に、「司法修習の無給化」の問題である。司法修習が、日本国憲法の下における「奴隷的拘束」や「その意に反する苦役」（憲法18条）に該当するとは思われないが、そこには、財産権でさえ侵してはならず、正当な補償を保障する規定さえ置かれていることから（憲法29条）、財産権よりも重要な人格権や人身の自由が制約された場合には、相応な補償がなされるべきであるとも考えられる。司法修習生の生存権（憲法25条）に関わる問題でもある。そのような憲法の精神を考えた場合には、給付制の復活や、司法研修所以外の（有給の）研修場所の許容等も切望されるであろう（法曹職に関するいわゆるキャリア・システムの下で、特に最高裁判所における裁判官や検察官のトレーニングや選抜が必要ならば、選択的に、それらの志願者のみ司法研修所で修習するという方向性も探求されるべきであろう。法曹三者が「同じ釜の飯」を食べるべき必然性は、必ずしも感じられないからである。なお、給費制は、2011年に一旦廃止されたが、その後2017年に復活し現在に至っている。しかし、廃止前よりも給付額は低いようである。）。

第4に、弁護士会やマスコミ等の基本姿勢も挙げることができる。本章では言及に止めざるをえないが、本来後継者養成の重要な機関であるにもかかわらず（多くの弁護士も現実に法科大学院教育に携わっているが）、弁護士からなる弁護士会自体が、法科大学院を通じた数多くの弁護士養成に消極的な姿勢を示す傾向も看取できる。自己の出身母体であるにもかかわらず、そのような意見に与する弁護士も少なくないようである。別の論考でも触れたが、まるで芥川龍之介が書いた『蜘蛛の糸』のカンダタの話のようである。また、一部のマスコミが、あたかも法科大学院制度に対するネガティヴ・キャンペーンを張るかのように、弁護士の就職難や収入等を取り上げていることも気になる。読者の受け取り方の問題であるが、誤解に基づき群盲象を評すかような結果が生じないことを願いたい。現在の日本でも、まだまだ「法の支

---

(38) 川嶋・前掲書注（6）262頁以下を参照。

配」が日本全土に行きわたっているとは言い難く、弁護士の数が一般市民の司法アクセスを十全に確保できるほどに十分であるとは言えない状況であると考えられる。

このように見てきた場合に、かつて指摘したように、そもそも現在のいわゆる「法科大学院問題」は、本当に「法科大学院の問題」なのかという疑問が湧き起こる[39]。一般に、完璧な制度でない限り、何らかの問題を孕んでいることは確かに否めないが、日本の法科大学院制度の場合には、アメリカのロースクールと比較して、あまりに多くの外在的な問題が存在するからである。日本で言われている「法科大学院問題」の実質は、要するに「法曹養成プロセスの問題」なのであり、それをコントロールする文部科学省、法務省そして最高裁判所の問題なのである。今や法科大学院は、いわば前門の虎だけではなく後門の狼にも怯えつつ、四面楚歌の中で、「21世紀の日本の司法」における人的基盤を支える使命を帯びた「希望の存在」なのである[40]。

先に紹介したように、本書は、アメリカ・ロースクールの暗部（「凋落」[41]の要因）を語っているが、それでも私は、ロースクール制度には（私の知っているロースクールからの推測に限られるかも知れないが）、ある種の尊敬と憧憬を覚える。ロースクール教員の教育に対する志の高さと、ロースクール制度におけるプロセスを通じた弁護士養成（法曹一元の基盤作り）の充実度は、多くの依頼者を安心させ人々の生活や企業・組織活動を守り社会国家を安定

---

(39) この文脈では、藤永茂『アメリカ・インディアン悲史』248〜249頁（朝日新聞社、1974年）の分析が示唆的である。これについては、川嶋・前掲注 (6) 207〜208頁を参照。

(40) なお、法科大学院創設後の研究者養成についても言及したい。それは、法科大学院の持続可能な発展を下支えするために不可欠だからである。私の専門である民事訴訟法の領域では、かつては血湧き肉躍る感動を覚える論文に出会うことができる自由で創造的な風景が存在した。なるほど百尺竿頭一歩を進める研究も国家の御用に身を尽くすことも大切であるが、法科大学院出身の研究者にも、既存の制度・手続の枠組自体を建設的に批判しつつ、よりよい制度・手続を構築するための大胆な提言を期待したい。川嶋四郎「民事訴訟法学への郷愁とささやかな希望」書斎の窓646号25頁、29頁（2016年）〔本書第14章【補論7】〕も参照。

(41) なお、「凋落」とは、花がしぼむこと、落魄・零落すること、衰亡することなどを意味する言葉である（また、白川静『字統〔普及版〕』602頁〔平凡社、1994年〕には、「凋」の文字は、「草木の凋落、人の凋弊する意にも用いる。」とある。）。私は、2012年を最後にアメリカ・ロースクールを訪問する機会を得ていないが、また、実際に訪問したロースクールは十数校にすぎないが、そのときでもそのような印象を受けたことはなかった。

させるに足るものではないかと考えている。

　なお、日本では、誰のための学問かを理解しかねる議論も散見される。一例にすぎないが、私は、アメリカで、碩学たちの「法の世界から取り残された人々への思い」を強く感じることができた[42]。その思いは、一部の者に限られるかも知れないが、概して日本の場合以上に深いものがあるようにも思われる[43]。

---

(42)　川嶋四郎「アメリカのロースクール教育改革から見た法科大学院制度の展望――柳田幸男＝ダニエル・H・フット『ハーバード卓越の秘密――ハーバードLSの叡智に学ぶ』（有斐閣、2010年）を読んで」同志社法学354号151頁、159頁（2012年）〔本書第12章【補論5】〕を参照。また、川嶋四郎『公共訴訟の救済法理』281頁等（有斐閣、2016年）も参照。

(43)　なお、近時のアメリカ・ロースクール関係の文献（ロースクール教育のあり方に関する文献）としては、本書と同時期に公刊された学術書、ウィリアム・M・サリバン＝アン・コルビィ＝ジュディス・ウェルチ・ウェグナー＝ロイド・ボンド＝リー・S・シュールマン（柏木昇＝伊藤壽英＝藤本亮＝坂本力也＝田中誠一訳）『アメリカの法曹教育（原題、Educating Lawyers：Preparation for the Profession of Law）』（中央大学出版部、2013年）が特筆されるべきであろう。ロースクールにおける法曹養成教育に関して長い歴史を持つアメリカにおいても、その教育のあり方が不断に探求されているのである。書名に関しては、"Educating Lawyers"と"Failing Law Schools"と対照も興味深いが、いずれの根底にも、良き法曹（弁護士）をいかに生み出すかを深く思考しかつ志向するロースクール教員の思いが垣間見られる。

　なお、その学術書との関係では、ジュディス・ヴェルヒ・ウェグナー（石田京子訳）「知識、技能、価値観の統合――カーネギー・レポートの知恵と臨床教育」法曹養成と臨床教育7号（2014年）1頁〔ここには、芭蕉の門人で近江膳所の俳人、水田正秀の「蔵焼けて　障るものなき　月見かな」が2度も引用されている。〕を、また、ノース・カロライナ大学ロースクールにおけるウェグナー教授の「法学教育論演習」については、川嶋・前掲書注（6）1頁以下を参照。1993年の在外研究時のディーンであったジュディスには、心から感謝したい。

【補論 5】 アメリカ・ロースクールの叡智
—— 柳田幸男＝ダニエル・Ｈ・フット『ハーバード卓越の秘密——
ハーバード LS の叡智に学ぶ』（有斐閣、2010 年）を読んで

Ⅰ　はじめに

　本書は、日本における現在の法科大学院制度の創設に際して多大な貢献をなした 2 人の著者らによるアメリカの卓越したロースクールにおける教育改革の紹介と論評である。ただ、本書の内容は、そのタイトルが示す射程を超えて、日本の法科大学院制度や新司法試験制度についての具体的な展望にも及んでいる。現時点において、本書が刊行されたことの本旨は、むしろ現在日本の法曹養成制度が置かれている現実を直視した提言の必要性に由来するもののようにも思われる。

　かつて、日本では、法律実務家の養成について、数多くの夢と理想が語られた時代があった。それは、明治維新期でも、戦後間もなくの時期でもなく、ほんの 10 年ほど前の話である。当時、21 世紀の司法のあり方を大きく変革する国民的な議論のコンテクストの中で、大学教育を通じて、司法改革を支えつつ継続的に推し進めることができる良き法曹の育成を本格的に行うことが、真摯さと誠実さと情熱をもって企画されていた。その実現に向けて、高みからもまた大学教育の現場からも、さらには、国民の中からも、数多くの議論が提示され、日本中の多くの人々を巻き込んで議論が重ねられたのである。

　その結果、2004 年（平成 16 年）に創設された法科大学院には、法曹を目指す多くの学生が集まったが、その後 8 年が経過した現在、法科大学院の人気は必ずしも芳しくない。そのような傾向は、世界同時経済不況の下にあり、未曾有の東日本大震災とその後の原子力災害を経験している日本の今日的な情況においてさえも変わらない。人びとの生命・身体・自由・財産そして精神的な営みと深く関わる法律実務家の役割が、より一層クローズアップされるべき現在でさえも、そのような傾向に歯止めがかからないのである。

　さて、魅力的な書名を持つ本書は、現在の日本における法科大学院制度とその教育の現状を考えた場合に、深い含蓄と明確かつ具体的な羅針盤を提供する。

　法科大学院制度と教育が、実際に社会で一般に認識されている以上に深刻かつ危機的な様相を呈しつつあるこの時期に、本書が公刊されたことの価値は計り知れない。本書は、2 人の著者が日本学術振興会から科学研究費の支援を得て行った調査研究をも基礎として執筆されたものであるが、国民の税金による研究の成果の一端が、このようなかたちで公刊されたことは素晴らしく、意義深い。傑出したロースクールにおける弛みない法律実務家養成教育の抜本的な改革を、日本

の法学教育者、官僚、司法関係者、そして国民が、深く知る機会を得ることが可能になったからである。

本書の著者の一人である柳田弁護士は、かつて日本の法曹養成教育について画期的な問題提起を行い、『司法制度改革審議会意見書』（以下、単に『意見書』という。）における法科大学院制度の創設に多大な寄与を行った[1]。もう一人の著者であるフット教授は、その『意見書』における法科大学院システムの具体的な設計（例、教育方法等）に際しても一定の影響を与えたと考えられ、また、日本の司法制度についても造詣が深く、刺激的な著作[2]を公にしている。柳田弁護士とフット教授は、共に、アメリカ・ロースクール、とりわけハーバード大学ロースクール等の内側を熟知している。このような現代日本において余人をもっては代え難い２人によって研究が深められ著された本書は、日本の法曹養成教育に関する宝の山でもあり、その示唆は広範にわたり示唆的である。

日本の法科大学院システムの創造に際して、最も大きな影響を与えたアメリカのロースクール・システムの歴史およびその現状と課題を学ぶことは、とりもなおさず日本の法科大学院システムの質的向上にとって不可避の課題である[3]。以下では、本書の内容を簡潔に紹介し若干のコメントを行いたい。

Ⅱ　本書の内容について

上記『意見書』は、21世紀の司法のあるべき姿を示し、崇高な理想を具体化する数多くの提言を行っていた。10年以上経過した今日、そこに立ち返って議論される機会も少なくなったように思われる。それは、上記『意見書』の内容がほぼすべて実現化されたからというよりも、むしろ、そこで提示された様々な理想の具体的な提言に現実が必ずしも即応できていないからであるとも考えられる。

本書を読みながら、私は、国民のために、日本が21世紀におけるより良き司法の構築とそれを支える優れた法曹の育成に情熱を傾けていた時代が確かに存在したことを、懐古と郷愁を持って思い出した。それに対して、海の向こうのハーバードでは、国家からも官僚からも財政的な制約からも自由に、ただより良き法

---

(1)　たとえば、柳田幸男「日本の新しい法曹養成システム(上)(下)——ハーバード・ロースクールの法学教育を念頭において」ジュリスト1127号111頁、1128号65頁（1998年）、同『法科大学院の理想と現実』（有斐閣、2001年）等を参照。後者の著作については、川嶋四郎「書評」ジュリスト1220号146頁（2002年）〔本書第2章【補論1】〕も参照。

(2)　たとえば、ダニエル・H・フット『裁判と社会：司法の「常識」再考』（NTT出版、2006年）、同『名もない顔もない司法：日本の裁判は変わるのか』（NTT出版、2007年）等を参照。

(3)　アメリカのロースクールにおける制度・教育の全般について、いくつかの文献を素材として論じ、日本の法科大学院制度への示唆の提示を試みたものとして、川嶋四郎『アメリカ・ロースクール教育論考』（弘文堂、2009年）を参照。

曹の涵養を目指して大胆な改革が行われていることに驚きを感じた。しかしそれは、日本とは異なり、アメリカという国におけるロースクールの位相を考えた場合には、至極合点が行くことであった。

大学教育を通じて良質な法曹を養成して行くためには、言うまでもなく、大学教育自体の基本的なあり方だけではなく、それを取り巻く様々な外在的なファクター（教育環境）の把握と、そのトータルな認識・改善が不可欠となる。本書は、単にハーバード大学ロースクールの現状の紹介ではなく、その歴史をたどり今次の改革に至る経緯を具体的に示し、さらには、歴史の教訓として日本の法科大学院制度に対して様々な個別的かつ建設的な提言がなされている。本書の書名からハーバードの「卓越の秘密」に接しようとした読者は、さらにそれを遥かに超えて、日本の法科大学院制度と教育内容ひいてはそれを取り巻く環境要因に対する示唆的な提言にも接することができるであろう。

本書の内容は広範多岐にわたり至言に満ちている。ハーバード・ロースクールと法科大学院等の概観から始まり、「教育方法」、「カリキュラム」、「試験と成績評価」、「法曹資格の取得」、「教員」、「学生」、そして、終章では、ハーバード・ロースクールにおける「改革へのたゆみない努力」を紹介し、日本への提言で締め括られている。

まず、「教育方法」の章では、ソクラティック・メソッドの生成と展開についての背景と経緯が活写されている。そこでは、特に、講義方式の授業との比較とソクラティック・メソッドの価値、その多様性、制定法の学修における意義、事例活用の有用性を説き、「書物によっても理論を伝達することができるが、いかなる書物であっても、深い関心をもって参加している人々の面前で行われる、知的な討論に取って代わることはできない。」との指摘に到る。

日本と異なり、文部科学省に相当する連邦政府機関も、また司法研修所に相当する機関も有していない（つまり、全米で統一的な法曹養成過程に対する「官」の関与度が極めて低い）アメリカでは、新たな法曹の社会的ニーズに即応して、ロースクール教育における実務教育の範囲は広範かつ多様であり、早期の実務教育の価値が指摘されている。そして、歴史の教訓として、著者は、「現に学んでいることが実務の世界と密接な関係を有しているという確かな認識を初期の段階で持つことが重要であり、そのために、入学後の早い段階で実務経験の機会を与える方がより効果が大きいと考えられる。」と論じる。これは、日本の法科大学院教育において実務教育が切り詰められようとしている今日、特に意義深い指摘である。

「カリキュラム」の章では、ハーバードのカリキュラムが、その長い歴史を反映したものであり、弁護士の果たすべき役割が多様化し、社会の様々な分野で法律問題の全面的な解決者としての役割が重視されつつある中で、卓越した法曹と社会のリーダーの育成に貢献していることを指摘する。ハーバード・ロースクー

ルにおける近時の科目として注目されるのは、パースペクティブ科目と言われる学際的な科目の展開である。この科目群は、必修化はされていないものの、学際的視点がカリキュラム全体に深く根づいている。学問と実務を架橋する「問題解決ワークショップ」が中核的な科目として置かれている点も注目に値する。しかも、20世紀初頭から、現在の日本の法科大学院の教員の一部とは異なり、ハーバードでは、「多くの教授が公益活動や法改正活動に携わるようになった」ことに伴い、「多くの科目は法改正の観点を含んだ政策問題に重点をおく」という。新司法試験の現状を前提に、現行法と判例・通説等に関する教育が授業の大半を占めていると推測される日本の法科大学院の現状と比較して、その対照性が際立つ。

　カリキュラムの改革史でひときわ注目されるのは、1960年代以降の改革においては、日本とは異なり学生に裁量を与える方向性が加速したことである。まず、全学生に要求される法学教育の本質としてのコア科目は、実際にはそれほど多くはなく、次に、機会さえ与えられれば、学生は自らの責任で自らの履修科目を選択でき、さらに、履修科目に幅を持たせることで、学生自らが関心を深めてその力を伸ばすことが可能となり、その結果、より有能な法曹が育つという考え方に基づいていた。アメリカ社会および国際社会における法律家のニーズの多様化に適合したこのようなアメリカにおける認識は、そっくりそのまま日本の法科大学院行政への批判につながるが、それはさておいても、司法試験を気にすることなく、自己の将来の進路に即応する主体的な学修の機会が保障されていることこそ、真の法曹養成教育の姿ではないだろうかと考えられる。

　「試験と成績評価」の章では、これまで必ずしも明らかにされてはこなかったロースクールにおける試験の手続や内容、そして成績評価が詳しく紹介されている。試験の多様性に特色があるだけではなく、現在では、「参考資料を利用できる範囲」が大幅に拡大し、インターネットにアクセスして検索することが許される試験も増え、「自分自身が解答に最終責任を持つ限り、他の人と自由に協議してもよい。」（圏点は略）とされ、現在では、「教室で監督員の監視下で実施される試験が衰退傾向にあり、……take-home方式の試験が主流となった。」ことが指摘されている。日本と比較して、試験時間が長く、その分、出題の創意工夫が不可欠となると共に、教員が採点に割くべき時間の割合が大幅に増加することになる。

　かつて私は、法科大学院制度の発足後も、研究中心主義を堅持し法科大学院教育や学務を可能な限り回避することを目論む教員たちに辟易したことがしばしばあった。そのような教員の主張の中には、たとえば、小テスト・中間テスト・レポートなどといった添削や評価等に手間と時間がかかる課題を課していないにもかかわらず、一発勝負の最終筆記試験の試験時間の極小化（例、90分間→70分

間）が含まれていた（その意図は言うまでもなく採点時間の短縮化といった利己的動機にある。）。プロセスを通じた評価であり、その評価でしか学生の勉学プロセスが評価できないものである限り、最大限学生に解答の機会を与えるべきであり、それこそが法曹養成に携わる者の責任であろう。また、日本の法科大学院教員の中には、たとえばオフィス・アワー制度を用いて逆に学生のアクセスを制限することさえ行われていたこともある。オープン・ドアなアメリカのロースクール教員とは対蹠的である。

　日本の場合とは異なり、ロースクール学生に求められる資質や能力として「暗記は無意味」とされている。そのようなことに力を傾注させるのではなく、事案への法適用能力、問題解決能力さらには政策形成能力などの涵養に教育の重点が置かれている。ロースクールの試験問題についても唯一の正解はない。これは、学生が「正しい答え」を知っているかどうかではなく、「分析能力、論理的に主張を展開する能力、与えられた立場に即した対応を考え出す能力、文書作成能力等」が、学生に求められた結果である。日本とは異なり、グループ学習等も、将来の弁護士業務にとっては重要な課題であると考えられている点も注目に値する。なお、試験等における不正防止対策や学生懲戒規則等にも当然言及されている。

　著者らは、日本では、take-home 方式の試験を採用する必要はないと指摘するが、重大な不正行為に対しては「法曹資格取得の障害となるような、強力な制裁を加えるべきである。」とする。至極もっともな提案である。ロースクールの教育課程それ自体が、法曹倫理教育の日常的な実践と学修の場と考えられるからである。また、政策に関する出題は、弁護士志望の学生には意味がないとも考えられかねないが、一般の法律家にとっても重要であり、日本でも採り入れられることが望ましいとする。さらに、1回の期末試験だけで評価するのではなく、定期試験以外の学生評価も見逃すことができないという。日本の場合には、法曹資格の取得の前提として合格率の低い新司法試験が存在するが、それでも、プロセスを通じた法曹養成が目的である限り、アメリカのように、学生が緊張感を持って法科大学院時代を過ごし、そのことが確実に評価されることは重要なのである。これは、日本の予備試験制度批判でもある。

　「法曹資格の取得」の章では、「Bar Exam の初回合格率が高いがゆえに、多くの学生は、Bar Exam に対する日々の恐怖にさらされることなく学習に励むことができる。ほとんど全ての学生は、Bar Exam をあまり意識することなく、時間のかかるクリニックや将来を見据えた授業、あるいは単に学問的好奇心のある授業を選んで、勉学に専念している。」と指摘する。また、「Bar Exam がハーバード・ロースクールの教育プログラムに重大な影響を与えたことがあるとすれば、それは、今から 140 年ほど前の 1 回だけ」であった。そして、「あるロースクールの卒業生の Bar Exam の合格率が認定基準（認定基準 301 (a)〔いわば「75% ルー

ル」）） に達していないということが、そのロースクールが法曹教育の基本的な使命を果たしていないことに他ならない。したがって、認証評価基準に達しなかったロースクールは、認定取り消しを免れないのである。」と指摘する。

このようなアメリカの現状は、ハーバード以外のロースクールでも当てはまり、Bar Exam とロースクールとの関係は、日本とは全く異なり、まさに司法試験こそがロースクール教育の充実と学生の主体的な学修意欲を増進させる要因となっているのである[4]。

日本の場合には、法曹職を目指す法科大学院学生が、新司法試験を気にして自らの関心に従った主体的な学びが阻害されているとすれば、それは不幸なことである。上記『意見書』で指摘されている多様な専門領域で活躍できる法曹の育成も望めない。日本の場合の認証評価基準では、当初必ずしも（または、意図的に）新司法試験合格率は明示的な評価の対象とはされていなかったが、そのことは、法科大学院制度の創設の当初から、現在の状況が予見されていたことを黙示しているようにも思われる。しかも、そうでありながら多数の法科大学院の創設が許され、その結果、開校し学生を集めた多くの大学が存在することになってしまったのである。この責任が全うされたといった話も聞いたことがない。

さらに、アメリカの恵まれたロースクール「教員」と主体的に多様な学びの機会が保障された「学生」も描かれている。著者らは、ハーバードには資産が数多あるが「最も貴重な資産は教員である。」という。このように教員が評価されていること自体がロースクールの価値を象徴している。それは、日本とは違い、アメリカの優れたロースクールでは、多くの教員が、研究以上に教育に力を尽くしていることの表れではないかとも考えられる（このことは、日本と比較した場合のロースクール教員の論文数の少なさを見ても明らかになる。）。ハーバードでは、その教員について「ここ数十年の間『研究者教員』に実務経験の長い実務家をあまり採用していない。」とされる。「2～4年の実務経験だけで熟練した実務家とはいえないけれども、それでも実務の感覚が身に付いて、理論と実務を架橋する研究

---

(4) 川嶋・前掲書注 (3) 262 頁以下も参照。たとえば、ニューヨーク大学ロースクールのフランク・アッパム教授は、次のように指摘する。「……学際的な教育をも含め、アメリカのロースクールにおいてクリエイティヴな教育を行うことができる最大の理由は、『司法試験』にある。それは、司法試験自体がクリエイティヴなものを要求しているからではなく、むしろ、司法試験が易しいからである。」同書 271 頁。「法と市民」、「市民と弁護士」、「学生への信頼」等の基層的なありように関わる課題を示している。
　現在の日本における致命的な問題は、「点からプロセスへ」と標榜されながらも、法科大学院の現場では、「結果志向のプロセス軽視」という状況が生じていることにある。学びの現場がそのようになっている原因は、法曹養成の一連のシステム構造の中にあると考えられる。それは新司法試験の現状がそのように人々を誘うからであり、いわば「点」が「プロセス」を支配しているからである。

264　第12章　アメリカ・ロースクールと法科大学院

と教育を行なうのに大いに役立つ。」と著者らは述べる。継続的な実務改善を可能とする建設的な「架橋」のあり方をも考えさせられる。

　さらに、注目すべきことは、1930年代以来、ハーバード・ロースクールのすべての学生が卒業の条件として、教員の指導の下で研究論文を作成しなければならないとされていることである。また、法律雑誌についても、長い伝統を持つ著名なHarvard Law Reviewを含めて、計16ものジャーナルが、学生たちだけで編集されていることにも驚かされる。そのような、学生の主体性を発揮させ、クリエイティヴな知的営みに駆り立てる原動力は、天職としての専門法書を目指す学生の意欲と、教員の熱意、職員、図書館および教室、さらには奨学金等の充実をはじめとして、それを可能にする学びの環境であろう。その中でも、とりわけ上述のようなBar Examの合格率の高さは、学びの余裕と学修の深みを与える最大の要因となるのではないだろうか。日々の学修を主体的にこなせば、多額の学生ローンを抱えていても相当数のロースクール学生が司法試験に合格でき、また、近時の経済不況下にあっても、学生時代の成績次第で就職も確保できるシステムの存在こそが、民主主義国家における法の支配を支える基礎となるであろう。

　著者らは、ハーバードの卒業生を例にとり、ロークラーク制度を推奨する。これは、上記『意見書』でも指摘されていたが、日本の場合には、司法研修所修了後には裁判官に任官できる道が存在するので、一見迂遠かとも思われかねないが、ロークラーク修了後の道（研究者や法曹等）が創られた場合には、新しいキャリア・パスとして意義深いものになるとも考えられる。たとえば、司法研修所の給費制度が廃止された現在、1年ないし2年のロークラーク（裁判所調査官補〔仮称〕）の職を経れば、司法研修所を経なくても法曹資格を取得できるような新たな方策を採用することも、極めて有益ではないかと考えられる（ただし、法曹資格との関係では、「裁判官補佐官〔仮称〕」の方が適切かもしれない。）。しかも、アメリカ同様、法科大学院時代の成績をも考慮してその採否が決められれば、法科大学院学生の勉強意欲も向上し、また、日本におけるすぐれた裁判官の確保の継続的な要請にも応えられ、しかも、地方裁判所、家庭裁判所、高等裁判所、および最高裁判所にこの制度が設けられれば、現在事実上司法試験合格者数の制約要因の1つとなっていると思われる司法研修所の収容人数の減少（ひいては、新司法試験合格者数の増加）にも貢献し得るのではないかと考えられる（なお、ハーバードと同様に、アメリカにおける卓越したロースクールであるイエールの場合ではあるが、卒業生の半数近くは、卒業後ロークラーク（Judicial Clerks）として働き、その後のキャリア・パスとしていることは、特に注目に値する。データは少し古いが、イエール大学ロースクールにおける2005年の卒業生の50パーセント、2006年の卒業生の41パーセント、2007年の卒業生の40パーセントが、それぞれ卒業後すぐにロークラークとなっている。ちなみに、ローファーム（法律事務所）への就職率は、2005年の卒業生が

第4編　法曹養成教育の課題　265

36 パーセント、2006 年の卒業生が 41 パーセント、2007 年の卒業生が 34 パーセントであるとのことである。)。

　以上の簡潔な紹介からでさえ、アメリカのロースクール、とりわけ卓越したロースクールが、単に、法曹養成（伝統的な法曹の養成に加えて、法を駆使して交渉・問題解決・政策立案等を行うことができる能力を持った法律家の養成）を行うだけではなく、その日常の教育課程の中に研究者養成のシステムが組み込まれているとも評価することができる。それゆえ、全米各地のロースクールには、ハーバード出身の教授が数多く存在するのである。

　なお、本書を読んで、私がお世話になったノース・カロライナ大学ロースクールでも、多くのハーバード出身者が教鞭をとっていたことも思い出した。お隣の町にあるデューク大学ロースクールも同様である。

　「終章」では、危機を乗り越えて絶え間ない変革の努力を行ってきたハーバードの歴史の教訓から、日本の現在の法科大学院制度に関する次のようなもっともな指摘も見られる。「新司法試験との関係においても自己を見失う危険性をはらんでおり、定期的な自己チェックと持続的な改善への努力が特に重要であ」り、「法科大学院が自らの使命を見失い、その本来の姿からかけ離れた教育機関に堕した場合には、従来の法曹教育と何ら変わらないものになる危険性が常に潜んでいる。」と指摘されているのである。

　そして、著者は、次のように付言する。「移行期が終わり、法科大学院がより確かな足場を築かなければならない今日、速やかに、自己チェックと再評価に取り組まなければならない。もしここで足を止めれば、その時点で改革審が求めた理想的な法科大学院は夢幻と消え去ってしまうであろう。」、と。

　立ち戻るべきは、法科大学院創設の原点を記した上記『意見書』なのである。

Ⅲ　おわりに

　ハーバード・ロースクールにも危機がたびたび訪れた。しかし、注目すべきは、それが日本の現状とは異なり、アメリカのロースクール全体における制度自体の危機ではなく、個別のロースクールの危機であった。

　本書に記された「歴史の教訓」の多くは、2009 年（平成 21 年）4 月 17 日に、中央教育審議会大学分科会法科大学院特別委員会から出された報告書に対する説得的な批判となっている。両者の議論を対比しつつ、今後、真摯な検討が重ねられるべきであろう。

　本書は至言に満ちている。この著作は、ハーバードの「卓越の秘密」を歴史的に明らかにしながらも、実は、日本の法科大学院制度等への建設的な提言に溢れている。それは、現在の日本の法科大学院の創設に多くの影響を与えた著者らが、

266　第12章　アメリカ・ロースクールと法科大学院

発足後未だ10年にも満たないものの、すでに「悲史」の観を呈し、改革が強く要請されている法科大学院制度の現実に対して投げかけた「良心の声」のようにも思われる。

　日本では、アメリカの弁護士人口の多さが批判の対象となることがある。ただ、パウンド（R. Pound）[5]やボーク（D. Boke）[6]らの著作に表れているように、それでも、アメリカの碩学の「法の世界から取り残された人々への思い」には深いものがある。また、今から10年近く前に、アメリカのニュー・メキシコ州サンタフェにある同州の最高裁判所を訪問した際のチャベス（E. Chavez）最高裁判所判事（後に、同首席判事）の言葉も、忘れられない。すなわち、同州の人口は200万人程度であり、毎年200人ほどのロースクール卒業生が法曹資格を得ているものの、その多くがビジネス関係の法律事務を扱うために都市で働くので、この州には、増加した弁護士の恩恵に浴することができない人々がたくさんいる。そのような人たちのために、ニュー・メキシコ大学のリーガル・クリニックは非常に重要な意義と役割をもち、そこで学んだ学生が、一人でも多く、「コミュニティ・ロイヤリング」の道に進むことを願っていると、彼は語っていたのである。著者の1人である柳田弁護士は、「人の悩みを解決するという法曹の職務の本質から、法曹は『人のために法を生かす法曹』でなければなら」[7]ないと、その前著で指摘していた。その通りであると、私は思う。ただし、その言葉は、法曹およびそれを目指す学生にのみ向けられた言葉ではないであろう。法科大学院の制度創設に最大の責任を持っていた文部科学省の個々の担当者にも、また、そのような官僚と共にかつて働いた、また（かつ）、現に働き御用を司っている大学人にも、同様に妥当する言葉なのである。

　人は、一般に、「卓越の秘密」を知りたいものである。本書は、ハーバードのそれを余すところなく明快に描き出している。私はそれらに深い感銘を受けたが、しかし、それと同じくらいに行間に示唆された筆者らの「正義への志向」にも感銘を受けた。

　迅速かつ抜本的な法科大学院システム、司法試験制度（新司法試験と予備試験）等の改革に着手しなければならないゆえんである。

　今次の司法制度改革は、旧司法試験の下で法曹資格を得た者たちの懐古と郷愁はさて措くとしても、彼ら彼女らの既得権を排して、国民にとって真に身近で頼りがいのある「社会生活上の医師」の広範な育成を可能にすることが目的とされたはずであったからである。

---

(5)　Roscoe Pound, The Administration of Justice in the Modern City, 26 Harvard Law Review, 302 (1913).

(6)　川嶋・前掲書注（3）第1章を参照。

(7)　柳田・前掲書注（1）iii頁。

第4編　法曹養成教育の課題　267

〈補記 1〉シャーロット・ロースクールについて

アメリカでは、比較的最近にも、ロースクールは創設された。たとえば、シャーロット・ロースクール（Charlotte School of Law〔私立〕）は、ノース・カロライナ州で7番目のロースクール（それ以前から存在する6校は、具体的には、ノース・カロライナ大学チャペル・ヒル校〔University of North Carolina at Chapel Hill. 州立〕、デューク大学〔Duke University. 私立〕、ウエイク・フォレスト大学〔Wake Forest University. 私立〕、ノース・カロライナ・セントラル大学〔North Carolina Central University. 州立〕、キャンベル大学〔Campbell University. 私立〕、イーロン大学〔Elon University. 私立〕）として、2006年から学生を受け入れている。同校は、シャーロットにある。同市は、同州最大の都市で、サウス・カロライナ州との州境に位置し、ノース・カロライナとサウス・カロライナをすべて合わせたカロライナのやや西寄りではあるが真ん中に位置している。ここ数年は、毎年400から500人近くの学生を入学させている。同校は、2011年に、アメリカ法律家協会（ABA: American Bar Association）の認証評価を完全にパスした。

同校卒業生のノース・カロライナ州司法試験の合格率については、2009年は67.3パーセント（州平均は80.63パーセント）、2010年は87.0パーセント（州平均は79.8パーセント）、2011年は78.79パーセント（州平均は82.19パーセント）であった（なお、ノース・カロライナ州の司法試験は、年2回あるが、2回目に相当する試験に関するデータは省略）。

なお、従前、シャーロットに、ロースクールは存在しなかったが、全米屈指の巨大銀行 Bank of America 等の本店があり、同市は、金融都市として発展している。人口は、約70万人。ノース・カロライナ州の人口は、約900万人である。

（なお、シャーロット・ロースクールは後に閉校し、訴訟事件も発生した。後述第14章注（38）参照。以上、（　）内は、本書校正時に追記）。

なお、2007年の新設ロースクールであるカリフォルニア大学アーヴァイン校については、本書251頁を参照。

〈補記 2〉

なお、本原稿の校正中に、本書でも言及されている、アメリカのロースクールにおける take-home 方式の試験に関して、重大な不正行為が報道された。それは、デューク大学ロースクールにおける「憲法」の試験で、その方式で実施された試験の試験期間中に、学生が、インターネットの掲示板に投稿して回答を求めた事件である（2012年4月30日付. http://adovethelaw.com/2012/04/kid-posts-take-home-exam-question-on-message-board-looking-for-answers-finds-only-ridicule/）。日本の大学入学試験においても、同様の事件が存在したことは記憶に新しい。

第13章
「民事裁判の ICT 化」と臨床法学教育展望
―― 「憲法価値」の真の実現を目指して

2021 年

I　はじめに

　現在（2020 年）、民事裁判の世界では、IT（Information Technology）化が漸進的かつ段階的に進行している。コロナ・パンデミックの今日でさえ、その進展速度はそれ以前と基本的に変わらない。民事手続等の「IT 化」（政府公式表現。私見では、「C」を入れて ICT〔Information & Communication Technology〕化）は、臨床法学教育の視点から見れば、法曹養成教育、法学教育および法曹活動に不可避的な変容をもたらすと考えられる。それだけではなく、より基層的に見た場合に、民事訴訟過程自体の ICT 化は、民事訴訟原則や審理の核心的価値にも影響をもたらしかねない。したがって、その議論と対応は不可欠である。

　本章では、逆説的に聞こえるかも知れないが、現在の状況をいわば奇貨として、「社会的距離」の不可避的要請を「多様な他者への配慮と尊重」に転換し、ダイバーシティの推進可能な新たな共生社会を実現すること、さらに、逆説的ではあるが、「民事裁判手続等の ICT 化」を通じた司法世界における「人間性の回復・輝き」を探求したい。これは、情報通信技術の手続過程への導入を通じた「憲法価値」の実質化でもある。つまり、人間の尊重と市民参加を司法の世界でより一層実現し、民事裁判への「ユビキタス・アクセス（Ubiquitous Access）」を実現するための試論である。それは、ICT 化に即応した法曹養成を、プロセスを通じて可能にすることができる法科大学院教育

の再構築を要請し、同時に、法曹倫理教育も実務教育もなしで済ます可能性を国家として公認している司法試験予備試験制度を駆逐し、真にプロセスを通じた法曹養成を可能にする契機ともなるであろう。

司法改革以降、事後的救済の重要性が説かれて久しい。法的救済過程としての民事訴訟過程を考える私見では、ICT 化を通じた民事裁判のより一層の迅速化・効率化の促進は、ある種民事訴訟制度の危機でもあるが、むしろ、個人の尊重や司法における国民主権等を実質化する好機であると考える。

以下では、従前の議論の過程を一瞥して新たな提言につなげたい。

Ⅱ　民事裁判の ICT 化小史

1　日本における民事裁判の ICT 化に向けた提言と研究

法科大学院が産声を上げる頃から、私たち研究者有志は、自主的に「e-サポート研究会」（代表、川嶋四郎）を創設した。これは、2001 年の『司法制度改革審議会意見書』が、「裁判所の利便性の向上」のために「裁判所等への情報通信技術（IT）の導入」を掲げていたにもかかわらず、検討会も設けられずその進展に疑問を抱いた結果、その促進を後押しするための理論的かつ実践的な研究に着手したものである。問題意識は、世界的に「正義・司法へのアクセス（Access to Justice）」が、本格的に論じられてから半世紀近く経過した 21 世紀の日本においても、その実現は大きな課題として存在することから、その実質的な内容が、「すべての人々にとっての平等な正義・司法へのアクセス（Equal Access to Justice for All）」となるべく、努力が積み重ねられねばならないというものであった。これは、①訴訟における救貧アクセス論、②訴訟における集団的救済アクセス論、そして、③ ADR を含む紛争解決手続全体へのアクセス論といった 3 つの大きな波の跡に来たるべき「正義・司法へのユビキタス・アクセス（Ubiquitous Access to Justice）論」（誰でもいつでもどこからでも紛争解決手続へのアクセスを可能にする議論）の提唱であった。それは、仮に実現できれば、アクセス論自体が、その実質化や具体化の課題は残るとしても、とりあえず終焉を迎える、いわば究極のアクセス論であり、全民事手続への日常的恒常的アクセス論を意味し、自由権と

平等権、さらには社会権や国民主権等といった「憲法価値」の探求と実現を志向するアクセス論でもあった。

私たちの研究では、民事裁判について「2009年ICT化モデル」として、「e-サポート裁判所」についての提言（後掲論文③等参照）等、数々の提言を行った（後掲諸論文を参照）。その骨子は、①「情報交流」のeサポート（裁判手続のオンライン化）、②「情報管理」のeサポート（訴訟事件記録のデジタル化）、および、③「情報伝達・共有」のeサポート（出廷・傍聴等における法廷等の空間の拡張）からなり、①から③までの統合的・一体的実現を目指す指針の提供であった。それと同時に、高質なシステム構築、デジタル・ディバイド対応、なりすまし対策や証拠の電子化とその高精度化等、様々な課題設定も行った。翌2010年には大規模な実証実験を行い（総務省提出報告書等にその成果は結実した。後に後掲資料⑧として公表）、多様な問題提起や議論を経て、一定のガイドラインも提示した（後に後掲論文⑦として公表）。

2　2つの検討会の提言：国家プロジェクト

このような私たちの研究成果は、国家プロジェクトである「裁判手続等のIT化検討会」（連絡先は、「日本経済再生総合事務局」）の取りまとめ（2018年）にも、主要箇所が呼称を変えてほぼそのまま取り込まれた。つまり、上記「eサポート」構想は、「3つのe」なる用語にそのまま置換され、ⓐ「e提出」（1①に対応）、ⓑ「e事件管理」（1②に対応）、および、ⓒ「e法廷」（1③対応）を柱とする提言が公表されたのである。そこでは、当事者目線や利用者の立場も強調されていた。「3つのフェーズ」が設定され、段階的かつ漸進的なIT化の工程が示され、その後、『民事裁判手続等IT化検討会報告書』（2019年）も公表された。

3　国家プロジェクトへの疑問と新たな展望

この国家プロジェクトに対する本格的な検討は、別の機会に譲らざるを得ないが、若干の指摘をすれば、以下のとおりである。たとえば、①現在の民事裁判のICT化の実現の基礎に存在すべき、「正義・司法へのユビキタス・アクセス」の基本的な考え方は完全に看過されていること、②憲法82条や

32条を実質化するための基本指針が示されておらず、③民事訴訟の基本原則、口頭弁論主義・当事者主義等の実質的な掘り崩しの危惧さえ感じられ、④「利用者目線」や「利用者の立場」が強調されているものの、そこでの利用者像は必ずしも明確ではなく、⑤現実には情報技術を一般市民が円滑に習熟し利活用できる道程には程遠い感があり、かつ、そのための具体的かつ本格的な施策の提示はなく、⑥市民に身近な裁判所である簡易裁判所や家庭裁判所の本格的なICT化は先送りされ、⑦本人訴訟に対する対応（基本的なサポート体制）等も、言及はあるが不十分である。今後さまざまに検討されるであろうが、要するに、少なくともそこで企図された大プロジェクトは、形式的な国際水準への引上げ自体を目的とし、先行研究から、迅速化・効率化を可能にする柱とツールのいいとこ取りを敢行し、訴額の比較的大きい財産権上の争いに事実上焦点を当てた、（大）企業優位や大都市大規模弁護士事務所優先の跛行的法改革といった真相さえ散見されるのである。ゆえに、本章では、「インクルーシブな民事訴訟法（Inclusive Civil Procedure）」、つまり、「誰一人取り残さない民事訴訟・民事訴訟法」を今一度市民のために制度的に再構築することの喫緊性といった大きな問題提起を、現時においてしておきたい。

Ⅲ　民事裁判のICT化の下での臨床法学教育

　ともかく、技術・効率・迅速志向の国家プロジェクトに対して、市民の視点から対抗できるのは、正規の法曹養成過程の中核を占める法科大学院教育である。それは、マインドとスキルの教育からなる。

1　マインドの涵養

　まず、誰のため何のための民事裁判のICT化であるかを押さえ、市民のために法を生かす「ユビキタス・アクセス」を実質的に実現し、より豊かなコミュニケーションを通じて、「憲法価値」を実現できるマインドが、涵養されなければならない。ICT化は、逆説的ではあるが、「公平性（平等性）・開放性・多様性」を実現できる契機となり、「（人間にとって業や宿痾とも言え

る排他性・差別・好悪等といった悪しき）感情なき開かれた温かい ICT 世界」の構築を可能にする。市民が ICT を自家薬籠中のものにでき、ニーズ即応的な豊かで誰に対しても分け隔てのない手続（豊かな救済過程）を形成するための、新しいリーガル・マインドの涵養こそが大切になる。同時に、データ管理に細心の注意を払い、完全監視社会化に対する警戒と抑止を図り、自由と平等、個人の尊重と社会権・幸福追求権の実現を図るためのサポートができ、人々のための法・制度・手続の発展に寄与できる法曹の育成に貢献すべきである。

2　スキルの修得

　また、情報リテラシー教育の重要性もクローズアップされる。たとえば、情報の入手、保存管理、選択、利活用、共有、発信などに関する基礎教育だけではなく、新たな時代の法曹倫理教育、ICT 化に対応できる法科大学院教育、とりわけ「臨床」教育の維持・拡大・発展も不可欠となる。リーガル・スキルに加え、多様で豊かなコミュニケーション・スキルも不可欠である。その際、個の尊重だけではなく、手続の核心である訴訟等の手続過程における「口頭コミュニケーションの価値」が再確認されるべきである。「弁論準備手続」や「口頭弁論」の活性化・円滑化を実現するためのスキルの修得も不可欠となる。また、法科大学院におけるプロボノ活動は、社会的に弱い立場にある者の支援（デジタル・ディバイド対応も含む。）を通じて、「憲法価値」の実現を目指すべきであろう。誰でもいつでもどこからでも様々に「つながる」ことの価値の実現こそが、安心安全で豊かな社会を創出するであろう。文字通り、法科大学院における「社会生活上の医師」、とりわけ新たな「国手」の養成である。

Ⅳ　おわりに

　法科大学院教育は、ICT 社会の下でも、その価値が様々な口実を付けて掘り崩されつつある現代社会において、「憲法価値」を具体的に実践できる最後の砦である。リーガル・マインドを堅持しリーガル・スキルの向上を図

り、市民のために法を具体的に生かす術を取得する機会は、そこを措いて外にない。たとえば、小川洋子『博士の愛した数式』で博士に語らせるように、「一番いい場所を独り占めしないよう、皆で譲り合」い、藤野恵美『淀川八景』が剔抉するように、「権力者って、気持ちええもんやな……」感を完全に払拭し、G. オーウェル『1984年』が描く、「完全監視ディストピア社会」化を首尾良く回避するために、法科大学院教育が実践されるべきである。

　与謝蕪村が、「この泥が　あればこそ咲け　蓮の花」と詠んだことも想起される。

　市民・利用者にとっての手続保障の法的基盤として、憲法32条の「裁判を受ける権利」の実質化とその保障のために、民事裁判に対する「ユビキタス・アクセス権」、すなわち、公共施設からの「インターネット接続権」、「秘密保持請求権」および「手続サポート権」を、法的に明記し保障すべきことも敢えて立法論的に提言したい。これらの研究も展開させなければならない。

　また、完全な「民事訴訟のICT化」に際して、現実の法廷で対面の口頭弁論手続を選択できる権利として、「口頭弁論における在廷保障選択権」も提案したい。最近では、IT化が、私たちの指摘してきたICT化を飛び越えて、裁判所や法務省によって無味乾燥な「デジタル化」と言い換えられていることにも危惧感を覚える。大切なのは、人を大切にするコミュニケーションだからである。

　以上は、Withコロナ・Afterコロナ時代における「真に利用者目線の民事訴訟・民事訴訟法」を具体化し、充実した迅速審理をこの時代に実現するための試論である。「正義・司法へのユビキタス・アクセス」を具体的に実現し、手続保障を現実的かつ実質的に確保し、利用者の満足の実現と民事裁判の高質化（特に、口頭弁論の活性化、利用者の民事訴訟過程への関与の実質化、裁判組織とその過程の高質化等）を目指した、「民事裁判における人間性の回復を志向するICT化」こそが、実現されるべきである。まだ、間に合うので、憲法を守り、憲法により護られている日本社会の実現のために、早急に着手しなければならない。

　以上は、21世紀民事訴訟法学の最大の課題でもある。しかも、それは単

なる実務技術的な課題であるだけではなく、制度の本質に関わる課題である。それゆえに、法学教育上の課題でもあり臨床法学教育的な課題でもある。

〈参考文献〉

①川嶋四郎「ロイヤー・テクノロジー——開示・可視化・充実迅速化」法律時報76巻3号54頁（2004年）

②川嶋四郎＝上田竹志「生まれ変わる民事訴訟——新しい正義のしくみと先端テクノロジィ：研究者の視点から見た新たな風景」自由と正義55巻10号20頁（2004年）

③川嶋四郎「『e-サポート裁判所』システムの創造的構築のための基礎理論——『IT活用』による『正義へのユビキタス・アクセス』構想」法学セミナー653号36頁（2009年）

④総務省平成21年度・ICT先進事業国際展開プロジェクト報告書、川嶋四郎＝笠原毅彦＝上田竹志『法律サービスにおけるICT利活用推進に向けた調査研究』（2010年）

⑤川嶋四郎「『司法へのユビキタス・アクセス』の一潮流——シンガポール裁判所の21世紀」『民事手続における法と実践』21頁（成文堂、2014年）

⑥同「法律サービス（特に、民事裁判）におけるICTの活用に向けた実証研究について——『正義・司法へのアクセス』の展開のための実証研究に関する若干の紹介等」『民事手続の現代的使命』1325頁（有斐閣、2015年）

⑦同「民事訴訟におけるICTの利用に関するガイドラインの提言と基本的課題」同志社法学397号1頁（2018年）

⑧同「『民事裁判のICT化』に向けた実証研究の概説——利用者の目線から『民事裁判のICT化』の実践的な構想を目指して」同志社法学398号334頁（2018年）

⑨同『民事救済過程の展望的指針』（弘文堂、2006年）

⑩同『民事訴訟法概説〔第3版〕』第10章（弘文堂、2019年）

⑪同『民事訴訟の簡易救済法理』（弘文堂、2020年）、等。

　なお、①〜③、⑤〜⑧は、全面的に改稿して、川嶋四郎＝笠原毅彦＝上田竹志『民事裁判ICT化論の歴史的展開』（日本評論社、2021年）に収録した。また、⑩は、法改正を踏まえて2024年に全面改訂し、第4版として公刊した。

276　第 13 章　「民事裁判の ICT 化」と臨床法学教育展望

【補論 6】「三方よし」から、「司法よし」へ
—— 「三方よし」を超えた「司法よし」へ：弁護士への期待

　「弁護士」、それは日本国憲法に規定された唯一の民間人・非公務員の職名であり（憲法 77 条 1 項参照）、「基本的人権」を擁護し「社会正義」を実現することを使命とする高度専門職である（弁護士法 1 条 1 項）。誠実職務遂行義務、秩序維持義務および法律制度改善義務（同 2 項）の履行を通じて日本司法を支える。その実質化のために「弁護士自治」が保障され、「懲戒制度」という自浄作用を通じてその自治は揺るぎないものとなる。国家により人権が保障されず裁判を通じてさえ非命の死が生み出された戦前の負の日本司法史に対する反省から、戦後弁護士が国から勝ち取った歴史的成果でありシステムである。

　ところが、そのような弁護士の不法行為責任等を認める裁判例は跡を絶たない（例、東京地判平成 27 年〔2015 年〕12 月 4 日・判時 2312 号 106 頁〔「悪徳弁護士」・「訴訟詐欺」等と弁護士が準備書面等に記載した事例〕、大阪地判平成 29 年〔2017 年〕9 月 20 日・判時 2372 号 71 頁〔着手金以外に「軍資金」の名目で金銭を要求した事例〕、東京地判平成 29 年〔2017 年〕9 月 27 日・判時 2379 号 95 頁〔弁護士が相手方弁護士に弁護士法違反・弁護士倫理違反等がある旨発言し準備書面に記載等した事例〕等）。また、懲戒処分の例では、裁判官や裁判所書記官等に対する名誉毀損による業務停止 1 月の事例もある[1]。

　そこでは、裁判所への提出書面に、「『やくざのような語調』、『転勤を控えての粗雑処理』、『エッセイのごとく自分自身の個人的な感想を書くのは、裁判官失格である』、『善良ながら無知愚鈍な国民を困らせるのである』、『裁判所と裁判所書記官が共謀して、調書を改ざんした』等」の表現が見られた。また、大阪市アンケート事件に見られるように、憲法違反の調査（大阪高判平成 27 年〔2015 年〕12 月 16 日・判時 2299 号 54 頁）を主導し業務停止 1 月の処分を受けた弁護士もいる[2]。さらに、離婚事件における妻の代理人に対して懲戒請求をした弁護士が、その濫用として業務停止 2 月の処分を受けた事件も記憶に新しい[3]。後二者は法科大学院教授でもある。

　なお、近時の清廉かつ高潔な裁判官の世界で、裁判官のツイッターの内容が「品位を辱める行状」（裁判所法 49 条）に当たるとされた事例として、最大決平成 30 年〔2018 年〕10 月 17 日・民集 72 巻 5 号 890 頁もある[4]。

　日本中で信頼を得て世界的な企業を多数輩出した近江商人の世界では、売り手

---

(1)　自由と正義 70 巻 4 号 73 頁（2019 年）。

(2)　自由と正義 69 巻 11 号 96 頁（2018 年）。

(3)　自由と正義 70 巻 7 号 123 頁（2019 年）〔2005 年・2014 年の処分に続いて 3 回目である。〕。

よし買い手よし世間よしという「三方よし」の家訓が残されている[5]。これは、よき商品を売れば、買い手に喜んでもらえるだけではなく売り手の利益や信頼が向上し、社会経済の発展にもつながるという訓えである。弁護士よし依頼者よし世間よしの「三方よし」だけではなく、裁判所の世界では原告よし被告よし裁判所よしの「三方よし」も考えられる。それを支えるのが弁護士であり裁判官である。そこでは、よき裁判官がよき弁護士を育て、よき弁護士がよき裁判官を育てる。その不断のシナジー効果の積み重ねこそが、継続的な日本司法の質的向上を導く。原告よし被告よし裁判所よしの「三方よし」が実現されれば、さらに世間（日本社会）よしとなる。その「三方よし」を超えた「四方よし」こそが「司法よし」なのである[6]。実体法レベルでは勝ち負けが生じ「三方よし」とはなかなかいかないが、しかし、「公正」を旨とする訴訟法・手続法の世界では、このような「司法よし」の実現も決して夢ではない。

　この課題はすべて現在および将来の国民・市民のためにある。

（4）　この判例については、たとえば、川嶋四郎「裁判官のツイッターと『品位を辱める行状』（裁判所法 49 条）（最大決平成 30 年〔2018 年〕10 月 17 日・民集 72 巻 5 号 890 頁）」法学セミナー 771 号 132 頁（2019 年）。

（5）　川嶋四郎『日本人と裁判』94 頁（法律文化社、2010 年）。その後継書として、同『日本史のなかの裁判』95 頁（法律文化社、2022 年）も参照。

（6）　川嶋四郎『民事訴訟法概説〔第 3 版〕』〔弘文堂、2019 年〕の「はしがき」参照。

第５編

法学教員・国際法曹の養成課題

第14章
法科大学院創設後の法学教員養成

2023年

"Barn's burnt down — now I can see the moon."

Masahide Mizuta（1657-1723）　　Zeze, Omi,

I　はじめに

　近時日本における法学研究者の養成は、必ずしも順調には行われていないようである。

　その理由には様々なものが考えられるが、法科大学院制度の創設によって、大学・大学院における法学教育システムが大きく変容したことが、法学研究者の養成のあり方に相当な影響を与えていることは疑いないように思われる。とりわけ実定法学の領域における研究者養成は、一般にその科目が司法試験科目である限り、法科大学院における司法試験科目担当者と直結させたかたちでその育成が想定されかねないことから、基礎法等の研究者養成とは異なり、「法科大学院経由」でかつ「司法試験合格者」からの研究者養成が考えられてもやむを得ない一面は存在した。

　ただし、それはそれで研究者養成の桎梏となり得ることは当然予見可能でもあった。複数法学科目の広い知見の必要性は否定しないが、専門分野に関する深い造詣が必要となる職種に、資格試験対応型の知見や能力に基づく資格を要請すること自体、ある種の障壁の設定とも考えられるからである。特に、法学教員は法学教育者であり法学研究者でもあることから、外国法の素養や学位論文の執筆能力がどのように獲得されるかは、法科大学院教育や司

法試験の合否とは次元の異なる課題とも考えられるからでもある[1]。

　本章では、2004 年（平成 16 年）に法科大学院制度が創設されて以降、20 年近く経過した現在において、法学教員（臨床法学教員をも含む。）の養成について考察を加えたい。

　法科大学院創設後は、一般に、法学教員として、従前から存在する研究者教員（非実務家教員）と実務家教員が存在（並存）することになった。前者は、従前の法学部・大学院法学研究科の教員と同一性・共通性・連続性があることから理解しやすいが、後者は、法科大学院制度創設後においては、裁判官・検察官・弁護士といった法曹資格等を有する者が法科大学院で教える場合の教員を指す用語として日本では用いられている（なお、日本には、法曹資格の有無を問わず企業法務の経験を持った者を教員として採用する大学も少なくないが、その教員も実務家教員に含めて考えることができるであろう。また、司法書士等の隣接法律専門職教員も同様である。）。

　「21 世紀の日本を支える司法」のマスタープランを示した 2001 年（平成 13 年）6 月 12 日の『司法制度改革審議会意見書』（以下、『意見書』と略す。）[2]は、法科大学院制度の基本的な骨格を提示したが、そこでも、「実務経験を有する教員」として、「実務家教員」という言葉が用いられている。ただし、アメリカのロースクールでは、実務法律科目は、広くリーガル・クリニック科目と呼ばれ、主としてリーガル・クリニック教員が担当している。一見日米で同様のようにも見えるが、しかし、ニュアンスが異なるように思われる。確かに、日米共に法曹資格を有する者である点では共通性があるが、

---

(1)　この点で、日本史を回顧した場合に、すでに荻生徂徠（1666-1728 年）は、「学問は歴史に極まり候」と述べ、「学問は飛耳長目の道」であると、その本質を言い当てていたのである。つまり、「飛耳」で海外の情報の価値や世界史の動向の意義を語り、「長目」で歴史から学ぶことの価値を説いたのである。川嶋四郎『日本史のなかの裁判』1 頁（法律文化社、2022 年）参照。個々の法分野の歴史と世界的な法比較を通じて、より良き「法の支配」の世界を創造する役割の一端を担う法学研究者の養成には、本文で述べたような基礎的素養の涵養こそが重要になると考えられるからである。

(2)　かつては、内閣府の HP（http://www.kantei.go.jp/jp/sihouseido/report/ikensyo/pdf-dex.html）に掲載されていたが、現在は削除されている。ただし、鹿児島大学司法政策教育研究センターの HP（https://lawcenter.ls.kagoshima-u.ac.jp/shihouseido_content/sihouseido/report/ikensyo/pdf-dex.html）等で閲覧することができる。

アメリカでは、単に法律実務家が教員になっているだけではなく、リーガル・クリニックのための教育理念や教育技能を身に付けた教員がリーガル・クリニック科目を担当しており、それは医学の領域における臨床医学分野の教員（医師）と同様に考えられているのである。したがって、本章では、実務家教員で主として実務系科目・臨床法学系関係科目を担当する教員については、臨床法学教員と呼びたい（研究者教員で実務系科目・臨床法学系関係科目を担当する教員もおり、また、実務家を経験した教員が研究者教員の位置を占めることもあるが、要するに基軸がどこかであり、以上の表現は一応のものであることをお断りしたい。）。

　永続的、安定的かつ発展的な法科大学院教育の将来を考えた場合には、臨床法学教員もまた何らかのかたちで「養成」される必要性があると考える。法学部卒業生に対する社会的な期待から、インターンシップ等、学部段階での企業・行政機関等の実務を垣間見る機会が今後ますます増加するに連れ、学部段階でも、これからは臨床法学教育の必要性が高まることが予想されるからである。

　研究者教員としての法学教員の養成も喫緊の課題である。法科大学院が創設された当初には、その校数は74校に達したこともあった（現在ではその半数以下の34校である。）。それでも、日本の法学教育においては、その大学数や学生数から考え、法学系学部（以下、単に「法学部」という。）の教育が大きな部分を占めることから、法学教員の不断の養成が不可欠となるであろう。しかも、教職課程や他学部のカリキュラムの中にも、「憲法」や「法学」等の法律科目が置かれている場合もあり、他学部等にも法学関係の専任教員が配されている場合もあるであろう。したがって、本章では、法科大学院教育だけではなく法学部教育等（大学院法学研究科における教育をも含む。）を担う法学教員の養成について、検討を加えたい。実定法学科目を担当する研究者教員の養成については、特に、筆者の専門領域である民事訴訟法の研究者教員の養成に焦点を当てて論じたい。

　このような法学研究者養成の現況に至る起点となったのは、上記『意見書』である。これは、先にも紹介したが、「制度的基盤の整備」、「人的基盤の拡充」および「国民の司法参加」という3つの柱を、司法制度改革の基軸

284　第14章　法科大学院創設後の法学教員養成

としていたが、そこで司法制度を支える「人材」の育成のために、法科大学院制度の創設への道筋が付けられたのである。ただし、法科大学院自体、多くの大学で、既存の大学の大学院レベルに一部局等として付加されたものであり、法学部も大学院法学研究科も、そのまま残ることとなった。そのことは、法学教育を担う限られた人材で、法科大学院教育だけではなく法学部教育や大学院法学研究科における教育をも担当せざるを得ないことを意味する。

　この『意見書』の中に、法科大学院の教員組織に関する記載は存在したものの、それはあくまで法曹養成を目的とした法科大学院教育を担うに相応しい教員資格の明記が中心であった。法科大学院教員の養成自体については、具体的な記述が存在しなかったのである。その教員組織の中に一定程度の実務家教員（本章では、特に臨床法学教員）が存在しなければならないことが規定されている限りで、法科大学院では、非実務家教員、すなわち研究者教員が多数を占めることが予定されていた。そのことは、実際には法科大学院制度の創設と運営をスムーズに行う基盤ともなった。新設された法科大学院では、大学院教育を担ってきた研究者教員が多数を占めたことから、従前の教育・研究・学務の延長として、法科大学院における教育の実施やマネジメントを通じた組織運営等を円滑に行うことができたのである[3]。

　その『意見書』には、法科大学院創設後の法学部のあり方に関する意見も存在した。大学院法学研究科が法科大学院と併存すること（あるいは、大学院法学研究科内に法科大学院を設けること）も認められたことから、既存の法学部・大学院法学研究科で教育研究を行う教員養成の使命は、専門職大学院としての使命や司法試験合格者を輩出する使命等が付加されたとしても基本的には従前と変わらないように思われる[4]。

（3）　もちろん、それを支える優れた事務職員の存在は言うまでもなく、私の経験から振り返った場合に、創設に携わった研究者教員が大学事務職員にどれだけ世話になったか分からない。ただし、どの大学にでも、法科大学院の創設といった面倒な学務からは距離を置く教員が存在したであろう。そして、そのような教員が、法科大学院創設後の様々な「恩恵」には積極的に浴した事実も歴史的には看過することができない。

　一般に、法制度および学問の歴史あるいはその歴史的展開の価値については、たとえば、川嶋四郎＝笠原毅彦＝上田竹志『民事裁判ICT化論の歴史的展開』（日本評論社、2021年）等を参照。またそれは研究者倫理の問題にもつながるであろう。将来における歴史的な検討課題である。

したがって、臨床法学教員の養成だけではなく、法科大学院、法学部・大学院法学研究科を構成する研究者教員の養成も、法科大学院創設後の大きな課題として残されることになった。従前と比較して、研究者志望の大学院生は相対的に減少しており、現在のところその増加の見通しは立っていない。現状では、実定法科目に限定したとしても、しかも、司法試験の必修科目・選択科目のいずれであっても、法科大学院教員がすべて法科大学院出身者によって占められることになるとも思われない。この点では、上記『意見書』の期待に反し、今後も変わらないように思われる。なお、『意見書』では、臨床法学教員としての実務家教員についても、「教育実績や教育能力」等が要請されていたのであり、単なる法曹資格や実務経験だけを必要とするものではなかったのである[5]。

　このような『意見書』以後の状況を踏まえて、本章では、特に法科大学院創設後の法学教員の養成のあり方について考えたい。

　本章は、2022年（令和4年）6月17日にウェブ上で開催された臨床法学教育学会での報告を含むが、後日全面的に加筆し増補したものである。既にその一部の概要は公表した[6]が、紙幅の関係から詳論ができなかった部分を大幅に補完している。

　以下では、まず、日本学術会議の報告や提言を紹介し（→Ⅱ）、次に、研究者教員の養成を考え（→Ⅲ）、さらに、臨床法学教員の養成を考え（→Ⅳ）、今後の展望につなげたい（→Ⅴ）。

---

(4)　『意見書』が公表される前には、法学部を廃止してリベラルアーツを教える教養学部的な組織に変更すべきとする議論なども存在した。しかし、法学部は存置されることになり、「法科大学院導入後の法学部教育については、それぞれの大学が特色を発揮し、独自性を競い合う中で、全体としての活性化が期待される。」という、法学部における従前からの実績を確認し、さらに「活性化」することが期待された。ただし、『意見書』には、法学部におけるいわゆる飛び級の適宜活用の指摘は存在した。
　　なお、実際には本来の趣旨以外の用いられ方がされている「司法試験予備試験」まで視野に入れて考え、かつ、法学部における予備試験までをも視野に入れた教育を想定すれば、現在の法学教育のあり方は、法科大学院教育と截然と区別できない面もあるであろう。なお、この議論の前提として、受験予備校の教育は視野に入れていない。
(5)　臨床法学教員の研究者教員としての側面については、後述のⅣ2を参照。
(6)　川嶋四郎「法科大学院創設後における臨床法学教員等の研究者養成・概論」法曹養成と臨床教育15号211頁（2023年）参照。

286　第 14 章　法科大学院創設後の法学教員養成

Ⅱ　日本学術会議の報告・提言等

1　概観

　日本学術会議は、日本における科学者の代表機関であり、第 2 次世界大戦後に創設された。それは、日本の平和的復興、および、人類社会の福祉に貢献し、世界の学界と提携して学術の進歩に寄与することを使命とし、日本学術会議法に基づいて設立された日本のアカデミーである[7]。それゆえ、科学者としての研究者養成、とりわけ本章との関係では法学教員の養成に関してはかねてより大きな関心が払われてきた。

　1999 年（平成 11 年）7 月、司法制度改革審議会が内閣の下に設置された（司法制度改革審議会設置法〔平成 11 年法律第 68 号〕2 条 1 項参照）。この審議会は、「21 世紀の我が国社会において司法が果たすべき役割を明らかにし、国民がより利用しやすい司法制度の実現、国民の司法制度への関与、法曹の在り方とその機能の充実強化その他の司法制度の改革と基盤の整備に関し必要な基本的施策について調査審議する。」ことを目的とした。

　その後、本章の論題との関係で、日本学術会議はこれまでいくつかの報告や提言を発出してきたが、主要なものは次の通りである。

　まず、そのような状況でいち早く将来を見越し、日本学術会議第 2 部の比較法学研究連絡委員会は、2000 年（平成 12 年）4 月 24 日に、同報告『諸外国における法学研究者養成制度』（『平成 12 年報告』と略す場合がある。）を公表した[8]。その後矢継ぎ早に、司法制度改革審議会の『意見書』が公表される少し前であって、その『司法制度改革審議会中間報告』（2000 年〔平成 12 年〕11 月 20 日）が公表された後の 2001 年（平成 13 年）5 月 14 日に、『法学部の将来──法科大学院の設置に関連して』（第 2 部対外報告。『平成 13 年報

---

　(7)　日本学術会議ホームページ（https://elaws.e-gov.go.jp/document?lawid=323AC0000000
　　121）参照。また、日本学術会議法（昭和 23 年法律第 121 号）前文も参照。なお、そこには、
　　上記の説明に引き続き、「内閣総理大臣所轄の下、独立して職務を行う機関です。」と明記され
　　ている。同法 1 条 2 項および 3 条も参照。
　(8)　https://www.scj.go.jp/ja/info/kohyo/pdf/kohyo-17-t934-4.pdf.

告』と略す場合がある。）が公表された(9)。さらに、上記『意見書』の公表後で法科大学院制度が創設される約1年前の2003年（平成15年）6月24日に、『法科大学院と研究者養成の課題』（第2部対外報告。『平成15年報告』と略す場合がある。）が公表された(10)。

また、法科大学院制度の創設の翌年、2005年（平成17年）7月21日に、『法科大学院の創設と法学教育・研究の将来像』（第2部対外報告。『平成17年報告』と略す場合がある。）が公表され(11)、そして、上記『意見書』の公表後約10年を経過した2011年（平成23年）9月22日に、『法学研究者養成の危機打開の方策——法学教育・研究の再構築を目指して』（第1部法学委員会法学系大学院分科会提言。『平成23年提言』と略す場合がある。）が公表された(12)。それは、法科大学院制度の創設から7年後のことであった。

このような5件の報告書や提言書の表題を一瞥しただけでも、法科大学院創設後の法学教員の養成に関しては、日本における法学研究の発展とそのための後継者養成の課題がいかに大きなものでありかつ深刻な問題であるかを感じ取ることができる。

なお、上記の4件の報告・提言の発出元が異なるのは、その間に日本学術会議の組織改革が行われたことによる。すなわち、現在の日本学術会議は、3部会制（第1部 人文社会科学、第2部 生命科学、第3部 理学・工学）を採っており、法学関係は、政治学関係と共に第1部に属しているが、2005年（平成17年）までは、7部会制であり、第2部が、法学政治学委員会であった(13)。

以下では、これらの各報告や提言が、必ずしも同一の論点を扱うものではないが、本章の問題関心から、「法学教員の養成」に焦点を絞って、それら

---

(9)　https://www.scj.go.jp/ja/info/kohyo/18pdf/1864.pdf.

(10)　https://www.scj.go.jp/ja/info/kohyo/pdf/kohyo-18-t995-42.pdf.

(11)　https://www.scj.go.jp/ja/info/kohyo/pdf/kohyo-19-t1031-1.pdf.

(12)　https://www.scj.go.jp/ja/info/kohyo/pdf/kohyo-21-t135-5.pdf.

(13)　2005年（平成17年）までは、組織的に人文・社会科学部門と自然科学部門に区分され、前者は、4部からなり、後者は、3部からなっていた。内訳は、第1部（文学、哲学、教育学・心理学・社会学、史学）、第2部（法律学、政治学）、第3部（経済学、商学・経営学）、第4部（理学）、第5部（工学）、第6部（農学）、および、第7部（医学、歯学、薬学）であった。

の内容を紹介したい。ただし、いずれも浩瀚な報告書等であり指摘や意見・提言も多岐にわたるが、あくまで本章の論題との関係で紹介し、若干の検討を加えるに止めたい。

2 『平成12年報告』の紹介と検討

(1) 内容の紹介

研究者養成については、法科大学院の創設前から、すでに日本学術会議内で比較制度的な検討が行われた。それが、2000年（平成12年）に、第2部・比較法学研究連絡委員会が公表した『諸外国における法学研究者養成制度』（『平成12年報告』）であった。以下では、まずその内容を簡潔に紹介したい[14]。

『平成12年報告』は、将来にわたる法学教育のあり方の変革を見据え、法学研究者の後継者養成のあり方が問われていた2000年当時、独、仏、波、米、中および韓6カ国の比較研究から示唆を得ることを目的としたものである。そこでの基本的な問題意識は、日本では各大学により研究者養成のあり方が極めて多様であり、共通する特徴が捉え難く、あるべき養成制度も指摘できない状況にあるという当時の問題点の認識に基づくものであった。

このような課題に対する改善策・提言等として、①諸外国では、画一性が制度上もしくは実質的に確保されていること、②日本においても教員資格の客観化や公募制の実施による競争原理の導入などにより、透明性を高める必要があること、および、③その前提として、大学法学教育そのものについても質の充実と統一を図る必要があることが指摘された。

一般に、アジア諸国が研究者養成について多様性を有しており、また、アメリカが、いわば自由競争であるのに対して、ヨーロッパ諸国においては、大学制度が国家管理の下で画一化され、教授資格が客観化されていることなどが指摘された。特にドイツにおいては、出身大学では出身者を採用することはできず、一旦他大学に就職をしなければならないこと（その後、出身大

---

(14) 煩瑣にわたるため、内容の紹介部分については、個々の脚注を省略している。この『平成12年報告』については、前掲注（8）を参照。

学に呼び戻されることはあること）等、公正な人事を行うための興味深い工夫がなされているなどの制度の紹介も見られた。

(2) 若干の検討

『平成12年報告』の背景として、法科大学院が創設されれば、大学院レベルにおける法曹養成教育、特に実定法学教育がより一層推進され展開されることになると考えられるが、しかし、その反面として、法学教育のある種の重点が法律実務家養成のための専門職大学院教育にシフトすることに伴い、基礎法等の研究者養成だけではなく、研究者教員（非実務家教員）の育成全般が先細りしかねないことに対する強い危惧が存在したのではないかと考えられる。とりわけ、日本の法学学術領域において、研究者養成の局面で、修士号や博士号が必ずしも重要視されていないことは（つまり、学士研究者等の存在とその有する実質的な「権限」の大きさなどは）、世界的な水準から見た場合に、単なる形式的な比較を超えて、必ずしも望ましい学問状況ではないと考えられたことに由来すると思われる。正鵠を射た論点把握であろう。

これは、法科大学院制度創設前の報告書であり、制度創設時にこの報告内容が勘案されたか否かは必ずしも明らかではない。ここでは、将来的には、研究者養成コースを有する大学院で学び博士号を有する者を公募するシステムが、各大学で一元的に採用されることが望ましいと提言されていた。現在のところ、法学教員に関する公募制は以前と比較して若干増えたかも知れないが、博士号取得教員の数は限られており、研究者養成のあり方自体や採用システムの内実も、必ずしも明確かつ統一的なものではない。

上記『意見書』では、法科大学院の実定法担当教員について、法科大学院の修了生を採用するというルートが期待されていた。多様な人材の育成（いわば「つぶしのきく人材養成」）を目的とした法学部が残り、相変わらず大学によっては学卒助手の制度等も存在しているようであり、ドイツのような教授資格論文等の画一的な制度もなく、法科大学院創設当時は法学部教育と法曹養成教育の関連も必ずしも明確ではなかったことなどから、法科大学院教員を含む法学系教員の養成については、この『平成12年報告』の趣旨が必ずしも生かされているとは言えないであろう。

日本の場合には、たとえば法学士教員（非法学博士・非法学修士教員）も存

在し、その意味で教員採用プロセスもかなり不透明なものである。大学院入試も多様であり、特に私の大学院時代の経験から、それが相当に「裁量」的であると思われることから、その視界はいわば五里霧中の感も否めず、アカウンタビリティは相当限られているようにも思われる⁽¹⁵⁾。しかも、大学によっても、また、同一大学における専門法分野によっても（あるいは、指導教員によっても）、博士学位の取得に難易差さえ見られる⁽¹⁶⁾。院生の大学への就職を視野に入れた教育成果の創出でもあるが、科目ごとに博士論文の水準に差があれば、必ずしも公正とは考えられない。

それゆえに、現時の日本における法学教員養成は、上記『平成12年報告』で指摘されているような「アジア的多様性」の最たるものなのかも知れない。

なお、この『平成12年報告』が、2000年（平成12年）4月に公表されたものであることから、その後の法科大学院創設後における臨床法学担当教員の養成自体には言及がない。しかし、そこでは、アメリカのロースクール⁽¹⁷⁾も比較の対象としていることから、推測の域を出ないが、大学における臨床法学教員の養成や採用についても、研究者教員の場合と同様に考えられていたようにも思われる。

3　『平成13年報告』の紹介と検討

(1)　内容の紹介

日本学術会議は、上記『意見書』が公表される直前に、「法科大学院の設置に関連して」との副題を付した日本学術会議第2部報告『法学部の将来』

---

(15)　指導教員予定者によるいわば「裁量」的な合否決定が、公正確保の手段として柔軟に用いられる場合はともかく、恣意的に用いられる場合は、大学院教育の質を低下させ、大学院をブラックボックス化させ、入学許可指導教員の評価を低下させ、大学全体の信用性を毀損し、ひいては、裁量的入学者が万一法学教員として旅立つ場合には、ある種「被害者（学生等）」の拡大に歯止めが掛からなくなるであろう。これには実例もあるようである。法学教員の第1の職務は、「教育」だからである。しかもそれは、他の大学院生の勉学意欲の切詰めにさえ寄与しかねないであろう。要するに、公正、信頼、士気（モラール）および教育・研究の質保証・制度保障の問題である。

(16)　これは、私の経験によれば、法科大学院の創設の前後で変わらない現象である。

(17)　これについては、すでに多くの論考が見られるが、たとえば、川嶋四郎『アメリカ・ロースクール教育論考』（弘文堂、2009年）等を参照。

（『平成 13 年報告』）を公表した[18]。

これは、法科大学院の新設前に、法科大学院と法学・政治学教育に関する審議結果をまとめたものである。法科大学院構想に関する具体的な検討が進められている中で、法学部および法学・政治学系大学院のあり方については、十分な議論がされていないとの基本的な問題意識の下で、従来から法学・政治学研究および教育に関心を払ってきた日本学術会議第 2 部として、この問題について重大な関心を払っていたゆえに、法学部および法学・政治学系大学院の将来像が探求されたものである。

その審議の結果、『平成 13 年報告』は大要以下のような指摘を行った。

すなわち、まず、司法制度改革審議会が 2000 年（平成 12 年）11 月の『中間報告』で法科大学院構想を提示して以降、法学部を有する全国の大学の多くが、法科大学院の設置のための準備活動を行っていたが、それは、単に「法曹を志す者の需要を満たすため」のみならず、その背景には、「大学のステータスを保持するためにも不可欠である。」との認識が存在すると喝破した。

しかし、法科大学院の設置の結果として、もしも、法学部における法学・政治学教育が空洞化したり、研究者養成機能が低下して行く事態になれば、日本全体における法学・政治学教育や研究者養成の観点からしても深刻な事態をもたらす虞れがあると警告を発したのである。

『平成 13 年報告』は、法科大学院設置後における法学部のあり方として、「公務員その他の準法律専門職の養成、さらには法的素養（リーガルマインド）を身につけた多数の人材の養成という観点を含めて総合的に検討すること」が必要であると指摘した。ただし、このように、①基本的には従来と同様に法的素養教育（および法曹養成のための前段教育）を担う学部として存続せしめるべきであるとの考え方（「従来型」）のほかに、②法学部を教養教育中心のものへとシフトさせる考え方（「リベラルアーツ型」）、③法曹以外の実務法律家の養成に特化したものへとシフトさせる（「準法曹実務家養成型」）、

（18） 煩瑣にわたるため、内容の紹介部分については、個々の脚注を省略している。この『平成 13 年報告』については、前掲注（9）を参照。

④法学部を廃止してその定員を法科大学院に一本化する（「法学部廃止型」）など、多様な可能性が考えられると指摘し、「これらのいずれの型を選択するかは、各大学が自主的に決定すべきことである。」（①から④の付記は、筆者）と論じ、各大学の自治を尊重する姿勢を示した。その際には、限られた人的、財政的資源を法科大学院設置のために割かなければならなくなることから、「結果として、法学部の廃止・再編を強いられたり、法学部の実質的空洞化が進行するという事態は決してあってはならない。」と付言する。

ただし、『平成13年報告』は、「今後の法学部の問題を法曹養成の観点だけから判断するのは一面的である。今後とも法学部は必要というべきである。」と結論づけている[19]。

法科大学院における教育内容の問題としては、まず、「実定法」のみならず法哲学、法社会学、比較法学および法制史などの「基礎法学」の教育も重要であること、さらに、教員には、「教育能力、教育意欲などに加えて、研究能力、研究意欲、研究実績が要求されるべきである。」と、法学教員の多様性や質保証にも言及する。

そして、「法科大学院による実定法分野の研究者養成」については、法科大学院創設以降は、従来よりも多様な人材が実定法研究者になる可能性があるというメリットがある反面、社会科学として法や法制度を分析するという視点や、またドイツ語、フランス語などの外国語の能力が軽視されるおそれがあることから、「特に実定法分野の研究者養成のあり方」について十分な検討がなされなければならないなどと指摘する[20]。

(2) 若干の検討

『平成13年報告』は、法科大学院の設置後における法学部のありようを論

---

(19) もっとも、従来の法学部教育は、多様なニーズのどこに焦点を当てるかについて明確な理念を持たないまま、司法試験に引きずられ、かなり専門的かつ詳細な問題にまで入り込んできたという問題点を有していたと指摘し、法科大学院と法学部の両立は可能としつつも、「現行の人員と予算の枠を前提として、法科大学院を設置しようとすれば、様々な面に大きい歪みを生じさせることになることは火を見るより明らかである。国として、仮に法科大学院の制度を設けようとするのであれば、一定の人員を保障し予算措置をとることが不可欠である。」と提言している。なお、本章では割愛するが、『平成13年報告』では、法学部が存置されるとして、その法学部教育の内実にまで深く切り込んだ報告がなされている。特に、法科大学院開設後は、従来型の法学部の再点検がなされるべきであるとする。

じたものであり、その中で法学研究者養成についても論じていた。現在の視点から見れば、いわば予言の書とでも言うべきものである。法科大学院の開設に伴い、法学部における法学・政治学教育が空洞化しかねない危惧が表明されていた。法科大学院創設後から現在に至るまでの法科大学院制度の光芒や盛衰史を知っている現在の人々から見れば、その指摘の核心部分が、不幸にして現実のものとなったように思われる。特に、その後における全国の大学での法学教員の養成の現状を見た場合には、予言的中の深刻さ度合いが増すことになる。

　すでに、法科大学院の創設前から、それが「大学のステータスを保持するためにも不可欠である。」との大学側の思惑が的確に指摘されており、そのような組織擁護・組織展開の可能性[21]の背景には、黙示的にすぎないが法科大学院入学学生（法科大学院院生）への配慮の欠如といった実質的な警告さえ垣間見ることができる。つまり、大学が、組織の利益を優先する結果、ある種被害者としての学生を創出することになるとの指摘や、あるいは学生の利益を最大限に図り、プロセスを通じてより良き法曹を養成するシステム設計に向けた議論を行うべきであるといった指摘は、当然に行われるべきであったと考えられるのである[22]。

　法科大学院における教育内容としても、理想的な提言がなされていた。つまり、「実定法」教育のみならず、法哲学、法社会学、比較法学および法制

---

(20)　なお、『平成13年報告』は、政治学について、リベラルアーツの枠内の学問として広く教育することが期待され、また後継者を養成する研究科が存続することが望ましいが、法科大学院が設置され、法律学の重点が大学院に置かれる結果、政治学が学部教育の中心となる事態や、新たに政治学が中核的役割を果たすプロフェッショナル・スクールを立ち上げる可能性が検討されるべきであると指摘する。

　　なお、法曹養成を含む法学教育や法学研究者養成のあり方について、法律学の専門分野を越えて横断的に検討する学会の設立が検討されるべきであるとも付言されていた。

(21)　それは、大学や大学人がいわば奇貨を得る可能性ともいえる。

　　なお、アメリカでは、200校近く（2023年現在で、199校）のロースクールがあるが、アメリカの名門大学である、プリンストン大学にもブラウン大学にもマサチューセッツ工科大学にもジョンズ・ホプキンス大学にもアーモスト大学にもダートマス大学にもスミス大学等にもロースクールは存在しない。日本では、この指摘の中に理系大学が含まれていることに疑問が呈されるかも知れないが、これは、テキサス農工大学、テキサス工科大学、イリノイ工科大学、フロリダ農工大学には、ロースクールが存在することを考慮した結果である。

史などの「基礎法学」教育の重要性の指摘である。それは、法科大学院の創設に伴い、従前の法学部教育とは異なり、法科大学院教育が司法試験科目である実定法教育の偏重化に舵を切ること（舵を切らざるを得ないこと）に対する歯止めが意味されていた。そのことは、教員養成の視点から見た場合には、科目需要の減少に伴う基礎法学教員養成の減少化に対する危惧の表出でもあった。

『平成13年報告』が想定する法学教員像は、伝統的なものであり、外国語能力を身につけた社会科学研究者（法学研究者教員）であった。その教員には、「教育能力、教育意欲などに加えて、研究能力、研究意欲、研究実績が要求されるべきである。」と、その基本的な資質を確認し、法学教員の多様性や質保証にも言及するのである。この時点においては、法学研究者養成について、単なる不安だけではなく期待も存在し、時としてそれが先行していたように思われる。法科大学院の創設により「従来よりも多様な人材が実定法研究者になる可能性があるというメリット」が指摘されていたのである。ただし、司法試験との関係は正面から論じられてはいなかった[23]。

それでも、『平成13年報告』のプロセス的な成果として、政治学関係教員と法学関係教員との連携的議論の機会が存在したことを挙げることもできる

---

(22)　ちなみに、ある大学の大学院レベルには、全国の大学に先駆け英語で行う LL.M. コース等が既に存在していたことから、その担当教員から、同規模の大学と比較して、その定員は2分の1程度50名でよい旨の強い意見等も出されたことがある。法科大学院の設立過程に全く関与しなかった副学長クラスの法学教員の意見であり、既存の特色ある大学院教育の先行がその背景にあった。言うまでもなく学生定員の問題は、それに止まらず、法科大学院教員定員の問題と直結していたのである。その後における法科大学院学生一律一定割合の削減（削減しなかった大学もあるが）を考えれば、後先を考えないいわば自己中心的な恣意的かつ独善的な見解であった。なお、新たに LL.M. コースの設置をするためにヒアリングにきた他大学の教員に、奨学金の制度等制度の実質を支えるシステムまで伝授されたか否かは定かではないように思われる。研究費の潤沢な教員には、嗅覚の鋭いいわゆる取り巻き連中も自然発生するのである。戦後、「百万人の作家」と呼ばれた石坂洋次郎の小説の世界さながらであった。
　一般に、法科大学院の新設が、組織の利益だけではなく大学の学部・研究科内での看板争い、学内学部内での覇権争い、高位のポジションや主導権争い、既得権益の死守、新興勢力の台頭化、人事の掌握、財源確保等をめぐる争いなど、様々な利害が複雑に錯綜する混迷状態の中で行われた大学さえ存在する。そのような苦難の末に創設された法科大学院は、あたかも「泥中の蓮」であり、水上の蓮花の下には、地上からは見えないものの泥中に張り巡らされた努力と献身の蓮根が存在したのである。学生の利益や立場がどのように勘案されたかについては、現時点でこそ検証が必要となるであろう。歴史の課題である。

であろう。怪我の功名あるいは不幸中の幸いとでも言える出来事であり、法科大学院創設後の「法学部」のあり方が不透明であったことから、むしろ、法学部に所属する政治学教員と法学教員との連携的な協議が行われたことは、困難な時代のある種の光明であったとも言えるであろう。そうは言っても、その成果が後の法学部構想・法科大学院構想にどれだけ生かされているかは定かではない。

4 『平成15年報告』の紹介と検討

(1) 内容の紹介

全国各地で法科大学院の開設が目前に迫るに連れて、法学研究者の養成に関する危機感は、より一層強まることになった。法科大学院の創設1年前に、第2部報告『法科大学院と研究者養成の課題』(『平成15年報告』)が公表されたが、これはそのことをよく物語っている[24]。

『平成15年報告』は、まず、法科大学院には、法曹養成面から見ても、また大学院における教育体制面から見ても、様々な問題があることが指摘されてきたと回顧する。たとえば、①法科大学院卒業後に新司法試験が予定され、しかも法科大学院の入学定員が試験合格予定数をかなり上回るために、法科大学院における教育が、「プロセスとしての法曹養成」の美名とは裏腹に、新司法試験合格を目指す技術的な訓練に流れ、「法科大学院がいわば受験予備校化する」のではないか、②法科大学院で教育に当たる教員について十分な人員配置がなされていない大学が多く「教員の過重負担」が生じ、それが

---

(23) ただし、「法科大学院と法学・政治学研究——実定法学領域から」と題する報告の中では、「法科大学院ができた場合、よい学生がその研究者養成コースに進学するか否かである。実定法の研究者は、現在でも、司法試験に合格している者が少なくない点からもわかるように、法曹資格に興味がある者が多いからである。」といった、かなり楽観的な見方が示されていた。「法曹資格に興味」の含意であるが、実務の生きた法を知ることにより、「箔」ではなく、専門理論研究に幅と深みを増す意味と捉えたいが、法学研究者として専従に努める限りでは、その意義も希薄化するであろう(民事訴訟法領域を見れば、その点で、アメリカやドイツ等とは異なるのである。)。経済、理系系、医学系等、多様なバックグラウンドを持つ法科大学院修了生が研究者となれば、実定法のある分野の研究者の質が大きく向上することが期待されると述べていた。

(24) 煩瑣にわたるため、内容の紹介部分については、個々の脚注を省略している。この『平成15年報告』については、前掲注(10)を参照。

296　第14章　法科大学院創設後の法学教員養成

法学部や既存の大学院における「教育水準の低下や各教員の研究活動の低下」をもたらすのではないか、さらに、③法科大学院の授業料負担が大きくなり、経済的に余裕のある者しか法曹になれないという現象をもたらすのではないか等々である。

　このような問題がある中で、各大学が法科大学院の発足のための具体的準備に追われているため、それの持つ問題性や波及効果について十分論議してきたとは言えず、また、各大学がある種の競争状態に置かれていることもあって、大学の枠を超えた議論は極めて不十分であったことから、日本学術会議で検討課題とされたのである。

　本章の課題との関係で、その要旨をまとめれば、次のとおりである。

　まず、法科大学院が「専門職大学院」[25]の1つと位置づけられており、かつ、司法制度改革の一環として必要とされたことから、大学院制度としては様々な点で既存の制度とは異質なものを含んでいることを指摘し、その創設が、他分野に様々な影響を及ぼす可能性があることを十分に配慮する必要があると前置きする。

　この報告書の前提として実施されたアンケートの結果によれば、多くの大学が法科大学院を設置する予定であり、その多くは独立研究科の形式での設置を考えていることが明らかとなったとされ、大半の大学では、「法科大学院修了者が、修士論文なしに博士後期課程に入学すること」が認められているとする。「実定法科目については、法科大学院が研究者養成の機能も担うとするところが多く、他方、法科大学院設置に伴うスタッフ不足などによって、博士前期課程を縮小せざるをえないと考えている大学院が多い。」とするアンケート結果を報告している。

　このようなアンケート結果をも踏まえて、『平成15年報告』は、次のような提言を行った。

　すなわち、法科大学院は、本来、当時の司法試験中心の制度を改め、法曹を、プロセスを通じて養成して行くとか、「人間性への深い洞察力」、「問題

---

(25)　専門職大学院は、学校教育法99条2項によれば、「大学院及び専門職大学院の目的」として、「大学院のうち、学術の理論及び応用を教授研究し、高度の専門性が求められる職業を担うための深い学識及び卓越した能力を培うことを目的とするもの」と規定されている。

発見・解決創造能力」、および、「総合的分析力」を持つ法曹を養成するといった理念に基づいて構想されたものである。しかし、現実には、設置が予定されている法科大学院において、教育の中心となるのは、法律基本科目（司法試験必須科目）である、憲法、行政法、民法、商法、民事訴訟法、刑法および刑事訴訟法であり、これらの法分野において法解釈を中心とした教育がなされることとなっている。しかも、法科大学院修了後に予定されている新司法試験では、実定法が試験科目の中心となっており、また法科大学院修了者の合格率が、低い場合には5割程度あるいはそれ以下と見込まれるため、法科大学院学生は必然的に、受験準備のために主として実定法科目の学習に力を入れることが予想された。それは、「法科大学院の研究者養成機能を著しく低下させること」になろうと指摘していたのである。

　さらに、法科大学院における教育方法等に着目し、その創設が法学部や博士前期課程に影響を与えることを指摘する。すなわち、法科大学院の教育が、少人数、双方向、事例研究、討論などの方法によって行われることとされているので、大量の教員を必要とするため、法科大学院の設置に伴い、「とりわけ実定法科目の各分野で、法学部や博士前期課程の教員が手薄になり、これらの機能が大幅に低下すること」が懸念されたのである。

　そして、『平成15年報告』は、さらに個別の法領域についての教員養成の危惧も指摘する。すなわち、特に「実定法分野」においては、将来の研究者の多くは、法科大学院修了者から供給されることになるが、しかし、法科大学院の教育内容が実定法科目中心となるゆえに、基礎法科目や、政治学、隣接諸分野の教育が軽視され、しかも実定法科目の教育においても、解釈技術の修得や実務への対応に力点が置かれるとすれば、それは「研究者としての素養を身につけるためには決して十分ではない。」と予測した。しかも、「法科大学院を修了して新司法試験に合格した者が研究者になる道を選択しないため、研究者の供給源が枯渇するという問題」も懸念されると論じていたのである。

　以上を考えれば、少なくとも法科大学院におけるカリキュラムを抜本的に見直し、「基礎法諸科目、外国法、政治学科目、隣接諸科学などの比重を大きく増大させること」が必要である。このことにより、実定法分野の研究者

298 第 14 章 法科大学院創設後の法学教員養成

志望者が幅広い知識を身につけることが可能となり、基礎法分野についても、研究者志望者が法科大学院での教育を経て、研究者として育って行く可能性も生じてくると論じる[26]。

なお、以上の報告内容は、研究者教員の養成を中心としたものであり、実務家教員については、特にその養成は論じられていないが、アンケート結果の中で、①実務家教員の研究・教育業績については、回答した大学の半数あまりが、採用に当たってある程度の研究・教育実績や業績を求めることとしていること、②大半の大学が実務家教員については、教育のみならず研究活動についても期待していること、そして、③多くの大学では昇進に当たって研究業績も評価するとしていることが紹介されている。そこでは、実務経験者であっても、法科大学院教員としては、教育能力と共に研究能力が求められていると言えるとまとめられていることから、そのような能力の涵養は不可欠の課題のように思われる。

(2) 若干の検討

『平成 15 年報告』は、法科大学院創設直前に公表されたものであるが、そこでもほぼ的確な予言が行われていた。そのことは、また、具体的な課題克服の姿勢からも、窺い知ることができる。

この報告の特徴は、法学教員の養成課程・養成プロセスとして、法科大学院とその教育に大きな期待が寄せられていたことである。いわば、法科大学院教育を通じた法学研究者の育成である。しかし、すでに法科大学院の開設約 1 年前のこの時期に、法科大学院の創設に伴い博士前期課程の縮小化に対

---

(26) なお、『平成 15 年報告』では、法学・政治学分野の研究者養成機関については、従来どおり大学院博士課程だけでよいのかどうかを含めて、多面的に検討する必要があるとも指摘している。

『平成 15 年報告』は、「今後の法学・政治学分野の研究者養成のあり方を考えるにあたって、事柄を法科大学院問題に収斂させることは適切ではない。」と述べ、その当時すでに、有能な若手で法学・政治学分野の研究者を志望する者が減少しているとされていることから、「大学院において研究指導を行う教員の質・量の改善、奨学金制度などの制度的な保障、これまでの徒弟的研究者養成のあり方への反省」などが必要となるであろうと指摘する。

また、マックス・プランク研究所（ドイツ。手続法は、ルクセンブルク〔2023 年 3 月現在〕）のような、研究者養成機能を担う研究機関を設立する可能性や、各大学院が広い立場から連携して研究者養成に取り組む可能性も指摘する。ちなみに、一部国立大学で採用されている学卒助手の制度のメリットやデメリットについても言及している。

第5編　法学教員・国際法曹の養成課題　299

する懸念や、司法試験との関係での危惧なども指摘されていた。前者は、既存の大学院担当法学教員の多くが法科大学院に移籍することが考えられたことによるのであり、後者は、法科大学院生が受験準備のために主として実定法科目の学習に力を入れることが予想されることから、「法科大学院の研究者養成機能を著しく低下させること」になるとの予測であり指摘であった。

　それは単に、基礎法研究者の養成に対する危機感だけではなく、実定法研究者の養成に関する危機感も含まれていた。つまり、法科大学院における基礎法科目（さらには、政治学等の隣接諸分野の科目）の相対的な少なさや、解釈技術の修得や実務への対応に追われ、従来の法学研究者養成で培われた「研究者としての素養」の涵養が疎かになるのではないかとの危惧であった。これは、法科大学院を法学研究者養成課程の重要な一コマ（分野によっては不可避・不可欠の一コマ）と考えた場合には、法科大学院教育の具体的な内容（カリキュラム編成）に対する危機感であった。現時点から考えれば、司法試験合格率の指摘にやや甘さが見られるようにも思えるが、上記『意見書』が、政府の公約として7、8割の司法試験合格を謳っていたことを考慮すると、当時においては現実的な見通しであったとも考えられる。ただし、司法試験が、法科大学院教育の具体的内実、ひいては基礎法学研究者だけではなく実定法学研究者の養成の足枷になる可能性を予言していたのである。

　興味深いことに、『平成15年報告』は、一面で、「実定法分野」においては、将来の研究者の多くは、法科大学院修了者から供給されることになると期待しつつも、他面で、「法科大学院を修了して新司法試験に合格した者が研究者になる道を選択しないため、研究者の供給源が枯渇するという問題」も懸念されるとも指摘していたのである。法学教員の養成に関しては、法科大学院開設前の時期における不安が期待を上回る予測を如実に示している。

　なお、この段階でも、法学教員の養成としては、研究者教員の養成が主眼であり、実務家教員については、必ずしも目が行き届いてはいないようである。あるいは、実務経験の存在が、たとえ研究業績が必要であるとしても、十分条件と考えられていたのかも知れない。

300　第 14 章　法科大学院創設後の法学教員養成

5　『平成 17 年報告』の紹介と検討

(1)　内容の紹介

『平成 15 年報告』が喚起した課題は、法科大学院制度の創設後にも更に検討されることとなった。制度創設の翌年、2005 年（平成 17 年）に、再び日本学術会議第 2 部が『法科大学院の創設と法学教育・研究の将来像』（『平成 17 年報告』）を公表した[27]。

従来から、日本学術会議第 2 部は、数年来の司法制度改革の重要な柱とされた法科大学院の創設について大きな関心を持って審議を進めてきた。それまで、先に挙げた報告書をとりまとめ公表してきたが、この『平成 17 年報告』は、法科大学院創設後における初めての報告書である。

当時の背景として、2004 年（平成 16 年）4 月から法科大学院制度が発足し、全国で 68 校の法科大学院が開校された。翌年 4 月には新たに 6 校が加わり、当時、総数 74 校、学生定員総数 5,825 人の規模で法科大学院の教育活動を行っていた。上記『意見書』は、司法試験合格者年間 3000 人を「目標」にしていたので、この段階で（既修コース・未修コースの区別があるにしても）すでに、7、8 割合格という目標が不可能に近いことは明白であった。

いわゆる「法科大学院フィーバー」も一段落したこの時期のこのような状況の下で、第 2 部は、「法学政治学教育制度研究連絡委員会」を設置し、同委員会を中心に法科大学院が発足した新たな状況を捉えて問題の分析をさらに進めることを課題とした。その間、全国法学部・法学関係学科を対象としてアンケート調査も実施された。

その審議の結果、『平成 17 年報告』は次の諸点を指摘した。

すなわち、まず、法科大学院の創設は、司法制度改革（『平成 17 年報告』では、司法改革）と大学改革の 2 つの要請に由来し、これは、①日本の大学において法曹養成教育が初めて制度的に引き受けられたこと[28]、および、②法曹養成制度において大学の法曹養成教育が不可欠のもの（プロセスとしての法曹養成の中核）と位置づけられた点で画期的なことであった[29]が、し

---

　(27)　煩瑣にわたるため、内容の紹介部分については、個々の脚注を省略している。この『平成 17 年報告』については、前掲注 (11) を参照。

かし、法科大学院制度は、司法試験合格者枠という制約の下で安定した基盤を獲得しておらず大きな流動要因を抱えていることを指摘する[30]。

その上で、法科大学院の創設が、①法学部における法学専門教育、および、②研究大学院における法学研究者養成教育と並んで、③大学教育の場に新たに法曹養成教育機関を生み出すものであるにもかかわらず、このような3者間（法学部、大学院および法科大学院間）の制度的分業関係は、十分に明確にされない状況で法科大学院の発足に至り、この課題が大学の現場に残されたことを明らかにした。そこで、この課題に対して各大学がどのように対応し、あるいは、今後をどのように見通しているかについてアンケート調査の結果や個別大学の報告などを踏まえながら分析し、法学部教育の再構築の方向性、および法科大学院教育と研究者養成大学院の教育の関係をどのように位置付けるかについて、考え方やモデルを考察した上で将来像と留意すべき方策を提言している。

その提言内容は次のとおりである。

まず、「法学部の将来像」は、これまで社会に対して果たしてきた人材養成の役割および日本社会のリーガル・リテラシーを底支えしてきた役割の基

---

(28)　ちなみに、戦前には「帝大法科の特権」と言われるものがあり、それは、帝大法科の卒業生は無試験で司法官補にも弁護士にもなれるという特権であった。竹中暉雄「帝大法科特権論考」桃山学院大学人文科学研究13巻1号59頁、61頁（1977年）等を参照。このような特権あるいは官民格差はほかにもあり、たとえば、明治6年〔1873年〕に制定された徴兵令は顕著な例であった。その徴兵令では、「官立学校生徒」には「徴兵猶予の特権」が付与されていたが、「私立学校生徒」には与えられていなかったのである。官尊民卑の典型例であり、同志社大学をはじめ私学は、この問題の克服に腐心せざるを得なかった。大日本帝国憲法下の出来事である。

(29)　ただし、法科大学院を経なくても司法試験を受験できる資格を得るための予備試験制度は設けられた。

(30)　なお、そこでいう「大学改革」とは、少子化に伴う大学入学者数の逓減の長期的傾向を見据えて、高等教育を社会のニーズにより即応するものとするために、高等教育期間の延長およびその内容の多様化が目指された改革である。大学の課題として、「高度専門職業人の養成」が明確に設定され、そのために、一般的に「専門職大学院」の制度が導入されることとなった。法科大学院は、まさに専門職大学院の1つの典型例とされることになったのである。たとえば、天野郁夫『大学改革——秩序の崩壊と再編』127頁（東京大学出版会、2004年）、猪木武徳『大学の反省』167頁（NTT出版、2009年）、吉見俊哉『大学とは何か』229頁（岩波書店、2011年）、佐藤郁哉『大学改革の迷走』309頁等（筑摩書房、2019年）〔同書291頁以下では、特に「法科大学院制度の破綻」が論じられている。〕等を参照。

302　第14章　法科大学院創設後の法学教員養成

本的意義を自覚しながら、リベラルアーツ化した法学専門教育ないし再構成されたジェネラリスト教育を基礎に学生の進路選択と社会のニーズに応えることを目標とするという方向において見出し得るとする。法学専門教育は、日本社会の求める人材の養成に応えると同時に、専門教育の国際的な普遍性と通用性を目指すことが必要であると指摘する。

　次に、「法学研究大学院[31]の将来像」は、法科大学院が研究大学院の博士前期課程を代替し得るかどうかが問題であるが、「『全部代替型』は避けるべきであり、『一部代替型』および『非代替型』はそれぞれカリキュラムや研究指導に工夫を行い、法曹資格をもった法学研究者の養成に伴う新しい状況と課題に対応する体制と教員の準備が必要にして不可欠である。」と提言する。

　本章の問題関心からすれば、この時期、法科大学院が開設されたもののその制度的な限界と課題がクローズアップされた時期における法学教員養成の見通し、あるいは、あるべきヴィジョンの提示は重要な意義を持つ。したがって、以下ではそれを紹介したい。

　『平成17年報告』は、法学研究大学院の現状について、概ね法科大学院が博士前期課程に代わるものとされているか否かによって、「代替型」と「非代替型」の2つに分類する。そして、「代替型」を、「法科大学院の創設によって出現した新たな法学研究者養成コースである。」とする。このタイプの問題は、研究者養成課程において従前よりも実定法解釈学の比重が大きく高まると予想されることである[32]。これが今後養成される研究者にネガティブな影響を生むことがないように予め対応すべきであろうとする。

　この『平成17年報告』は、「代替型」と「非代替型」のどちらが法学研究

---

(31)　『平成17年報告』では、法科大学院と対置するかたちで、旧来の大学院法学研究科（または、名称はともかく、それに相当する大学院研究科）のことを、「法学研究大学院」と呼んでいる。それには、博士後期課程をもつ大学院だけではなく、修士課程（のみ）をもつ大学院も含まれる。

(32)　より具体的には、「代替型」の法科大学院の教育の中で研究者養成のための独自のカリキュラムや研究指導が用意されても、従前の博士前期課程で行われてきたような法学研究者としての基礎的学識の形成、古典の読解、外国語文献の講読、課題意識形成のための少人数演習、さらに研究論文（修士論文）の執筆等を、同様に行うことはできないことを指摘する。

者養成のあり方として優れているかについては、「現実の条件と今後の変化にかかわり、にわかに断定することができない。」としつつも、「法学研究大学院の将来像として本質的な問題は、法学研究者の今後の供給が質的、量的に十分確保されるかどうか。」であると指摘した。

そして、一歩踏み込み、「法科大学院の設立は、一般的にいって、この見通しに消極的に作用する要因を生み出していると考えられる」ゆえに、法学研究者のよりよい養成のために次のことが確認されるべきであるとする。

第1に、「代替型」は、研究者養成のために法科大学院のカリキュラムや研究指導に工夫を凝らし「法曹資格をもった研究者の養成という新しい課題」に挑戦する体制と教員の準備が不可欠である。その際、特に非主要科目実定法系や基礎法系の研究者養成にとって消極的な作用を及ぼすおそれがあり法学研究者養成モデルとして必ずしも適合的でないことを指摘する。

第2に、「非代替型」は、法曹資格という付加価値を有する研究者の養成が並行的に行われるという条件の中で、「養成する研究者の個性と質を高める制度的改善と工夫」を進めることが必要であると指摘する。特に、博士課程修了者の博士号の取得を促進することが重要であると指摘する。

第3に、「代替型」と「非代替型」は、いわば制度間競争をするという状況に入るが、この競争が全体としての法学研究者養成を活性化する方向性をたえず探ることが必要であると指摘した上で、注目すべき指摘としては、たとえば、「法科大学院教員に必ず法曹資格を要求するような制度的な仕切りは、なるべく避けることが望ましい。」と論じる点にある。

第4に、法科大学院の創設は、法学研究者養成に予測し難い不確定要因を生み出しており、「研究者の縮小再生産の悪循環」をもたらすことが危惧されているとし、各大学は、一定の制度の採用について状況の推移に応じて必要な見直しや再検討を積極的に行うべきであると論じるのである。

この『平成17年報告』における「研究者の縮小再生産の悪循環」の懼れの指摘は、以下のことを意味する。すなわち、法学研究大学院が将来的に先細りし、法学研究者の供給が質的・量的に確保されにくくなることを意味している。一方で、学生の視点からは、法曹への道が拡大したことによって研究者志望が相対的に魅力を失うことになると予測される。研究者を志望して

304 第14章 法科大学院創設後の法学教員養成

「代替型」の法科大学院に進学することは、これまでよりも授業料負担が大きくなり、かつ、「法曹資格の取得と研究者養成の二重の課題」をやり遂げるという、これまで以上にハードな選択のイメージで受け止められると推測されるからである。他方で、教員の視点からは、教育が負担過重となり、研究大学院の教育が教員の研究活動を不可欠の基礎にするにもかかわらず、研究活動の停滞がすでに顕在化している。短期的には、法科大学院の設置によって教員の供給を十分に行う体制と条件が弱体化するという悪循環が危惧される。「代替型」の場合には、従来よりも実定法解釈学の比重が大きく高まることが予想されることから、法科大学院で研究者養成のための独自のカリキュラムと研究指導がいかに行われるかは不透明である。従来博士前期課程で行われてきた基礎的学識の形成、そして修士論文の執筆等が、これからも同様に行われることはないであろう。その結果、研究者教員の質も量も低下し、まさに、「研究者の縮小再生産の悪循環」が生じるのである。

　なお、『平成17年報告』は、「法科大学院創設の意義」を確認して次のように言及する。すなわち、法学教育および法学研究を新たに構築することは、各大学の創意的努力を推進力とする集団的な取組みのプロセスとして考えられることから、日本学術会議は、このプロセスにおいて、学術コミュニティの代表機関として、今後とも俯瞰的・学術的見地から、有効・適切な役割を果たす必要があると付言しているのである。

　(2)　若干の検討

　法科大学院の開設に伴い、その制度的な問題点が直ちに白日の下に曝されることになった。確かに、法曹養成制度の面では、大学教育（大学院教育）というプロセスを通じた法曹養成教育が不可欠のものと位置づけられることになったが、しかし、法科大学院制度は、司法試験合格者枠の制約の下で、安定した基盤を獲得していないことが指摘されたのである[33]。

　法科大学院の創設後には、博士前期課程の機能が縮小化されることは、す

---

(33)　『平成17年報告』の段階では、司法試験合格率の低さがすでに明らかになっており、「法科大学院間の合格者数格差が個々の法科大学院の経営を大きく左右することがすでに危惧されている」こと、および、「実際に合格率の低さが明確になるなかで、創設から2年目の法科大学院志願者数は、全体として大きく減少した。」ことが指摘されていた。

でに『平成 15 年報告』なども指摘していたが、それが現実化した。そのような状況で従前と同様に質量共に法学教員を養成し続けることは至難の業である。

『平成 17 年報告』が、法学部、大学院および法科大学院における有機的な連携を指摘したことは重要であるが、その具体的なあり方の構想は、個々の大学に人的・物的制限が存在しかつ様々な事情を抱えることから、困難を極める可能性がある。国立大学法人であっても、近時における運営費交付金の削減は、すでに顕著な犠牲を教育・研究現場に強いている[34]。

特に『平成 17 年報告』における「研究者の縮小再生産」の指摘は衝撃的である。その実際の状況を正確に把握するためには、法科大学院開設前後の法学教員に関する実態調査は不可欠となるであろう。その際には、単に、養成された研究者の人数や専門分野の調査だけではなく、論文スタイル等から比較法研究や歴史研究等の研究者としての基礎的素養の調査等も必要になると思われるが、しかし、実際にはその種の調査は困難であろう。また、法学教育への貢献は重要であり、さらに、法学という学問、とりわけ私の専門で

---

(34)　ただし、そのような中で、一定の利益を得る教員等が存在したことは、事実として指摘しておかなければならないであろう。たとえば、独立法人化直後には、大学役員がいわゆる特別昇給等をお手盛りし、その後人事制度（例、以後の新役員報酬の引下げ）を変更するような、あの芥川龍之介でさえ考えなかったように、いわば蜘蛛の糸を自分の足下から切るが如き所業などが存在したとすれば、それは記録に残されなければならないであろう。また、法科大学院制度の創設における僅かなミスを針小棒大に取り上げ、出向・天下り的事務官などがハラスメント的行為に及ぶ例や議事録なき秘密教授会などが仮初めにも存在していたとすれば、それもまた歴史の一部なのである。

　さらに、ある大学等は、教授昇任基準が実質的に無いに等しく、一定の業績を上げてもポストがないとの理由で准教授に止まらざるを得ない状況が作出される一方で、有力教授の鶴の一声で業績がほとんど無いにもかかわらず教授昇任が可能になるかのごとき状況が作出されることもあったという。他者の人生、研究者の人生をどう考えるのかの問題であるが、すでに安泰なポジションにいる者たちがそのようなこと（不公正の実態）を真剣に考えていなかったとすれば、法学研究大学院におけるガバナンスの問題であり、コンプライアンス違反の問題であり、ひいては懲戒問題ともなり得るであろう。人事関係（名誉教授称号付与も含む。）では、公正な客観的基準が設けられなければならない。恣意や学閥優位等の問題も然りである。学問に打ち込む人間として、人事などを気にしない者もいるが、ともかく他者という研究教育者の人生の問題である。ささやかなかたちであれ、格差社会の是正、すなわち平等で公正な社会の実現が、法学研究者の使命の 1 つである限り、恣意的運用や抜け駆け的潜脱は、研究・教育者倫理に反すると考えられるであろう。法学研究大学院における SDGs 以前の問題である。

306 第14章 法科大学院創設後の法学教員養成

ある民事訴訟法のように、基本的にはドメスティックな法制度については、たとえばとりあえず日本の裁判所における判例・裁判例の研究等を行うことにより、研究を遂行し続けることも可能である。近時、文部科学省等では、産官学の連携が推奨されており、法学研究者の社会貢献も期待されている。そのような社会の多様なニーズに即応できる（そしてそれは教育や研究にフィードバックできる）法学研究者の育成もまた課題となるのである。

　『平成17年報告』では、法科大学院が、非主要科目実定法系や基礎法系の研究者養成には適さないことが明確に指摘されている点も重要である。そのことは、法学専門分野ごとのきめ細かな研究者育成プロセスが考案されるべき要請を顕在化させる。しかも、それが、今後日本の法学学術分野全体が盤石な基盤を維持し続けるためには重要な課題であろう。

　「法曹資格という付加価値」の指摘も見られるが、そのような表現は、それを有しない法学教員を、一等下位に位置付けた浅薄な論評のように思われる。日本におけるいわば「資格信仰」・「若年法曹資格取得高評価」の一端を垣間見るようである。ただし、「法科大学院教員に必ず法曹資格を要求するような制度的な仕切りは、なるべく避けることが望ましい。」と論じる点で、「法曹資格という付加価値」の実質的な価値は相対化されているのである。

　そのこととの関係では、「養成する研究者の個性と質を高める制度的改善と工夫」を進めることが必要であると指摘する点が、実は法学教員養成の要諦ではないかと考えられる。それを顕在化させ担保するのが「博士論文」（博士号取得）であり、それを実現する研究者養成プロセスが重要となると考えられるのである。

　なお、『平成17年報告』の段階でも、法学教員の養成としては、研究者教員の養成が主眼であり、実務家教員（臨床法学教員）については、必ずしも目が行き届いてはいなかったようである。あるいは、一定の実務経験の存在が、たとえ研究業績が必要であるとしても、法曹資格取得プロセスとしての法科大学院教員にとっては、ある意味十分条件と考えられていたのかも知れない。

6 『平成23年提言』の紹介と検討

(1) 内容の紹介

『平成12年報告』から立て続けに数件の報告が行われたが、2011年（平成23年）に、日本学術会議の法学委員会法学系大学院分科会は、『法学研究者養成の危機打開の方策——法学教育・研究の再構築を目指して』（『平成23年報告』）と題する提言を行った[35]。

その表題に示されているように、その間、法学研究者養成の危機が深刻さを増してきた。法科大学院開設後、法学系研究大学院への進学者が減少し、研究大学院における研究指導体制が弱体化するなど、法学研究者養成に困難な状況が生じてきたのである[36]。

この提言が作成された背景は次のとおりであった。

当時、「法学系研究者養成は危機的な状況にあり、事態がこのまま推移すると、近い将来において次世代の研究者が著しく不足することが予想され、その対策を講ずることが喫緊の課題」となっていた。このような事態が生じるに至った主要な原因は、次のように考えられていた。すなわち、法科大学院の設置に伴い実務家の養成という面に主要な関心が注がれたが、法科大学院設置後の研究者養成のあり方が十分に考慮されなかったこと、また、実定法系分野の研究志望者は法科大学院修了後に博士後期課程に進学するという当初の期待が現実とはならなかったことから、問題の核心は「法学系研究者養成システムそのもの」にあり、個々の大学の努力では対処できない構造的な不備を克服する必要があることであった。

特に、当時の問題として、法科大学院修了者を助教として採用して研究者の道を歩ませるという例外的な措置を別にすれば、研究者志望者には、①法学部卒業後に研究大学院の博士前期課程（修士課程）に進学する方法と、②まず法科大学院の専門職課程を経て博士後期課程に進学する方法とがあるが、

---

(35) ここでも煩瑣にわたるため、内容の紹介部分については、個々の脚注を省略している。この『平成23年報告』については、前掲注（12）を参照。

(36) また、「東日本大震災を経験した法学研究のあり方」についても視野に入れられていたようである。関係シンポジウムのHP（https://www.scj.go.jp/ja/event/pdf/112-s-1-1.pdf）を参照。

308 第14章 法科大学院創設後の法学教員養成

一部の大学を除くと、②の方法を制度的に選択して実定法分野について修士課程入学者を募集せず、あるいは、研究者志望者に対して、②の方法を推奨するのが一般的である。②の方法は、法科大学院専門職課程が博士前期課程の機能を代替し得ること、および、その修了者の一定数が博士後期課程に進学することを前提とするものであるが、このような前提条件が充たされているとは言えないとする。

このような問題意識の下で次のように提言する。

まず、この状況を克服するためには研究者養成の中核を占めるのが研究大学院であることを根本に据えて、研究大学院の人的・物的な整備を図ると共に、法科大学院がこれを補完する機能を果たし得るように工夫し、研究大学院と法科大学院・法学部との相互連携を適切に図る必要があるとする。

具体的には、①研究大学院においては、博士の学位取得に向けて系統的な研究指導体制を確立し、また大学院生に対する経済的支援（授業料免除や奨学金制度）を大幅に拡充すること、②とりわけ博士後期課程に在学する者については、「研究職業人」としての位置づけを与えてそれにふさわしい処遇をすること、③研究大学院と法科大学院のカリキュラムにおける連携を図ると共に人的な交流についても相互の障壁を取り払い、法科大学院教員が研究大学院において研究指導を行うことができる体制を制度的に可能とすること、④法科大学院における教育内容を、制度の理念に立ち返って創造的・批判的な法的思考の涵養を図るものとし、研究者志望者にも配慮したカリキュラムの工夫を行うこと、そして、⑤法学部における教育が、研究大学院・法科大学院双方の下支えとなる重要な役割を果たすことを再認識し、学生の関心・ニーズに対応しつつ、研究者を志望する動機づけとなるような教育指導に心がけることなどの措置・方策が必要であると提言する[37]。

(2) 若干の検討

この提言の背景は予想されたものであった。専門職大学院としての法科大学院の開設が、司法試験というボトルネックの存在を踏まえれば、そこで研

---

(37) なお、『平成23年提言』では、中期的には法科大学院制度を法学部・研究大学院との関係で制度的にどのように位置づけるかが大きな課題となるが、これは法曹人口政策のあり方とも関連して今後さらに多様な観点から検討される必要があると付言されている。

究者教員を育てる余裕はほとんどなかったのではないかと考えられるからである。法科大学院の認証評価は、いわば後出しジャンケンよろしく評価基準の事後的修正と変容を重ねることになった。当初は、法科大学院の受験者数や合格率、司法試験合格者数や合格率などは評価項目にはなかったが、事後的に付加されることにより、上記『意見書』に導かれ参入規制の緩和の結果、74校にまで増えた法科大学院はその後徐々に数を減らすこととなった。国家、あるいは教育行政等がいかにあるべきかはともかく、自己決定・自己責任の美名の下に法科大学院に学生たちを誘った『意見書』起草委員たちや、政府や大学や法学教員が「厳しい責任」や「一定の責任」を問われたといった話を聞いたことはない[38]。

　法科大学院創設後の研究者養成の低調化の原因が、『平成23年提言』の指摘のように、実務家養成面に主要な関心が注がれたことによるものかどうかは再考に値すると思われる。法科大学院の創設の前後を問わず、大学での研究・教育を志望する学生は一定数存在すると考えられるからである。確かに、実定法系分野の研究志望者が法科大学院修了後に博士後期課程に進学するという当初の期待が現実とならなかったことはその通りである。そのような制度構築をした大学にとっては、従前はコンスタントに一定数の法学教員を輩出していたものの、その分野に関する研究者養成に空白期が生まれたことも事実である。

　『平成23年提言』は、問題の核心が「法学系研究者養成システムそのもの」にあるとするが、要はその具体的なあり方であり、研究教育職の魅力や意義をどのように法学徒に伝えるかにあるように思われる。法科大学院修了者を助教として採用して研究者の道を歩ませるという例外的な措置について

---

(38)　ちなみに、たとえばアメリカでは、新設ロースクールの閉校に伴い、元学生らからクラス・アクションが提起された事件も見られる（訴訟上の和解により終結）。シャーロット・ロースクール事件（https://taxprof.typepad.com/taxprof_blog/2020/06/4th-circuit-affirms-class-action-settlement-with-defunct-charlotte-law-school-paying-265-million-to.html.）を参照。さらに、川嶋四郎「アメリカのロースクール教育改革から見た法科大学院制度の展望——柳田幸男＝ダニエル・H・フット『ハーバード卓越の秘密——ハーバードLSの叡智に学ぶ』（有斐閣、2010年）を読んで」同志社法学354号151頁、160頁【補記1】（2012年）〔本書第12章【補論5】〕も参照。隔世の感である。

は、格差助長と特権付与をもたらすために廃止すべきであり、研究者としての健全な人格形成の観点からも疑問が生じる。観念的な当事者目線の法学研究者を超えた体験的な当事者目線を持つことができる研究者こそが、真に当事者の痛みや感性に近づき他者を理解できると考えられるゆえに、学びや研究のステップとしていわば裾野から山に登る辛苦の営為が必要になると信じるからである。

　実定法分野については、法科大学院の専門職課程を経て、博士後期課程に進学する方法が一般的に推奨されているとするが、その失敗は当時既に明らかになりつつあり、現在ではより一層問題点が顕在化している。そのような選択をする研究者志望者が著しく少ないのである。その意味では、現実には法科大学院専門職課程が博士前期課程の機能を代替できていないのである。

　『平成23年提言』が挙げる具体的方策、すなわち、具体的には、①博士の学位取得に向けた系統的な研究指導体制を確立し、②大学院生に対する経済的な支援を行い、③博士後期課程在学者に対して「研究職業人」に相応しい処遇を行い、④法学教員についても研究大学院と法科大学院との間で教育・研究面での人的な交流を行い、かつ、⑤法学部教育でも、研究大学院・法科大学院双方の下支えとなるべき役割を再認識しつつ、研究者志望のための動機付けとなるような教育指導に心がけるなどの措置・方策をとることは重要であると考える。特に⑤については、専門領域を持つ法学教員が、それぞれの専門分野の魅力を伝え後継者を育成することも、法学教員の使命ではないかとさえ考えられる。

　しかし、『平成23年提言』が指摘する、研究大学院と法科大学院のカリキュラムにおける連携は、困難な面もなくはないであろう。形式的に見た場合には、司法試験というボトルネックが存在する以上、法科大学院で真の意味におけるゆとりある研究者基盤形成教育を行うことは困難であろう。むしろ、自己の適性を考え研究大学院と法科大学院との間で相互編入の機会の保障等も考えられてよいのではないだろうか。あるいは、日本の医師国家試験やアメリカ諸州の司法試験[39]並みに、日本の司法試験の合格率を上昇させることも重要な考慮要素である。法科大学院教育の「充実度」をどのように考えるかの問題でもある。要するに、司法制度改革の原点に立ち返り、司法領域

での既得権の打破が実現されれば自然発生的に法学教員志望者が増加すると考えられるのである。

7　小括

　法科大学院創設後、20 年近く経過した現在の視点から、過去を評価することは容易いように思われるが、しかしその反面、現代の視点から過去を断罪することは不公平とも考えられる。これまで一瞥してきたように、日本学術会議は、それぞれの時期に可能な限りより良い措置や方策を、理想的な方針をも視野に入れて考案してきたのである。

　その時々の報告や提言の仔細については、以上で論評してきたことから再述はしないが、現時における法学研究者の養成がただ単に大学におけるシステム変容あるいはシステム改善だけで可能になるとは思われないこともまた明らかになった。

　もちろん、そのような改善も当然のことながら不断に行われるべきであるが、より良き法学教員を恒常的に育成する方法、すなわち「特効薬」が、現在でも 1 つだけ存在すると考える。

　それは、本章の結びで言及したい（→Ⅴ）。

　本章では、日本学術会議におけるわずか 5 件の報告書や提言を一瞥しただけであるが、そこで語られていた法学教員（研究者教員）の養成に関する危惧は、現在かなり顕在化していることは確かである。したがって、歳月は人を待たないことから一日も早い対応が必要になるのである。

　なお、残念ながらこれらの報告書や提言は、法科大学院専門職課程の創設後における研究者教員の養成に主眼が置かれており、法学教員としての実務家教員、とりわけ臨床法学教員の養成についてはほとんど沈黙していた。そのことは、日本の法科大学院制度の範型となったアメリカ・ロースクールにおける臨床法学教員の養成あるいはそれへの期待とはかなり乖離するように

（39）　州により合格率に差があることは措くとして、一般的な平均合格率を考える。なお、一年に複数回の司法試験実施も考えられてよいであろう。資格試験について、不合格後に一年も待たなければならない理由はないと考えられるからである。

　　　なお、後注（85）も参照。

思われる。

そこで、以下では、研究者教員および臨床法学教員の養成に関して、さらに若干の検討を行いたい。

Ⅲ　研究者教員の養成

1　法科大学院創設後の研究者教員の養成

現在でも法学部・大学院法学研究科等が存在している以上、研究者教員の養成システムの必要性は基本的に変わらない。

学部段階に法学部が存在しないアメリカにおいて、ロースクール教員は、あくまで教育中心で通例研究は休暇時に行うことが多いとされ、日本の研究者と研究業績の数を比較した場合には著しく少ない点は興味深い。それは、ロースクールがいかに教育中心であるかを象徴的に示しているように思われる[40]。

これに対して日本の場合には、法科大学院の創設以降も、法科大学院教員であるという理由で、通例研究業績の僅少さが宥恕されるわけではないように思われる。現実に、法科大学院によっては、教員の所属部門が既存の大学院であり、法学研究科の構成員の多くが法科大学院担当教員であることも少なくない。この点で、日本の法科大学院制度は、アメリカのロースクール制度とは相当に異なる。日本の場合には、アメリカとは異なり基本的には研究志向の大学院であり、かつ、法学部教員の養成課題もあることなどから、研究者養成も、臨床法学教員はともかく、従前と変わらないように思われるのである。

しかし、この点は再考の必要があると考えられる。

2　民事訴訟法領域における研究者養成

私の専門である民事訴訟法領域における研究者養成を考えた場合も展望は必ずしも明るくはない。

---

(40)　川嶋・前掲書注（17）5頁ほかを参照。

今から半世紀ほど前、民事訴訟法領域はいわばルネサンス的な改革的復興の春を謳歌していた。新たな論争と改革の機運が様々な論点や訴訟哲学で示されており、未来は希望に満ちていたように思われた[41]。

　それはともかく、民事訴訟法領域は、そのように（法学部卒業後から給与を得て研究を遂行することができる助手〔当時〕はともかく）5年の長きにわたり高い授業料を支払い続けてでも多くの院生を惹き付ける魅力的な学問分野であったように思われる。民事訴訟法が実務的な専門分野とは言え、近代に至って飛躍的な理論展開を見た法学領域であり、司法試験の合否などは大学院で研究を深化させるための必要条件でも十分条件でもなかった。その研究領域は、訴訟理論に関心のある研究意欲に溢れた若い学徒に開かれているように思われたのである。

　しかし、その栴檀の芽を双葉から摘み取り、あるいは、そのような芽吹きさえ抑圧する方向に突き動かしたのが、法科大学院制度の創設であるように思われる。それは、21世紀に入って、かつてのような血湧き肉躍り、若い研究者を新たな理論開拓の世界に誘う著作がほとんどなくなったように思われることにも起因するであろう。また、私的な感想の域を出ないが、たとえば現実の民事訴訟実務から乖離したと思われる研究、現行実務に即座には受け入れられないように見える研究、保守的な実務に嫌忌されかねない斬新な研究、さらには、主流的な研究者の言説に正面から立ち向かう研究等を、意

———————————————————

（41）　川嶋四郎「民事訴訟法学への郷愁とささやかな希望」書斎の窓646号25頁（2016年）〔本書第14章【補論7】〕を参照。
　　私が大学院に進学した当時、全国各地のいわゆる法学研究大学院には民事訴訟法を専攻する院生が溢れ、東京の大学等ではいわゆる学卒助手といった恵まれた存在も数多く見られた。既に大学・大学院の世界は相変わらず顕著な格差社会であったが、就職の不安も存在したものの、それよりは自由に研究をさせてもらえる時代と環境の中で希望を失うことはなかった。大学院の時代は、あたかも外国語大学大学院に入学した院生よろしく、英文・独文・仏文の論文（時折ラテン語が混じっている論文）や書物の世界に埋没せざるを得なかった。私の場合にはアルバイトが不可避であったが、そのように全国各地に民事訴訟法教員の「予備軍」あるいは「志願者群」が存在していても、不安を懐く余裕さえない毎日が、めくるめく過ぎ去って行った。それはあたかもチャールズ・ディケンズが『二都物語』（1859年）の書出しに記すがごとき状況であった。つまり、希望の春でもあれば、絶望の冬でもあったのである〔本書「あとがき」も参照〕。若い頃や大学院時代に長い入院生活を経験した身には、人的な環境はともかく、友人たちの存在や学ぶ時間を持つことができること自体に、感謝するほかなかったのである。

識的か無意識的かを問わず回避するように事実上忖度させかねない言説さえ、現在では見られるのである。外国民事訴訟法研究も、類似の状況に置かれているようである。

なお、日本の学問的な傾向として、主要法律雑誌ではない紀要等に掲載されている論文や特定の研究者たちの論文を無視・軽視する傾向、批判対象としてのみ取り上げるやり方、法律雑誌を通じた支配や統制、さらには、紙幅の関係等と称して同門やお仲間グループからの引用優先の傾向さえ垣間見られるように思われる[42]。

その一部は、近時思わぬかたちで露見した。まつろわぬ民、まつろわぬ研究者の露骨な排斥である。つまり、忖度ではなく真理の探究を優先する研究（者）が、政府により露骨に拒否されたのである。つまり、法学研究領域における近時日本の最大の事件は、研究不正、研究費不正、裏口入学、アカハラ、パワハラ、セクハラ、マタハラ、恣意的人事または司法試験不祥事等ではなく、2020年（令和2年）秋の日本学術会議会員任命拒否事件が、それである。顕著な業績をあげている法学研究者が3名も任命拒否されたのである[43]。

驚くべきことに、任命拒否は日本学術会議第一部（人文・社会科学系）に集中し、たった35人の会員改選の中で6人もが任命拒否され、その半数が法学研究者だったのである。このような現況が日本国家の学術世界の実情であるとすると、それは、統治機構の一翼を担う司法権を直接的に論じる民事訴訟法学における学問の自由（憲法23条）や内心の自由（同19条）等の窒

（42）　私がアメリカに滞在しているとき、お世話になったロースクールのある教授も、彼のその分野での先駆的な論文が引用されない憂き目に遭ったことを、アメリカの学問世界および学閥の問題として言及していた。たとえば、Martin B. Louis, Federal Summary Judgment Doctrine: A Critical Analysis, 83 Yale Law Journal, 745（1974）の先駆的業績を参照。

（43）　この事件に関する文献は汗牛充棟を極めるが、たとえば、当事者からの発言として、芦名定道＝宇野重規＝岡田正則＝小沢隆一＝加藤陽子＝松宮孝明『学問と政治──学術会議任命拒否問題とは何か』（岩波書店、2022年）等を参照。また、梶田隆章「『日本学術会議第24期3年目（令和元年〔2018年〕10月～令和2年9月）の活動状況に関する評価』における指摘事項への対応状況について（令和4年〔2022年〕5月31日）」1頁（https://www.scj.go.jp/ja/head/pdf/220531.pdf.）等も参照。

　　　なお、川嶋・前掲書注（1）ii頁も参照。

息化現象さえ懸念されかねない重大事件である。

　かつてと比較して、研究職への魅力も低下したように思われ、（いわゆる学内業務を引き受けない教員は別として[44]）研究時間の相当な減縮等、大学における近時の学術環境の変容には驚くべきものが見られる。また、研究教育への若い情熱を涵養する機会が減少し、かつて多くの民事訴訟法教員を育てた中央・地方の基幹的な大学で育成される教員数も、激減したように思われる。ポスト数などにも関係し一般論にすぎないが、民事訴訟法領域のように、退官裁判官や弁護士を「研究者教員」として採用することなどによって、研究者教員自体の希望の道が隘路と化す事態も生じているようである。そのことは、若き学徒の研究者志望の減少傾向に、拍車を掛けているようにも思われる。それは、年齢的にも大学生に近い若き研究者教員を大学に迎え、決して上から目線ではなくかつまた自慢話でもなく学生たちと同じ目線で親身の教育に携わることができる教員の価値を再認識させる契機ともなり得るであろう。しかも、大学としても、若手研究者を雇用した方が財政的にも負担が少なく、献身的な者の場合には学務上も機動性に富むのである。

　民事訴訟法領域における研究者養成を考えた場合に、将来の民事訴訟法実務のあり方をも視野に入れれば、法実務を知りつつも一定の距離を置いて利用者のためにアクセスしやすい一般理論の構築を目指す研究者が、私などはもっと増加してもいいのではないかと考える。現在では、たとえば、50年ほど前に初版が出版された、新堂幸司先生の『民事訴訟法』[45]やその後継書[46]を読破した若手の研究者がどれだけいるか分からないが、その著作の光彩は、美しく爽やかな表紙の色が示すように、今でも変わらないであろう。その読後には、研究意欲に燃える若い学徒を「真に利用者目線の研究」に駆

───────────────

(44)　「別として」の意味は、その分研究時間に回すことができることや、有償でかつ「箔付け」になる政府等の学外業務等を引き受ける時間が増すことを意味する。その皺寄せを喰うのは、いつも誠実で地味な研究者であることが少なくない。なお、川嶋・前掲書注（17）238頁参照。

(45)　その初版は、1974年（昭和49年）に筑摩書房から刊行されている。
　　なお、この著作との出会いについては、川嶋四郎『民主司法の救済形式──「憲法価値」の手続実現』序章（弘文堂、2023年）も参照。

(46)　新堂先生のその著作はロングセラーであり、現行法下における後掲書として、『新民事訴訟法〔第6版〕』（弘文堂、2019年）が公刊され、現在にまで読み継がれている。

り立てるに違いない。

専門書を深く読み込む機会が保障された大学院法学研究科の現時における役割は、以前にも増して大きいのではないかと思う。なぜならば、法科大学院が国公立大学であれ私学であれ、司法試験の「公塾」あるいは「公認塾」となりつつある現在、実定法学か基礎法学かの学問領域を問うことなく研究大学院（修士課程・博士課程）の価値が見直されてもいいのではないかと考えるからである。

現時において民事手続実務を知る道は多様であり、裁判所が全国各地にあり、裁判官や弁護士が自由に著わした論文や著作は汗牛充棟を極めている。確かに、百聞は一見に如かずではあるが、資格や実務経験だけが特権的な通用力を有するとも思われないのである。

一方で、実務を知ることは、健全な批判精神を有する限り、その改善志向を刺激されることになるが、他方で、利用者のために現行実務の枠を突き抜ける斬新な研究、比較法的研究、さらには実務外在的な視点から意欲的かつ建設的な提言を志向することや、そのための革新的な思索を重ねることを時として妨げかねないようにも思われる。

しかも、司法試験の合格率が最も高い法科大学院でさえ、医師国家試験の合格率の最も低い大学よりも、かなり低い合格率に甘んじている異常な現状（例、直近の司法試験合格率最上位校の合格率が、68.0％ であったのに対して、直近の医師国家試験合格率最下位校の合格率が、79.2％ であった[47]）を考え、かつ、本来的な趣旨目的とは全く異なる利用のされ方が合法的に罷り通っている司法試験予備試験については、予備試験偏重主義が厳然と存在する現時日本の将来を考えれば、実定法科目の担当者でさえ、司法試験の合格の有無は研究者教員にとっての必要条件でも十分条件でもなく１つの考慮要素に外ならないであろう。予備試験を受験できる学部に所属する実定法学研究者教員に、法曹資格を要請する議論は寡聞にして聞いたことがないからである。

したがって、先にも述べたように、法学についての教育や研究は、民事訴訟法学であってもそのように考えられるがゆえに、資格とは異なる世界の営みなのである。実定法学者養成を、法科大学院経由でしか認めない方式は、将来展望的な実定法学の発展にとって、必ずしも望ましいとは考えられない

ように思われるのである[48]。むしろ、そのような資格に縛られない研究者の自由な立ち位置こそが、民事訴訟法分野での広範な知的創造を可能にするように思われる。

上記『意見書』は、法科大学院教育における「理論と実務の架橋」という美しい比喩的なテーマと目標を掲げた。法曹という法律実務家を養成する限りで、それは確かに重要な法科大学院教育の観点である。しかし、たとえば民事訴訟法学領域におけるように、実務と密接な関係を有する学問分野では、その架橋というテーマが、実務の枠に囚われた狭量な「学問の創造」に道を開くものであってはならないであろう。現行実務の枠内に、研究者の自由な研究精神を押し込めてしまうような萎縮効果を生じさせてはならないのである[49]。

ちなみに、日本学術会議の報告書や提言の中には、専門分野によっては学会主導の研究者養成の模索も紹介されていたが、残念ながら、私が所属する多くの学会の1つである現在の日本民事訴訟法学会には、それを期待するの

---

(47) 具体的には以下のとおりである。
　　・司法試験　2022年度　合格率上位3校
　　　（＊数字は、合格率、受験者数、合格者数。以下同じ）
　　　京都大学　68.0%　175人　119人
　　　東京大学　60.9%　192人　117人
　　　一橋大学　60.0%　110人　66人
　　・医師国家試験　2023年度　合格率下位3校
　　　帝京大学　82.9%　140人　116人
　　　日本大学　82.4%　136人　112人
　　　東海大学　79.2%　130人　103人
　　それでも、近時その差は、たとえば司法試験受験生数の減少等に伴い減少しつつあることは付言しなければならない。ただし、医学部と異なり、法科大学院の場合は、各校の定員に極端な差異が存在するのである。なお、司法試験委員の数と各法科大学院の合格率との相関関係や、司法試験委員の存在と法科大学院別個別試験科目別の平均点との関係等も、試験の公正担保の証左のために公表されてもよいのではないかと思われる。司法試験に関しては、慶應義塾大学や明治大学の法科大学院で、司法試験委員が起こした著名な事件が存在するからである（それぞれの事件発生以前の試験結果等に関する検証が行われたか否かは定かではなく、行われたとしてもその結果は公表されていないようである。）。不祥事を起こした教員は、いずれも男性教員であった。なお、この文脈では次に言及するSDGs.16も参照。
(48) たとえば、九州大学では、法科大学院創設当時そのように考え、制度構築を行った。川嶋・前掲書注（17）288頁、304頁を参照。
(49) 川嶋・前掲論文注（41）29頁参照。

はおよそ困難なようにも思われる。一般論にすぎないが、役員選挙も行われておらず、民主的基盤に欠け、選出前から事前に水面下で「お仲間たち」が牛耳り続けているからであり、しかも、学会を主導する現在の有力会員の多くが自己の研究や業務を犠牲にして研究者養成に注力してきたようには、とても思われないからである。学会内におけるSDGs（例、第16項目「平等と公正をすべての人に」）の実現が疑われる。そのことは、一世代前・二世代前に、全国各地の大学院から数多くの研究者教員を輩出した頃と比較すれば一目瞭然である。

　ただし、当時の状況として、個人的な印象では、多くの場合に、研究者教員が育成されたというより、むしろ、自ずと育っていったと考えた方がよい場合も少なくなかったのではないかと思われる。私個人の経験から言えば、博士後期課程では、多大な雑務を課されることはあっても、指導教授と話す機会などほとんどなかったからである。論文指導も尚更である。

　それはともかく、以上のように考えれば、大学院生の経済的なバックアップや研究条件の向上、ひいては希望が持てる将来展望の示唆なども確かに重要ではあるが、私は、法学の個々の専門領域がいわば「職業としての学問」[50]としていかに魅力的か、若い学徒の目から見て限られた人生を賭けるに相応しい専門職と考えられるかどうかに懸っているように思われる。学び手の自由意思を重視し、その境地への適正な誘いを実現する責務が、現在法学教員の職にあり研究大学院で教鞭をとる研究者教員の責務ではないかと考えるのである。

IV　臨床法学教員の養成

1　リーガル・クリニック教育略史：アメリカの場合

　日本における臨床法学教育の制度は、アメリカにおけるリーガル・クリニックのシステムに多くを負っている。それゆえ、まずその制度を一瞥したい。

（50）　言うまでもなく、マックス・ウェーバー（尾高邦雄訳）『職業としての学問』（岩波書店、1977年〔原著、1917年〕）に由来する。

ただ単に一定期間以上法律実務に携わるだけで、臨床法学教員とみなすことができるものではないと考えるからである。

一般に、アメリカにおけるリーガル・クリニックの歴史は、すでに100年以上になるが、理論教育に偏したロースクール教育に対するアンチテーゼとして「再興」した側面もある。リーガル・クリニックの使命は、臨床教育という新たな学修方法で学生を教育することや、教員の監督を受けながら、貧困者のために法的サービスを提供することであるとされたのである[51]。そこでは、明確な目的に基づき「学生実務規則」の裏打ちを背景に、ロースクール学生の主体的な活動が保障されている。そのような法制度的な裏打ちの側面１つとって見ても、残念ながら日本の臨床法学教育とは相当の乖離や懸隔が見られたのである[52]。しかし、司法試験の合格率が上昇した現在、司法研修所におけるかつてのいわゆる「前期修習」代替機能を法科大学院教育に委ねる以上、アメリカにおけるような「学生実務規則」の制定を、日本の最高裁判所が考えてもいいのではないかと思われる[53]。

また、司法試験という国家試験をパスした者が、さらに司法研修所で修習しなければならないような事態、あるいは、最高裁判所が司法試験合格者を

---

(51)　William P. Quigley, Introduction to Clinical Teaching for the New Clinical Law Professor; A View from the First Floor, 28 Akron Law Review, 464 (1995). この論文の紹介として、川嶋・前掲書注（17）154頁を参照。また、アメリカにおけるリーガル・クリニックの歴史については、同書、158頁を参照。

(52)　川嶋・前掲書注（17）203頁等を参照。アメリカにおける「学生実務規則」の存在は、アメリカという国家におけるロースクールの位置づけを考える上で重要である。その基底には、ロースクールおよびその教員や学生に対する国家的な（州レベルでの）「信頼」および「相互信頼関係」が存在すると考えられるからである。日本における法科大学院生のための「学生実務規則」の制定も、たとえば手続当事者の同意の要件や守秘義務による担保などがあれば十分運用可能であると考えられる。これに対して、日本の場合には、その種の規則はなく、法科大学院生はいわば肩身の狭い思いをし、担当教員も事実上の許可を得なければならないという重い負担を課されることになる（裁判の公開〔憲法82条〕が保障されている手続局面は、立ち位置はともかく権利として立ち会うことができるが、それは法科大学院生だけではなく、一般国民でも同様である。）。日本の場合には、上記『意見書』の言明とは文字通り裏腹に、当初は２、３割しか司法試験に合格できず他は法曹資格を得られない実情が存在したことから、法曹資格を得られそうにない者にまで広く「実務経験」をさせる必要はないと考えられたのかも知れず、かつまた司法研修所のレゾンデートルあるいは優位性を確保し維持する思惑が存在したのかも知れない（もしそのような推測が正しければ、予備試験の公認もあり、法科大学院生不信論の現われであり、また国民・市民の司法参加の観点からも疑問が生じるであろう。）。

320 第14章 法科大学院創設後の法学教員養成

集めて司法修習生として1年間であれ司法研修を施すことの意義自体が問われなければならないであろう。法学部がないアメリカには司法研修所もないにもかかわらず、日本よりもはるかに多数の弁護士がアメリカ全土で実際に活躍することができているのである。つまり、司法研修所における裁判官や検察官のリクルート機能を維持するために、法科大学院の上に屋上屋を架す国家の「集中と選択」システム（国家試験合格者の中での比較を通じた裁判官・検察官リクルート・システム）は必要ないと考えるのである[54]。

2 臨床法学教育の目的・課題とその教員養成

臨床法学教員の養成のためには、基本的には臨床法学教育の目的を把握する必要がある。

アメリカのリーガル・クリニックには、9つの教育目的があるという[55]。これらは、基本的には日本の法科大学院における臨床法学教育にも当てはまるであろう。すなわち、①生の事実を扱う方法の解明、②相談等専門技法の教育提供、③経験から学修方法を学ぶ教育、④専門家責任の教育、⑤弁護士としての活動への直面、⑥協働的な学修機会の提供、⑦依頼者に法サービス義務等の意義に関する知識伝達、⑧学生と教員に特定の法領域を研究する実

---

(53) ある意味で、「学生実務規則」に基づく法科大学院生の実務関与の許可も、市民・国民の司法参加の一面を有すると考えられるからである。法規範による手続関与への許可は、同意による禁止解除とは全く異質であり、制度的保障と考えられるからである。なお、国民の司法参加に対する冷ややかな基本スタンスについては、兼子一＝竹下守夫『裁判法〔第4版〕』24頁（有斐閣、1999年）。そこでは、「司法までが民主化しないところに合理的な民主主義の運用がある。」と、敢えて明示的に論じていたのである。このような考え方に対しては、新堂幸司『司法改革の原点』12頁、14頁、26頁等（有斐閣、2001年）、川嶋四郎「未来の物語——民事訴訟への市民参加に向けて」陪審裁判を考える会編『民事陪審裁判が日本を変える——沖縄に民事陪審裁判があった時代からの考察（裁判員制度10周年記念出版）』58頁（日本評論社、2020年）などを参照。

(54) 現在の政府は、日本における唯一の科学者アカデミーである日本学術会議を目の敵にしているようであるが、予算削減を考えるのであれば、人口減少が現実化している今の時代に、国会議員の定員や議員報酬等の削減を行うほか、司法研修所における司法修習制度の廃止等を行えば、相当な血税の節約につながると考えられるのである。しかも、そうすれば、実質的に見れば裁判を担当する裁判官の数を増加させる作用さえ果たすことになるのである。不可欠の人件費を入れても、官房機密費よりも遙かに少ない財源しか与えられていないのである。

(55) 川嶋・前掲書注（17）163頁を参照。

験室の提供、および、⑨法曹・法システムの可能性と限界の批判的検討である。

　また、1992 年にアメリカ法律家協会（ABA）が公表した、いわゆるマックレイト・レポート（MacCrate Report）の中に盛り込まれた、リーガル・クリニックに関する「基本的なロイヤリング技能とプロフェッションの価値観に関する声明」も紹介する必要がある[56]。

　ここでは、適切な弁護士代理の活動にとって不可欠な「基本的なロイヤリングの技能」を分析し、10 個の技能と 4 個の「プロフェッションの基本的価値」について論じていた。

　まず、「基本的なロイヤリングの技能」としては、①「問題解決」の技能、②「法的分析と法的推論」の技能、③「法情報調査」の技能、④「事実調査」の技能、⑤「コミュニケーション」の技能、⑥「カウンセリング」の技能、⑦「交渉」の技能、⑧「訴訟および裁判外紛争処理手続」の技能、⑨「法律業務の組織化と経営」の技能、および、⑩「倫理上のディレンマの認識と解決」の技能が挙げられており、それぞれ詳論されている。

　次に、「プロフェッションの基本的価値」については、①「適切な代理活動の提供」という価値観、②「正義、公平、および道徳性を促進するための努力をすること」という価値観、③「プロフェッションを向上させるために努力をすること」という価値観、および、④「プロフェッションとしての自己展開」という価値観が挙げられており、それぞれ詳論されている。

　このマックレイト・レポートは、法務研究財団の第三者評価の基準の定立の際にも大きな影響を与えたと考えられるが、臨床法学教員にとっても重要な具体的処方箋が示されている[57]。

　このような教育目的を実現するための教員をいかに養成するかは、アメリカにおいても重要な課題である。たとえばコロラド州ボールダー近郊にある NITA（National Institute for Trial Advocacy）等は、半世紀以上にわたりリーガル・クリニック担当教員のスキルアップに貢献してきた[58]。これは日本

（56）　日本弁護士連合会編（宮澤節生＝大坂恵里訳）『アメリカ法曹協会・法学教育改革とプロフェッション──アメリカ法曹協会マクレイト・レポート』1 頁（三省堂、2003 年）。

（57）　以上については、さらに、川嶋・前掲書注（17）194 頁も参照。

においても示唆的な機構であり、日本でも、PSIM コンソーシアム（法実務技能教育教材研究開発コンソーシアム。本部は、名古屋大学)[59]が、臨床教育教材を数多く開発し、上記 NITA との連携の下で技能研修を実施するなどして、一定の成果をあげている。

　さらに、日本における唯一の臨床法学関係専門学会である臨床法学教育学会[60]が、臨床法学教育教員の養成のために、全国的なシステムの形成に貢献することが期待される[61]。

　日本における臨床法学教員の養成に際しても、アメリカのリーガル・クリニックにおける上記 9 つの教育目的は示唆的である。現時における日本の臨床法学教育においても、明示的か黙示的かは問わず、おそらくそれらの教育目的は、実際にはほぼ達成できているのではないかと考えられる。ただし、一般論にすぎないが、日本の法科大学院における臨床法学教育は、残念ながら現在の日本の法実務を忠実に伝授することに主たる重点を置いているように思われ（それはそれで、いわば即戦力として役立つ法曹、特に弁護士の育成に大きく寄与していると考えられるが）、しかし、法実務の学修に加えその改革改善への志向（上記リーガル・クリニックの 9 目的中の⑧・⑨）が、必ずしも見受けられないように思われる。予備試験や司法試験が法科大学院教育を根本的に歪めている現実は看過できないが、それだけでなく、近時における臨床法学教育科目の履修人数が、閉校や法科大学院定員の削減を考慮しても、法科大学院創設当時と比較してかなり減少している点等も気になる[62][63]。

　なお、法学教員のカテゴリーとして、厳密に見た場合に、臨床法学教員は

---

(58)　https://www.nita.org/s/.

(59)　https://psimconsortium.law.nagoya-u.ac.jp/.

(60)　https://www.jclea.jp/. 平成 20 年〔2008 年〕に創設。その機関誌が、『法曹養成と臨床教育』（日本加除出版）であり、2009 年から現在に至るまで毎年 1 冊ずつ刊行されている。

(61)　臨床法学教育学会会則 2 条 1 項には、次のように明記されている。
　　「本会は、臨床法学教育の実践と研究を促進し、臨床法学教育に従事する者及び臨床法学教育に関心を有する者の交流と親睦を図ることによって、日本における法科大学院を中心とする実務法曹養成のための教育の発展に寄与することを目的とする。」と明記する。
　　なお、同条 2 項では、「前項の臨床法学教育とは、リーガル・クリニック、エクスターンシップ、シミュレーション、法律相談、法情報調査、法文書作成及びそれらに関連する法学教育の方法を意味するものとする。」と定義する。

研究者教員とは異なるように思われるが、私見では、より広く研究者教員の概念を捉え、研究論文を執筆するか否かにかかわらず、臨床法学教員も研究者教員に含まれると考えてもいいのではないかと考える。なぜならば、臨床法学教員も、現行実務を伝授しつつも批判的かつ建設的に不断の改善を志向する限りにおいて、実務や理論（実体理論や手続理論）の検討を行っているのであり、それも十分有益な日々の研究ではないかと思われるからである。理論にせよ手続にせよ技能にせよ、研究や研鑽無くしてレベルの向上も教育も現状改善もあり得ないと考えるからである。したがって、たとえば臨床法学教育学会等を通じて、臨床法学教員が情報発信し、情報共有と普及の機会が増えることが望まれるのである[64]。

V　おわりに

　法科大学院制度が創設された後における法学教員の養成について、これまで縷々述べてきたが、最後にいくつかの付言をし、本文で言及を留保した法学研究者養成のための「特効薬」について述べたい。

（62）　実務教育の実情については、少し前のデータであるが、たとえば、川嶋四郎「『エクスターンシップ』の全国調査結果について」臨床法学セミナー12号3頁（早稲田大学臨床法学教育研究所、2015年）〔本書第10章〕等を参照。

（63）　なお、日本における実務家教員（臨床法学教員）と研究者教員との関係は、常勤教員に限定して考えた場合に、アメリカとはかなり異なる。

　アメリカの場合には、いずれも大学教員としてのベースが同じで、法曹資格を有し、ロースクール教育に携わっている。一般的な比較にすぎないが、アメリカのロースクールでは、実のところ研究者教員の方が実務家教員と比較してその地位が高く、例外はあるものの多くの場合にロースクール教育や研究・学務の中心を担うのは、研究者教員である。

　これに対して、日本の法科大学院の場合には、法曹資格を有していない研究者教員が中心を占める法科大学院教員組織にあって、法曹資格を有する常勤実務家教員は、法科大学院生にとっては目標であり憧れの存在でもあろう。そのことは、法科大学院における臨床法学教員が、いわば後継者養成として若き法曹（特に弁護士）を法科大学院教育担当者へ誘う契機ともなるであろう。なお、給与面やそれ以外の待遇面については、後掲注（74）を参照。

（64）　なお、このような意味でも、臨床法学教員と実務家教員とは、実質的な意味内容において異なる。一般には、前者は後者の真部分集合と考えるべきであろう。単に一定年数の法律実務の経験を有するからといって、臨床法学教員とみなすべきではないと考えるからである。これは、臨床法学教員のいわば敷居を高くするのではなく、先に述べた臨床法学教育の目的の実践いかんにかかる問題と考えるのである。企業法務についても基本的に同様である。

324　第 14 章　法科大学院創設後の法学教員養成

　まず、研究者養成にとって大切と思われるのは、研究対象となる専攻法分野との出会いである。それは、人を通じて実現する場合もあれば、書物を通じてのこともある。出会いは突然訪れることもあるので「準備」は必要であり、そこに至るプロセスが重要性を増す。学びや研究の過程は、本来的に孤独で苦しいものである。出会いや対話の機会は、どこにでもありそうではあるが、真の出会いや対話の機会を捉まえて生かすことは難しい。

　それは、たとえばニュートンとりんごの関係に似ている。

　ニュートンにとって、りんごは 1 つのきっかけにすぎなかった。その出会いを実のあるものにするためには、そこに至るまで学び考えるプロセスと、それから後の学び生かすプロセスが重要である。それを僥倖に変えるためには、"Serendipity"（偶然からものをうまく見つけ出す能力）が重要である[65]というのは至言であろう。果報を寝て待つことはできないからである。

　そのプロセスでも、人や書物が重要な役割を演じることになるであろう。多くの場合に、石坂洋次郎が『丘は花ざかり』（新潮社、1956 年）の中で、ある出版社に勤務する野崎の口を借りて言ったように、尊敬すべき人物を見出すのは難しいことかも知れない（これは、野崎と美和子が、銀座の路上で交わす会話である。）。

　美和子はいう。

　「『でも私、野呂さんに言われて、顔が赤くなったわ。貴女がたは、頭の中に最高の教養を詰めこんでおりながら、じっさいの生活はミーハーの低い心理で営まれているんだって……』

　『ちがう！』と、野崎は、すれ違う人が注目するような大声で否定した。

　『なるほど、そう言われれば、だれだって多少は思い当たらない事はないんだが、思想と心理のくいちがっている病弊は、われわれよりも、むしろ現在の大人達にずっと著しいですよ。僕は社の用事で、思想家、学者、政治家、文学者等、いろんな文化人を訪ねるんだけど、それらの文化人に共通していなければならない 1 つの特色は、物事の合理性を尊ぶという事だと思うんです。彼らは、表面は

---

(65)　以上については、白川英樹『化学に魅せられて』13 頁（岩波書店、2001 年）を参照。なお、アイザック・ニュートン（1643-1727 年）の場合は、ペストの流行のためケンブリッジを離れ、ウールズソープに帰郷した際に、万有引力の法則の発見等いくつかの大発見をしたことから、その期間は「創造的休暇」と呼ばれている。

それを尊重し、あるいは尊重しようと努力しているのでしょうが、しかし、実際の生活をながめていると、合理性の追究ではなく、別な気持ちに動かされていることが多いようです。それを煮つめてみると、ヤクザの心理ですね。親分、子分。なわ張り。面子。学閥。朋党閥。低調な義理、人情のしがらみ。その間に金銭の光がチラチラ見え隠れしている。そういう状態ですね。……』」

　遺憾ながら、すでに研究者の卵として大学院で苦学の日々を送っていた時期から、このような現実を私がしばしば垣間見たことも事実である。

　それでも、確かに、かつて「自由、人間性そして良心の哲学者」[66]とされる人は存在したのであり、そのことは、私たちにとっても勇気と希望を与えてくれる[67]。これは哲学者に対する評価であるが、人間の学である法学の研究者としての願望的な資質をも表してなお余りあるであろう。つまり、このような良き導き手の存在が、法学研究者の養成には不可欠であると考えら

---

(66)　カール・ポパー（小河原誠訳）『開かれた社会とその敵〔第1巻〕（プラトンの呪縛・上）』24頁（岩波書店、2023年）参照。この書物は、このような哲学者、イマヌエル・カントの追憶に捧げられている。恣意や傲慢、権力志向、さらには他者配慮に欠けるような作為不作為に多々直面する現在、ポパーの言葉が救いをもたらしてほしいと願うばかりである。要するに、学問の世界におけるSDGs（例、第16項目「平等と公正をすべての人に」）の実現である。
　この脚注の記載に際して様々なことを思い出した。
　まず、大学院生の頃、疑問の多いある修士学位申請論文の主査が、試験当日に海外出張のため不在になることを聞いた際、ある院生が思わず素朴な疑問を口にした。それに対して、教授は、多くの教員たちの面前で「君は文部省の視学官か。」と面罵したという。その教授は自分の行為がよほど後ろ暗かったように思われる。その院生は、他の同門の院生たちと異なり公募を捜さざるを得なかったようである。
　次に、私が、助手の任期を残して東京を離れ小樽に異動する直前にある教授に挨拶に行った時のことも思い出した。みくびりの安心感かそれともある種激励の意味だったか分からないが、「日本に民事訴訟法学者は、10人しかいないからね。」と言われたのである。私がそこにカウントされていなかったことは当然のこととして、私は、高村光太郎が、智恵子に「東京には空がない。」と言われたときのような「驚愕」を覚えた。また、中島敦『山月記』の著名な冒頭部分も頭を過ぎった。ポパーが評するカントとは異なる研究者の一面を、その時私は確かに垣間見たのである（その後、その10人に誰が含まれるかを友人たちと考え論じていた私は若かった。）。
(67)　なお、学問に対する畏敬の姿勢について、ゲーテが、ヴィルヘルム・マイスターが教育郷で学ぶ際の3つの畏敬、つまり、①我々以上のもの、②等しいもの、および、③以下のものへの畏敬を、比喩的に語っていることも示唆的である。ゲーテ（山崎章甫訳）『ヴィルヘルム・マイスターの遍歴時代〔中〕』17頁（岩波書店、2002年〔原著、1821年〕）を参照。流石ゲーテである。

326　第14章　法科大学院創設後の法学教員養成

れるのである[68]。

　かつて、臨床法学教育学会において、ノース・カロライナ大学のJudith Wegner教授が、法科大学院教育について講演を行った[69]。彼女は、著名なカーネギー・レポート[70]の執筆者の一人であった。その内容の紹介はここでは割愛するが、そこでは興味深いHiku（俳句）が紹介されていた。

　　「蔵焼けて　障るものなき　月見かな」

　この句がそれであり、作者は、蕉門の一人、近江膳所の人、水田正秀であった。様々な英訳があるようであるが、最初に英訳でエピグラム的に記したものもその1つである。教授は、この句を研究室に飾り、心が打ちひしがれたときに、元気をもらっていると語っていた。時は、東日本大震災の数年後であり、聴衆の多くも同様の感想を持ったに違いない。私もその一人であった。

　蔵が焼ける、蓄えた財産が灰燼に帰した後にも、それまで蔵の陰に隠れて見えなかった月を愛でることができる心の余裕は、そう簡単に得られるものではない。芭蕉が愛した風雅の極致とも考えられるが、艱難辛苦を経験した後のささやかな月影は、希望の曙光とも受け取ることができる。谷中村の村民の立場に立って、足尾鉱毒事件の解決に奔走した田中正造は、請われて「辛酸入佳境　楽亦在其中」と揮毫したというが、その救済の思念は、どことなく水田の句と通じ合うものがあるように思われる[71]。

---

(68)　ただし、それと同時に、法学教育者を含めて日本の司法関係者にとっては、近代司法の出発点の悲劇をも忘れることはできない。初代司法卿、江藤新平（1834-1874年）が、その書生であった裁判長、河野敏鎌（1844-1895年）によって、梟首（晒し首の刑）を言い渡された事実である。川嶋・前掲書注（1）114頁を参照。なお、河野は後に、司法大臣、内務大臣、農商務大臣および文部大臣を歴任している。これが日本史・日本司法史の真実である。

(69)　J・W・ウェグナー（石田京子訳）「知識、技能、価値観の統合——カーネギー・レポートの知恵と臨床法学」法曹養成と臨床法学7号1頁（2014年）。教授は、私の若い頃に初めてアメリカで在外研究をした際のロースクール長（Dean）であり、そのときのAssociate Deanが、今も家族ぐるみで親交の続くWilliam J. Turnier教授であった。

(70)　それ自体は、柏木昇ほか訳『アメリカの法曹教育』（中央大学出版部、2013年）として翻訳され出版されている。

第5編　法学教員・国際法曹の養成課題　327

　私は、ウェグナー教授の講演を聴いて、停滞を極める法学教員の養成状況を克服するためには、その句で詠まれた「蔵」をメタファーとして捉え、むしろ積極的に蔵に象徴される桎梏を焼き払わねばならないと考えた。蔵が制約の象徴であるとすると、それを壊すことによって、より多くの法学教員の養成のために障壁となっている堰を切る必要があると感じたのである。

　かつて、ニューヨーク大学ロースクールの Frank Upham 教授は、逆説的で含蓄が深い指摘を行った[72]。それは、アメリカのロースクールにおいてクリエイティヴな教育ができる最大の理由は、「司法試験」にあるとの言説である。つまり、法学部もないアメリカにおける大学院レベルのロースクールで、広がりを持った法学教育が可能になる大きな基盤には、司法試験制度に多様な法学科目が準備されていると言うことではなく、合格率が高い「易しい司法試験制度」が存在するとの指摘である。多くのロースクールで、たった3年の教育課程しか持たないにもかかわらず、多様でクリエイティヴな教育ができるのは、司法試験が易しいからというアッパム教授の言説は、頂門の一針であり含蓄が深い。それは、一見風が吹けば桶屋が儲かるの俚諺のごとき因果性の希薄さを示しているようであるが、しかし、合格率が高く、多くの卒業生（修了生）が法曹資格を得ることができることから、むしろ自己が望む専門の法律事務所に就職するためには、自分のいわば「売り」、つまり、たとえば、金融法であれ、環境法であれ、税法であれ、家族法であれ、海浜法であれ、移民法であれ、エンターテインメント法であれ、自ら専門を深める努力をしなければならず、その過程で自主的に専門を深める機会が保障されているとも言えるのである。

　これは、いわば法科大学院における「余裕を持った自律的な学修の機会の保障」である。法学研究自体、通例、他者からの強制で遂行されるものではなく、自発的な「終わりなき学びのプロセス」[73]である。その意識と感覚と

---

(71)　川嶋・前掲書注（1）148頁を参照。
　　なお、少し前であるが、久しぶりに大津の街を訪れた。そして、松尾芭蕉が眠る義仲寺と、本章のインスピレーションを得た水田正秀ら、蕉門の俳人の塚が車座に並ぶ龍岡俳人墓地にお参りをした。そこは、琵琶湖を見下ろす風光明媚な小高い丘であった。国道1号線の喧噪も、不思議に掻き消される瞬間を感じることができた。後日訪れた石山の幻住庵も忘れ難い。
(72)　この間の事情については、川嶋・前掲書注（17）262頁を参照。

328 第 14 章　法科大学院創設後の法学教員養成

修練が、法学研究や法学教育の面白さを気付かせ、法学教員への途を開いて行くと考えられるのである。このようなアメリカの現状は、学部時代から「法」というものに接することができる恵まれた国、日本における法学教員養成の法科大学院関係制度にも、基本的に有益な示唆を与えることになるであろう[74]。

　先に一瞥した日本学術会議の諸報告や提言は、あくまで制度的な枠内で議論が重ねられてきたように思われるが、現行の法学教育プロセス（法学部、法学研究大学院、法科大学院）だけで対応し切れる問題ではないことは、すでに指摘されていた。そのような状況で、本章で、アメリカのロースクール・システムからの示唆として示したい「特効薬」は、「司法試験の簡易化」、すなわち「司法試験合格率の向上」である。その実現は、「蔵」という既成の障害をなくすことであり、それにより、活性化した法学研究者養成という「月」の輝きを再び鑑賞することができるようになると考えるのである。もちろん、同時に、制度本来の趣旨から外れたいわば濫用的とも思える利用が罷り通っている国家公認の司法試験予備試験は廃止し[75]、校数や定員は医学部並みに全国的に規整し、司法試験の合格率さえ上げれば、現行法学教育プロセスを通じた法学教員の養成は、十分に可能になると考えるのである[76][77]。

　『司法制度改革審議会意見書』は、まさに「蔵を焼け」といった指令であったはずであるが、角は矯められ牛は殺されてしまったのである。

　それでも、法科大学院が創設されて 20 年近くが経過する現在は制度が確立するまでの過渡期であると信じたい。現在、私たちは、将来に向けて日本

---

(73)　川嶋・前掲書注（17）318 頁を参照。

(74)　ちなみに、アッパム教授は、アメリカ・ロースクール教員が、日本の法学教員と比較してかなり優遇されていることも説明していた。優秀な事務職員の存在と給与面などであり、特に後者は、優秀な教員を採用するために、ローファームとの間で給与面での競争が存在するからである。

(75)　川嶋四郎「日本の法科大学院における法曹養成の課題と展望——研究者教員の観点から」比較法研究 73 号 80 頁、88 頁（2012 年）〔本書第 11 章〕を参照。さらに、同「日本における近時の『法科大学院問題』に寄せて——タマナハ『アメリカ・ロースクールの凋落』との出会いを機縁として」『現代日本の法過程——その構造と動態〔宮澤節生教授古稀記念論文集〕〔上〕』251 頁、272 頁（信山社、2017 年）〔本書第 12 章〕も参照。

の法学世界の学術水準を維持向上できるかどうかの分水嶺に立っているように思われる[78]。つまり、日本における法学教員の養成を法科大学院創設以前と同じ状態に戻す、あるいは、それ以上により多くの法学教員志願者を得るためには、上記『意見書』の理想に回帰する必要があると考える。それが目指した本来の司法制度改革の実をあげ、かつ、継続的に日本司法と法曹の世界、ひいては法学教員の世界を支える人材を輩出するために、限られているがゆえにエリート性を醸し出す「法曹資格」という「既得権」を、市民社会の頼もしい法の護り手であり担い手としての「市民に身近な法のライセンス」とすべきように思われる。

---

(76) ペーパー試験に長けた記憶力のいい学生にとっては、むしろ迂遠な桎梏と考えられるかもしれないが、ペーパー・テストに長けた医師を市民・国民が望まないのと同様に考えることができるであろう。その理由は、"The life of the law has not been logic; it has been experience."（法の生命は論理ではなく経験である。）という、元アメリカ合衆国最高裁判事、オリバー・ウェンデル・ホームズ・Jr（1841-1935年）の言葉を引くだけで十分であろう。あるいは、ジェローム・フランク（1889-1957年）が、当時のロースクール（特に、ハーバード・ロースクール等）を、「法律家ロースクール」ではなく、「図書館ロースクール」や「書物ロースクール」と呼んで痛烈に批判したことも、同時に想起することができるであろう。これについては、ジェローム・フランク（古賀正義訳）『裁かれる裁判所——アメリカ司法の神話と現実』372頁（弘文堂、1960年〔初出、1949年〕）を参照。フランク判事は、〈法実務は科学ではなく、弁護士・裁判官の「技芸（アート）」である。いかなる技芸も、書物からは学べない。技芸における最善の教育方法は徒弟制度である。通常高度のスキルを有する教師の監督の下における教育を通じて行われる。これが、アメリカの法学教育でかつて受け入れられていた英知であり、再発見される必要がある。〉と指摘したのである。
(77) ちなみに、今では昔のことになったが、上記『意見書』等に導かれて、日本全国の大学で法科大学院の創設の議論が展開されていた頃、もちろん九州でも、各大学が、個性ある法科大学院の創設に動いていた時代があった。私も、その渦中に投げ出されることになったが、（新）司法試験というボトルネックがある中で、九州に（あるいは全国に）多くの法科大学院を創設することに対しては、疑問を払拭することができなかった。そのこともあり、ある会議で、独立法科大学院として、「大阿蘇法科大学院（仮称）」の創設を提案したことがあった。ロケーションは阿蘇外輪山の内側で、休業した大きなホテルを活用し、九州の各大学の法学教員が役割を分担して法科大学院の教育や運営を行う、夢のような構想であった（マイ・キャッチフレーズは、「大阿蘇に抱かれ21世紀の日本司法を支える法曹となる。」であった。）。今から考えれば、それも1つの選択肢であったように思われる。アメリカやイギリスには、美しい大学町が大都市から離れたところに存在するが、日本でも、院生たちの心身の管理もきちんと行い、理論系科目の充実は当然のこととして、臨床法学科目の履修の機会を保障できれば、それはそれであり得る選択肢であったと思われる。
(78) 法科大学院創設以前に法学教員になった者も相当数存在し、研究大学院における法学教育プロセスの実質は保持されていると考えられるが、これからの10年がどのように変容するかは分からない。

330 第14章 法科大学院創設後の法学教員養成

　ただし、日本では、特に民事訴訟法教員を育成する際のネックになっているのが、実務家教員（元裁判官・弁護士）が民事訴訟法研究者教員のポストを占める傾向（実務で一定の地位を得た実務家教員が民事訴訟法ポストに補填される傾向）である。それ自体には、学部学生、研究大学院院生、法科大学院生が、法律実務の経験者から学ぶ機会を得て、その途を歩む関心や動機付けを行う絶好の機会とも考えられる。単に理論や手続だけを学ぶのではなく、生きた実務の中で法律実務や手続を学ぶことによって、法過程・手続過程の基本的な仕組みや、「法律家のように考える（Think like a lawyer）」思考方法や実践技能の初歩を学ぶことにもつながると考えられるであろう。

　しかし、そのような実務家教員が、民事訴訟法研究者教員不足を補っているとすると、それは民事訴訟法学の将来にとっては、必ずしも幸福な状況であるとは思われないであろう。特に民事訴訟法分野に限定すれば、敢えて法学研究大学院に属する研究者教員が努力して法学教員を養成しなくても、一般に言えば、一定の功あり名を遂げた元裁判官という還暦などを過ぎた年齢の人材を大学に迎えることができるのである。それには学生にも、大学（特に、教員にそこそこのネーム・バリューや高位の肩書きを欲する大学）にも一定の意義があることは認めつつも、現在の状況では、さらに研究者養成を確実に行い続けることができるか否かは、予断を許さないであろう。また、外国文献研究等、研究者としての基礎的素養の涵養に、そのような傾向がどれだけ裨益できるかも、全く未知数であろう。現行実務を伝授するだけではなく、基礎理論や制度比較、ひいては現代社会や人々の正当な要請に従った改善の方向性も示さなければならないであろう。

　なお、法学研究大学院がもつ資源等の格差についても考える必要がある。現在でも基本的な状況は変わらないが、蔵書数やその多様性は、大学ごとに様々である。同じ国立大学法人であっても、その沿革や文科省との関係いかんによって多様であり、明白な格差さえ見られる。現在では、インターネットの発達により、外国語文献へのアクセスの容易さは、多くの大学で共通するものはあると思われるが予算の制限はあり、大学図書館間の相互貸借システムの充実化も進んでいるがそれにも限界があり、歴史的な書物になるとその利用も制限されかねない[79]。国民の税金で購入された書籍を有する国公

立大学の図書館は、すべての研究者や市民のために開放されるべきであろう[80]。

　先に述べたように、遺憾ながら現在の日本民事訴訟法学会には、それ自体に法学教員という後継者養成を期待することは困難であると考えられる。上記『意見書』が、法科大学院の入学者選抜の理念として指摘した「公平性、開放性、多様性の確保」は、敢えてSDGsを引き合いに出すまでもなく研究者養成にも妥当しなければならないであろう。ただし、臨床法学教育学会の場合には、役員固定化の危惧はあるものの、臨床法学教員を養成するプラットホームとなり得る可能性を秘めているように思われる。先に述べたように、臨床法学教員の養成局面で、それを主導できるのは臨床法学教育学会であろう（この学会には、法曹資格を持った弁護士等の法律実務家だけではなく、司法書士や企業法務担当者らも入会している。）。

---

(79)　私は、国立大学だけでも、4校の勤務を経験し、また全国各地の大学図書館の書庫を利用したり視察したりする機会を得たが、大学に就職するまでは、それほどまでに国立大学図書館の書籍・文献の量や質に差異があるとは考えていなかった。研究環境の「格差」、すなわち蔵書の豊かさには、かなり大きな偏差があることを肌で感じた。競争的資金の獲得状況も然りである。たとえば、法哲学者、恒藤恭が、同志社大学から京都大学へ移ったのは、図書館の充実度にもあったようである。角田猛之「解説」恒藤恭『憲法問題』161頁、169頁（2020年）参照。

　また、私が小樽商科大学に勤務していたときに、北海道大学の図書館を利用することが多かったが、ある日そこに「東京帝国大学蔵」という蔵書印が押された本を何冊も見つけた。当時、まだご健在だった小山昇先生にそのことをお尋ねしたところ、戦後、先生たちが中心になって北海道大学（正確には、北海道帝国大学）に法文学部を創設する際に、法学研究には書物が不可欠であるとして、東京帝国大学図書館に重複所蔵されている書籍を移管したとのことであった。なお、私が九州に転勤した際に、そこで活躍されていた先生方（名誉教授を含む。）から、あの論文を書くときには○○大学が所蔵している△△の書籍に目を通したかったなどと聞いたこともあった。

　なお、長尾宗典『帝国図書館——近代日本の「知」の物語』150頁（中央公論社、2023年）では、明治39年（1906年）のある日の来館者数が明らかにされているが、利用者の大半は、旧制の私立大学、専門学校および中学校の学生・生徒であり、蔵書が豊かな官立大学等の学生は多数派ではなかったという。なお、帝国図書館は、台東区上野公園内に存在した。

(80)　ちなみに、私が滞在したアメリカのノース・カロライナ大学の図書館は、ロースクール図書館を含め、書庫も一般市民に開放されていた。書庫の書棚を見る機会を有することは、それだけ新たな書物との出会いの機会が増すことになる。たとえば、私が大学院修士課程で学んでいたある日、薄暗い一橋大学図書館の書庫で、分厚い書籍、豊浦與七弁護士による『英国衡平法と信託制度』（大岡山書店、1927年）を見つけた。その悲痛な「はしがき」に接して涙したことは、今でも忘れることができない。川嶋・前掲書注（17）vi頁も参照。

332 第 14 章　法科大学院創設後の法学教員養成

　臨床法学教育学会では、すでに創設の当初から、学会の課題として、「3
つのフォーラム」の役割が語られていた[81]。すなわち、①臨床法学教育担
当教員の経験共有フォーラム、②他の臨床教育関係専門職教員との交流フォ
ーラム、および、③海外の臨床法学教育担当教員との交流フォーラムとして
の役割がそれである。これらの、総合的な発展形態として、④後継者・研究
者養成のフォーラムとしての役割、つまり、経験共有や相互研鑽の場を超え
た育成の場としての役割を措定することができる。先に述べた PSIM 等と協
力しつつ、一定の研修を行い、(かつて臨床法学教育学会で議論された)「臨床
法学士（仮称)」等の名称の資格付与のシステムを作り、単なる実務家教員
を超えた臨床法学教員の養成を行うことも可能ではないかと考えられる。そ
のためには、法科大学院協会などとの連携は必要になるが、アップツーデイ
トな知見や技能を持った「臨床法学士」の活躍が人口に膾炙することになれ
ば、事実上、各法科大学院等に臨床法学士資格を持った臨床法学教員が浸潤
することになるであろう。

　法学教員の養成問題は、大学改革と司法制度改革（法科大学院の設置）が
相互に副作用を及ぼしあうことにより、深刻な問題として顕在化したが、実
は、研究者養成（高等教育の担い手の要請）の問題は、現在、人文社会科学領
域全般の課題でもある。特に、任期付教員制度など、競争を通じた学術の発
展にとっては一見合理的とも見えるものの、任期付きでない文科官僚が自己
をその地位に置いた場合に望ましいとは考えないであろう政策を採用するこ
と自体極めて疑問である。競争の活性化は幻想である。そのような学術領域
全体の基盤改革と共に、しかも、そのような陰の部分だけではなく、光の部
分、つまり個々の専門領域における研究職の魅力こそが、もっと発信されて
もいいのではないかと思われる[82]。

　ともかく、専門教育の担い手の養成問題は、今後、アカデミア全体の問題
として取り組まれるべき課題である。しかし、それに止まる問題では決して
ないことも肝に銘じる必要がある。専門職大学院の創設を通じて大学改

────────────

(81)　宮川成雄「臨床法学教育学会の発足──3つのフォーラムとしての役割」法曹養成と臨床
　　法学1号1頁（2009年)。

第5編　法学教員・国際法曹の養成課題　333

革[83]の実を挙げるためには、当然のことながらその周囲の環境整備も不可避となる。本章では、司法試験制度改革を特効薬としてあげたが、直接の利害関係者にそれを望むことは困難であることから、市民・国民の声の集積こそが必要となるであろう。

　それもまた、今日では大学人の責務である[84][85]。

---

(82)　法学分野では、かつて有斐閣から「法律学全集」という名のシリーズが刊行されたことに関して、ささやかな思い出がある（現在でも版を重ねている書籍もある。）。図書館の一角にその赤茶けたような背表紙が何段もの書棚を占めていた風景は壮観であった。その各巻には、付録として「栞」が挟まれており、執筆を終えた著者らが様々な随想を綴っていた。たとえば、三ケ月章『民事訴訟法』の「栞」にあった「3つの自由（①恩師の学説から、②支配的な学説から、および、③昨日の自己の学説からの自由）」、鈴木竹雄『手形法・小切手法』の亡き妻の回想、来栖三郎『契約法』の歯痛の話など、40年以上前に読んだにもかかわらず印象深い。人間味溢れる言葉は忘れ難い。人には、それぞれ様々な物語があるが、それらが語られることによって、著者の人間味やその学問的な魅力の一端にも触れることができるであろう。先に述べた新堂幸司先生の『民事訴訟法』に挟まれた「栞」には対談の記録が掲載されていたが、これもまた極めて魅力的であり、学問への関心を掻き立てる内容であった。私たちの世代では、若い頃には、かなり上の世代の研究者の著作ではあるが、末川博『彼の歩んだ道』（岩波書店、1965年）や川島武宜『科学としての法律学』（弘文堂、1964年）などを読んだものである。ちなみに、私の場合には、ディケンズ、ユーゴー、トルストイ、ドストエフスキー、パール・バックなどの著作も、学びの師となったのである。

(83)　なお、「大学院の目的・役割に関する答申」には様々なものがあり、たとえば、「大学院の整備充実について」（平成3年〔1991年〕大学審議会）では、「大学院は、基礎研究の中心として学術研究を推進するとともに、研究者の養成及び高度の専門的能力を有する人材の養成という機能を担うものである。」とし、その役割の中に、「(2)優れた研究者の養成」（他は、略）を挙げていた。また、「大学院の教育研究の質的向上に関する審議のまとめ」（平成8年〔1996年〕大学審議会）では、「今社会が必要としているものは、細分化された個々の領域における研究と、それらを統合・再編成した総合的な学問とのバランスのとれた発展であり、学術研究の著しい進展や社会経済の変化に対応できる、幅の広い視野と総合的な判断力を備えた人材の養成である。」とし、「(1)学術研究の高度化と優れた研究者養成機能の強化」（他は、略）を挙げていた。さらに、「21世紀の大学像と今後の改革方策について」（平成10年〔1998年〕大学審議会）では、「大学院は基礎研究を中心として学術研究を推進するとともに、研究者の養成及び高度の専門的能力を有する人材の養成という役割を担うものである。一層変化が激しく複雑化していく21世紀の社会を迎えるに当たり、これからの大学院に特に求められることは、1. 学術研究の高度化と優れた研究者の養成機能の強化、2. 高度専門職業人の養成機能、社会人の再学習機能の強化、3. 教育研究を通じた国際貢献の3点」であると論じていたのである。以上につき、https://www.mext.go.jp/b_menu/shingi/chukyo/chukyo0/toushin/attach/1407420.htm.

334 第 14 章 法科大学院創設後の法学教員養成

(84) なお、同志社の校祖、新島襄 (1843-1890 年) は、「一国を維持するは、決して二、三、英雄の力にあらず。実に一国を組織する教育あり、智識あり、品行ある人民の力に拠らざるべからず。これらの人民は一国の良心とも謂うべき人々なり。而して吾人は即ち、この一国の良心とも謂うべき人々を養成せんと欲す。吾人が目的とする所実に斯くの如し、諺に曰く、『一年の謀ごとは穀を植ゆるに在り。十年の謀ごとは木を植ゆるに在り、百年の謀ごとは人を植ゆるに在り』と。蓋し我が大学設立のごときは、実に一国百年の大計よりして止む可からざる事業なり。」(新島襄〔徳富蘇峰起草〕「同志社大学設立の旨意」同志社編『新島襄教育宗教論集』32 頁 (岩波書店、2010 年〔原著、1888 年〕)) と、「一国百年の大計」として、「我が大学設立」を位置づけたが、その不断の発展の基礎に、大学教員養成(法学教員養成も含む。)が存在することは言うまでもないであろう。なお、2024 年 8 月、私は、サマーセミナーで訪れた台湾・國立中正大学の教育學院(法學院の隣の建物)の玄関で「百年樹人」の言葉を見つけた。
(85) ちなみに、上記『意見書』によれば、法科大学院制度の創設時には、法科大学院の適正配置も重要な課題として取り上げられた。国公私立を問わず、全国各地の大学が名乗りを上げたことは十分に理解することができる。しかし、創設時の熱気が去り、司法試験合格者数等でランキングが顕在化され、そして数多くの法科大学院が閉鎖されると、地方大学(一部、大都市にある大学も)は法科大学院創設前以上に疲弊し、かつ、学内で様々な軋轢を残すことになった。地方創生の夢は儚く消え、地方大学のステータスにも衝撃を与えたのである。
　法科大学院の制度構築に係る国家の政策としてはあまりにもお粗末であり、先に述べたように、誰も責任をとらない体質(無責任体質)は、第二次世界大戦敗戦後の日本の状況によく似ている。私は、本章を草する過程で、「法学教員の養成」のあり方を論じてきたが、感受性の問題かも知れないものの、研究不正等を超えた「研究者・教育倫理」のあり方をも深く考えさせられることになった。なお、前注 (39) も参照。

第5編　法学教員・国際法曹の養成課題　335

【補論7】 民事訴訟法学への郷愁と希望
── 『公共訴訟の救済法理』を執筆して

> 「一国の文化が繁栄するためには、その国民は統一されすぎてもまた
> 分割されすぎてもいけないというのがこの試論においてわたくしが絶
> えず反復し来った論題でありました。」
>
> T・S・エリオット
> 『文化の定義のための覚書』より

I　「3つの民訴」時代への郷愁

　この春、『公共訴訟の救済法理』（以下、本書という。）を有斐閣から上梓させ
ていただいた。かつて日本の大規模な差止訴訟事件に関する「判決手続過程」と
「強制執行過程」についてトータルに論じた『差止救済過程の近未来展望』を、
2006年（平成18年）に日本評論社から開板させていただいたが、本書は、そこ
に至る知見とインスピレーションの多くを得た「アメリカ公共訴訟の救済過程」
に関する様々な判例や学説等について、具体例を多数織り交ぜ手続過程に沿いな
がら詳しく論じ、日本法への展望をも示した学術書である。
　私の専門は民事訴訟法であるが、本書は、やや広い視野の下で筆者が取り組み
続けてきた「新しい民事訴訟・執行過程の基本構造（判断機関と執行機関の統合的
連動的救済過程）」の構築に関する試論を含んでいる。本書では、アメリカ法を素
材として、私的な価値を起点とし公的価値の実現をも導く民事訴訟の公的契機や、
この種の集団的救済を志向する訴訟における当事者構造、および、多様な救済形
成アプローチや救済実現アプローチについても詳しく論じている。
　今から40年近くも前になるだろうか。学問と教育の世界に憧れ、希望を持っ
て上京したとき、精神的には自由であった。当時、まことしやかにある言説が囁
かれていた。「日本には民事訴訟なるものが3つある。」と。1つ目は、実定法で
ある民事訴訟法典に描かれた民事訴訟であり、2つ目は、実際に裁判所で行われ
ていた民事訴訟実務としての民事訴訟であり、3つ目は、民事訴訟法学者の世界
で語られていた民事訴訟であった。たとえば、1つ目の民事訴訟は、活性化した
口頭弁論での審理を手続の核心として準備し、2つ目の民事訴訟では、「三分間
弁論の五月雨式審理（口頭弁論は書面の交換を中心に3分ほどで終了し、間隔を開け
た口頭弁論期日が繰り返される審理）」に象徴されたように、口頭弁論は形骸化し、
法規にない異形の手続である「和解兼弁論（弁論兼和解：法廷外の小部屋で争点・
証拠の整理をしながら和解的解決をも目指す非公開の手続）」が繁用されていた。ま

336　第14章　法科大学院創設後の法学教員養成

た、3つ目の民事訴訟法学の世界では、新訴訟物理論、争点効理論、そして証明
責任論等が華やかに展開され、いわゆる「3期派」の議論（井上治典『民事手続
論』29頁〔有斐閣、1993年〕参照）も展開されつつあった。

　「3つの民訴」なるものは、いわば利用者疎外の象徴であり、学界批判をも含
み、揶揄とも嘲笑とも自虐とも思われかねない表現ではあるものの、一学徒にと
っては、むしろ研究や教育の可能性さえ感じられる言説であった。それは、「自
由な研究」の展開に向けた想いを馳せることを許すものでもあった。今では郷愁
を誘うが、「理想の民事訴訟とその規範の姿」を語り描く機会が開けていると考
えられたからである。もちろん、法的救済を創出する動態的なプロセスこそ、民
事紛争を抱える市民にとっての最後の最も公正な拠り所と考えたからでもある。

Ⅱ　「アメリカ公共訴訟救済過程」のダイナミクス

　本書では、「公共訴訟の救済過程」に関する基本的な手続構造を解明し、新た
な法的救済過程を提言することを目的とした。「公共訴訟」とは、当事者による
訴訟活動のプロセスおよび結果が社会的な影響を及ぼす民事訴訟の形態を言い、
その法的救済過程には、主として判決手続に相当する救済形成過程と執行手続に
相当する救済実現過程が含まれる。公共訴訟事件は、その民事訴訟過程や判決・
和解を通じて、法律上または事実上、社会的に広範な波及効を及ぼす可能性のあ
る訴訟事件である。本書における公共訴訟事件の定義は、この程度の抽象的なレ
ベルにとどめている。その訴訟過程とそこで考案され創造され実践されている
様々な個別手続の姿こそ知ってもらいたかったからである。

　この種の公共訴訟事件の訴訟物（訴訟対象）に着眼した場合には、損害賠償請
求訴訟事件でもそのように呼べるものは存在する。ただ本書が主として念頭に置
いて論じたのは、一定の作為不作為を求める大規模な差止訴訟事件であり、かつ、
その主眼が人格的利益等、究極的には「憲法価値」につながる人間存在の根源に
関わるものの侵害からの法的救済を求める訴訟事件である。本書で示したかった
のは、そのような最重要の個人の権利を具体的に保障するための様々な手続のア
イデアと志なのである。利用者にとって望ましい選択肢の提示・説明とその自由
な選択の保障こそが大切と考えるからである。

　アメリカでは、公民権運動の高揚期に基本権の保障のために裁判所が重要な役
割を果たしてきた。その時期においては、単に実体法の側面における実効的な基
本権保障の拡大だけではなく、その保護の実現のために、まさに手続法の役割と
その可能性の討究が極限まで推し進められた。それは、いわば手続法を総動員し
た法的救済活動であり、その時代、アメリカ法において、法的救済を志向した手
続法は光彩を放っていた。裁判所が、人間の尊厳に関わる権利利益の保護実現の

ために大きな役割を果たし、新たな手続を考案したのであり、様々な規定、先例、そしてエクイティ権限を駆使して、個別事件の具体的な状況に即応する法的救済を創造し、それを強制的に実現していたのである。手続創造の賜物である。しかも、その個別手続は、原告、被告、訴訟参加人および裁判所のいわば協働的な合作とも言える作品でもあり未来に花開く法の果実でもあった。

Ⅲ　「法のなかのエクイティなるもの」への憧憬

　このような法的救済過程の新たな展開は、実体法と手続法の汽水域をもカバーする「救済法」（Remedial Law）の爆発的な発展をもたらした（川嶋四郎『民事救済過程の展望的指針』1頁〔弘文堂、2006年〕参照）。それは、実体法の領域だけではなく、手続法の領域でも、民事訴訟法の可能性を極限にまで追い求める実践例の宝庫ともなった。ともすれば、実体法の領域の問題に収斂させて考察されかねない救済の問題は、仔細に見れば豊かな手続を生み出す源泉でもあった。そのような救済志向のダイナミックなプロセスの展開は、法体系が異なる海の向こうの別世界の出来事のように見られ、憲法や英米法の領域では紹介されてきたものの、日本民事訴訟法における救済過程へのトータルな示唆と具体的な解釈や制度の提言は、必ずしも十分になされてこなかった。しかし、このような問題意識と救済思考から、本書では、「法のなかのエクイティなるもの」（藤倉皓一郎「アメリカにおける裁判所の現代型訴訟への対応」石井紫郎＝樋口範雄編『外から見た日本法』327頁〔東京大学出版会、1995年〕参照）の認識とその展開可能性の探究を行った。個別の憲法価値だけではなく、かけがえのないより基層的な「人格的価値」の保護プロセスともなり得る新たな「公共訴訟の救済法理」を構築すべきと考えたからである。

　そこで、アメリカにおける「救済志向の手続創造」とその「展開的な活用実践」に示唆を得て、日本における具体的な解釈論等を展開するために、本書では、アメリカ公共訴訟手続法を分析し評価することに努めた。当事者・訴訟参加人の要請や裁判官による大胆な手続創造等も織り交ぜた。それらは、日本における憲法上の基本権を中核とする公的利益を実効的に保障するための具体的な手続創造に示唆を与えるだけではなく、日本における多数当事者訴訟過程の手続構造への示唆にもつながると考えたからである。とりわけ、「将来志向の現実的救済」を探究し、その貫徹をサポートする受容可能な受け皿（プロセス）の提示である。金銭的救済がその中心を占める民事訴訟事件の処理過程で、近未来における差止救済の創造と実現を通じて、「かけがえのないもの」に目を向けた「現実的救済」を具体化する新たな法的救済過程を提言することを眼目としたのである。法律学の世界における「平等」と「公正」の探究と実践は、現在の日本においても喫緊

の課題と考えたからである。現在では、たとえば、差別もハラスメントなるもの
も、ひいては被害あるいは権利侵害さえも、より隠微化・陰湿化しているからで
ある。なお、本書では、訴訟上の和解についても、その和解消極論（反和解論）
にも共感を覚えつつ詳しく論じた。

Ⅳ　「希望の民事訴訟法学」へ

　さて、2001 年の『司法制度改革審議会意見書』は、現代日本司法に大きな変
革をもたらす契機となった。その数年前に大改正が加えられた民事訴訟法でさえ
改正の洗礼を受けることを免れなかった。民事手続法の領域でもそれを契機とし
て様々な新法が制定されまた法改正もなされたが、その『意見書』には、法科大
学院における教育目的のキーワードとして「理論と実務の架橋」が挙げられてい
た。
　これは、民事訴訟法に即して言えば、実務に根差し得る民事訴訟法学の構築を
刺激する指針を示すだけではなく、学理の世界にも様々な影響を与える。日本的
な風土では、ともすれば、研究者に萎縮効果を生じさせ、実務の枠組に研究精神
の自由を閉じ込めかねないとも考えられる。それは、実務の知見が学理に優先す
る傾向さえ生み出しかねない懸念でもある。「架橋」とは、Ｓ＆Ｇ（サイモンとガ
ーファンクル）の名曲を想起させるような美しい表現であるものの、「3 つの民
訴」の存在を許さない言明のように見える。とりわけ 1 つ目と 2 つ目の民訴の符
合は市民にとって不可欠ではあるものの、3 つ目の民事訴訟の探究可能性にも影
響を与えかねないと思われるのである。確かに独善は許されないものの、ともす
れば、自由な民事訴訟法学の気風が失われ、志を持った研究者を一定の閉塞空間
に誘導しかねないのではないかという漠然とした危惧である。
　現在、先に述べた 1 つ目の民事訴訟と 2 つ目のそれは、「陳述書（当事者や証人
等の陳述を記載して裁判所に提出される書証）」や「控訴審（特に、高等裁判所）の事
後審的運営（続審制の下での事後審的な実務運営）」の実務（川嶋四郎『民事訴訟法』
535 頁と 897 頁〔日本評論社、2013 年〕参照）を除きほぼ一致しており、3 つ目の民
事訴訟も、前二者に「回収」されつつあるようにも思われる。それは、利用者に
とっての分かりやすさの視点からは望ましいことであると考えられるが、法的救
済制度としての民事訴訟法の領域では、理論も実務も変わり続けなければならな
いと考える立場からは、ある種の桎梏ともなりかねないように思われる。枠内に
収まる小ぢんまりとした思索の殻を破ることができるかという課題である。市民
の視点からは、制度目的のより一層の実現に向けた継続的な変革は不可避であり、
あるべき実務の構想を導く理想の理論の探究は、不断に続けられねばならないと
考えるからである。上記『意見書』でさえも、21 世紀の日本の司法を、国民の

第5編　法学教員・国際法曹の養成課題　339

期待に応える制度とするため、「司法制度をより利用しやすく、分かりやすく、頼りがいのあるものとする」ことを標榜していた。この「より」という表現は、手続法の創造的展開を不断に期待する表現であろう。

　ともかく、教育・研究生活を始めて以来、私は、人々や社会のために多少とも役立ちつつ、研究者や学生たちと共に考えながら、ディーセンシー（decency）（佐藤義夫『オーウェル研究』〔彩流社、2003年〕参照）に満ちた世界で、できれば安らかな学びの生活を送ることができればと願っていた。学究生活は厳しかったが、試練は、「公共訴訟」についても同様である。それでも、「捨てる神あれば拾う神あり。」は至言だと思う。アメリカ・ノースカロライナ大学での研究生活も忘れ難い。改めて日本やアメリカの多くの人々に心から感謝申し上げたい。

　そしてこのような状況でも、私は、若い学生・院生たちに自由な日本民事訴訟法学の価値を語り続けたいと心に期している。条文・原理原則・判例・通説を押さえつつも、それら自体の批判や再構築に、荒削りであれ大胆に切り込む批判精神を涵養することこそが、未来に向けた法的救済過程（私たちの手続過程）を再構築するために不可欠と考えるからである。研究者を目指す院生には、自由と平等を旨とし、比較法研究の重要性も伝えている。外国法は「出羽守」にさえならなければ、知的刺激の源泉だからである。この「出羽守」とは、上から目線で、たとえば「ドイツ法では」などと外国法を金科玉条の如く操る者をいい、それは、「豊前守」のように、外国法など憮然として受け付けない者の対極に位置する。いずれも極端であり、私の水平的な救済観によれば、比喩的にはさしずめ「伊予守」ならぬ「伊予の民」あたりが妥当であろうか。この外国法の研究はいいよと、学究仲間の一市民として同じ目線で語り合いたいからである。ともあれ、大学でも自由な学風の維持に努めているが、学徒たちには、「小さな完成よりも、あなたの孕んでいる未完成の方が、はるかに大きなものがあることを、忘れてはならないと思う。」という石坂洋次郎の言葉（『若い人』より）を贈りたい。

　なお、最初に挙げた詩人エリオットの言葉を借りれば、一国の民事訴訟・民事訴訟法学が繁栄するためには、民事訴訟法学は統一されすぎてもまた分割されすぎてもいけないと思う。多様な議論の共生およびそれを可能とするプロセスが保障されて「はじめて単に一種の闘争、嫉視、恐怖のみが他のすべてを支配するという危険から脱却することが可能となる。」（T・S・エリオット『エリオット全集5』290頁〔中央公論社、1971年〕）からである。

　時間はかかったが、本書を通じて紡ぐことができた民事訴訟法についての「未来の物語」（ニュアンスは逆であるが、S・アレクシエービィッチ『チェルノブイリの祈り』〔岩波書店、2011年〕による。）を、これからの「民事訴訟法学へのささやかな希望」につなげて行ければと願っている。現在の民事訴訟法学の世界は、このようなささやかな希望を必要とする状況にあると考えられるからである。

第15章
国際法曹の養成課題
—— 司法制度改革と日本司法の国際化：法科大学院における法曹養成
の国際化課題に焦点を当てて

2019 年

Ⅰ　はじめに
—— 司法制度改革の中の国際化課題

　今は昔の観もなくはないが、2001 年（平成 13 年）6 月 12 日に公表された
『司法制度改革審議会意見書』[1]（以下、単に『意見書』という。）は、その副題
が示すように、「21 世紀の日本を支える司法制度」のあり方を具体的に提示
した。そこには、日本司法の国際化の課題も含まれていた。『意見書』の提
言を受けて、2002 年（平成 14 年）3 月 19 日に閣議決定された『司法制度改
革推進計画』[2]（以下、単に『推進計画』という。）は、政府が講ずべき措置内
容などを概括的に示したが、その中にも日本司法の国際化対応が明示されて
いた[3]。

　まず、『推進計画』の基本的な考え方として、「社会の複雑・多様化、国際
化等がより一層進展する中で、行政改革を始めとする社会経済の構造改革を
進め、明確なルールと自己責任原則に貫かれた事後監視・救済型社会への転
換を図り、自由かつ公正な社会を実現していくためには、その基礎となる司
法の基本的制度が新しい時代にふさわしく、国民にとって身近なものとなる
よう、国民の視点から、これを抜本的に見直し、司法の機能を充実強化する

---

(1)　https://www.kantei.go.jp/jp/sihouseido/report/ikensyo/pdf-dex.html.
(2)　https://www.kantei.go.jp/jp/sihouseido/keikaku/020319keikaku.html.

ことが不可欠である。」と述べ、この計画の策定に際して、国際化社会における日本司法のあり方を考えることが明示されていた。

司法制度改革の3つの柱とされた、①「国民の期待に応える司法制度の構築（制度的基盤の整備）」、②「司法制度を支える法曹の在り方（人的基盤の拡充）」、および、③「国民的基盤の確立（国民の司法参加）」でも、前2者は、日本司法の国際化対応をも明確に意識した内容となっていた。このような『意見書』の趣旨を具体化した『推進計画』でもそのような意識は維持され、①においては、特に「国際化への対応」として、「グローバル化が進む世界の中で、司法の役割を強化し、その国際的対応力を強めることが一層重要となっているとの認識の下に、民事司法の国際化、刑事司法の国際化、法整備支援の推進及び弁護士の国際化を図るための措置を講ずる。」ことが明記され、また、②においては、「弁護士の国際化」として、「弁護士が国際化時代の法的需要に十分対応できるようにするため、……弁護士の専門性及び執務態勢の強化について、必要な対応を行うほか、国際交流の推進、法曹養成段階における国際化の要請への配慮等により、国際化への対応を抜本的に強化することとし、逐次、所要の措置を講ずる。」こと、「弁護士と外国法事務弁護士等との提携・協働を積極的に推進する見地から、特定共同事業の要件緩和等を行うこととし、所要の法案を提出する。」こと、さらに、「開発途上国に対する法整備支援を引き続き推進する。」ことが明記された。また、「検察官制度の改革」の中でも、「検察官は、公益の代表者として、特に刑事に関して極めて重大な職責を負っており、その権限を常に厳正かつ公平に行使することが求められているほか、今後の社会構造の変化、科学技術の革新、国際化等の一層の進展に伴って生ずる新しい形態の犯罪や高度な専門的知見を

---

(3)　なお、『意見書』に先立つ 2000 年 11 月 20 日の『司法制度改革審議会中間報告』（https://www.kantei.go.jp/jp/sihouseido/report/naka_houkoku.html.）では、「我が国の従前の官僚制度や官官関係を含めた国家・社会システムは、所与の特定的目標の効率的実現を目指してひたすら邁進するときには優れた側面を持つとも言い得る。しかしながら、こうした国家・社会システムは、個性の発露である独創的な着想や新たな価値体系の創造、多様な価値観を有する人々の有意的共生を図り、未曾有の事態への対応力を備えつつ、冷戦構造の終焉や驚異的な情報技術革新等に伴って加速的にグローバル化の進展する国際社会にあって十分な存在感を発揮していく上で、決して第1級のものとは言い難い。」という厳しい認識が示されていた。『意見書』は、その克服に向けた重要かつ広範な提言であった。

要する犯罪にも的確に対応する必要がある。」ことが明記されていた。

このように、『意見書』も『推進計画』も、「国際化」についての高い意識の下で作成されており、現時点において、すでに具体化された個別項目も少なくない[4]。それはまさしく、司法制度改革の着実な成果と考えられるが、本章では、これまで必ずしも十分に論じられることがなかった「法科大学院における法曹養成と国際化」の現状と課題などについて一瞥したい。

Ⅱ　法科大学院における法曹養成と国際化
——「国際化」への期待と現状

1　法科大学院制度への期待

『意見書』の中でも、21世紀の日本司法を支える法曹を養成するために、法科大学院については、大きな期待が込められていた。それは、「司法試験という『点』のみによる選抜ではなく、法学教育、司法試験、司法修習を有機的に連携させた『プロセス』としての法曹養成制度を新たに整備すべきである」との前提で、「その中核を成すものとして、法曹養成に特化した教育を行うプロフェッショナル・スクールである法科大学院を設けるべきである。」と提言されたことに由来する。法科大学院は、2004年（平成16年）4月1日から各地に開校され、現在に至るまで数多くの卒業生を送り出してきた[5]。

このような期待は、「国際化」の観点から見た場合も同様である。少なくとも設立当初は、たとえば、その授業科目の中に国際化に対応できる科目を配すること、外国人教員等による外国法や比較法等の教育を外国語で行うこ

（4）　たとえば、川嶋四郎「民事司法制度改革の行方——近時における民事司法改革の軌跡とその課題を中心として」法政研究（九州大学）71巻3号389頁（2005年）、『司法制度改革概説①～⑧』（商事法務、2004～2005年）などを参照。さらに、法整備支援の領域における展開については、国際協力機構編『世界を変える日本式「法づくり」——途上国とともに歩む法整備支援』（文藝春秋、2018年）などを参照。

（5）　法科大学院制度の現状については、たとえば、川嶋四郎「日本における近時の『法科大学院問題』に寄せて——タマナハ『アメリカ・ロースクールの凋落』との出会いを機縁として」『現代日本の法過程〔宮澤節生教授古稀記念論文集〕（上）』251頁（信山社、2017年）〔本書第12章〕などを参照。

と、日本人教員が国際的視点を踏まえて日本法に関する法律専門科目（「法理論教育」科目）の教育を行うこと、海外において実務科目（「実務教育」科目）の教育を実施することなど、法科大学院教育の幅や深みを増す試みを行う可能性を有していた。なぜならば、『意見書』には、「法科大学院では、その課程を修了した者のうち相当程度（たとえば約7〜8割）の者が新司法試験に合格できるよう、充実した教育を行うべきである。」と明示されており、「有機的に連携させた『プロセス』」を通じて、その結果が国家的に保障されたと考えられたからである。この『意見書』が公表される前から、法科大学院の創設に向けて、全国の大学等が、様々な制度設計を公表してきた。多くの法科大学院で個性的な教育課程が準備されると共に、グローバル化を視野に入れた基本構想も立てられ希望に満ちたカリキュラムが組まれていたのである[6]。

『意見書』では、法科大学院修了者に与えられる「学位」に関しても、「国際的通用性をも勘案しつつ、法科大学院独自の学位（専門職学位）を新設することを検討すべきである。」と提言され、その後「法務博士」という名称が付与されることになった。アメリカのロースクール修了生に付与される「JD（Juris Doctor）」の学位が参考にされたと考えられる。伝統的な大学院法学研究科における博士の学位が、理解に苦しむおかしな表記である「博士（法学）」（旧称、「法学博士」）であるのに対して、「法学」の博士ではなく「法律実務」の博士である点に大きな特徴がある。ただし、表記は、「博士（法学）」に倣うのならば、「博士（法務）」とすべきであると考えられるがなぜか「法務博士」である。しかも、法科大学院では、実務基礎しか学んでおらず、最高裁判所司法研修所で本格的に実務を学ぶにもかかわらず、「法務博士」である。予備試験の合格者は、法務博士の称号を有しない者がほとんどと考えられるが、法律実務の世界では、「法務博士」の学位付与後も、予備試験合格者で司法試験合格者の多くが裁判官や検察官に登用されているの

（6）　それを一覧できる資料として、たとえば、法律時報・法学セミナー編集部編『法律時報増刊・シリーズ司法改革Ⅰ〔法曹養成、ロースクール構想〕』345頁以下（日本評論社、2000年）、同『法律時報増刊・シリーズ司法改革Ⅱ〔裁判を変えよう、『中間報告』応用編〕』278頁以下（日本評論社、2001年）などを参照。

が現実なのである。

さらに、『意見書』には、「公平性、開放性、多様性の確保」という法科大学院制度の基本理念を実現するために、その一例として「司法の国際化への対応や諸外国の法整備支援を通じた国際貢献の一環として、留学生の積極的受入れには十分な配慮が望まれる。」といった付言も見られたのである。

なお、『意見書』では、法科大学院における「法曹の継続教育」も提言されていた。すなわち、「21世紀の司法を支えるにふさわしい資質と能力（倫理面も含む。）を備えた法曹を養成・確保する上では、法曹の継続教育についても、総合的・体系的な構想の一環として位置付け、そのための整備をすべきである。」とした上で、「現に実務に携わる法曹も、法科大学院において、科目履修等の適宜の方法により、先端的・現代的分野や国際関連、学際的分野等を学ぶことは、最適な法的サービスを提供する上で必要な法知識を更新すると共に、視野や活動の範囲を広げるために意義のあることだと考えられ、関係者の自発的、積極的な取組が求められる。」と明記されていたのである。

2　法科大学院の現状

これに対して、創設後15年以上経過した法科大学院制度の現状は悲惨である。

まず、法科大学院の専任教員として、外国人教員を採用している法科大学院は数えるほどしかなく、カリキュラムの中に、外国法や比較法などの科目を用意し、その科目の授業に多くの受講生が参加している法科大学院は、必ずしも多くはないのではないかと推測される。英語で授業を実施する科目を配している法科大学院もなくはないものの、その数はごく僅かで、しかも、その受講者も多くはないと思われる。法科大学院生の海外視察を授業に組み込む法科大学院も見られるが、外国法律事務への能動的な関わりあるいは積極的な参加というよりも、あくまで、予め教員により企画されたスケジュールに基づく視察あるいはエクスカーションの域を出ないのではないかと思われる。法科大学院によっては、東南アジアにおける法整備支援を担当する日本事務所での研修などを授業に取り入れているところもあるが、積極的な法整備支援への関与というよりむしろ職務内容の理解や視察などに終始してい

346 第15章 国際法曹の養成課題

るようである。現状では、少なくとも、組織やカリキュラム面で、日本の法科大学院が「国際化」に大きく貢献しているとは考えられない。しかも、法科大学院修了生が、積極的に日本司法の国際化に対応し、グローバル化した社会の構築により広く参加するようになったとも思われない。

次に、「留学生の受入れ」や「法曹の継続教育」などにおいても、現在、日本の法科大学院がどれだけ貢献しているか分からない。しかも、それにより、法科大学院が国際貢献を実現できているかと言えば、ほとんどの場合、答えは消極的なものにならざるを得ない。交換留学制度はともかく、留学生の積極的な受入れを行っている法科大学院が、ごく最近の例外（例、慶応義塾大学）を除いて、どのくらい存在するかは不明であり、しかもまた、法科大学院に、現職の裁判官、検察官および弁護士が、一定期間継続教育のために学生・科目等履修生・聴講生などとして在籍したといった例も寡聞にして聞いたことがない。確かに、法科大学院教員が、司法研修所（司法修習生・裁判官の研修の場）などに出向いて「講演」を行う場合はなくはないものの、名誉的あるいは新法・新制度教育的なもののように思われ、また、その人選などもかなり偏っているようである。

なお、法科大学院修了後の学位の名称も珍奇である。「法務博士」は、法律実務についての博士といった趣旨であると考えられるが、そうであるならば、法科大学院教育の課程で法律実務科目に関しては、実務基礎科目だけではなく、実務展開（実務応用）科目など、より多くの実務科目を配する必要があると考えられる。法科大学院修了後には、アメリカのロースクールの修了後と同様に、すぐに法律実務に就くことが認められて然るべきであり、そうだとすると、司法研修所などは、本来不要であると考えられる（キャリア・システム維持の当否は措くとして、仮に裁判官・検察官適格者の選択システムが必要ならば、別途そのための制度を考えるべきであろう。）。法務博士の称号は、完結した法科大学院教育によって付与されるべきであると考えられるからである[7]。

しかも、現在の日本に「予備試験」なるものが存在すること、および、それを経由し法科大学院を経ないでも、裁判官や検察官になれる日本の現状は、かなり異常である。「法務博士」でありながら法曹ではなく、「法務博士」で

はないのに法曹である人々が、裁判実務や検察実務を実際に行っているといった現状は、市民感覚から常識的に考えて尋常とは思われないのではないだろうか[8]。これは、仮定の話として、医学部を経ないで、ペーパー試験だけで医者になる者を、市民がどう思うかの問題とも対比できるであろう。

このような裁判官・検察官養成プロセスは、確かに、ペーパーワークに長けた官僚的法曹の育成には寄与するかも知れない。しかし、弁護士のように、一般市民が選択の自由を有することなく、しかも、市場原理により淘汰されない閉鎖的で堅固なシステム[9]における職業訓練と地位形成には、市民感覚から乖離する危惧も拭えず、また、法曹養成の可視化・透明化といった世界標準から考えると、「不思議の国ニッポン」を表象する顕著な事例のようにも思われる[10]。

3 法科大学院制度と研究者養成

法科大学院のこのような現状と課題を前に、法学研究者の養成に目を転じ

---

(7) 『意見書』は、法曹を「社会生活上の医師」と位置づけた。その医師との比較で考えれば、医学博士の称号は、通例医師になった後に研究論文によって付与される。医学の世界には、「医務博士」の称号はない。医学の世界が、理論と実務の架橋あるいは統合に成功していると思われるのに対して、法学の領域では、理論と実務の乖離は否めない。今後、法学部(法学系学部)と法科大学院との統合が、学部レベルに「法曹コース」が設けられることによってどれだけ促進されるかも予断を許さない。法曹が「国民の社会生活上の医師」であるとすれば、医師と同様なシステムの全面的大改革を実施し、法律の病院を作り国民皆保険でバックアップするシステムを構想すべきであったと考えられる。ただし、「ヒポクラテスの誓い」もなく、医は仁術なりと言われる世界とは異なる世界かも知れないが……。

(8) さらに、法律実務ならば、裁判所書記官や弁護士事務所職員(パラリーガル)の方がより精通しているようにも思われる。法科大学院の修了後の学位に関する「国際的通用性」をも勘案した学位は、英語表記においてのみ意義があるのかも知れない。ただし、たとえばアメリカ人の目には、日本における JD 相当者の数と Attorney at Law 相当者の数とのアンバランスはどのように映るのだろうか。

ちなみに、現在の「博士(法学)」の称号は、課程博士でも論文博士でも、基本的に変わりがない。しかも、現在の日本の大学では、大学や教授の基本スタンスにより、また、専門分野により、博士の学位取得の難易に著しい差異があり、しかも、付与後に学位論文の全文が公表されていないケースも、少なからず見られる。これは異常であり、この点だけでも、国際化にはほど遠い現状であろう。批判可能性(反論可能性)という機会の提供は、自然科学・社会科学を問わず学問が拠って立つ基礎だからである。

(9) 裁判官の身分は、憲法で保障されている(憲法78条・79条参照)ことから、その地位の取得・形成過程の課題でもある。

た場合には、希望の火影は、さらに小さくなっているようにも思われる。

　『意見書』は、あくまで司法制度改革に関する提言であり、直接的には研究者養成に関するものではなかった。しかし、日本司法の制度的基盤を検証しつつ建設的に支え、法曹養成に対して学理面から献身的に貢献し、国民の司法参加を促進させる役割を果たすことを通じて、日本の司法と法律学の確かで豊かな基盤作りに奉仕しその発展を支えるのは、日本全国の法学研究者である。いわゆる学卒助手といった正規の大学院教育を経験しない研究教育者を生み出す特権的な方式は、ここでは措くとして、これまで法学研究者の養成のために多大な貢献をしてきたのは、大学院法学研究科であった（その場所では、研究者養成と司法試験とは、直接関係がなかった。）。そこで、人々は、実定法学の領域でも、伝統的に法比較および歴史研究の視点から、日本の現行法を相対化して、よりよい法形成、ひいては国民のために裨益する新たな法理論・法手続・法制度の形成に邁進してきた[11]。

　ところが、それは法科大学院の創設と共に大きな変容を被ることになった。

　まず、法科大学院が法律実務家の養成機関であることから、教育内容が現行法の理論や実務の教育に限定されることとなった。「民事訴訟実務はこうなっている、この理論で動いている。」などと言った言説は、トランプで言えばスペードのエース（あるいは、ジョーカー）のような威力を発揮する。授業では、有力な反対学説、外国法の紹介、さらには最新の学術論文の紹介など、ほとんど行うことができなくなった。限られた時間内で法領域の全体にわたる教育を満遍なく行わなければならないため、教育内容は自ずから限

---

(10)　日本の場合には、『意見書』に基づき裁判員裁判の制度が導入された結果、刑事裁判の領域では、裁判官が一般市民と共に裁判を行う公式の機会が創造された。それは、一般市民が裁判官と同一レベルで裁判に参加する機会の形成である。これは、裁判員裁判における審理判断過程において、裁判官が絶えず市民感覚によって試される機会が裁判所内に創られたことを意味する。しかし、民事裁判の領域では、一般市民の司法参加の機会は必ずしも多くはない。司法委員制度や参与員制度のほか、労働審判や民事調停・家事調停など、非訟手続の領域でごく僅かに存在するにすぎない。民事参審制や民事陪審制を持つ国との懸隔は大きい。川嶋四郎「未来の物語——民事訴訟への市民参加に向けて」陪審裁判を考える会編『民事陪審裁判が日本を変える——沖縄に民事陪審裁判があった時代からの考察（裁判員制度10周年記念出版）』58頁（日本評論社、2020年）所収を参照。

(11)　私は、それを「救済志向の民事訴訟法学」と呼んでいる。たとえば、川嶋四郎『民事訴訟法』1頁（日本評論社、2013年）などを参照。

定されざるを得ない。程度の差こそあれ、司法試験の問題を意識した教育を
すべきであるといったある種の呪縛もある。

　民事訴訟法学の領域では、判例が明示的に言及して否定したがゆえに紹介
の機会が生まれた、争点効理論や紛争管理権論などはともかく、新訴訟物理
論や民事訴訟の「第3の波」論などの基礎理論は、言及さえされないのでは
ないかとも思われる。学問とは本来的には無関係の考慮要素であるはずであ
るが、学生の関心は、なぜか司法試験委員（あるいはその経験者）やその執
筆書籍、あるいはSNSの情報や予備校のマニュアル本などに向かうことも
多いようである（「なぜか」と記したのは、試験制度の公正さ確保の視点からの
記述である。）。確かに、全国の法科大学院では、その年の司法試験問題を知
っている教員と知らない教員が同じ科目を教えているのは事実である。アメ
リカではあり得ないアンフェアーな話である。

　さらに、従来大学教育を行ったことがなかった法律実務家（裁判官・検察
官・弁護士）が大学教員に就任し、その多くは優れた授業を行いより良き法
律実務家の養成に貢献してきたものの、学生たちからの不満も少なからず存
在したようである（もちろん、従来の研究者教員についても、同様であるが）。

　要するに、大学教育が、現実には「箔」や「権威」によって実践できない
ことを明らかにしたのである。そのような元裁判官教員の採用は、当該法科
大学院にとって受験生向けの宣伝効果を少しは発揮したと考えられるが、学
生のために実際にどれだけ貢献できたかは、今後の検証を待たざるを得ない。
管理職を長く経験した裁判官や判決を書かない裁判官が、実定法学を教育す
ることの意味が、これまで議論されたことはほとんどなかったようである
（なお、かつての司法試験では、民事訴訟法と刑事訴訟法のいずれかが選択必修科
目であった時代も長く存在した事実も看過できない。）。なお、その後の法科大
学院の相次ぐ「閉鎖」は、その教員のその後の所属先との関係で、新たな法
学教員の採用ひいては育成に対する事実上の障壁ともなりかねなかったよう
に思われる[12]。

　実定法学における研究者養成に着目した場合に、法科大学院制度の創設の
際には、法科大学院を経由して司法試験に合格した者のみを、大学院法学研
究科博士後期課程に受け入れることを明示した大学などもいくつか見られた。

350　第15章　国際法曹の養成課題

それらの大学は、従来、数多くの優れた研究者を比較的コンスタントに輩出してきた大学であった。しかし、近時、それらの大学における大学院法学研究科を経由した研究者の養成員数は、少なくとも民事訴訟法学の領域に限って見た場合にも、かなり少なくなっているように思われる。それは、民事訴訟法学会のように、裁判官や弁護士などの法律実務家に入会の機会が開かれている限り、会員数の激減には結びついてはいないようであるが、現実の実務から一歩距離を置き理論的見地から研究や教育を行う人材の育成という面では、学会基盤の脆弱化をもたらしかねないであろう[13]。

　さらに、とりわけ、法科大学院出身の民事訴訟法研究者の養成に着目した場合には、国際的な視野から法比較に基づく理論研究までをもきちんと行うことができる者がどれだけ育成できるかについての回答もまた刮目して待たなければならない。恒常的な判例研究などは重要であるとしても、利用者のためのよりよい手続を構築するためには、民事訴訟法学においては、現行法をグローバルな視野から、その基礎理論面に立ち戻って多角的に考察することは不可欠である。法科大学院を経た民事訴訟法研究者には、既存の実務の枠に囚われない理論的な考察視角が不可欠となると考えられるのである。それはもちろん、従来の育成プロセスとして大学院法学研究科を経た研究者にとっても、現在の判例・実務の理解に基づく批判的かつ建設的な研究が不可避的に要請されることは言うまでもない[14]。

（12）　なお、在外研究の機会の保障も、法学研究者の国際的な視野での活躍の機会を開くために重要であるが、国立大学法人の場合にはその機会も以前と比べて減少したようである。たとえば、国策による教員ポストの段階的な召上げ、優れた教員の教授昇任の機会の剥奪や任期付教員のポストの設置など、国立大学法人をめぐる学問の状況は厳しい。私立大学の場合も状況は似ている。

（13）　なお、学会の国際化も課題であろう。その民主的な運営は当然の前提である。また、少なくとも日本民事訴訟法学会では、研究者養成がほとんど評価されていないようであるが、再考すべきであろう。ただし、ドイツ人やアメリカ人民事訴訟法学者を「名誉会員」にする際には、日本人研究者数名の受入れなどでさえ、異常に高く評価されているようである。なお、日本民事訴訟法学会においては、会長選挙も会員選挙も行われていないが、会長適格の判断に際しては、学問的業績は考慮されず、「学会への貢献度」が第一に考慮されているというのが公式見解である。つまり、特定の人たちが特定の人たちを選んで互選の名の下に事前に根回しをして会をリードし総会で事実上のお墨付きを得るシステムが定着しているのである。国際的にも国内的にも疑問が多い。

第5編　法学教員・国際法曹の養成課題　351

　民事訴訟法学の領域に限定して付言した場合には、その学問的深化や理論的進化だけではなく議論の細密化も著しい。それは、高いがゆえ人を近づけない霊峰というよりも、深いがゆえに人を遠ざけてしまう冥海に似ているように思われる。かつてと比べて、現在の民事訴訟法学においては、血湧き肉躍るような論文や、パラダイム転換を迫るような論考などが、ほとんど見られなくなったように感じるのは私だけであろうか⁽¹⁵⁾。そのことは、学生を民事訴訟法学の領域に誘い研究者層の重厚化に貢献する機会を減少しかねないことを、意味するように思われる。それ自体、学問の普及や国際化の進展にとってはマイナス要因ではないかと考えられるのである。なお、元裁判官や弁護士などが民事訴訟法の教員となる場合も、すべて個々人に依存する問題ではあるが、既存の民事訴訟法・民事手続実務に依拠しその枠内にこぢんまりと止まる授業が行われる限りで、国際化傾向からは遠ざかるのではないかと思われる。「出る杭」は打たれ「忖度」が事実たる慣習のような存在になっている現時日本の民事訴訟法学の世界においては、グローバルな視野での大きな改革提言を思索すること自体、すでにドンキホーテ型の愚行と見られるのかも知れない。敢えて述べれば、21世紀の日本における学問の世界でさえ、学閥、閨閥さらにはコネクションにも、かなり根強いものが見られることは、歴史の一断面として記録しておかなければならない。

　要するに、法科大学院教育の名の下に、知の領域における「個性の発露である独創的な着想や新たな価値体系の創造」が抑制されてはならないであろう。知の世界では、実質的な意味で、表現の自由（憲法21条1項）も学問の

---

(14)　実定法学に関する研究者養成を、法科大学院を経由した大学院生に限定することは、その者が法科大学院の担当教員になる可能性を有する存在であることなどを理由に、ある意味合理的な側面をも有していた。しかしそれは、同時に、様々な要因から研究者への道を限定することにつながり、その結果、養成される研究者数を減少させることにもつながったと考えられる。たとえば、民事訴訟法領域の科目は、学部レベルでも置かれているのである。しかも、比較法などの軽視あるいは等閑視などが見られれば、日本における民事訴訟法研究者の特質であった、法比較に基づきあるいは歴史に遡った重厚で奥深い研究の衰退をもたらしているのではないかとの不安も禁じ得ない。

(15)　川嶋四郎「民事訴訟法学への郷愁とささやかな希望」書斎の窓646号25頁（2016年）〔本書第14章【補論7】〕参照。なお、同『公共訴訟の救済法理』ⅰ頁（有斐閣、2016年）も参照。なお、この文脈では、中島みゆき「世情」同『愛が好きです』150頁（新潮社、1982年）も参照。

自由（同 23 条）も保障されなければならないのである（「王様は裸だ。」と指呼した子どもは、処刑されてはならないのである。）。民事訴訟法学の前途は厳しいように思われるが、それでも若い研究者に心から期待をし続けたい。

Ⅲ　おわりに
──将来へのささやかな展望

　全国各地に法科大学院が創設される以前には、様々な「法科大学院構想」が明らかにされた。その披瀝の多くは、各地でシンポジウムを開催する形式で行われた。その中での印象的なものの 1 つは、1999 年（平成 11 年）の秋、九州大学において 3 回連続で行われた「九州大学・大学教育と法律実務家養成に関する連続シンポジウム」(16)であり、そこで行われたニューヨーク大学ロースクールのフランク・アッパム教授による講演であった。

　教授は、180 校以上存在するアメリカのロースクールには 3 つの類型があるという。第 1 は、国際的な教育の中心となる国際的にも著名なロースクールの類型（「第 1 類型」）であり、トップ 10 とか 30 と呼ばれ、第 2 は、ナショナル・ロースクールであり、優秀な卒業生を輩出する大学の類型（「第 2 類型」）であり、6、70 校存在し、さらに、第 3 は、ローカル（リージョナル）・ロースクールと呼ばれる類型（「第 3 類型」）である。教授は、リップサービスであるとしても、九州大学法科大学院には「第 1 類型」のような法科大学院になることを期待されたのである(17)。

　この視点から見た場合に、そもそも日本の法科大学院の中に、アメリカのトップ・ロースクールに相当する法曹養成教育(18)を実践している法科大学院が存在するか否かが、まず問われることになるであろう。その「第 1 類

---

(16)　その詳細については、法政研究（九州大学）66 巻 4 号 1559 頁以下（2000 年）〔一部については、本書第 3 章で紹介〕を参照。

(17)　以上については、川嶋四郎「日本の法科大学院創設に寄せて」同『アメリカ・ロースクール教育論考』262 頁以下（弘文堂、2009 年）を参照。

(18)　その具体例として、たとえば、川嶋四郎「ロースクールの現在と未来」同・前掲書注(17) 43 頁で紹介した、ニューヨーク大学のジョン・セクストン教授の論文（特に、同書 51 頁以下）を参照。

型」のロースクールに見られるように、多くの外国人留学生を受け入れている日本の法科大学院は、現在のところ存在しない。したがって、法曹資格が国家資格であるとしても、国際的な法科大学院となり得ているものは、日本には存在していないのである[19]。

その後、全国各地の法科大学院制度は、過酷な罰ゲームが準備された後出しじゃんけん宜しく、事後的に賦課された国家ルールの桎梏の下で、一部の例外を除いてどうにかこうにか生き残り、とどのつまりに財政的なコントロールを受けつつ過酷な現況に至っている[20]。それは、人としてまともな精神を有している限り[21]、事実上、あたかも水攻めを受けている備中高松城内か、兵糧攻めを受けている鳥取城内か、はたまた、大坂夏の陣で孤立無援の十字砲火を浴びている大坂城内に居るような観があり、また、制度の創設プロセスに深く関与した者からすれば、明治維新後の自由民権運動の昂揚と大日本帝国憲法の公布後のその沈静化の状況、あるいはその後の日本の悲劇的な歴史さえをも想起させる[22]。いずれも「民」の側から見た場合である。

このように、法科大学院教育を通じた法曹養成の現状を考えた場合に、結局、国際的に通用する法科大学院制度、あるいは国際的に活躍できる専門法曹の養成という課題は、ほとんど実現できていないのが現状である。その原

---

(19)　なお、『意見書』は、法科大学院の制度設計における理念として、「法科大学院の設置については、適正な教育水準の確保を条件として、関係者の自発的創意を基本にしつつ、全国的な適正配置となるよう配慮すること」をあげていたが、日本政府の「地方創生」の喧伝が、多くの地方の現状とりわけ「限界集落」などといった無慈悲な言葉が臆面もなく罷り通る現代社会において空しく響くのと同様に、法科大学院の適正配置も、すでに過去のものとなりつつある。その意味では、アメリカの「第3類型」のロースクールの持つ法曹養成の役割さえ十分に演じられているかについてさえ日本では疑問がある。

(20)　法科大学院制度の創設前における予言的な論考として、Koichiro Fujikura, Reform of Legal Education in Japan: The Creation of Law Schools without a Professional Sense of Mission, 75 Tulane Law Review, 941 (2001). この論文については、川嶋・前掲書注（17）242頁以下を参照。

(21)　この点については、チャールズ・ディケンズ（青木雄造＝小池滋訳）『荒涼館〔第4巻〕』389頁（筑摩書房、1989年）参照。

(22)　この点に関しては、川嶋四郎『日本人と裁判』97頁以下（法律文化社、2010年）〔後に、『日本史のなかの裁判』100頁以下〔法律文化社、2022年〕〕を参照。ちなみに、これまでの一連の流れを見た場合に、戦前戦中の軍事政権や政府、満蒙開拓団、樺太棄民、関東軍などの連想さえ禁じ得ない。

因は、『意見書』がその打破を強く志向したと考えられる日本司法をめぐる様々な「既得権」を、少なくとも法曹養成の局面では揺るがすこともできなかったことによると思われる。その直接の原因は、高等教育に責任を持つ文部科学省、司法試験制度の運営に責任を持つ法務省、および、司法研修所を創設し運営する最高裁判所にあると考えられる。いずれにも、多かれ少なかれ研究者教員が左袒しているが、ともかく、最大の障壁は「司法試験」にあると考えている。その合格率の低さ（つまり、合格者数の少なさ）は、法科大学院教育の充実と「国際化」志向の妨げになっていると考えられるのである[23][24]。

　驚くべきことに、法学部も司法研修所も存在せず、わずか3年間の法学学習の機会を提供するにすぎないロースクール制度を持つアメリカは、現在もコンスタントに専門法曹を養成している。しかも、その養成には、母語が英語であることにも由来して国際的に活躍する弁護士も数多含まれる。先に述べた講演で、アッパム教授は、そのようなロースクールでクリエイティヴな教育を行うことができる最大の理由は、「司法試験自体が易しいからである。」と指摘された[25]。その理由は、学生が、試験をそれほど心配することなく、3年間にわたり主体的かつ自律的に法学の専門領域を学ぶことができる機会が保障されているからである。その言葉は、逆に、現在における日本の法科大学院の閉塞状況を、いわば予言するものであった。日本における法科大学院制度の現状を創り出したのは、過大な期待を生み出した政府だけではなく、無責任に法科大学院を創設した大学、それを認めた文部科学省、様々な局面で学生のことを考えることなくその制度創設に協力した研究者、司法試験制度を抜本的に改革しなかった法務省、さらには、明示的であれ黙

---

(23)　要するに、法律家とは、すべての人達にできるだけ広く社会的諸価値を分配すべしとするデモクラシーの目標に反対であるか、その実現を遅らせるような人格的特徴を持ったグループであるというワイローチの指摘が、改めて想起されるのである。これについては、新堂幸司「ワイローチ『法律家達の人格』」同『民事訴訟法学の基礎』3頁、4頁（有斐閣、1998年〔初出、1965年〕）を参照。

(24)　なお、司法試験委員による問題漏洩事件（明治大学法科大学院・青柳幸一事件）や不正行為事件（慶應義塾大学法科大学院・植村栄治事件）なども、決して忘れてはいけない恥ずべき瀆職行為を含んでいる。やはりそれは「利権」なのである。

(25)　川嶋・前掲書注（17）271頁参照。

示的であれ司法制度改革に抵抗した研究者や弁護士など多岐に及ぶ。そこに、新たな「利権」を見出した者たちもいた。

　それでも最大の原因は、やはり「司法試験」であることは明白である。『意見書』が明示したように、法科大学院の修了者が7、8割合格できる試験が安定的に存在する限り、法科大学院教育は、より一層深みも厚みも増した多様な専門教育を展開できたはずだからである[26]。日本の法科大学院制度の国際化のために取り組むべき第1の課題は、司法試験制度の改革であろう。

　ともかく、これまで述べてきたような日本の現状（惨状？）とその短い歴史を、個人としての無力感を味わいながらも私はそれらに対して目を瞑ることができない。国家を信じ、大学を信じ、教員を信じ、そしてもちろん自分自身を信じて、法科大学院に入学した多くの学生たちが存在するからである。

　紙幅はすでに尽きているが、本テーマの可能性の曙光も見出したい。今後、日本における「法曹養成の国際化」の可能性は、実は「法学部」および「大学院法学研究科」にあるのではないかと考えていることである。たとえば、各大学における海外の大学との学術交流（例、ダブルディグリー・プログラム等）の促進[27]などは、今後の日本司法の国際化に貢献するための礎を築くこ

---

(26)　声の大きな研究者や政治的な圧力によって設けられたとしか考えられない司法試験科目の数の多さも疑問である。受験生の身になってその負担を考えるべきである。私見では、試験科目は、憲法、民法、刑法、民事訴訟法および刑事訴訟法の5科目だけで十分ではないかと考えている。選択科目は不要である。それらの試験科目以外の科目は、法科大学院における受講と学修によるべきであろう（この議論は、予備試験の廃止を前提としている。）。

　なお、弁護士会の責任も否定できない。この点に関しては、斎藤義房＝川嶋四郎「対論：弁護士報酬の敗訴者負担制度の真意はなにか」カウサ10号81頁（2003年）なども参照。戦前の歴史の反省からその独立が保障されることとなった弁護士が、仮初めにも国民の利益よりも会や職の利益を優先することは許されないと考えられる。

　ちなみに、平成30年度の国家試験の結果について、たとえば、医師国家試験では、合格率が最も低い大学でも70％以上（全体の合格率は、89％）であるのに対して、司法試験では、最も合格率が高い大学でも60％（ただし、受験者5名で合格者3名の大学である。司法試験で10名以上の合格者を出した大学の中で最も合格率が高い大学でも60％に届かない。全体の合格率は、29％程度）にすぎない。医師国家試験では、最も合格者数が少ない大学でも74名の合格者を出している。国家試験とは言え、日本の司法試験が、国民の評価はもとより国際的な評価に耐え得るものか否かは疑問である。

(27)　同志社大学の例としては、https://law.doshisha.ac.jp/attach/page/LAW-PAGE-JA-130/109274/file/41e96ee6c38709adc5d872fb77c07cdd.pdf、および、https://law.doshisha.ac.jp/attach/page/LAW-PAGE-JA-130/109275/file/6afb55e117f9a273cf08da07f5e392c6.pdf を参照。

とになるのではないかと考えられるからである[28]。

　なお、現在私は、法学部に属し、法科大学院では、非常勤校をも含めいくつかの授業を担当しているにすぎない。それでも、法科大学院では、民事訴訟法科目・倒産法科目の担当者として、絶えず司法試験を意識しつつ民事手続法領域の様々な理論科目を教えている。裁判所の司法委員、調停委員、法整備支援関係委員、労働委員会の公益委員、各地の弁護士会における懲戒委員会委員や学内の各種紛争解決関係委員等を経験したことも、おかげさまでそれらの授業に大きく役立っている。

　法科大学院の授業では過去の司法試験問題をも考慮せざるを得ない。これまでいろいろ語ってきたが、一人でも多くの法科大学院生に、それでも司法試験に合格し「良き法曹」になってもらいたいからである。ただし、西欧法の継受の歴史を有する日本法（民事訴訟法を中心とした各種民事手続法関連科目）の授業では、ささやかな「国際化」として、制度・手続の歴史や外国法にも言及している。それと同時に、法科大学院生に「知の世界」の広がりを期待しながら、私の僅かな経験から、アメリカ・ドイツ・中国および東南アジア諸国での法曹養成や、アジア等における法整備支援等の現状を伝えている。法科大学院で現在熱心に学ぶ学生たちの試験に対する不安を多少とも軽減させつつ、民事訴訟法学の価値と面白さを伝えることができればと願いながらのささやかな実践である[29][30]。

---

(28)　さらに、たとえば、泉徳治ほか『一歩前へ出る司法――泉徳治元最高裁判事に聞く』324頁（日本評論社、2017年）も参照。

(29)　先に述べたように、『意見書』では、法曹を「社会生活上の医師」に準えた。名医は「国手」と呼ばれる。政治家のことではない。それは、「国を医する名手」を意味する。原典（『春秋外伝』）では、医者が国王の病を治したのでこのように言われたようであるが、民主主義の日本では、民の診療や治療に当たる医師が国手とされることは意義深い。日本において、21世紀中に、法曹も「国手」と呼ばれる日が来るのだろうか？

(30)　なお、日本司法の国際化、さらには、その国際標準化は、民事司法の領域では、「正義へのアクセス」の課題とも関わる。たとえば、M．カペレッティ＝B．ガース（小島武司訳）『正義へのアクセス――権利実行化のための法政策と司法改革』193頁（有斐閣、1981年〔原著、1978年〕）、川嶋四郎「『正義へのユビキタス・アクセス』の一潮流――シンガポール裁判所の21世紀」『民事手続における法と実践――栂善夫先生・遠藤賢治先生古希祝賀』21頁（成文堂、2014年）〔後に、川嶋四郎＝笠原毅彦＝上田竹志『民事裁判ICT化論の歴史的展開』第8章（日本評論社、2021年）に所収〕などを参照。

第5編　法学教員・国際法曹の養成課題　357

【補論 8】同志社大学法学部における「世界で活躍できる人材」の育成
——世界への窓を開く法学部の授業：「グローバルな法律実務家」の養成を目指して

Ⅰ　校祖・新島先生の志を受けて

　近時、グローバル化が著しく進行する世界の中にあって、日本の大学教育でも、世界的に活躍できる人材の育成が期待されています。特に同志社大学法学部には、日本国憲法の理念である国際協調主義を具体化できるように、人権保障を基調としかつ公正なルールに基づく国際社会の形成と発展のために主体的に寄与できる「グローバルな法律実務家」の養成が、強く要請されています。校祖・新島襄先生の先見性は、同志社大学の教育理念の1つである「国際主義」に顕われていますが、同志社大学法学部は、その具体的な実践のために、世界への窓を開く様々な授業を学生たちに提供しています。

　それは、世界大会（英語で行われる国際大会）への参加を視野に入れたいくつかの授業科目です。たとえば、特殊講義として、「国際人道法模擬裁判」、「法的交渉論」、および、「国際物品売買と国際商事仲裁」（野々村和喜教授と筆者が担当〔2016年度までは、高杉直教授も担当〕）などを提供しているのです。これらの特殊講義は、基本的に1年生から4年生までの学生が参加し履修でき、春学期・秋学期の1年間を通して開講される科目です。体系的なステップ・アップ方式の教育システムを設けている法学部のカリキュラムの中にあっては異色の存在です（他学部の学生にも扉を開けています。）。

　「講義」という名称は付いていますが、教員が学生に壇上から一方通行的に法を講じるのではなく、具体的な問題（模擬事例）に対して学生が主体的に取り組むという、実践的な学生参加型の演習科目であり、しかも、英文の法律文書を作成し弁論の技能を磨く点にも特徴があります。

　以下では、筆者も担当者の一人である特殊講義「国際物品売買と国際商事仲裁」を紹介したいと思います。

Ⅱ　「国際商取引法のオリンピック」への参加に向けて
——特殊講義「国際物品売買と国際商事仲裁」の点描

　この授業は、年に1度開かれる国際商事模擬仲裁（Vis Moot）に関する世界大会への参加を目指して、国際商取引法および仲裁法の知見を深め実践的な技能を身につけることを目的としています。特にウィーンで行われる大会は、世界で最

も権威のある模擬仲裁大会であり、「国際商取引法のオリンピック」とも呼ばれており、世界各国 260 校以上の名門大学から 2000 人以上が集まっています（最新の統計として、2024 年の第 31 回大会では、世界各国の大学から 373 チーム、2500 人の学生が参加しました。）。ウィーン大会の前には、これまた著名な世界大会である香港大会が開かれます（これは、「国際商取引法のワールドカップ」のようなものかも知れません、いずれも毎年開催されますが）。大会では、国際的に著名な国際仲裁人が仲裁人役を務めています（2025 年の第 32 回大会〔予告〕については、https://www.vismoot.org/home/32nd-vis-moot/ を参照）。

　仲裁とは、紛争当事者の合意により行われ、仲裁人が裁判官のように仲裁判断を下し、一審限りで終局的な紛争解決を目指す紛争解決手続であり、国際商事紛争の局面ではよく利用されています。それを模擬的に行うのが模擬仲裁です。いわば国際的模擬裁判です。この授業では、仮想の国際商事紛争事例を用いて学生たちが各当事者（国際企業）の代理人弁護士の立場から事前準備を行い、仲裁廷における口頭での弁論を実践するという法律実務を体験します。学生が、依頼人である国際企業の代理人として自己の主張が認められるように書面および口頭での弁護活動を行い仲裁人を説得することを目指すのです。

　春学期の授業では、規準となるウィーン売買条約（CISG）と国連国際商取引法委員会仲裁モデル法などの理解をもとに、大会に備え具体的事案（過去の問題）を素材として演習形式の授業を行います。そこでは、限られた期間内に事案や証拠を含む問題文を読み込み、争点に関して各当事者の立場から、申立人のメモランダム（主張書面）や被申立人の反論を記載したメモランダムを作成し、仲裁人の面前で口頭によって弁論を行います。

　秋学期には、毎年秋に公表されるその年度の問題（各大会共通問題）と取り組むより実践的な授業を行います。課題の英文問題は、資料を含めて A4 判で 60 頁ほどあり（2024 年の第 31 回大会の問題文は 66 頁）、学生たちは、申立人・被申立人のグループに分かれ、それぞれのグループ内で手続法（紛争解決手続〔仲裁手続〕に関する法）と実体法（権利義務の内容に関する法）の担当者に分かれ、準備書面としてのメモランダムの作成を行います。学生の希望をもとに授業内での選抜（模擬仲裁の弁論を実施）を経て、ウィーン大会と香港大会の参加者を決定して行きます。学生たちは、メモランダムの作成過程で、問題文を読み込み、法の解釈を行う過程で先例や学説等を調査し、英語による法律文書の作成を行い、弁論を準備します。このような法を活用した論理的説得力の錬磨は学部の他の様々な授業や演習にとっても有益なものであり、実社会におけるビジネス感覚の涵養や臨機応変な法的対応能力の育成にも役立つと考えられます。

　こうした年間を通じた授業の過程で、近年では、北海道大学等と練習試合を行ったり、世界大会の前には、日本大会（同志社等で開催。英語だけではなく日本語

でも実施）や世界各地で開催される事前大会にも参加しています。世界大会を含め、学生たちは仲裁人から助言をもらい、国際社会の多様な価値観を持った学生たちとの交流を深めながら、自分たちのキャリア形成にとって有益な刺激を得ていることと思います。なお、同志社チームは、世界大会で何度も表彰されています。

　この授業は、できるだけ多様な学生が参加できるように、夜間の時間帯（6限目：18時25分から19時55分までの時間帯）に開講しています。議論が熱を帯び延長して行われることもあります。特に世界大会の前（メモランダムの提出期限前）は、学生たちが、土曜日や日曜日などにも自主的にゼミナールを開催して準備に励んでいます。単位の取得とは関係なく、自主参加してくれる学部生や大学院生も存在し、また、例年、大学院進学予定者や大学院生が手厚いサポートをしてくれています。同志社の学部学生が、世界大会でアメリカのロースクール学生（アメリカのロースクールは、日本の大学院レベルです。）と互角に（あるいは、それ以上に）弁論している姿を見て頼もしく思ったこともあります。

　日本ではまだ珍しいこのような授業は、世界の大学・大学院教育においては決して稀なものではありません。アメリカのトップ・ロースクールの要素は「国際性」にあります（川嶋四郎『アメリカ・ロースクール教育論考』265頁〔弘文堂・2009年〕等参照）。筆者はこれまで、アメリカ、ドイツ、フランス、イギリス、シンガポール、タイ、ベトナム、ミャンマー、中国や台湾などで、著名大学における学部や大学院の授業を観てきましたが、世界を視野に入れた実践的な法教育には感動さえ覚えました。それが、特殊講義などを通じて、まさに同志社でも行われているのであり、世界への窓を開く新たな伝統形成が開始されているのです。

Ⅲ　学生と同志社と日本の将来のために

　奇しくも本章を書き始めた日に、「国際商事仲裁」が、新聞（全国紙）の第1面で取り上げられました（日本経済新聞2017年7月29日夕刊）。経営危機に瀕し半導体メモリー事業の譲渡が問題となっている東芝とアメリカ企業であるウエスタン・デジタル（WD）との民事紛争が、アメリカ・カリフォルニア州の裁判所での法廷闘争から、パリの商業会議所（ICC）における仲裁廷での審理判断に委ねられることとなったという記事です。世界レベルでは、統一的な民事裁判所が存在しない現状では、商慣習に精通した公正な第三者機関である国際商事仲裁機関の役割が、今後ますます重要視されてくることと思います。日本の国内では、仲裁は必ずしも馴染みのある民事紛争解決手続ではないのですが（利用件数も少なく、また、興味深いことに、仲裁法は民事紛争解決法であるにもかかわらず、『司法試験六法』中の「民事訴訟法」関係法令として掲載されてはおらず、「国際関係法（私法系）」の中に収録されていますが）、世界的に見れば、展開可能性が期待できる裁

判外紛争解決手続（ADR）の１つです。それに精通した法律実務家の養成は日本でも喫緊の課題なのです。

　2001 年 6 月のことですが、21 世紀の日本を支える司法制度を具体的に構築するために、『司法制度改革審議会意見書』が公表されました。そこでは、民刑事司法の国際化、法曹の国際化および法整備支援などが提言されており、具体的には法科大学院における国際法曹の育成や留学生の受入れなどが挙げられていました。しかし、一般に、法科大学院では、司法試験制度などのボトルネックが存在するため、必ずしも十分にその具体化が実現できていません。余裕を持った国際的視野からの学びの機会を、そこでは若い世代に提供することが著しく困難となっているのです。

　そのような状況で、先に述べた法学部における特殊講義と「ダブルディグリー・プログラム」（新井京・同志社時報 37 号 5 頁参照）および「企業法務プロフェッショナル育成プログラム」（高杉直・同志社時報 41 号 8 頁参照）および「台湾サマープログラム（セミナー）」などとが連携的に活用される場合には、より高度な国際的法律実務家の育成が可能になります。実際、先に述べた私たちの特殊講義を履修した卒業生の多くが、大学院法学研究科に進学し世界的な企業の法務部や外資系企業などで活躍したり（そこで留学の機会を得て、海外で弁護士資格を取得した者もおり）、また、法科大学院を経由して裁判官や弁護士としても活躍しています。しかも、ダブルディグリー・プログラムを利用して、シェフィールド大学大学院（イギリス）、チューリッヒ大学大学院（スイス）、アリゾナ大学ロースクールなどへも進学しています（すでに 2 名の学生が、新設されました政法会〔同志社大学法学部同窓会〕国際留学奨励金を受給することができました〔その後も、数名が受給〕。心から感謝を申し上げます。）。

　現在の日本では、新島先生の青春時代とは異なり、国禁を犯すことなく世界に雄飛できる機会に恵まれています。能力と志の高い学生たちが集う法学部で、私たちは、これまで述べてきたように一人ひとりの学生の主体的な学びを尊重しつつ、しっかりとサポートしながらこれからもグローバルな法律実務家の養成に努めて行きたいと考えています。

　国禁を犯した校祖が創った大学の法学部で国禁を犯すことなく海外に雄飛できる機会に恵まれていることは、校祖の「後世への最大の遺物（The Greatest Legacy）」の１つかも知れません。現在このような知的空間で、学生たちが学ぶことができ私たちが教えることができるのは、ひとえに本学先輩方のお陰と感謝しております。政法会の会員の皆様方からは、今後とも変わらぬ温かいご支援を賜ることができればと心から願っております。

　（なお、初出のものには、学生が提供してくれました写真を 3 枚掲載しましたが、本書の収録に際しては残念ながら割愛しました。）

補章 1
「手続の価値」と法教育
——民事訴訟法教育者の視点から^(*)

2023 年

Ⅰ　はじめに
——「手続」は手段か目的か

　本日は、「法と教育学会」で基調講演の機会をいただき、ありがとうございます。

　本日のテーマである「『手続の価値』と法教育」は、私にとって非常に重要なテーマです。もし手続の価値が認められなければ、民事訴訟法学や民事訴訟法を教えている私自身の存在価値が否定されることになりかねないとも考えられるからです。

　事前に配布した梗概および PPT（いずれも略）にも書きましたが、この基調講演が「手続の価値」と「法教育の推進」に関する思索と実践を深めるために、皆様方に少しでもお役に立てればと願っております。

　今日の講演では、以下の内容をお話していきます。最初は、手続とはそもそも手段なのか目的なのかということです。手続をプロセスと言う場合もあります（→Ⅱ）。次に、司法制度改革あるいは最近の SDGs との関係での「手続の価値」を考えます（→Ⅲ）。さらに、日本史の中にも「手続の価値」を探ることができますし、いわゆる法廷モノの映画はたくさんありますが、文学作品やドキュメンタリー映像の中でも「手続の価値」を探ることができる作品が数多くあります（→Ⅳ）。また少しだけですが、民事訴訟と「手続の価値」についてお話しし（→Ⅴ）、最後に、様々な機会に涵養されると考えられます "Serendipity" の意義につ

（＊）　本稿は、2023 年（令和 5 年）9 月 3 日（日）に、立教大学で開催された「法と教育学会第 14 回学術大会」における私の基調講演の記録である。法学・民事訴訟法の一研究者である私の教育観に基づくものであるため、本書に収録することにした。

362 補章1

いて、お話ししたいと思います（→Ⅵ）。

　最初に、佐藤雅彦『プチ哲学』（中央公論新社、2004年）の話を用いて、これからの課題を共有いたします。

　まず、お猿さんのお話です。おなかのすいたお猿さんがいて、バナナをおなか一杯食べたいと神様にお願いをすると、神様が、それを叶えてあげようと魔法の杖でトントンと地面を叩く。するとモクモクと煙が立ち上り、それが晴れると猿のおなかがふくれているというお話です。もう1つ、蛙さんのお話があります。憧れのケロ子ちゃんと一生添い遂げたいと神様にお願いをしますと、では叶えてやろうと、また神様がトントンと叩く。すると煙が立ち上がり、今にも死にかけた爺ちゃん・婆ちゃんの蛙になったという話です。おそらく、手続・プロセスというものがない世界とはこういうものだということを顕著に示していると思っております。

　次は、イソップ寓話の問題提起です。私は幼い頃、寝つきがよくありませんでしたので、寝る前に母親がよく本を読んでくれたのですが、その中のお話で今でも印象に残っているものです。猫が狐に、「狐さんは偉いな、逃げ方をいっぱい知っているから素晴らしいな、自分は猟犬がやってきても逃げ方を1つしか知らない。」と言います。狐が自慢げにいろいろ教えてあげようと言っているところへ猟犬がやってきます。さて、この猟犬から逃げることができたのは、狐か猫かという問いです。イソップは、狐はどの方法で逃げようかと考えているうちに食べられてしまい、猫は木に登るという1つの方法しか知らなかったから助かったというのです。

　『プチ哲学』から引用したものは、プロセス自体の価値・手続の価値を表していると思います。お猿さんも蛙さんも、プロセスを味わいたいと考えているのです。これは、プロセスへの主体的な参加の価値を示しているでしょう。また、イソップ寓話は、いろいろなプロセスやアプローチの仕方がある中でいかに適時かつ適切に選択していくかも重要な課題になるということでしょう。知っていることと実践することは違うことや、選択する時間は大事ですがあまり時間がかかると意味をなさない場合もあることを、示しているようです。

　いずれも、過程（プロセス）が大切であり、結果を左右することを示しています。それは、プロセス自体が目的的なものであることを示しているとも言うことができると思います。

　さて、民事訴訟法は、「民訴」と略称され、「眠素」と揶揄されたりしますが、私の授業では、民事訴訟法の世界の外にある様々な資料を用いて、そうならないようにと考え、ささやかな工夫をしてきました。今日のお話は、法学者の基調講演としてはちょっと規格外かも知れません。しかし、教育自体がプロセスと考えられ、その充実方法は多様であると考えられますので、これから皆さんと共に

「手続の価値」を探求する旅をしていければと思います。

Ⅱ　司法制度改革や SDGs 等に見る「手続の価値」

1　2001 年の『司法制度改革審議会意見書』に溢れる「手続の価値」

　まず、司法制度改革と SDGs に見る「手続の価値」です。これは非常に有名な
フレーズですが、2001 年（平成 13 年）6 月 12 日に出された『司法制度改革審議
会意見書』（以下、単に『意見書』という。）の中で、21 世紀の司法の基本的なあり
方を示したものです。日本中に法の支配の理念を行き渡らせるとして、特に次に
紹介するような印象的な表現を用いています。すなわち、「法の下ではいかなる
者も平等・対等であるという法の支配の理念は、すべての国民を平等・対等の地
位に置き、公平な第三者が適正な手続を経て公正かつ透明な法的ルール・原理に
基づいて判断を示すという司法の在り方において最も顕著に現れていると言える。
それは、ただ 1 人の声であっても、真摯に語られる正義の言葉には、真剣に耳が
傾けられなければならず、そのことは、我々国民一人ひとりにとって、かけがえ
のない人生を懸命に生きる一個の人間としての尊厳と誇りに関わる問題であると
いう、憲法の最も基礎的原理である個人の尊重原理に直接つらなるものである。」
という、いわば「司法目線」での表現です。この実現は非常に難しいと思います
が、ここに書かれていることは、こういう結果・目的・理想を実現しなくてはい
けないことに加えて、司法制度や諸手続を通じてそれらを実現していくプロセス
の価値を表明しているとも考えられます。

　この学会に直接関わる「法教育」という点ですが、この『意見書』の中に「司
法教育」という言葉が出てきます。おそらく、それがその後の議論を経て現在の
「法教育」に発展してきたのだろうと思われます。制度を整備する、人材を育成
する、国民参加を実現するという 3 本柱のうち、国民参加の実現という場面で、
「法曹と国民との十分かつ適切なコミュニケーションを実現するためには、司法
を一般の国民に分かりやすくすること、司法教育を充実させること」が必要にな
ってくると記されています。その次に書かれた裁判員制度の導入を念頭に置いた
提言のようにも思われますが、その範囲は司法全般に及びます。それが現代につ
ながっているということです。制度を想起しがちな司法ではなくより広く法の教
育を行うという意味で、「法教育」は、「司法教育」よりもより適切なネーミング
であると考えられます。

2　2015 年の SDGs に見る「手続の価値」

　SDGs（Sustainable Development Goals）は、皆さんよくご存じのように、2015
年 9 月に国連サミットにおいて全会一致で採択されたものです。「『誰一人取り残

364 補章1

さない』持続可能で多様性と包摂性のある社会の実現」のために、2030年を年限とする17の目標ゴールが設定されました。貧困や飢餓の撲滅、ジェンダーの平等などいろいろありますが、ゴールと書いていますから、大体、目指すべき結果としての目標が規定されているのです。ただその最後のあたり、SDG. 16とSDG. 17には、プロセスについても書かれています。

特にSDG. 16は、元々の英語が、「Peace, Justice and Strong Institutions」ですが、これを日本の外務省は「平和と公正をすべての人に」と翻訳しました。直訳すれば「平和と正義と強い制度」ですが、このように仮訳したのです。正義という言葉はいろいろな使われ方がされていますので、これを「公正」と訳したのには意味があると思っています。ターゲット16.3では「国家及び国際的なレベルでの法の支配を促進し、全ての人々に司法への平等なアクセスを提供する。」こと、ターゲット16.10「国内法規及び国際協定に従い、情報への公共アクセスを確保し、基本的自由を保障する。」ことも書かれていまして、基本的には、実のところ『意見書』の流れに合致しているのです。

その実施方法としては、SDG. 17に掲げられたように、「パートナーシップで目的を達成する。」というものです。これは国際間の協働や連携が考えられているようですが、国内的にも、こういうことを実現するためには、こういう連携、パートナーシップを実現して行くことが非常に重要だと考えられますし、それはある意味、手続でありプロセスであると考えるわけです。

そういうことを考えますと、「法」と「教育」を架橋する手続を連携させていく、あるいは人的にも組織的にも協働的に発展させて行くという意味で、この「法と教育学会」は、非常に期待されるのではないかと思っています。

Ⅲ　日本史に見る「手続の価値」

1　歴史と手続

さて、日本史に見る「手続の価値」に入っていきます。元々歴史というのはプロセスですので、そこからプロセス・手続の価値を知ることができるのではないかと思います。いろいろなことが考えられます。先ほどご紹介いただいた私の著書『日本史のなかの裁判』（法律文化、2022年）でも触れております。以下の詳細は、同書を参照していただければと思います。

まず、江戸期の思想家・荻生徂徠の言を紹介します。徂徠は「学問は歴史に極まり候」と言い、興味深い指摘として、「学問は飛耳長目の道」と言っています。飛耳というのはどういうことかと言いますと、耳を飛ばす、これは海外の情報を多く知ることによって、いろいろな知見を得るということです。それから、長目というのが、長期的な視点をもって過去の歴史から学ぶ、過去を振り返り学んで

いくということです。

　フランスの詩人・ヴァレリーの言葉に、「湖に浮かべたボートを漕ぐように、人は後ろ向きに未来に入っていく。」というものがあります。後ろ向きに前に進むというのは非常に面白い表現だと思いますが、確かに私たちの日常は、多分そういうもので、過去を踏まえた上でしか未知の未来に入って行けないのではないかと思います。その意味では、後ろ向きにしか、つまり、過去の歴史を見ながらしか前に進むことができないのです。

　ところが、日本の場合には、明治の初めに文明開化などの名の下に、残念なことがいろいろありました。これは、ドイツ人医師でお雇い外国人のベルツが記した『ベルツの日記』（1877 年〔明治 10 年〕10 月 25 日の部分）に書かれていることです。たとえば、当時、明治の初期の教養ある人たちが日本人の過去を恥じてベルツに「いや、何もかもすっかり野蛮なものでした。」と言う人があれば、また、日本の歴史についてベルツが質問したときに、「われわれには歴史はありません。われわれの歴史は今からやっと始まるのです。」と断言したようです。しかし、私はそうではないと思っております。よく研究者仲間で言われる言葉ですが、外国法の研究などあまり役に立たない、あるいは憮然として受け付けない研究者を「豊前守」と評したり、あるいは「ドイツでは」「アメリカでは」ということをよく言う人は「出羽守」と言ったりします。しかし、いずれもおそらくSDGsではないのです。包摂的、インクルーシブではないのです。「守」にこだわる必要はありませんが、せっかくですから、それでは、どのような「守」がいいかと言いますと、私は「伊予守」がいいのではと考えています。「伊予」の「民」でもいいでしょう。学問の多様性と言いますか、アプローチの多様性で、どんな方法でも「いいよ」と寛大に対応する。そういうのが良いのではないかと思っています。

2　近代以前

　とても昔の話になりますが、まず、聖徳太子の「十七条憲法」を挙げたいと思います。有名なのは第 1 条の「和を以て貴しとなす」ですが、実は第 5 条に裁判や手続に関する興味深い表現が見られます。字が難しいのですが、「饗（むさぼり）を絶ち、欲を棄てて、明らかに訴訟を弁ぜよ。百姓の訟は、一日に千事あり。一日すら尚爾（しか）るを、況（いわん）や歳を累（かさ）ねてをや。頃のごろ訟を治する者、利を得るを常と為し、賄を見ては讞（申立て）を聴く」とあり、その次ですが、「財ある者の訟は、石を水に投ぐるが如く、乏しき者の訴は、水を石に投ぐるに似たり」。つまり、裕福な人が訴訟をやれば、それはあたかも石を水に投げ込むように、すんなりと受容され、請求が認容される。それに対して、貧しい人は、石に水をかけるように排斥されてしまう。「貧しき民は則ち所由を知らず、臣道（しんのみち）、亦焉（またここ）に闕（か）く」ということで、こんなことをしてはいけないと指摘しています。司法へのアクセスや訴訟過

程での担当者の中立公正さということを、すでに聖徳太子は、怒りを交えて記しているのです。ここでも、手続の価値について語られています。

『古今著聞集』という、鎌倉時代の説話集がありますが、これにも非常に興味深い逸話が収められています。東大寺の上人春豪房が、伊勢の海・一志の浦で、海人が蛤を採っているのを見た。哀れみを感じて、その蛤を買いとって、また海に戻した。たいへんな功徳を積んだと思って喜んで床に就いたのですが、その夜に夢の中で、「蛤多く集まりて、うれへて言う」には、蛤という畜生の身を受けて「出離の期を知らず」、つまり、いつ煩悩から逃れられるか分からなかった。たまたま捕まえられ、お伊勢さんの前に供えられて、これでやっと私たちは解脱できる、煩悩から自由になれると思ったけれども、上人が余計なことをしてくれたので、結局また蛤という重苦の身になって、出離の縁を失ってしまった、非常に悲しいと言って、夢の中に出てきたのです。そこで上人が、「涙流したもうこと限りなかりけり。放生の功徳もことによるべし」だと。自分は救ったと思って満足感をもったが、蛤たちには余計なお世話だったのです。同じ行為であっても、善意とか、あるいは独善とか、思い込みというのは怖いということです。特に善意に基づく「思い込みの救済」に対して、1つの戒めを与えているお話ではないかと思われます。訴訟上の和解や調停、ひいては裁判でも、その主宰者が気をつけなければならないことだと思います。もちろん、教育や研究でもですが。

当事者の声に耳を傾けることの大切さも、ここから読みとれるのではないかと思います。蛤の声を聞くのは、実際には困難ですが。

これも古典の教科書などに出てくる、阿仏尼の『十六夜日記』ですが、相続関係の訴訟のために阿仏尼が京都から鎌倉に出かけて行くというお話です。歌を教えながら鎌倉で生活をしていた阿仏尼も、判決が言い渡される前に、結局鎌倉で亡くなってしまいます。その後、京都からやってきた息子が判決を得ることができました。最終的には勝訴判決を得たので、今に続く冷泉家が残ることになったのです。それは、京都御所の北、同志社大学に隣接した地に存在します。この裁判について、ドナルド・キーンは、今も昔も日本の裁判は時間がかかったと評価しています（同『百代の過客——日記にみる日本人（上）』〔朝日新聞社、1984年〕）。近時の司法統計によれば、当時と比較して裁判（民事訴訟）もずいぶん迅速化されましたが。

また、南北朝時代の終わりに成立したとされる軍記物の『太平記』にも、面白い話があります。鎌倉時代は裁判制度がきちんとしていたから鎌倉幕府は百何十年も続いたのだとある法制史家が評価をしていますが、『太平記』中で、青砥左衛門の公正さあるいは無私について語られています。青砥左衛門は日頃は質素な生活をしていましたが、公務にはお金を惜しまず勤めていました。ある事件の評議でほかの奉行らとともに、得宗領つまり執権北条氏の領地が関わる紛争を処理

補章1　367

することになりました。北条領地の在地の荘官と、相模守（北条氏・得宗家）が争い、荘官の言い分に道理がある事件にもかかわらず、青砥左衛門以外の奉行らは相模守を勝たせようとしたのです。しかし、青砥左衛門はそうではないと説得をして、結局相模守を負かしたという例です。

　相手が相手だけに負けると思っていた荘官は、予想外に領土を安堵できたので、その恩に報いようと銭300貫を俵に包んで青砥左衛門の屋敷の後ろの山から密かに庭に落とし込んだのですが、これに対して、青砥左衛門は大いに怒りました。自分が訴訟で道理を述べたのは、荘官に肩入れしたわけではなく、むしろ相模守のことを思ったからであると。もしも、引出物、つまりお礼の品を贈るならば、それは相模守こそが私にすべきであって、勝訴した荘官が引出物をすべきいわれはないと言って、結局一銭も受けとらずに荘官の田舎に送り返したというお話です。

　なぜ相模守、つまり北条氏こそが引出物を贈るべきだと言ったのかですが、北条氏は裁判をきちんとやっていこうという立場ですので、まさに北条氏が望む司法の正義が実現できたのだから、お目出度いのは北条氏の方であるということです。引出物の有無はともかく、裁判の公正を考える上で、これは興味深いお話だと思いました。

　今度は、私の郷里に近い近江日野で行われた江戸時代の裁判のお話です。そこには、以前から長く続く山林の境界争い、入会権に関する争いがありました。この争いで、西郷と東郷という2つの地域が争ったのですが、西郷に、ある智恵者が引っ越してきたのです。自分は昔鍛冶職人として修行を積んだことがあり、熱すると赤くはなるが熱くならない特殊な金属を知っているので、その金属を用いて握れば必ず勝てると村の名主に持ちかけ、神の前で神意によって紛争に決着をつけることを提案したのです。鉄火裁判です。東郷の側も、やましいところがあると思われても困るので断れず、その裁判に応じました。裁判は、綿向神社で行われました。そこでは、奉行立ち会いの下、両者が順番に熱した鉄を握って神前に運ぶのですが、うまく運べればよし、途中で駄目だったり、そもそもできなければ、判定役の奉行が勝敗を決めます。西郷は例の智恵者が、東郷は名主が鉄を運ぶことになりました。それぞれが握る鉄材は当事者各自が持参します。裁判には奉行が立ち会いますが、それぞれの代表が鉄を握る段になって、奉行は、「東郷は西郷の、西郷は東郷の鉄を握れ」と命じたのです。赤くはなるが熱くならない鉄といったものが本当にあるかどうかは知りませんが、結果はお分かりだと思います。これは結果の当否というよりも、そのプロセス・過程に、一定の公正さあるいは説得性が備わることの重要性を示しているのではないかと思っています。

　次の大岡裁きの一例とされる「三方一両損」のお話は、皆さんよくご存じだと思います。ただ私はあまり好きではありません。裁判談として、また他人事とし

368 補章1

ては面白い話かも知れませんが、当事者や利用者の視点からすれば、「なぜ裁判所に行ったら損をするんだ。」と考えられるからです。

裁判所に行ったら損をするという話は、洋の東西を問わずあります。たとえば、ディケンズの『荒涼館』は、ジャーンディス対ジャーンディスという長く続く相続事件を描いているのですが、これも最後にはオチがあります。見事な長編小説です。ある人が相続人に決まり、ジャーンディス対ジャーンディス事件はこれで決着がついたと、相続人になった人はすごく喜ぶわけです。たくさん遺産が入ってくるでしょうから。しかし、その遺産は全部訴訟費用（手続費用）として費やされて、相続人の取り分はゼロだったというお話です。裁判所の手続を用いると損をするということです。

ところで、私の郷里滋賀は、江戸時代に近江商人を輩出しました。その家訓の1つに「三方よし」というものがあります。「売手よし、買手よし、世間よし」の家訓です。私は裁判所や弁護士の方などに、「原告よし、被告よし、裁判所よし」の三方よし、それから調停などでは、「申立人よし、相手方よし、調停委員会（裁判所）よし」、そういう三方 Win-Win-Win が可能ではないかという話を、折に触れてきました。しかし、裁判官や弁護士の方々からは、争いごとには勝ち負けがつくので、そういうことはあり得ないとよく言われるのです。しかし、私は可能であると考えています。確かに、実体法的に見れば、訴訟なら権利の有無が判定され、調停なら譲り合ったりしなければならないので、勝ち負けなどが明らかになったり、不満が残ったりしかねませんが、しかし、手続法的に見れば、当事者が主体的に参加できる公正な手続が行われること自体が三者を満足させ「三方よし」を実現させることができるのです。これは、勝ち負けを超越しています。実体的にはともかく、手続的には両当事者・裁判所すべてが満足できる「公正な手続」が、理論的にも実践的にも可能であると考えられるのです。

訴訟や調停の場合には、両当事者と裁判所そして世間の四者が存在しますので、その「四方よし」こそが目指されるべきだと思います。「三方よし」を超えた「四方よし」は、まさに望ましい「司法よし」だからです。

3　近代以後

近代以後では、現代の眼から見ても、福沢諭吉の着眼点が素晴しいと考えられます。この人は、上記『意見書』の公表よりも遙かに先立ち、明治の初めに既に司法制度改革の大枠を先取りしているのです。自分が訴えられたということもあるからなのでしょうが、制度的には、訴訟よりも ADR（Alternative Dispute Resolution）を推奨しています。「訟を訴えるは、訴えずして事を済ますの美なるに若かず」として、自ら「自力結社」という ADR 機関を創って、仲裁による「熟談」を通じた解決を考えたわけです。また、特に佐賀の乱（佐賀戦争）や西南の

役（西南戦争）の悲惨な結末を憂慮して、陪審制度の導入も提言していました。人材育成では、慶應義塾で法律家も養成しています。このように、紛争解決制度の整備、人材育成、そして司法への市民参加を論じていたので、『意見書』を先取りしていたのです。

　私は民事訴訟法が専門で、刑事事件については門外漢ですが、夏樹静子さんの『裁判百年史ものがたり』（文藝春秋、2012年）の巻末に収録されている、島田仁郎元最高裁長官と作者の対談には注目すべき内容が含まれています。その中の大逆事件に関して、司法サイドの真摯な自省の弁が述べられていますので、ご関心のある方は、ぜひご覧になってください。

Ⅳ　文学作品や映像等にみる「手続の価値」

1　文学作品

　今度は文学作品です。文学はすべてある意味でプロセスを扱っています。そうでなければ、おそらく1、2頁ぐらいで1つの「話」が終わってしまい、「物語」にはならないからです。プロセス無くして物語は成立し得ないでしょう。いろいろと挙げたいのですが、「法教育」でも示唆的と考えられます宮沢賢治の「どんぐりと山猫」の話をいたします。

　基調講演をお引き受けするにあたって、「法教育」というものは非常に幅が広いので、どういう話をしていいかよく分からなかったのですが、学会誌である『法と教育』3号の「巻頭言」で、筑波大学の江口勇治先生が、法教育の形式には多様なものがあっていいと書かれていました。

　それを読んだときに、こういうものを1つの素材として法教育を考えることもあり得る道かなと思ったわけです。

　それは、森の中で行われる裁判のお話です。おそらく小学生ぐらいの、かねた一郎が「山ねこ拝」と記された1枚の葉書に誘われて森の中に入っていきます。すると、山猫判事の前で「ひどく面倒な争い」が繰り広げられているのです。その紛争を、一郎が1分半で解決するお話です。その争いとは、「黄金のどんくりども」が、毎年秋になるとそれぞれ自分が一番偉いと主張して譲らないというもので、いわば「どんぐりの背比べ事件」です。しかし、山猫判事は毎年この裁判で苦しんでいるので、一郎に知恵を借りることにしました。そこで、一郎は意表を突く判決原案を示すのです。「この中で一番ばかで、めちゃくちゃで、まるでなっていないようなのが一番偉い。ぼくお説教で聞いたんです。」と。山猫判事がこの言葉をそのまま判決として言い渡すと、黄金のどんぐりどもの争いは瞬時にして停止します。これによって、一郎は名誉判事に任命されます。一郎がまた来てもいいと言うと、山猫判事から、連絡の葉書に「出頭すべし。」と書いてい

いかと問われて、それはやめた方がよいと反対します。一郎には、出頭という上から目線の権威主義的な表現（威張った言葉）が気になったのでしょう。山猫判事から、報酬として、塩鮭の頭と黄金のどんぐりと、どちらが欲しいかと聞かれて、一郎は黄金のどんぐりを選びます。驚くべきことに、先ほどまで争っていた黄金のどんぐりどもも、そこに混ぜられてしまうのです。一郎が森を抜けた後にその報酬を見ると、黄金のどんぐりは、当たり前の茶色のどんぐりに変わっていました。そして、葉書は二度と来なかったというお話です。

　ここから様々なことが考えられます。

　これは本当に訴訟なのか調停なのか、小作争議をモデルにしているのではないか、法廷や当事者の対立構造はどうなっているのか、この判決をどう考えるか、何を根拠に判決が行われたのか、判決の権威づけはどのように行われているのか、当事者に理解できる判決なのか、なぜ争いは停止したのか、当事者が報酬として混ぜられて判断者から与えられるという処遇は一体何を暗示しているのか、葉書はなぜ来なかったのか、なぜどんぐりの色が変わったのかなど、答えはないかもしれないのですが、考えを巡らせるための良き素材となると考えられます。この素材は、ぜひ何かの機会にお使いいただければと思います。

　賢治が亡くなった後、手帳に書かれていたある詩が見つかりました。「雨ニモ負ケズ」の有名な詩で、「東ニ病気ノコドモアレバ…」、「西ニツカレタ母アレバ…」、「南ニ死ニソウナ人アレバ…」と、ここまでは分かる気がするのですが、北になると、「北ニケンクヮヤソショウガアレバ、ツマラナイカラヤメロトイヒ」と書かれています。病気、疲労、死亡そして、喧嘩が訴訟と一緒くたに考えられています。当時は、話合いによる紛争解決手続である民事調停も、「調停裁判」などとも言われていましたので、上記「どんぐりの背比べ事件」を小作調停と考えても、賢治にとっては、「ツマラナイ」ものと考えられたかもしれません。

　もう1つ、文学作品として注目すべきなのは、三島由紀夫の『弱法師』という『近代能楽集』（新潮社、1968年）に収められた一編です。

　元々『弱法師』は、大阪の四天王寺を舞台にした能です。四天王寺は、江戸時代に身体に障害がある人たちが身を寄せて生活ができる限られた場所でした。そこが舞台になっているのですが、それを東京家庭裁判所に置き換えて、三島は、近代能を創作したのです。

　この調停の物語の背景には東京大空襲がありました。生みの親である高安夫妻が、育ての親である川島夫妻との間で、子の親権をめぐって話し合います。途中から、5歳で目の見えなくなった俊徳が登場します。ちなみに、原作の能には俊徳丸という盲目の僧が登場します。戦後15年ほど経過した頃の調停で、和服の調停委員が1人で両当事者が同席する「同席調停」を主宰しています。当時は畳の調停室もあったのですが、この調停室はどうも畳の部屋ではないようです。今

でも地方の簡易裁判所には、畳の調停室が残っている裁判所がありますが、大体は物置や宿直室になっており、実際の調停には使われていないようです。それはともかく、この手続では、調停活動としては長い時間がかけられています。「晩夏の午後より日没にいたる。」とあり、1期日で手続が終わる設定です。途中から俊徳が入ってきて、最後は両夫婦が退席して、調停委員だけが、西日の差す夕暮れまで俊徳と会話を交わします。当時の家庭裁判所でどうだったかは分かりませんが、おなかが減ったと俊徳が言うので、店屋物まで注文しています。三島は、能の『弱法師』が結構好きだったようで、『金閣寺』の最後の場面も、四天王寺に西日が差す場面を回想して終わっています。

　　これを読むと、当時の調停の様子がよく分かります。調停委員は「40歳をこえた美貌の和服の女」とある櫻間級子です。その台詞は、以下の通りです。

　　「ひどく蒸しますのね。こんな風で、扇風機もございませんし、…（一同沈黙。級子仕方なしに笑って）何しろ御承知のとほり、家庭裁判所といふところは、豫算も雀の涙ほどですし、私ども調停委員と申しましても、名は立派なやうでございますけれど。……（一同沈黙。ややあって）どうぞ。お話しになって。喧嘩の場所ぢゃございませんのですから、ここは」

　　「お静かに。感情的におなりになってはいけませんわ。ここはともあれ平和の場所、どんな争ひも程のいい微笑に変る場所なのですもの。私は見えない秤を手に持って、双方へ等分に、相應の満足と、それから相應の不本意をさしあげるのです。私の目には怒ってゐる焔も、瑠璃の彫刻にしか見えませんし、たぎってゐる瀬の水も、水晶の浮彫にしか見えません。もつれにもつれた毛絲も、からみ合った蔦かづらも、何かしら私には、そこにへんな悪い魂があって、むりに複雑さに化けて見せてゐるのだとしか思へません。複雑な事情などといふものは、みんなただのお化けなのですわ。本當は世界は単純でいつもしんとしてゐる場所なのですわ。少くとも私はさう信じてをります。ですから私には、闘牛場の血みどろの戦ひのさなかに、飛び下りて來て平氣で砂の上を、無器用な足取で歩いてゆく白い鳩のやうな勇氣がございます。私の白い翼が血に汚れたとて、それが何でせう。血も幻、戦ひも幻なのですもの。私は海ぞひのお寺の美しい屋根の上を歩く鳩のやうに、争ひ事に波立つてゐるお心の上を平氣で歩いて差上げますわ……。よございますね。今はもう當の御本人にお會ひになる時期だと思ひます。ここへ俊徳さんをお連れいたしませう。」

　　何かどこかで聞いたような、見たことがあるようなモノや場面がいろいろ出てくるかと思いますが、調停活動のこういうプロセスが語られているのです。

2　映像等

　　次は映像です。ご紹介したい映像もたくさんありますが、まず、NHKのにん

372　補章1

げんドキュメント『光れ！　泥だんご』（2001年）を紹介します。子どもの遊びを研究する京都教育大学の加用文男先生は、いつも火曜日に保育園にやってくるので「火曜日の加用さん」と呼ばれています。彼は、光る泥だんごの作り方を子どもたちに教えます。すると子どもたちは、泥だんごに心を奪われ、一所懸命作るのです。

　加用先生はある実験をします。それは、泥だんごを作っている子に、「光る泥だんご」を手渡しその反応を見るというものです。先生が、ぴかぴかに光った大きな泥だんごを、時間をずらして子どもたち一人ずつにあげるのです。そのとき、その子がどういうリアクションをとるかです。大きな泥だんごを作ることができ、「だんご大統領」と呼ばれている子にも「光る泥だんご」をあげます。計3人に実験します。その子どもたちの表情によく表れているのですが、3人ともまず戸惑います。そして、最後はそれを放置したり返したりして、また自分の、小さな光らない泥だんごを一所懸命作り始めるのです。

　いろいろ実験されたようですが、泥だんごはある一定以上の力が加わらないと光りません。だから、実際には3歳から5歳くらいの子どもには「光る泥だんご」は作れないのです。作れないのだけれども、一所懸命泥だんごを作る。

　それでも、子どもたちは先生からもらった「光る泥だんご」ではなく、自分の作ったものを選ぶのです。自分たちで何かを作ることに、純粋に一定の価値があるのではないかと思いました。泥だんごを作るプロセスを楽しんでいるようにも思われます。このような素直な心や感性は、大人になるに連れて失われていくのかも知れませんが。

　かつて手続法（訴訟法）は、実体法（民法等）の端女・侍女だと言われたりしました。民法に仕えるのが民事訴訟法で、民法上の権利を手続的に実現していく役割を課されたのが訴訟法、ということです。民事訴訟法学は民法などと比べて後発の学問分野で、元々は民法上の権利の中に訴権が含まれ、手続は権利の中から出てきたといった発想がありますので、実体法に奉仕する端女としての手続法という位置づけです。目的と手段のような関係で、どうしても手続法は手段的なもの・二次的なものとして位置づけられています。侍女は、英語でhandmaidです。今の泥だんごの話から分かることは、同音異義語であるhandmade、すなわち「手作りの価値」を、これから考えていく必要があるということです。何が作られるかも大切ですが、何から、何によって作られるのか、どのような手続・プロセスを経て作られるかも大切であると思っています。

　ドラマにもいろいろ「法教育」の素材があります。時間の関係で説明はしませんが、特に、NHK土曜ドラマで放映された『ジャッジ――島の裁判官奮闘記』（2007年〔続編は、2008年〕）は、刑事事件関係が多いのですが、素晴らしい作品だと思います。それからNHKのETV特集の『薬禍の歳月――サリドマイド事

補章 1　373

件・50 年』（2015 年）も心に響く素晴らしい作品です。

　最近、非常に衝撃的な番組として取り上げられたのは、同じく ETV 特集の
『誰のための司法か——團藤重光最高裁・事件ノート』（2023 年）で、最高裁判所
の内部における大阪空港訴訟事件の判断プロセスの詳細が明らかにされています。

　司法権の独立や裁判官の独立のあり方を考えさせられます。紹介にとどめてお
きますが、ごく最近、初代最高裁判所長官の三淵忠彦の『世間と人間』（鉄筆、
2023 年）の復刻版が出版されました。最高裁長官就任に際して行われた、「国民
諸君への挨拶」と題する短い挨拶文も収録されています。その中で「裁判所は真
に国民の裁判所になりきらなくてはならない。」と言っています。「信用」という
言葉が何度も出てきますが、正義と公平を実現する国民に信頼される裁判所とな
るべきであるということです。先ほどの「團藤ノート」の映像を観たとき、すぐ
にこの挨拶文のことを思い出しました。

V　民事訴訟と「手続の価値」

1　日本民事訴訟法の悲劇？

　民事訴訟と「手続の価値」についてお話いたします。先ほども申し上げました
ように、手続に価値がなければ、民事訴訟にも価値がない。漢字自体も特徴的な
漢字が使われています。訴訟の「訴」は言葉と排斥からなる文字で、その言葉が
公のものであるという「訟」という漢字が当てられています。聖徳太子の時代か
らそうだったので仕方がありませんが、欧米では表現が少し違います。英語・ド
イツ語・フランス語・スペイン語はすべて、Civil Procedure（「市民の手続」）と
その変形です。とても親しみやすい、むしろそれで大丈夫なのかと思うくらい日
常的な感じです。ですから、“To make procedure more civil.” とも、標語的に言
われます。これが 1 つの民事訴訟の理念になってくるのではないかとさえ思われ
ます。今の民事訴訟法は違いますが、昔の民事訴訟法は管轄の規定から始まった
ので、味も素っ気もない。それに対して民法は、公共の福祉、信義・誠実の原則、
権利濫用禁止の原則、個人の尊厳、両性の本質的平等などと格調が高い。民法は
すごくアトラクティブな感じだが、民事訴訟法は無味乾燥だと評した民事訴訟法
学者がいました。中田淳一先生です。ただ、先生は、民事訴訟法は鰹節みたいな
もので、噛みしめればだんだん味がよく分かるとも指摘していますので、そうい
うものかなとも思います。ただし、噛みしめなければよく分からないというもの
は疑問です。

2　手続過程考

　手続過程についてですが、「正義・司法へのアクセス（Access to Justice）の問

題」も、当然に考えなくてはいけないと思いますし、最近では、単に訴訟だけではなく、ADR も含めたかたちで考えて行く必要もあります。もちろん、民事訴訟は手続の中身自体も公正でなければいけません。それをどういう具合に具体化して行くのかも課題です。口頭弁論手続という公開手続で、当事者が同席の上で審理され、まさにその審理をした裁判官が判決もする。基本的には口頭でやり取りをする。このような歴史的に形成された最も公正と考えられる方法が今後どのように変容するかも注視する必要があります。民事裁判の IT 化です。それは、ICT 化であり、Information Technology には、Communication も重要になってきます。最近、政府は、デジタル化と言い換えていますが Communication が飛ばされているのが心配です。遠隔地からでも、障がいがある人でも、現在以上に広く司法アクセスが増進されれば、それはそれでとても素晴らしいことですが、ただ、機器やシステムの精度等によっては直接主義が後退することにもなりかねません。「対面プロセスの価値」が再確認されることになるかも知れません。なお、デジタル格差の助長も心配です。

　ともかく、裁判手続のデジタル化の中で、基本的な原理原則がどのように変容していくのか、あるいは実質化されていくのか、注目していかなければならないと思います。

　当事者の満足度も非常に大事です。先ほども申し上げました「手続面での三方よし」はプロセスの価値を考える上でも重要だと思います。負けた当事者には、権利の存否等の実体面で不満が残りますが、主体的に参加し尊厳が保障された手続の中立公正さは、両当事者や裁判所、そして世間すべてが満足できる可能性があります。つまり、「四方よし」であり「司法よし」の可能性なのです。これが手続・プロセスの価値ではないかと考えられます。和解の場合は、和解が本当に任意に行われるかどうかにもよりますが、その手続に両当事者が満足すれば、「三方よし」も「四方よし」も「司法よし」も実現できるのではないかと思います。

3　手続過程の課題

　経済学者の二木雄策さんの『交通死——命はあがなえるか』（岩波書店、1997年）という本があります。時間の関係で詳しくお話しできないのが残念ですが、大学生の娘さんを交通事故で亡くし、その加害者の刑事裁判を毎回傍聴し、民事調停を申し立て、民事訴訟手続で争った、そのプロセスが、その本には記されています。民事訴訟は、最後は本人訴訟の形式で追行されています。この中に記された片言隻句が、民事訴訟法を専門とする者には心に突き刺さってきます。賠償交渉というのは、娘さんの命という本来金銭で換算・評価できないものを、結局金銭の授受で片付けなければならないという矛盾を、自分自身に納得させていく

補章1　375

プロセスだと記されています。そのプロセスにおいて個性ある人命が機械的に処理されたら困るという、制度設営者に対する警鐘だと思います。

　アメリカのコンリーとオーバー（J. Conley & W, O'Barr）という、ノースカロライナ大学の民事訴訟法学者とデューク大学の法社会学者は、アメリカの少額訴訟事件に関する調査研究の中で、興味深い事例を紹介しています。判決後に一番不満が大きかったのは全面勝訴した人だったという衝撃的な事実です。これは、あるグラフィック・デザイナーが報酬を請求した事件です。アメリカでは、初回期日に被告が欠席した場合に、原告が一定の合理的な主張をしていれば、欠席判決で全面勝訴することになります。ただし、この事件では、この訴えには、使用者責任を追及しているのか、担当者の個人責任を追及しているのかという法律構成の問題があり、法的な問題になるので弁護士と相談してみてくださいと裁判官から言われていました。弁護士に相談した上で最終的に全面勝訴したのですが、この間、一所懸命に準備してきた自分の主張は裁判官に全く聞いてもらえなかったということでした。この研究では、両教授は、「手続は、素人にとっては時として結果以上に重要である。」と結論づけているのです（以上について、川嶋四郎『民事訴訟過程の創造的展開』〔弘文堂、2005年〕参照）。

　規範の学である民事訴訟法学でも、数十年前から欧米の民事訴訟法学の議論の影響を受け、「人間の顔の見える民事訴訟」が目指されるべきであると言われています。欧米には、「プロクラステスのベッド」という辛辣な比喩があります。プロクラステスというのは、ギリシャ神話に出てくる盗賊で、「人」を盗んできて鉄のベッドに括りつけ、ベッドよりも長ければ切り、短ければ伸ばして欲望を満たすという猟奇的な盗賊です。訴訟手続というのも、場合によってはそのように成りかねない面もあり、無慈悲な存在になってはならない戒めとして用いられています。

　これに対して、琵琶湖に生息するある鳥の生態は示唆的です。琵琶湖には鳰すなわちカイツブリという鳥が、たくさん生息していたことから、琵琶湖は別名「鳰の湖」とも言われています。鳰は葦原の中に巣を作ります。湖面が上下すると、それに応じてその巣も上下します。つまり、水位の変化に合わせて巣の高さが調整されるのです。私としては、この「鳰の浮巣」の方が当事者に寄り添った民事訴訟手続のあり方として望ましく、機械的かつ形式的で無慈悲な「プロクラステスのベッド」化に対抗できるのではないかと考えています。

Ⅵ　おわりに
──「手続」と"Serendipity"

　時間の関係で、そろそろまとめに入ります。

一定の結果を導き出すためには、プロセスや手続が非常に重要になってきます。科学者・白川英樹さんの『化学に魅せられて』（岩波書店、2001 年）という本に書かれているニュートンとリンゴの話は、非常に興味深い指摘と思いました。ニュートンがリンゴの落下を見て万有引力の法則を発見したのは偶然ではなくて、それまでそういうことを考え続けてきたプロセスがあって、やっとその発見につながったというのです。最終的には、個々人が "Serendipity" つまり「幸福な偶然」あるいは「僥倖」を見つけ生み出すプロセス・手続そのための日々の営みが、私たちには不可欠なのだと思っています。

「教育」も、「法教育」も、確かに節目節目に一定の結果は生み出されますが、基本的には終わり無きプロセスです。人はそれぞれの人生をもっており、それはその人の人生であり、人が何をし、選び、決め、造り出し、あるいは導き出すかは、人それぞれです。その際に、専門家や第三者がどういうスタンスに立つのかは難しい問題だと思います。岡山のノートルダム清心女子大学の先生をされていた渡辺和子さんは、結局はサポートしかないのではないかと記されています（同『信じる「愛」を持っていますか――出会い、夢そして憧れ』〔PHP 研究所、1994 年〕）。ある人が後悔しないで済む正しい「選び」を行うために他人ができることは、自分がもっている知識や経験を分かち合ってサポートすることしかないのではないかと。私もそのとおりだと思います。手続の価値や法教育も、人、特に利用者や学生・生徒が自ら気づき、見いだし、生み出し、造る、そういうプロセスだと思いますし、それ自体には、「人に可能性を開く価値」が存在するのです。

比愉的に言えば、人も制度も中空の容れ物のようなものであって、そこに何を盛り込むかは、人や制度（この場合にはその設営者ら）が、基本的に選択可能であると思っています。機会の保障という形式的なものにすぎないかも知れませんが、それが、自由主義・民主主義国家の本領だと思います。そのような人やプロセスを涵養していくためには、教育者や専門家等が様々なかたちでサポートすることが、非常に重要であると思っています。私の経験では、研究者や教師の中に恣意的な気難しい人も少なくなく、その性格を反映して陰に日向にネガティブな作為・不作為の対応をとる姿を、これまで幾度となく見てきました。しかし、そのようなことは許されず、他者の評価に際しては、「公正なサポートや評価」が不可欠なのです。

最後に、もう少しだけ時間をいただいて、「正義の女神像」のお話をいたします。これはいろいろな見方ができます。欧米でたくさん見られる正義の女神は、天秤と剣を持っていますが、本日のお話との関係で面白いと思うのは、この 1 体の像でプロセスを表していることです。つまり、秤ではかることと剣で強制することが示されているのです。刑事事件なら、有罪か無罪かを決めて、有罪だったら刑を執行する。民事事件なら、たとえばお金の支払を受ける権利があるかない

かを判断して、払えと命じたら、差押えなどして強制執行する。目隠しをしているのは、中立公正を象徴しているということです。ただ、ヨーロッパの中世でこういう像がたくさん作られたのは、中世の裁判が暗黒裁判で正義が盲いていたことを揶揄しているという考え方もあるようです。

ベトナム独立の父、ホーチミンはもっと厳しい指摘をしています。そもそもフランスからインドシナの道のりは遠いので、秤は平衡を失って、溶けてアヘンのパイプに変わったり、官営のアルコール瓶になったりして、剣だけが残ってしまう。剣がなぜ溶けないのか不思議ですがそれはともかく、剣は残って、ベトナム人を虐殺する道具となる。こういうことを言っています（川嶋四郎「近時のベトナムにおける合意型紛争解決手続の法展開——法整備支援、ADR および『法の支配』を基軸として」同志社法学431号〔2022年〕参照）。

早稲田大学の和田仁孝先生（法社会学）は、「テミスの落とし物」という文章にこう記されています（同『臨床法学への転回〔第1〜3巻〕』〔北大路書房、2020-2021年〕の「共通巻頭言」）。これはテミスの秤であって、裁かれる当事者の秤ではなく、当事者は違う秤を望むかも知れない。そして、そのような秤を選ぶことが剣によって抑制される。目隠しをしているのは、平等な法適用ということではなく、当事者が本当に見てほしいもの、受け止めてほしいものを見落として、テミスが見たいものだけを見ているということではないか。つまり、和田さんが言いたいのは、司法の手続、特に民事訴訟がプロクラステスのベッドに成り下がっているのではないかということだと思います。

ここで、テミスとの対比でご紹介したいのは千手観音です。日本には様々な千手観音像がありますが、大阪・葛井寺のものを挙げたいと思います。座っていて躍動感はないかもしれませんが、救済のためのいろいろな道具を持っています。その中には、絹索という人々を救う紐もあります。ここで挙げた千手観音に象徴されるように、当事者が選び活用することができる多様な道具立てをもった民事司法システムが、非常に重要になってくると思っています。

ちなみに、アメリカの正義の女神も最近進化してきました。ヴァージニア東部地区連邦地方裁判所の正義の女神は、空飛ぶ正義の女神で、目隠しはしていますが、よく見ると剣を持っていません。持っているのは天秤だけです（川嶋四郎『民主司法の救済形式——「憲法価値」の手続実現』〔弘文堂、2023年〕裏表紙を参照）。ここはアメリカでも最も早く ICT 化した裁判所で、迅速な訴訟手続として有名な「ロケット・ドケット」と言われる審理が実現されている裁判所です（川嶋・前掲書『民事訴訟過程の創造的展開』参照）。「Justice Delayed, Justice Denied.」と刻印された台座の下には、一見矛盾しているようにも思える「兎と亀」のレリーフがあるのです。立法府で法律が制定されても、最終的に合憲性の判断をするのは裁判所だということで、最後は亀が勝つということのようです。"Slow ＆

Steady" こそ裁判所の職務の本分だと、アメリカで聴いたこともあります。

　ちょっとした情報ですが、所変われば話も変わるようです。たとえば、ドイツには亀がいないので、先生が子どもたちにイソップ寓話を教えるときには、「兎と亀」ではなく、「兎と蛇」などという別の動物を用いた比喩で話しているとのことでした。お話によっては、「亀」は「針鼠」に置き換えられたりもしているようです。状況に応じて、身近で分かりやすい例が教育には用いられているということです。

　ともかく、教育に話を戻しますと、「生きること」を問うことは「教育すること」を問うことであり、それは「成長することのプロセス」を問うことを意味しているという、デューイの考え方（上野正道『ジョン・デューイ――民主主義と教育の哲学』〔岩波書店、2022 年〕参照）には、深い共感を覚えます。大学でも、人間の尊厳を守り、魂の自由を求めるというリベラリズムの精神の涵養（宇沢弘文『経済学は人びとを幸福にできるか』〔東洋経済新報社、2013 年〕）が探求し続けられなければなりません。

　教育は、恣意性を排し、公正でしかも温かい学びのプロセスを提供するものでなければなりません。権力性を孕んだ教室の空間、さらには教師と生徒・学生の関係の中で、教え手と学び手が水平的関係を保ち信頼関係を確保することは至難の業です。私は、小中高と良き教師に恵まれましたので、その憧れもあり教師になりました。「法教育」にも「法学教育」にも「法科大学院教育」にも「社会人教育」にも、大いに期待しています。特に「法教育」では、法や正義や公正への感受性が豊かで可塑性も大きな学び手への学びのサポートには困難な面もありますが、希望や期待も大きいと考えられます。なお、坂口安吾の短編『風と光と二十の私と』（同『坂口安吾全集 4』〔筑摩書房、1990 年〕所収）からも、彼が教員だった短い時代の興味深い逸話を読みとることができます。

　今後とも、皆さまとともに、学び手の視点を考えながら、「法教育」の発展に多少とも寄与できればと考えています（その期待の一部として、川嶋四郎『アメリカ・ロースクール教育論考』〔弘文堂、2009 年〕参照。また、司法制度改革の前後から、この四半世紀の法学教育を具体的に概観したものとして、同『法学教育の四半世紀』〔日本評論社（本書）〕を参照）。

　本日は長時間にわたり、ご清聴ありがとうございました。

〈参考文献〉
本文中に掲記のもの。

＊後記謝辞
　講演の後、多くの方々から様々な質問やコメントを直接いただきました。あり

がとうございました。

「教育とは人生のプロセスそのものであって、将来の人生のための準備ではない。」（ジョン・デューイ。上野・前掲書参照）のと同様に、私は、すべての手続は、その一期一会的な人生のプロセスの一部そのものであって、何かの準備ではないと考えています（本文で述べた映像『光れ！　泥だんご』の中で、先頃亡くなられた加用文夫先生も、そのようなことを指摘されていました。興味深いことに、NHK のプロデューサーは、加用先生から、泥だんご作りが将来何かの役に立つといった言葉を引き出したかったようですが、加用先生からはそのような言葉しかもらえなかったのです。結果志向かプロセス志向かだけではなく「教育」の本質と意義を考えさせられます。）。

ともかく、公正なプロセスの存在を前提とし、そこにおける当事者の主体的な参加参画は不可欠です。課題は、当事者の尊重とプロセスの充実度にあります。

ご質問に感謝しつつ、概ねそのようなことを中心に回答いたしました。

なお、法学の世界でも教育の世界でも、陰でこそこそ言うのが最もたちが悪い（益川敏英『科学者は戦争で何をしたか』〔集英社、2015 年〕）ことは言うまでもありませんが、現時日本の学問風土にあって、「開かれた水平的対話ができる公正なプロセスの創造」も、期してやみません。

本講演の準備から本稿の校正に至るまで、実に多くの方々のお世話になりました。心から感謝を申し上げます。

補章 2
法学を学ぶ学生への言葉：2008-2024

I　はじめに

　同志社大学法学部・大学院法学研究科では、毎年、新入生を含む学生たちのために、『Network 法学部』と題する教員紹介の冊子を刊行している。授業科目の選択のためだけではなく、特に 2 年次から演習を選択する学生のためでもある。それは、同志社大学法学部の「Who's Who」であり、私も、2008 年（平成 20 年）の同志社入社以来、寄稿し続けてきた。学生へのメッセージは毎年変更しているので、学生（卒業生を含む。）や教職員から毎回楽しみにしているとの声をいただいたこともある。また、法学部のホームページにも掲載されることから、それを読んだ卒業生や旧友から思いがけずメールをもらったこともある。

　それには、「1. 私の研究：学生の皆さんへ」、「2. 講義・演習・小クラスについて」、「3. プロフィール」が記されている。2 の部分では、当該年度に担当する科目の一覧などを記し、3 の部分では、略歴を紹介している。本書では、1 の中で毎年学生へのメッセージを更新している部分を特に抜き出して紹介したい。

　その部分は、「私は、これまで民事訴訟法を中心として、民事執行・保全法、倒産法、ADR（裁判外紛争解決手続）、裁判所法等をも包含する『民事救済法』という法領域を構想しつつ研究し、その成果をもとに教育に携わってきました。それは、『インクルーシブな民事訴訟法学』を創造するささやかな試みです。インクルーシブとは、『誰一人取り残さない』包摂的で温かな指針を意味しています。国連において全会一致で採択された SDGs（持続可能な開発目標）の基礎にある考え方です。私の専門領域では、『正義の声』を挙げ法的な救済を求めて紛争解決過程を利用する人々や企業、団体等が、誰一人取り残されることなく、手続過程における十分な対論を通じて、どのように『公正な法的救済』を得ることができるかを探求する果てしなき営みなのです。『民主司法の救済形式』の探求と呼ぶ

382　補章2

こともできると思います。」という「私の研究」の紹介部分に続くものである（ただし、執筆当時の文意を通じさせるために一部残している部分もある。）。

　15年以上にわたり執筆していることから、その時々の様々な感慨が込められており読み返しながら懐かしさを感じた。その当時のゼミナールの学生たちを思い出しながら、法学教育を担当する者のメッセージとして幾許かの意義もあるのではと考え、そのメッセージの部分のみを抜粋して紹介したい。

　なお、同志社大学への入社前に、九州大学等でも毎年ゼミ論集を公刊し、学生たちへの様々な言葉を記してきたが、本書では割愛したい。

Ⅱ　学生に贈る毎年度のメッセージ

1　〈2008年度〉「よりよき民事救済過程」の探求
　　——「四方よし」こそ「司法よし」
　私は、これまで民事訴訟法・民事救済手続法を学び教え研究してきましたが、まずその原点をお話しします。

　私の故郷からは多くの近江商人が育って行きましたが、商家には商いの心得を説いた「三方よし」の家訓が残されています。それは、「売り手よし、買い手よし、世間よし」というものです。天秤棒1本で全国各地を行商した江戸期の商人たちにとって、見知らぬ土地で信頼を形成し販路を拡大するには、良い商品を売り買い手に喜んでもらうことが売り手の喜びでもあり、そのような商いを行うことが社会経済の発展につながるということを、肝に銘じていたのです。

　私は、民事訴訟を中核とする民事紛争解決過程を「法的な救済過程」と考え様々な議論を展開してきました。その中で、たとえば民事訴訟過程を例に取りますと、「原告よし、被告よし、裁判所よし、世間よし。」を可能とする裁判過程等の理論的かつ実践的な可能性も探求しているのです。ともすれば勝ち負けという「結果志向」の考え方に人々の目が向けられがちですが、結果のいかんを超えた手続過程でのやりとり自体に、価値を見出し満足を得ることができる「過程志向（プロセス志向）」の考え方を「当事者の視点」から考察し続けています。

　なお、このような話をすれば、往々にして、裁判には勝ち負けがつきものであるので、「三方よし」などあり得ないと言われます。かつて友人の裁判官や弁護士から言われたこともあります。確かに、民法など権利の存否を問題にする実体法の視点から見た場合には、つまるところ権利はあるかないかが判断されることから、そのように言えるかもしれませんが、しかし、公正を旨とする手続法の視点から見た場合には、勝ち負けを超えて原告も被告もさらには裁判所も世間も満足できる「公正な手続」は考えられるのです。私が目指すのは、まさにそのような手続法から見た理想です。

しかし、日本の司法は、たとえば大岡裁判の「三方一両損」の話に象徴されますように関与者の誰もが損をするもののように受け止められかねません。しかし、私は、先に述べました「三方よし」を超えた「四方よし」の考え方こそが「司法よし」につながり、「利用者にとって分かりやすく利用しやすく頼りがいのある司法制度」を構築する基礎に成り得ると考えるのです。

なお、私の「法的な救済観」とは、上からの垂直的な救済ではなく法を行為の指針とする当事者主義的な水平レベルでの救済思考なのですが、民事訴訟過程、民事執行・保全過程、倒産処理過程およびADR（裁判外紛争処理）過程などで、このような考え方を、思索を重ねながら具体化して行ければと思います。

これからの研究構想としましては、天秤と剣をもち目隠しをした正義の女神像に象徴される「一刀両断的な冷たいJustice（正義・司法）」から、当事者が選択できる多様な救済の道具立てを有しアルカイック・スマイル（古微笑）を湛えた千手観音像のような「柔軟で温かいRemedial　Process（救済過程）」への創造的な手続転換を具体的に提言して行ければと考えています。

2　〈2009年度〉民事司法過程のイメージ転換
——「正義の女神像」から「千手観音像」へ

私は、これまで民事訴訟法を中心として、民事救済法、民事執行・保全法、倒産法、ADR（訴訟外紛争解決手続）、環境訴訟法および司法制度論等を研究し教えてきました。これは、救済を求めて紛争解決過程を利用する人や企業さらにはその相手方とされる人や企業が、手続過程を通じて、どのように「救済（remedy）」を得ることができるかを、人と紛争過程の全体を見据えて、いわば果てしなく探求する営みです。

世界にも日本にも、権力的な救済機構として司法・裁判所が存在します。法自体のあり方も大切ですが、制度はそれを担う人次第とも言うことができますので、司法制度を担う主体には、人間・社会・国家に対する鋭い感性が必要になると思います。救済内容は多様であり、個別事件の具体的な文脈で異なりますので、救済創造に際しては自由な発案と選択・決定が大切であると考えられます。

「司法」は英語では、Justiceと記述されますが、それは同時に「正義」をも意味します。正義には、いくつかの形相があるように思います。たとえば、西欧的な正義を象徴する偶像が、天秤と剣を持った正義の女神としてのユスティティア（テミス）の像です。民事裁判過程に即してこの正義の女神像を読み解くと、天秤は権利の観念的な確定手続、すなわち判決手続（民事訴訟）を象徴しますし、剣は権利の事実的な実現手続、すなわち強制執行手続を象徴することになります。

これに対して、日本古来のあるいは東洋的な救済の考え方は、より豊かで多様で柔軟な性格を帯びているように思われます。それは「千手観音像（千手千眼観

384 補章2

音像）」に象徴的に表現されています。これは、限りない慈悲を表わす観音菩薩
であり千の慈悲の目と千の救いの手を備えています。それらの手には数々の救済
の道具立てを有しており、衆生を遍く済度する大願を表わす像なのです。私は、
テミスも千手観音も共に正義の偶像としては秀逸と考えますが、これからの司法
の形象は、これまでかなり重視されていた裁断の象徴としての「正義の女神像」
から、それをも掌の上に乗せ得る「千手観音像」に転換しなければならないと考
えます。そのような構想の下で、紛争当事者が、個別事件の具体的文脈で、その
ニーズに即した救済手続と救済結果を選択的かつ創造的に見つけ出して行く過程
の確立こそが目指されるべきであり、この古くて新しい正義像は、自由と博愛の
観点から、新たな世界的な普遍性を有する象徴になり得ると考えるのです。

　少し抽象的なことを書きましたが、ともかく、民事救済プロセスや司法過程の
将来を考え、個々の紛争における最適救済のあり方を探求したいと考える人たち
に演習等でお会いできればと思います。多様な人たちの参加を希望します。しか
も、人の自由意思を尊重しない不合理な強制を排除し、規律を守り他者配慮の中
で自由の価値と司法過程における救済のあり方を学びたいと考える人々が集まっ
てくれることを心から願っています。

3 〈2010 年度〉民事紛争解決手続構造のイメージ転換
——「富士山型」・「八ヶ岳型」から「阿蘇型」へ：「法のライフライン」構想

　国家には、権力的な法的救済機構として司法が存在します。法自体のあり方も
大切ですが、制度はそれを担う人次第で良くも悪くもなるとも言うことができま
す。それゆえ、司法制度を担う主体には、人間・社会・国家に対する鋭い感性が
必要になると思います。救済は多様であり、個別事件の具体的な文脈で異なりま
すので、救済創造に際しては事案に即した自由な発想と選択・決定が大切である
と考えられます。

　ところで、現在の日本の民事紛争解決システムには、様々なものがあります。
訴訟と ADR（Alternative Dispute Resolution: 裁判外紛争解決手続）との基本的な位
置づけとしては、現在、次のような 2 つの対照的な有力見解が見られます。比喩
的なものですが、「富士山型」理解と「八ヶ岳型」理解と呼ばれています。前者
は、伝統的な考え方であり、訴訟を紛争処理制度の中核に据え、訴訟を究極の法
的な裁断機関・法的基準の創出機関として、ADR とは異質の手続と見つつ紛争
処理の全体像を統一的に把握する見解です。これに対して、後者は、基本的には
訴訟と ADR とを同列に置き、両者共に対論的な手続として統一的に把握し両者
の隔壁を流動化した上で相互交流と共存共栄を図るべきとする有力見解も主張さ
れています。現実と理想の狭間で、この問題をいかに考えるかは難問ですが、民
事訴訟における手続の多様化とその相互関係および手続利用者との距離のあり方

を考えますと、私は、第3の考え方として、「阿蘇型」の理解がより妥当ではないかと考えています。阿蘇は、阿蘇五岳（根子岳・高岳・中岳・烏帽子岳・杵島岳）と呼ばれる山嶺を中心に、外輪山が取り巻く広大な地域を指します。そこで多くの人々が日々の生活を営んでいます。あたかも多様化した日本の訴訟手続という五岳の周囲を、多様な ADR が外輪山のように取り囲み、その内側にも外側にも多くの人々が生活しており、気軽に山に登るように身近な手続に簡易にアクセスし利用することができるマトリックスこそが、安心かつ安全な生活の基礎であり望ましい制度形成・手続形成の理想型ではないかと考えています。そこに流れる清冽な伏流水や随所に湧く泉や温泉は、潤いに満ちたあるべき法の姿さえ示していると思われます。紛争解決手続は、人や社会の営みにとって不可欠となるライフラインであり、法を形あるものに変え人々のもとに届け生活を潤すことができる「法のライフライン」としてその再構築を図って行くことができればと考えています。

　このような理想的な基本構想が、少数エリートによる上意下達的な裁断を好む昨今の守旧的な考え方の人々に受け入れられないことは明白かも知れません。現在、様々な困難が立ち塞がっているのです。しかし、民事紛争解決過程を学ぶことは、法の言葉を紡ぎながら目に見えないものを形にすることを通じて、救済形成・救済実現をサポートできる基礎体力を身につけることです。しかも、利那的な利得の追求ではなく、あたかもたとえば盲導犬の育成のように、将来を見据えて、いわば「いつかどこかで誰かの役に立つ」ことを着実に行うことの大切さを、手続と救済創造に関する教育を通じて身につけてもらえればと願っています。

4 〈2011 年度〉より良き民事裁判手続の創造のための学びの「森の生活」
——人と事実に謙虚に、制度に対して大胆な提言を

　国家には、権力的かつ強制的な法的救済機構として司法制度が存在します。特に日本には、世界的に見ても優れた民事司法制度が存在します。法自体のあり方も大切ですが、制度は、それを担う人次第でより良くもより悪くもなります。それゆえ、それを担いそれに関わる主体には、人間・法・社会・国家に対する鋭く豊かな感性が必要になるでしょう。救済は多様であり、個別事件の具体的な文脈で異なりますので、救済創造に際しては事実の前に謙虚になりつつも救済のためには大胆な法解釈論的発想が必要になると考えます。

　そのような問題意識を持って、アメリカ法やドイツ法をも参照して日本民事訴訟法の研究を進めてきましたが、最近では、問題関心を広げて、たとえば、ベトナムの民事裁判、臨床法学教育、法科大学院教育、歴史と裁判、文学と裁判、ICT の利活用を通じた法のライフライン計画などにも、研究領域を広げています。

386　補章2

　ところで、昨年ある悲しい出来事に直面して、何年かぶりに、アメリカの古典、ヘンリー・ソローの『森の生活：ウォールデン』をふと紐解きました。ソローはハーバード大学を出て故郷に戻り、教育を行い思索を重ね若くして亡くなった思想家です。ウォールデンという池のように小さい湖のほとりに、小さな小屋を建て一人で観想を重ねました。私がアメリカのノースカロライナに滞在していたとき、ウォールデンと彼の小屋を見たくて妻と一緒に車で尋ねたことがあります。

　彼には、ある逸話があります。アメリカがスペインとの戦争を遂行するために戦費の調達を目的とした人頭税を課した際に、支払を拒否して投獄されたときの話です。彼の師である哲学者エマーソンがやって来て、鉄格子の中にいる君が恥ずかしいと言ったところ、ソローは、逆に外にいるあなたの方こそ恥ずかしいと語ったとのことです。家族か誰かが「代わりに」税を支払ったので、結局監獄から出ざるを得なかったとのことですが、考えさせられる話です。彼は、『市民的不服従』も著しています。

　さて、民事紛争解決過程を学ぶことは、法の言葉を紡ぎながら目に見えないものを形（言葉）にすることを通じて、救済形成・救済実現をサポートできる基礎体力を身につけることです。また、社会において、正義とは何か、公正かつ適切に利害を調整するためにはどのようにすればいいのかを考えることです。詩人の金子光晴が言うように「当たりくじを夢みながら空くじをひくのになれてしまっ」ている人々の多い厳しい時代にもかかわらず、大学という「学びの森」で公正な紛争解決のあり方を考えながら、将来を展望できる思索と対話の「生活」を送って行くことができればと思います。

　昨年も書きましたが、決して刹那的な利得の追求ではなく、あたかもたとえば盲導犬のように「いつかどこかで誰かの役に立つ」ことの大切さを、手続と救済創造に関する学修を通じて、身につけてもらえればと願っています。これが、手続法研究者である私の、学びの「森の生活」での願いと本懐です。

5　〈2012年度〉民事訴訟法学の発展への献身
——「良心教育」の復権を祈念して

　私は、これまで民事訴訟法を中心として、民事救済法、民事執行・保全法、倒産法、ADR、環境訴訟法および司法制度論等をトータルに研究し、その成果を踏まえて教育を行ってきました。これは、法的な救済を求めて紛争解決過程を利用する人々や企業さらにはその相手方とされる人々や企業が、手続過程における十分な対論を通じて、どのように「法的救済」を得ることができるかを探求する果てしなき営みです。

　ところで、あの2001年9月11日、私は、ワシントン・ダレス空港に取り残されました。十分情報も得られないままに空港近くのホテルに移動し、そこでよ

補章2　387

うやく事件の全貌を知ることができたのです。その日の早朝に、ペンタゴンの隣のホテルから空港に向かったことは結果的には幸運でした。ペンタゴンにも自爆テロが仕掛けられ、ワシントンとその郊外の道路がすべて封鎖されたからです（当日の朝、フィルムが1枚だけ残っていたのでホテルの窓からペンタゴンを撮影したのですが、ある意味平和な世界にあったアメリカ国防省の最後の姿だったのかも知れません。）。9・11の悲劇は、人間の尊厳を踏みにじる確信犯的な者たちのなせる悪業です。それから約10年後の2011年3月11日は、未曾有の自然災害の発生に伴って、原子力災害という人災が露見した恐るべき日になりました。世界同時不況とあいまって、社会経済的に厳しい今の時期こそ、法と教育の真価が発揮されるべきであり、社会の様々な領域で、その担い手の力が期待されていると考えます。それは、同時に、法学部教育にとっての試金石になるのです。

　この1年間にも様々な書物に出会いましたが、その中で最も印象に残っているのは、恩田陸『蒲公英草紙』（集英社文庫）です。これは、3・11を予言するような書物であり、巨大な自然災害に見舞われた際に、（恵まれた）人がいかに生きるべきかを深く考えさせられました。物語は、今から100年以上前から始まります。舞台は、東北のある村。先の大戦の敗戦後に至る物語の終わりに記された問いかけは印象的なものでした。

　「これからも日本は続くのでしょうか。この国は明日も続いていくのでしょうか。これからは新しい、素晴らしい国になるのでしょうか。私たちが作っていくはずの国が本当にあるのでしょうか。」

　私は、現代社会では大学で学ぶことができる平穏な機会が与えられただけで、恵まれており幸せではないかと思います。だからこそ、学生の皆さんには、大学で真摯な学修を重ねる中で自分の将来に続く何かを得て、より良き社会を作るために卒業後は人々のために献身的に働いてもらえればと願っています。

　2011年は、同志社大学法学部の一部学生に対して、新島先生の「良心教育」の意図を再確認してもらいたいと強く感じる1年でした。かつて、たとえば大阪の商人たちは、「利の嗅覚」を働かせざるを得なかった商いの日常を離れて、懐徳堂で、利を度外視した「知の探求」を心から楽しんだと言います。私は、同志社に学ぶ学生の皆さんに、この厳しい現代社会にあって、せめて大学の4年間ぐらいは知的な学びの機会を十分に活用しそのプロセスを楽しんでもらいたいと考えています。それは、将来の人生にとって得難い糧を得ることにつながると考えるからです。単位取得と言った結果志向への異常な執着など、知の探求のプロセス志向とは無縁です。建学の精神の復権こそが今こそ不可欠なゆえんなのです。

　〔なお、2012年度〔平成24年度〕は、アメリカのロースクールで、アメリカの研究

者と共に日米民事訴訟法の理論研究を行っていますので、残念ながら、授業やゼミで皆さんにお会いすることが叶いません。）

6 〈2013年度〉民事訴訟法学とその可能性を求めて
——「人のために法を生かす可能性」の探究

昨年度の1年間は、全米最古の州立大学、ノース・カロライナ大学のロースクールで、多くの先生方と様々な問題について議論をしながら民事訴訟法の研究をしてきました。一昨年にも少し書きましたが、あの2001年（平成13年）9月11日、私は、ワシントン・ダレス空港に取り残されました。十分な情報も得られないままに空港近くのホテルに移動し、そこで事件の全貌を知ることができたのです。当日の早朝ペンタゴンに隣接するホテルから空港に向かったことは結果的には幸運でした。ペンタゴンにも自爆テロが仕掛けられ、ワシントンとその郊外の道路がすべて封鎖されたからです。9・11の悲劇は、人間の尊厳を踏みにじる確信犯的な者たちのなせる悪業です。それから約10年後の2011年3月11日は、未曾有の自然災害の発生に伴って、原子力災害という人災が露見した恐るべき日でした。

それから2年以上も経ち私が帰国する頃には、その復興も順調に進んでいると願っていましたが、とても残念なことに必ずしもそうではないようです。アメリカで様々なニュースに出会いましたが、その中で最も印象に残っているのは、日本の政権交代でも、アメリカ大統領選挙でもなく、東日本大震災の被災者の方々の今を追ったドキュメンタリーでした。「非命の死」（田中正造の言葉）の問題だからです。実質的に見れば世界同時不況が継続している今の時期だからこそ、法とそれを生かす人々（「法律家」だけに任せておけないことは言うまでもありません。）の真価が発揮されるべきであると考えています。

ビクトル・ユーゴーが『レ・ミゼラブル』を公刊して150年が経ちました。自由と正義、柔軟な法の活用を導きの星として示しているこの長編の訳者、豊島与志雄は「地上に無知と悲惨とがある間は、〔この訳書も〕おそらく無益ではないであろう。」と、ユーゴー先生の「序」を引いて控えめな言葉を残していますが、2012年のアメリカ大統領選挙の隠れた争点の1つが、大学教育の拡充か否かに存在したことは、あまり知られていません（その年の暮れに映画『Les Miserables』が公開されたことは因縁めいています。）。「学ぶこと」は、将来の可能性を広げ、よりよい社会や国家を創造する基礎だと思います。宮部みゆきの『小暮写真館』は、「忘れられ取り残された人々」への温かい眼差しからささやかな日常の幸せを描き、J. Hersey（『A Bell for Adano』）はイタリアで、また、G. Orwell（『水晶の精神』）はスペインで、高尚な人間のありようを具体的に示してくれました。三浦しおん（『舟を編む』）は、言葉とプロセスの価値を辞書『大渡海』の編集を通じ

て描き、M. ルイス（『Moneyball: The Art of Winning An Unfair Game』）は、実力があるものの不遇な人々の可能性を発見し伸ばす機会の大切さを描きました（この書物は、誤解を招きかねないタイトルですが副題にこそ意義があると私は思います。）。

2011 年には悲しい出来事がありました。しかし、2013 年には、新島先生の「良心教育」の意図を再確認してもらいながら、多くの貴重なメッセージを残した内村鑑三先生の思いを伝えて行くために様々な視座から「プロセスの価値」を語り論じて行ければと考えています。それは、将来の人生にとって得難い糧を得る契機になると考えるからです。つまり、"The Art of Winning an Unfair Game" です。受講生の皆さんと共に、法という見えないものを見、Fair や Unfair とは何かを考え、人のために法を生かす方法、つまり Unfair を克服するための様々な方法を考えて行きたいと願うからです。

ここ 20 年ほどの間に民事訴訟法学は飛躍的に発展しました。一言でまとめれば旧態依然の自由制約的な手続理論の桎梏からの解放傾向です。揺り戻しの兆しも感じられなくはありませんが、受講生の皆さんと共に、「人のために民事紛争処理過程を生かす方途」について具体的に考えて行ければと思います。

なお、学生の皆さんには、今後も、緊張感を持って学ぶことを楽しみつつ、一期一会的な語らいの中で民事救済手続過程と向き合い、公正なプロセスのあり方を探究してもらいたいと思います。人生はプロセスそのものです。効率的な結果志向、利益・権力志向が様々なかたちで優位性を保つ現代社会において、学生の皆さんが、「プロセスの価値」を学びながら、自己の考え方を率直に語り、コミュニケーションを大切にして、他者の言葉や文献等から学ぶことができる「学びのフォーラム」を創出してほしいと思います。演習には、とりわけ多様な人材が集まることで、刺激的な面白い学修の場の継続を期待しています。

7 〈2014 年度〉「民事訴訟法」から「民の手続」へ
——「ぞうきん」と民事裁判

「民事訴訟」の語は、日本では明治期から用いられていますが、ドイツ語（Zivilprozess）でも英語（Civil Procedure）でも、「民の手続」です。本来的には市民が気軽に利用できる親しみやすい手続となるべきですが、実際は必ずしもそうではありません。かつても同様でした。たとえば、足尾鉱毒事件の解決のために奔走した田中正造の場合もそうでした。昨年は彼が没して 100 年目の年でしたが、彼は国会で、民を殺すことは国家を殺すことであると論じ鉱毒被害に苦しむ谷中村の人々の救済を説いた「亡国演説」を行ったり、当時は主権者であった天皇に直訴したりしました。しかし、当時有力な弁護士等が彼の活動を支援したものの、彼は、民事訴訟の利用を断念しました。結局、裁判所を通じた法的救済は実現されず、その意味で民事訴訟は「民の手続」とはなり得なかったのです。あたかも、

かつてキリスト教会が、「言語」によって自らを民衆から切り離していた（徳善義和『マルチン・ルター』）ように、裁判所も民事訴訟法も民からは遠い位置にあったのです。

さて、突然の問いですが、学生の皆さんは、次の文中の△、○、□に当てはまる言葉を考えて見てください。

「△学志望者の最大弱点は、知らず識らずのうちに△学というものにたぶらかされていることだ。△学に志したお蔭で、なまの現実の姿が見えなくなるという不思議なことが起る。当人そんなことには気がつかないから、自分は△学の世界から世間を眺めているからこそ、△学が出来るのだと信じている。事実は全く反対なのだ……」。これは、小林秀雄の言葉です（辻原登『東京大学で世界文学を学ぶ』より）。△には、「文」という字が入りますが、私は「法」という文字を入れることもできると考えています。

「こまった時に思い出され／用がすめば／すぐ忘れられる／○／□のすみに小さくなり／むくいを知らず／朝も夜もよろこんで仕える／○になりたい」。これは、牧師・河野進さんの詩です（渡辺和子『信じる「愛」を持っていますか』より）。○には、「ぞうきん」が入り、□には、「台所」が入ります。ただし、私は、○に「民事訴訟＝民の手続」を入れ、□に「社会／日本国」を入れることもできると思います。

現在の（私が考えたものとしての）□では、△や○の意義と役割、そして、△学を学び○を活用できる人々の役割が、ますます重要になってきていると思います。そのためにも、困ったときに思い出してもらって市民に活用してもらえる "New Civil Procedure" を創り教えて行くために、多少とも力になることができればと考えています。

残念ながら、NHK大河ドラマ『八重の桜』は終わりました。身が引き締まりました。これからは「（襄と）八重の桜桃（さくらんぼ）」を同志社の私たちが収穫し、その種を蒔き苗を育てる営みをしなければならないでしょう。会津戦争によって、たとえば石光真人編『ある明治人の記録――会津人柴五郎の遺書』なども想い起こしましたが、官尊民卑の起源の一端や、日本国内における様々な差別や格差の近代的源流など、いろいろなことを考えさせられる素晴らしい大河ドラマでした。また、同志社が創設された後に、（商都大阪でも軍都広島でもなく）京都の洛外しかも川の向こうに明治政府が2番目の帝国大学を創設した真の理由も分かるような気がしました。それだけ、国家にとっては、大日本帝国憲法下で私学という立ち位置から「市民」の育成を目指した同志社に対するある種の恐れや畏れが存在したのかも知れません。

この四半世紀ほどの間に、民事訴訟法学は飛躍的に発展し、旧態依然の自由制約的な手続理論の桎梏からの解放傾向が見られることは、昨年度も書きました。

補章 2　391

そのような現時において、受講生の皆さんと共に解釈論・立法論を通じて「人の
ために『民の手続』を生かす道」について具体的に考えて行ければと思います。

8　〈2015 年度〉民事訴訟法学は人びとを幸福にできるか
——「桜田門外」で民事裁判を考える

昨年も人生を豊かにする様々な言葉に接することができましたが、その多くが
民事訴訟法学を深めるのに役立ちました。

「人間がこんなに哀しいのに、主よ海があまりに碧いのです」（遠藤周作）とい
う言葉を、学生の素晴しい報告を聴きながらふと思い出しました（高橋和巳は、
それを「悲の器」と表現しています。）。（気づくかどうかはともかく、哀しい面もある）
人間が、紛争を解決し法的救済を得るために創り出したのが民事裁判の制度なの
ですが、「言葉少なに自分のやるべきことをやって死んでゆく」（渡辺京二）高貴
な人々が、それでも紛争に直面すれば最後の手段として裁判所に足を運びます。
その（正当な）思いを受け止める場所が裁判所なのだと思い、裁判所システムに
も民事訴訟法にも当事者にも襟を正して臨まなければならないと感じました。浅
田次郎は、桜田門外で直訴を装った水戸浪士に対しても、「手荒なまねはいたす
な。……訴状はこれに持て。かりそめにも命をかけたる訴えじゃ、おろそかに扱
うではないぞ。」と、井伊直弼に語らせましたが、私には、研究者の基本姿勢に
向けられた言葉のようにも感じられました。

終わらないあの福島第 1 原発事故の悲惨な現状は、日本では人の命を守るべき
社会システムが行政においても企業においても病んでいる（柳田邦男）として、
その「日本病」の克服が叫ばれてはいるものの、現在、原発 ADR も問題点を顕
在化させ、裁判所の判断も分かれています。何十年も前にライシャワーが指摘し
たように、アメリカでは研究者が学派への所属を嫌うのに、日本の学者の派閥意
識等も強いのです。朱川湊人は、『いっぺんさん』等で、家族や人を思う純粋な
子どもの心や魂を描きましたが、それ以上の価値がどこにあるだろうかとも思い
ました。

学生の皆さんとは、共に民事訴訟法学を学びながら、私も、小さな声で「請う
百年青史の上を看る事を」（斎藤隆夫）と語りたいゆえんです。そうしなければ、
民事訴訟法学も人びとを幸福にすることができないと考えるからです（宇沢弘文
『経済学は人びとを幸福にできるか』参照。かつて同志社で教えたこともある宇沢さん
は、死の間際まで「経済学者に騙されるな。」と言い続けました。その風貌が田中正造
を髣髴させる経済学者です。）。

毎年語っていますが、学生の皆さんには、今後とも、緊張感をもち、一期一会
的な語らいの中で民事救済手続過程に向き合い、公正なプロセスのあり方を探求
してもらえればと願っています。かつて、詩人の E. アーノルドは、「日本人は、

いかにすればお互いに気持ちよく幸せになれるかについて、社会契約を結んでいるように見える、と書いている。それほど日本人のあいだには互いへの気遣いが浸透していたと言いたかったのだと思われる。」（渡辺京二）

それを思いつつ、特に演習では、多様な人材が集まることで刺激的な面白い学習過程が形成できることを期待しています。なお、それは、梁山泊のようなものでいいと考えています。それは結局滅びたではないかという結果志向の人も居るかも知れませんが、私が大切にするのは、結果ではなくプロセスであり、多様な人材の集まりの中での不平や悪口ではなく議論なのです。

9 〈2016年度〉「民事訴訟法学」の祈り
——民事裁判の「未来の物語」を

昨年も人生を豊かにする様々な言葉に接することができ、その多くが民事訴訟法学を深めるのにも役立ちました。その中でも、共に「言葉を奪われている」2人の女性の魂の交流を描いた、高山文彦『ふたり——皇后美智子と石牟礼道子』は、水俣病事件の被害者が、苦痛と困窮の中で究極的に何を求めてきたかを深く考えさせてくれました。お金の問題に収斂されがちなこの世界で、寄り添う人間の「言葉」の持つ価値に思い至らざるを得なかったのです。昨年は、言葉を大切にした哲学者・鶴見俊輔さんが亡くなられました。隣人でした。同志社でも教鞭をとられていた時期があります。その座談を集めた『昭和を語る』には戦後史が凝縮されていました。失敗したと思う時に後戻りをする先例をはっきり残すことが、日本の未来のために重大な役割を果たすというのは至言だと思います。戦争、公害、原発事故……学ぶべきものがあまりにもたくさん存在するからです。

昨秋のニュースで知った、アレクシエービッチ『チェルノブイリの祈り』には、「たくさんの人があっけなく死んでいく」ときに、人々が耳を傾けるのを嫌がる言葉そして物語が、淡々と綴られていました。その原発事故から約10年後の1997年に出版されたこの本の中に、著者が、未来のことを書いている錯覚を覚えると記していたのが印象的でした。5年前の日本での出来事を忘れることができないからです。私たちは、法学の分野でも、「進歩」を求めています。ただ、「進歩に対する迷信が、退歩しつつあるものをも進歩と誤解し、時にはそれが人間だけでなく生きとし生けるものを絶滅にさえ向かわしめつつあるのではないか。」という、民俗学者・宮本常一の言葉は、科学裁判等といった現代型訴訟を考える上でも私たちに重くのしかかってくるように思います。

早天祈祷会に出席し、校祖・新島襄先生のお墓参りを済ませた後、郷里の懐かしい友人知人たちと一緒に、知恩院さん、そして比叡山・黒谷青龍寺へお参りしました。深い木立に囲まれた静謐なその場所は、法然上人が25年間経典を読み修行を積まれた場所です。静かに民事訴訟法学を修学したいとの思いを新たにす

ることができました。学生の皆さんと、ゼミや授業を通じて、学びが共有できればと考えています。

10 〈2017年度〉この世界の片隅に、民事訴訟法学！
──「洞熊学校の3人」の駆逐を目指して

　私はこれまで、民事訴訟法を中心として、民事執行・保全法、倒産法、ADR（裁判外紛争解決手続）、裁判所法および環境訴訟法などをも包含する「民事救済法」という法領域を研究し、その成果をもとに様々な角度から教育に携わってきました。私は、法的な救済を求めて紛争解決過程を利用する人々や企業等が、手続過程における十分な対論を通じて、どのように公正な「法的救済」を創造することができるかを探求する果てしなき営みを続けています。法的救済を、民事訴訟法学における「祈り」にも似た気持ちで研究しているのです。

　昨年の秋のことです。妻に誘われて、映画『この世界の片隅に』を観てきました。福島第1原発はアンダー・コントロールされているなどとの欺瞞さえ、忘却の彼方に追いやられつつある現在、この映画は、3・11の「鎮魂」と感じた映画『君の名は。』と共に、忘れ難い作品となりました。失われた「日常」をどのように回復し、今は亡き大切な「人」や「モノ」をどのように心に刻み続けるかは、時がたてばたつほど困難な課題となるようです。そのような「心」の問題に、頼りがいある最後の法的救済機構と考えられる民事訴訟の世界も、どれだけ役に立つか分かりません。それでも、私が敬愛して止まない伝教大師最澄のように「一隅を照らす」活動を、多少とも、この世界の片隅で、進めて行ければと考えました（日本の宗教者の中で、伝教大師と圓光大師法然上人の御影ほど慈悲と救いに満ちたものはありません。特に、一乗寺蔵や金戒光明寺蔵のものです。）。最近の民事訴訟法学界がことのほか寂しくなったからです。

　ところで、本稿を執筆している秋はボランティアの季節。九州に住んでいた頃から続けている活動もずいぶんと歳月が経過しました。お利口さんの盲導犬の母犬（2頭目）からもたくさんのことを学んでいます。難病を患っており難産のために帝王切開で産んだ仔犬たちを、その翌日から育てようと家中を忙しく探し回っていた献身的な姿は、今でも忘れることができません（ツルゲーネフの詩を借りるまでもなく、これが（母の）「愛」です。彼は、その詩に、「愛は死よりも、死の恐怖よりも強い。」と記しています。）。

　彼女の出産を助けるために、6頭もの仲間たちが、輸血に駆けつけてくれました。助っ人の犬たちがきてくれるたびに、すこぶる具合が悪いにもかかわらず頭を上げて一頭一頭に挨拶をしていた彼女の姿も思い出されます。律儀な娘です。その穏やかな瞳の中に、人間以上のものを感じることもできました。多くの人々のお蔭で生を得ることができた5頭中3頭も、盲導犬に育って行きました。日本

には、現在 1000 頭もいない中の 3 頭に。そして、どこかで誰かの役に立っているのです。彼女も子供たちも、また確実に一隅を照らしてくれています。

宮沢賢治は、学校で何を学ぶかを考えさせてくれる『洞熊学校を卒業した三人』を書きました。洞熊先生の薫陶を受けた、赤い手の長い蜘蛛、銀いろのなめくぢ、そして、顔を洗ったことのない狸が、卒業後慾呆けから破滅的な人生を送る姿が描かれています。賢治は、当時、学問を身につけた連中たちの行いに無性に腹が立っていたのかもしれません（田中正造は、そのような所業を「恥」の問題と考えました。）。ここでもまた、この世界の片隅で一隅を照らす人々への憧憬を感じます（犬たちも！）。学生の皆さんには、様々に期待したいところです。私も、こんなに面白い民事訴訟法学をこんなにつまらないものにしつつある人々に抗いながら……。

11　〈2018 年度〉失われた「民事訴訟法学」を求めて
──『比良のシャクナゲ』から『山家学生式』へ

今では昔のことになりましたが、私が大学に入学したとき暫く授業が行われませんでした。授業料値上げに反対する学生運動に抗して、大学がキャンパスをロックアウトし、授業を提供しなかったのです。私は、別の大学に通っていた高校の先輩（元裁判官・現弁護士）を訪ね、様々な法律学に関する著作を教えてもらいました。その中でも特に面白かったのが、「企業の社会的責任」を論じた竹内昭夫論文と、「民事訴訟法理論はだれのためにあるか」という新堂幸司論文でした。前者は、「法律学的念仏宗、念仏学的法律宗」を戒めた興味深い論文であり、後者は、利用者のニーズの汲み上げを考えず、手続理論の機械的な適用を行う当時の最高裁の基本スタンスに対して判例研究を通じて批判を展開する内容のものでした。法学の初心者にとっても自由な学問の香りに接した瞬間でした。それと共に、法と社会の関係の一端を垣間見ることもできました。

それから長い年月がたちましたが、その間、民事紛争の解決手続に関する法律は、ことごとく改正され、全く新しい手続法の世界が形成されました。利用者の一人ひとりが背負う人生の一コマを真摯に受け止め、法的な救済を創り出すプロセスが整備されたはずなのです。ところが、最近この学問の世界が、だんだん窮屈に感じられるようになってきました。民事訴訟法学に清新な風を吹き込まれた井上正三先生や井上治典先生がお亡くなりになり、この世界の雰囲気もかなり変化したように思います。世界的に蔓延しつつある新たな排他的で不寛容な構造化が、この世界にも忍び寄っているように感じるからかも知れません。井上靖の小説『比良のシャクナゲ』のような哀愁を感じ（詩集『北國』所収の同名の詩の方が、私は好きですが）、水上勉の戯曲『釈迦内柩唄』の不条理も思い出しました。

ともかく、それでもたとえば、好きな野球をやめなかったジョー・ジャクソン

は時を経て甦るのであり（W.P. キンセラ『シューレス・ジョー』参照）、凄いゲームはいつか掘り起こされるものなのです（同『アイオワ野球連盟』参照）。公開の場で対等の機会が与えられたフェアーなゲームが展開する野球は、民事訴訟の法廷にも似ています（個人がその実力のみで輝ける場所です。アピール・プレーは、手続異議権〔責問権〕の放棄・喪失の考え方にもつながります。チーム・プレーではシステムの質が試されます。）。民事訴訟法学も、スポーツの世界を見習わなければならないのかも知れません。いずれにせよ、これからも、開かれた救済志向の民事訴訟法を目指して、新たな未来を創るために、過去を振り返りながら、様々な素材から手続の基礎理論を再考し、自由な学問風土を取り戻したいと考えています。

　昨年は M. ルターが『95 ケ条の論題』を提出して 500 年になる記念の年でしたが、今年は、伝教大師最澄が『山家学生式』を提出して 1200 年になります。一隅を照らし、社会に明るい救済をもたらすことができる裁判所の手続について、皆さんと共に考えて行ければと思います。

12 〈2019 年度〉底辺に向かう志の「民事訴訟法学」を求めて
——新しい法的な「救いのかたち」とは

　明治維新（戊辰戦争）150 年の年が終わりましたが、「万機公論に決すべし」とされながら、その後の「有司専制」の歴史は、残念ながら今でも確かな根っこを日本社会に張っているようです（有司専制とは、1874 年〔明治 7 年〕の民撰議員設立建白書で藩閥政府を批判するために用いられた言葉です。）。平等かつ公正でなければならない学問の世界でも？と疑われるようなことはないと思っていますが。

　ところで、昨年は、あまり取り上げられませんでしたが、伝教大師最澄の『山家学生式』1200 年の節目の年でもありました。一隅を照らすものこそ国の宝とされた大師の志は、叡山での教育方針を明らかにしたものですが、私たちが常に考えなければならない課題でもあります。専制とは対極にあり、人々を大切にする考え方（憲法 13 条参照）だからです。格差社会と言われて久しく、しかも、私が教え研究している民事紛争解決手続の世界でも、裁判所が、人々にとってどれだけ頼りがいのあるものになっているかについては、まだまだ考えて行かなければなりません。社会のセーフティネットとして、法的なトラブルに巻き込まれた人々が確実に救われるシステム（救済システム）が提供できているかの問題です。

　現在、民事訴訟では迅速化の傾向がますます推し進められ、また、民事調停でも事実認定を行い 17 条決定（調停に代わる決定）も活用することが推奨され、調停の準訴訟化の傾向さえ読み取れます（このような手続を家事調停で用いることも提言されています。）。じっくりと話を聞いて合意を形成するプロセスという意味がやや薄れてきているのではとも思います。

　三島由紀夫は、1960 年の戯曲『弱法師』で当時の家事調停を描いています。

初夏、午後半日をかけ日没まで行われた親権をめぐる事件の調停です。能の『弱法師』の翻案ですが、こちらは、庶民信仰（太子信仰）の場であり社会的に弱い立場にあった人たちの救済の場であった四天王寺が舞台となっています。戯曲では、申立人も相手方もよく話しています（話さなければ戯曲になりませんが）。調停委員は、正義の女神像の権化のような設定ですが、同席調停でコミュニケーションを整序し一定の合意を得るための調停活動を懸命に行っています。

　このような民事司法の世界では、最近、ようやく「民事裁判のIT化」が議論され始めました。20年近く前から、私たち有志が集まり、考え、議論し、実証実験を積み重ねてきた重要な課題が具体化され現実化されることに、心から喜びを感じています。私たちは、当事者の視点から考え、それが人々の自由の支援であり、人間性の輝きを増すものであり、人々にとっての福利の増進につながると考えたからです。ただ、政府は、IT化を超えて、ICT化を明示的に目指すべきでしょう。Information Technologyだけではなく、Information and Communication TechnologyのCommunicationも重要であると考えるからです。「情報技術」化やデジタル化だけではなく、当事者間と当事者・裁判所間の意思疎通がより豊かになることを示す「情報コミュニケーション技術」の民事裁判への導入こそが図られなければならないからです。意思疎通は大切な課題だと思います。

　昨年は悲しい年でした。石牟礼道子さんが亡くなられたからです。四半世紀程前、熊本で教えていたとき、ある読書会の後、ご自宅までお送りしましたが、別れ際の彼女の笑顔を、ふと思い出しました。『苦海浄土』は、人の魂の根源に関わる書で、コミュニケーションの書だとも思います。語ることができない人たちの心の声を聴いて書かれているからです。そこまではともかく、様々な理由でコミュニケーションの自由を制約された人たちのためにも、民事裁判は活用されなければならないと思います。私たちすべてが底辺を構成している日本社会の課題だと考えるからです。残念ながら、今次の民事訴訟法改正では、ほとんど視野に入れられていないように思われますので、特に記しました。

　昨年もいろいろな場所で、多くの人たちと民事手続のあり方について語り合う機会を持ちました。福井や金沢へも行く機会を得て、ようやく念願の永平寺にもお参りしました。叡山で学んだ道元禅師は、新島先生と同じようなお考えをお持ちだったようです。禅師は詠んでいます。「草庵に　起きても寝ても　祈ること　我より先に　人を渡さん」と。新島先生は、私たちのために、私学の意義を熟知され、その将来を予見された上で、この大学を創設されました。その志を、私たち同志社人は生かし具体化して行かなければならないでしょう。

　これまで私は、市民の視点から、「人に対する温かい眼差しをもち社会正義を実現できる法律実務家や良き市民」等の育成に努めてきました。困難な時代だからこそ、学生・院生の皆さんと共に、政治やイデオロギーを超え、「自由で公正

補章2　397

なプロセス」を探求し、「人を大切にする制度」のあり方を考えたいと思います。

13　〈2020年度〉新島先生の忘れ形見？「民事訴訟法」研究
──「4つのJ」のために

　日本で最初の近代的な民事訴訟法が制定されたのは、1890年（明治23年）。すなわち、私たちの校祖、新島襄先生が天に召された年です。私は、目に見えない何かの縁に導かれて、この同志社でその民事訴訟法を教えることになったように思います。そして、皆さんに会うことができました。新島先生の志を、その講義やゼミを通じて実現する使命が与えられたのかも知れません。それは、今ここで生きていることが奇跡のように感じられるからです。

　4年に一度のオリンピックの年になりました。コロナ・パンデミックのせいで現在の時点では、実際にこの夏に開催されるかどうか分からない状況ですが、今ほど、平穏な毎日の大切さを強く感じることはありません。前回の東京オリンピックが行われた年、1964年（昭和39年）のことですが、私は病気のために、郷里滋賀の、その地域では比較的大きな病院に入院していました。オリンピックと聞くと、私はそのときのことを思い出します。大部屋で寝ていたのですが、看護婦さん（当時は、看護師さんのことを、そう呼んでいました。）や大部屋のほかの入院患者さんたちが、病院の屋上で聖火ランナーの白い煙を見ることができたと明るく話しながら病室に戻ってきたことです。そのようなそのときの人々の明るい話し声だけではなく、おなかが痛くしかも熱が下がらなかったので、「死への恐怖」を抱いていたことも、思い出すのです。そのときのことを思い出すたびに、今生きていることを、多くの人々に心から感謝するのです。

　「不易流行」という芭蕉の言葉が示しているように、時の経過と共に、変わるものもあれば変わらないものもあります。民事訴訟は、市民間の紛争を最も公正かつ適正に解決することが可能な最後の手段であることは、時代を経ても変わりません。価値観が多様化した複雑な現代社会でこそ、決して排他的ではなく、多くの紛争を包摂的に受け入れ調整し解決できるプロセスが開かれていなければならないと、私は考えています。

　格差と差別と排除に象徴される現代社会に生きる皆さんには、特に蕪村の俳句を借りて、「贈る言葉」にしたいと思います。

　「この泥が　あればこそ咲け　蓮の花」

　私にとっての「蓮の花」は、皆さんであり、日本の裁判所、そして司法を支えるすべての人や組織なのです。「良心教育」の下、「底辺に向かう志」を持って地に生きることを希求しています。ここ同志社大学で学んだ皆さんは、「国家有為

の人材」を育てる旧帝官学の人々とは全く別の道を、市民のために歩んで行ってもらいたいと、切に願っています。

私がこの道に進むきっかけを与えてくださった、新堂幸司先生（東大の先生でしたが、全く東大の先生らしからぬ庶民的な先生です。法務省民事訴訟法関係法制審議会の委員や部会長を断られた方です。）の体系書では「利用者のための民事訴訟法理論」が目指されています。そして、その愛弟子の一人、同志社大学元法学部長・現中央大学教授・佐藤鉄男先生のお陰で今ここで教え学ぶ機会を得ています。

しかし、最近のこの領域の学問は、だんだんそこから遠ざかっているように、私には思われます。だからこそ、私たちは、それを官や学者の視点からではなく、文字通り利用者である市民の視点から実現して行かなければならないと信じています。西洋では古くから「良き法律家は悪しき隣人」などと言われますが、そんなことはあってはなりません。隣人のために良き法的救済をサポートできる者こそが、良き法律家であるべきだからです。法律家ではなくても、そう言えるでしょう。

民事訴訟法を学ぶことは人生を考え学ぶことに似ていると思っています。ダイナミックに展開するプロセスを知り学んだことを通じて、皆さんには、人生の何か大切なものを見つけてもらえればと願っています。小説家の井上靖は『敦煌』という不思議な歴史小説を書いていますが、そこには、後世の人々のために、塗り込めた穴蔵に経典を隠した人々が描かれています。私自身は、民事訴訟法の学びを通じて、後世の人々に多少なりとも「知の恩送り」が可能になればと思います。

かつて、キリスト者・内村鑑三は、「2つのJ（JesusとJapan）」をその思想の中核に据えました。それに倣えば、私は、同志社で私の専門に照らして考え、皆さんには「4つのJ」を大切にしてもらえればと思います。内村が挙げた2つのJに、Joe先生とJustice（司法）が加わるからです。抽象化すれば、それらは「日本、愛、良心、正義」と言うこともできます。このような「J」について、真面目に語ることができる民事訴訟法学を、皆さんと共に考えて行ければと思います。

14 〈2021年度〉「誰一人取り残さない民事訴訟法」を求めて
——インクルーシブな「司法へのユビキタス・アクセス」のために

昨年は、様々なことを考えさせられる1年でした。伝教大師最澄と共に優しい肖像画を残す圓光大師法然の厳しい言葉を、法事で何度も聴きました。「唐土我朝にもろもろの智者達の沙汰し申さるる観念の念にもあらず」や、「たとい一代の法をよくよく学すとも、一文不知の愚鈍の身になして、尼入道の無智のともがらに同じうして、智者のふるまいをせずして…」等、心に突き刺さる言葉です

（『一枚起請文』より）。

　コンテクストは全く異なりますが、そこでは「法」というものを学ぶ意義が問われているようにも思います。74歳の高齢であったにもかかわらず、上人は、讃岐の国への流刑を「朝恩」と言い、その道行きで、身分にかかわらず多くの人々に教えを伝えました。インクルーシブな行いの先師だったと思います。

　ところで、アメリカにもロシアにも表現の自由の保障はあるもののその違いは表現後の自由の保障の有無にあるということは、よく聴きます。昨年の秋、そのようなことを「よその国の話」と捉えがちな日本人が直面した最大の問題は、日本学術会議会員任命拒否事件です。新規105名中、人文・社会科学系会員候補者のみが6名も、内閣総理大臣に任命を拒否された出来事です（これは、35名中の6名です。）。私は、民事訴訟法を「法的救済を目指した憲法価値の実現プロセス」と考えていますが、これは、日本国憲法に基づく日本社会の未来を破壊しかねない出来事だと思いました。「民主的社会においては、自分がより特権的な立場にいるからではなく、自分が他の人間と平等であるからこそ、はたさなければならない義務がある」と論じ、「今日求められるのは、人々の平等を前提にしたモラルで」あり、「自分と立場や理想を異にする人々もまた、自分と同じ人間であることに対する共感の能力」で、「そのような他者から学び、自己修正の契機とすること」、「平等社会のモラルに基づ」き、「相互的なリスペクトを可能にする社会という空間を構築し、支えていくことが一人ひとりの個人に求められている。」と指摘する学者が任命を拒否されたのです（引用は、宇野重規『〈私〉時代のデモクラシー』より）。「学術会議問題」などと呼ばれたりしますが、問題は日本学術会議にあるのではなく、違法な任命拒否をした任命権者にあることは言うまでもありません。量子化学者・藤永茂が『アメリカ・インディアン悲史』で、「インディアン問題はインディアンたちの問題ではない。我々の問題である。」と喝破した事実と重なります。

　政府からは日本学術会議に対して「共に未来志向で」などと耳障りのよい言葉が繰り出されていますが、過去を踏まえない未来志向など欺瞞です。「安らかに眠って下さい　過ちは繰返しませぬから」と刻まれた広島原爆死没者慰霊碑の文言がそれを端的に物語っています。訴訟上の和解でも、「和解は未来を創る」などと喧伝されていますが、良き未来を創ることができる和解は、過去を踏まえた良き和解だけであり、しかも、判決でさえ良き未来を創ることはできるのです。福岡県労働委員会において、裁判所で和解が成立し終わったはずの案件と取り組む過程で、私はそのことを痛感しました。私が属しているいくつかの学会の中でも、いち早く的確な抗議声明を出してくれたところもあれば、沈黙を続けている学会もあります（そこは、役員選挙もなく研究者養成などほとんどしたことのない政府委員らがトップを占める…それは、学術世界の学会と言うよりガッカリな御用学会で

す。）。

　「物言えば唇寒し秋の風」が、学問や大学の世界に吹いています（官僚の世界に
もです。）。これは、思想上のいわゆる「左」や「右」の議論ではなく、日本と学
問・学術の将来に関する私たちのお話です。特に、学問に対する畏敬の念の問題
でもあります。日本という国は、1300年以上前に百済から亡命した学者・鬼室
集斯の墓を、滋賀の蒲生野にある小さな村でひっそりと大切に守り続ける、その
ような人々の国家だったはずなのです。小川洋子『博士の愛した数式』で博士に
語らせるように「一番いい場所を独り占めしないよう、皆で譲り合」い、藤野恵
美『淀川八景』が剔抉するように「権力者って、気持ちええもんやな……」感を
完全に払拭し、G. オーウェル『1984年』が描く「完全監視ディストピア社会」
化を回避するために、私たちが考えなければならないことはたくさんあるのです。

　ともかく、コロナ禍の現在、私たちには「誠実さ」が求められていると考えま
す。それは、感謝の念を忘れることなく、今私たちにできることを淡々と行うこ
とでしょう（A. カミュは『ペスト』で主人公リウーに「ペストと戦う唯一の方法は、
誠実さということです。」と語らせています。）。ペスト禍のため故郷ウールズソープ
へ逃れたI. ニュートンの「創造的な休暇」（「万有引力の法則」等を発見したので、
そう呼ばれたり、「驚異の年」とか言われています。）には全く及ばないとしても、こ
のような困難な時代に、コロナ後の世界を見据えて学生の皆さんと共に自由なゼ
ミナールを行い、安心かつ安全な講義ができればと願っています。

15 〈2022年度〉現代市民社会における「民事訴訟法の精神」の源流を求めて
——タイムトラベラー・新島襄の志の現代性

　昨年の1年間は思いがけないことがたくさんあり、計画していた研究が十分に
できませんでした。たとえば、既に論じるべきことは論じ実証研究まで行い、立
法化のための細かな処方箋まで示していたことから、私の「民事裁判のICT化」
についての研究は10年程前に一段落したのですが、昨年2月下旬に法務省から
公表された『民事訴訟法（IT化関係）に関する中間試案』の内容には疑問点があ
まりにも多かったことから、様々な方面から意見を求められ、その対応に追われ
ました。ただしその間に、請われて『民事裁判ICT化論の歴史的展開』（日本評
論社）をまとめることができたのは幸運でした。その研究の基層と核心は、中間
試案が考慮していない民事裁判のICT化による「ユビキタス・アクセス権（誰
でもいつでもどこからでも民事紛争解決手続過程にアクセスできる権利）」の保障とそ
の具体化・実質化にあります。

　近時、SDGsが様々な機会にクローズアップされていますが、意外に知られて
いないのが第16番目のPeace, Justice and Strong Institutionsです。直訳すれば
「平和、正義と強い制度」なのですが、興味深いことに、「平和と公正をすべての

人に」と和訳（仮訳）されています。名訳です。「平和」は普遍的なのですが、「正義」は独善に走る可能性があるからです。公正は、正義の内実を象徴しています。人に着目している点も見逃すことができません。「ユビキタス・アクセス権」をも内包する考え方です。この世の中には不公正が蔓延しアクセス不全も見られ、また、露骨な不公正だけではなく、（権力者につきものですが）公然あるいは陰湿な不公正等も見られます。

　しかし、民事訴訟過程では、そのようなことは金輪際許されません。磨くべきは公正への感性なのです。昨年は、公正を希求した聖徳太子の1400年忌、平等を志向した伝教大師最澄の1200年忌でした。日本でも古くからの課題なのです。「強い制度（組織）」とその構成員も、平和と公正を実現できなければなりません。大学と教職員ももちろんです。強い裁判制度には、「ユビキタス・アクセス権」の保障が不可欠なのです。

　さて、ある研究会で、北アメリカのニューイングランドで学んだ校祖・新島襄先生が、明治初期に既に戦後日本の民主的市民社会を先験的に体現していたことに気づきました。その精神が死して尚生きているとも言うべき先生は、大日本帝国憲法発布の時代に、日本国憲法の淵源となったアメリカ民主主義社会の市民精神だけではなく、成熟した自治的な市民社会の市民感覚を基礎に、私たちの同志社を創設したのです。アメリカでは建国当初、国立大学の創設のための法案が何度も連邦議会に上程されましたが、国家予算でエリート養成教育を国が行うことは民主主義政府のあり方に反するとして否決されました。健全な感性の発露だと思います。その後の両国の歴史的展開を予言するような決議です。新島先生は、明治政府に取り込まれることなく人一人を大切にし、もし私がもう一度教えることがあればクラスの中で最もできない学生に特に注意を払いたいと記しました。『捷径医筌』（今風に言えば、『医学入門』）を著し大野了佐に医学教育を行った近江聖人・中江藤樹を想起させます。

　ともかく、150年近く前の日本で、稀有な市民目線から、（実質的に）民主的な市民社会を築き立憲政体を担うことができる人材の育成がここ同志社で企図されたことは、奇跡に近いと思います。現代市民社会と精神の源流です。これは、民事訴訟法学の世界でも示唆的です。排除と格差が蔓延る陰湿な現代社会で、私はそれでも、公正な手続形成を志向して、法的救済のセーフティネットの形成に努めたいと考えています。「たとえ明日世界が滅びるとも、今日も私は林檎の木を植える。」という、M. ルターが言ったとされる言葉は、心の支えになるのです。新島先生も、「人を植える」がごとき大学設立は「実に一国百年の大計」と論じていたのです。その百年後こそ、民主憲法下の現代日本社会なのです。先生はある意味タイムトラベラー的な存在と思います。そのような先見の明ある校祖の志を、環境は厳しいのですが私なりに涵養して行きたいと考えています。

402　補章 2

なお、この夏授業のために訪れた、台湾の嘉義にある國立中正大学の教育学院（教育学部）の正面玄関には「百年樹人」の目標が掲げられていました。

16　〈2023 年度〉「民主司法の救済形式」を求めて
——公正な救済志向の「SDGs 民事訴訟法」の探求

昨年度（2022 年度）の「Network 法学部」執筆後、この 1 年は私にとって大変な年でした。「公正な手続や民事司法のあり方」を深く考えさせる衝撃の歳月と言ってもいいかと思います。

2015 年の国連サミットで SDGs が採択されるよりもはるか前から、市民の視点に立ち法学の領域でそのような価値の実現を探求してきた私は、個人の尊厳や手続の公正が様々な形で蹂躙される事態を知ったのです。それはウクライナの話でもあり、日本学術会議会員任命拒否問題でもあり、またより身近な問題、すなわち私自身の災難でもあります。世界の歴史を紐解けば、権力者は、常に権力を濫用しがちであり、そのためにあらゆる技術（法や手続等）を駆使して人々を欺こうとするのです（杉原泰雄『憲法の「現在」』〔有信堂〕参照）。ヴァルレは、「人間は本来的に傲慢に創られており、高位に就くと必然的に専制に向かう。」と指摘し、ジェファーソンは、「信頼は専制の親」と警戒したのです（信頼の裏切りは人間社会につきものなのです。）。現在でも反復的に顕在化するこのような事象を、私たちは忘れることができません。「忘却」と闘いつつより良き未来を志向することこそが、歴史に生きて来た無数の人々への責任であり、未来の人々へのささやかな貢献であると考えられるからです。

私が民事訴訟法学を研究対象に選んだのは、それが政治や権力といったある種不合理なものから一番遠くしかも最も理性と公正が希求され人々が救われる美しい法・手続システムであると考えたからです。昨年も書きまた『日本史のなかの裁判』（法律文化社）でも触れましたが、日本学術会議会員任命拒否事件は、その後、政府が自己の行為の正当化を目論むが如く、その組織改革の問題にメスを入れることになりました（事後的な辻褄合わせは、森友問題などにも見られます。）。

それはあたかも自治を謳歌していた平穏な村が突如理不尽に襲撃を受けたようなものです。ウクライナにも日本学術会議にも誠実に使命を遂行する人々にも、多様な権力者の悪意・害意は及んでいるのです。たとえば、信頼と対話を基調とする学術会議は、これまで真摯な対応をしてきましたが、そのようにすればするほど任命拒否問題が背景に退き、それゆえ日本学術会議の改革が必要だったのだとか、任命拒否は素晴らしいカンフル注射となったのだなどと言われかねず、問題の転嫁やすり替えは深まるばかりです。

すでに 30 年以上前に、「学問・教育が政治からの独立性を保障されない場合には、それらは、政治を科学的・合理的に批判・監視・助言し、そのような観点か

ら政治をみることができる将来の主権者を育成することができなくなるだけではなく、容易に政治の侍女として、国民に非科学的・非合理的なイデオロギーを注入する支配のための手段に堕落する。政治の側は、学問・教育の発展を阻止するだけではなく、容易にそれらの濫用に走る」こと（杉原泰雄『民衆の国家構想』）が指摘されていたのです。頂門の一針です。

　さらに驚くべきことに、旧統一協会問題は、顕在化の時期は前後しますが、任命拒否事件にも関係していたようなのです（2022年12月8日の日本学術会議総会議事録参照）。日本学術会議会員任命行為が、任命権者の裁量に左右されることは許されません。任命拒否といった違法行為は終わっておらず、欠員の継続という違法状態は解消されてもいません。歴史的な事実は消せないものの、そのうち任期満了を迎えかねません（これに対する救済措置としては、川嶋四郎『民事訴訟法』250頁〔日本評論社〕参照）。「任命手続は終わった。」などという言辞は、民事訴訟法学者からすると口実にすぎず、手続的にはいかようにも対応可能なのです（行政行為でも同様ですし、私的行為は言うまでもありません。）。

　要するに意思決定と志の問題なのです。単に法の問題だけではなく、「良心」や「品性」の問題と言ってもいいかと思います（背後には、権力や金や差別意識の問題が潜んでいることも、少なからずあるでしょう。）。たとえば、民事訴訟では、口頭弁論など終結しても再開できるのであり、国家の公権的判断である判決といったものでさえ、確定しても再審によって取り消すことができるのです。民事訴訟法の基礎には、公正確保に向けた飽くなき法的救済志向の実現への思索があります。あの悪名高き豊田商事事件で、当時の国税当局が知恵を絞り被害者救済のために法解釈を駆使して税金還付の方法を創案してくれた時代があったことは、もっと高く評価されてもよいと思います。未来を考え他者を思う心さえあれば、正義・公正の実現は可能なのです（SDGs.16〔「平和と公正をすべての人に」〕を参照。そこでのJusticeは「公正」と訳されています。）。あのヒトラーの「パリは燃えているか」との問いとその「答え」（フォン・コルティッツの態度）を、現在の私たちは歴史的事実として知っているのです。

　陰湿かつ恐怖の時代でも、同志社建学の精神として「自由」の価値を再び想起すべきでしょう（同志社大学良心学研究センター編『同志社精神を考えるために』参照）。「本来リベラリズムは、人間が人間らしく生き、魂の自立を守り、市民的な権利を十分に享受できるような世界をもとめて学問的営為なり、社会的、政治的な運動に携わる」ことを意味します。そのとき一番大切なのが人間の心なのです（宇沢弘文『人間の経済』）。

　限りある人生を生きる私たちは、他者配慮を強制できないとしても、少なくとも他者に不快感や不利益を与えない生き方を、人生の一駒一コマで選びたいものです。それでも、この世の中にはまともな感性では考えられない陥穽が存在しま

す。日本司法の父・江藤新平は、世話をした書生によって、大久保利通が書かせたと考えられる梟首（さらし首）の判決を言い渡されたのです（その書生、河野敏鎌は、後に司法大臣・内務大臣・農商務大臣・文部大臣を歴任しています。）。現代では、自分のことを棚に上げ、人のせいにする輩さえ存在します。それでも、日々の暮らしの中で真摯に生きる人々（ホイジンガ『中世の秋』や川嶋『日本史のなかの裁判』参照）のために、今後とも公正な司法的救済システムの構築に邁進しなければなりません。それが、尊厳を享受すべき人間の歴史だと考えます。

　『太平記』が記すように、「謙に居して仁恩を施して己を小めて礼儀をただしふし」なければならないのであり、「徳欠くる則は、位有りといへども持たず。」とは至言です。「自由」に学ぶことができる同志社大学で、人類の歴史における英知の結晶である「民事裁判」をより市民的なものに、そしてより公正なものにするために、皆さんと共に学ぶことができればと願います。

17　〈2024年度〉　温かい民事訴訟法学を目指して
——新島襄の愛犬「弁慶」に「倜儻不羈」を想う

　ここ数年間、「法の世」という恐ろしい言葉を忘れることができません。忘れられた思想家と呼ばれた安藤昌益（1703-62年）の造語です。その意は、権力者が自分の都合良く作った制度や法律によって支配する世の中のことを言うようです。しかも、昌益は、そのようなご都合主義の法律を「私法」と呼び、「直耕」など行わない武士が支配する社会は「法の世」になると言うのです。その反対に、自然の摂理に従って人々が働く平等な社会が「自然の世」です。近現代の国家における「人の支配」から「法の支配」への遷移は、法に仮託して人の支配を隠蔽する危険性も有しています。行政法では、裁量権の濫用が覆い隠されることを、ある天体が他の天体の影に隠れてしまう状態に準えて「掩蔽」と表現するようです。今では忘れ去られつつある日本学術会議会員任命拒否事件等は、その典型例です。「法」というものを広く捉えれば、今の時代は、昌益が指摘する悪しき「法の世」であり、法さえも「私法」と化しているのです。もちろん、現在の視点から見れば、権力者によって私された法と、民の法である民法等の私法とは全く異なります。しかし、市民法である現代の私法でさえ、時に昌益の言う悪しき「私法」化しかねないことには注意すべきでしょう。先の敗戦や原爆投下の事実さえ忘れられつつあるように思える現在、少し古い作品ですが、竹西寛子『五十鈴川の鴨』は是非学生たちに読んでもらいたいと思います。最近のものでは、津村記久子の『水車小屋のネネ』等も。

　さて、昌益が生きた江戸時代には、身分を問うことなく学ぶ機会が開かれていました。書物も急速に普及しました。開国後に日本にやってきた外国人は、日本の辺鄙な村々にさえ多くの書物を持った家々が存在したことに驚いたようです。

その江戸期の通俗教養書の中に、木下公定編『桑華蒙求』（1711-16年？）もあったようで、唐の『蒙求』、日本の『本朝蒙求』に倣ったものとのことです（以下、同志社女子大学の本間洋一先生の『桑華蒙求の基礎的研究』を参照）。その中巻、第201話「弁慶乞刀」の中に、弁慶……「及長倜儻不羈」（倜＝倜）の表現を見つけました。弁慶は千本の刀を得ようとし、立派な刀を持った者に強要した暴れん坊です。その解説を記した同書397頁には、この逸話の要旨として、「後に君臣となり、彼は牛若に忠節を尽くして側を離れず、衣川の合戦で死んだ。ああ暴悪の人も立派な人となるという点で、あの晋の周処の同じであろうか。」と記載されていました。ここでは、「倜儻不羈」は、良い意味で使われてはいないようですが、それでも「君」次第では、将来「立派な人」になる可能性を有していたことを示しているのです。

　教育理念の1つとして「自由主義」を掲げる同志社は、そのHPにおける解説の中で、「倜儻不羈」を挙げ、「才気がすぐれ、独立心が旺盛で、常軌では律しがたいこと」の意と説明しています。校祖・新島襄は、そのような将来性のある人を「倜儻不羈」の人と考え、教育の可能性を展望したと思われます。弁慶はその典型であり、倜儻不羈と評されたその人の名を、愛犬（ビーグル犬）に付けたことにも、新島が、いかに「倜儻不羈」の学生を求めていたかが窺われます。私のゼミでも、そのような学生を歓迎します。ちなみに、次の第202話「管仲射鉤」は、「斉襄公無道」で始まりますが、智徳並行を唱えた新島が無道なわけはありません。Joseph Neesima の名に、そのジョウという音から、譲ではなく襄の漢字が選択されただけです。

　愛犬と言えば、この秋、亡き愛犬の娘が、8年間の盲導犬生活を終えてわが家に戻ってきました。ベトナムの首都に似た名前を持つその子はすでに10歳。人間に引き直せば70歳ぐらいのお婆ちゃん犬ですが、大きな仕事を無事終えて、まるで娘の時代に戻ったかのようによく遊び、そしてよく眠っています。私にとっては、若い頃によく聴いたS＆G（Simon & Garfunkel）の名曲、"Homeward Bound"（「早く家に帰りたい」）のような毎日です。その娘の澄んだ瞳を見ていると、いつかどこかで誰かの役に立つ仕事をすることの意義を思い知らされます。素晴らしいのは、日々の営みが目の不自由なユーザーを助けていたことであり、しかも、そのことさえ本人が自覚していなかったことです。中島敦の『名人伝』を想起します。達人（達犬？）とは、彼女のような存在を言うのかも知れません。澆季混濁に近い現代社会で、無理は承知ですが、それでもそのような「自然で温かい救済の民事訴訟法体系」を構築することができればと思っています。

406 補章2

Ⅲ　おわりに

　以上が、2008年から2024年までの私の学生に向けた17本のメッセージである。先に述べたように、それぞれのメッセージの次には、「講義・演習・小クラスについて」と「プロフィール」が掲載されている。

　参考までに、2024年度のものを掲記しておきたい。

・講義・演習・小クラス

　2024年度は、学部では、「民事手続法概論Ⅰ・Ⅱ」、「ADR仲裁法」、「担保権実行法（民事執行法・民事保全法）」、「倒産処理法Ⅱ〔民事再生法・会社更生法〕」、「民事訴訟法演習（2、3、4年）」、「特殊講義（アメリカ民事手続法Ⅰ・Ⅱ）」、「特殊講義（裁判と文学Ⅰ・Ⅱ）」、「特殊講義（国際商事仲裁Ⅰ・Ⅱ）」、「特殊講義（民事訴訟法Ⅰ・Ⅱ）」を、大学院法学研究科では、「民事訴訟法演習」、「担保権実行法」、「外国文献研究」、「論文指導」、「特殊研究」、法科大学院では、「民事訴訟法基礎演習」、「民事訴訟法演習」や「ADR法」の授業等を担当します。

　学生の皆さんには、今後も、緊張感をもちつつ一期一会的な語らいの中で民事救済手続過程と向き合い、公正なプロセスのあり方を自律的に探究してもらいたいと願います。特にゼミナールでは、自由な雰囲気の下、友人や家族や隣人を大切にできる多様な人材が集まることで、心豊かで刺激的な学びの場ができることを期待しています。

・プロフィール

　滋賀県生まれ。膳所高校、早稲田大学、一橋大学大学院で学び、東京の国立（くにたち）で職を得て、小樽、熊本、福岡で教え、九州大学大学院教授等を経て、同志社大学教授。日本学術会議会員。博士（法学）。

　これまで、市民の視点から、「人に対する温かい眼差しをもち社会正義を実現できる法律実務家や良き市民」等の育成に努めてきました。困難な時代だからこそ、学生・院生の皆さんと共に、政治やイデオロギーを超え、「自由で公正なプロセス」を探求し、「人を大切にする制度」のあり方を共に考えていきたいと思います。なお、私の「救済法」という考え方や「民事訴訟法」の研究については、『民事訴訟過程の創造的展開』、『民事救済過程の展望的指針』、『民事訴訟の簡易救済法理』、『民主司法の救済形式』、『民事訴訟法概説〔第4版〕』（以上、弘文堂）、『差止救済過程の近未来展望』、『民事訴訟法』（以上、日本評論社）、『公共訴訟の救済法理』（有斐閣）等を、また、法律実務家の養成に関しては、『アメリカ・ロースクール教育論考』（弘文堂）を、さらに、日本の歴史の中での裁判のありよ

補章2　407

うについては、『日本史のなかの裁判』（法律文化社）等を、図書館で手に取って見てください。

　最近では、民事裁判の ICT 化を先取りした論考や実証実験を収めた『民事裁判 ICT 化の歴史的展開』（共著。日本評論社）も是非参照してください。

　いずれの本も、「はしがき」を読んでもらえば、その時々の学問世界の状況や一研究者の思いの一端を、知ってもらえると思います。

あとがき

　思い返せば、幼い頃にも学生時代にも、長い時間を病院の病室で過ごした私が、この激烈な四半世紀の時代をよく生き続けることができたと思う。それはひとえに妻子父母をはじめ、多くの方々のお陰である。

　2024年現在、大学における法学教育制度の現状を考えた場合に、その回顧に躊躇いが生じる時がなかったわけではない。しかし、それでも現実にそのようなプロセスの渦中に飲み込まれた多くの研究者の誰かが、その当事者の立場からそのプロセスを体系的に記述して残す必要があると思い、一歩踏み出すこととした。教育研究者になり10数年後から始まったこの激動の四半世紀が、どれだけ多くの純粋かつ献身的な法学研究者や職員の方々の貴重な時間と労力を吸い取ってきたことだろうか。

　本書は、決してフリーライダーや傍観者、ひいてはその喧噪を自己利益に見事に転化し切った人たちや責任を負うことなく今を平然と過ごしている人たちを糾弾するものではない。ただ本書を通じて、私は、過ちは二度と繰り返しませんと言いつつ、とても大切なことをすぐに忘却の彼方に追いやる日本的風土、さらには、研究や教育を下支えする学務を二次的なものと蔑みがちな一部研究者の思考・行動パターンに対して、ささやかなものであれ一石を投じたかった。また本書では、特定の法科大学院創設のプロセスの一端を明らかにすることによって、そのような体験が決して稀なことではなく、当時多くの研究者が避けて渡ることのできない歴史の奔流であったことを記録し、次の世代に伝えたかったことにもよる。

　要するに、一方で、日本社会の様々な局面で、歴史の風化や記録の廃棄が顕著に進行し、他方で、法学研究者を目指して大学院博士後期課程へ進学する若者が全国的に減少している現状にあって、本書のようなささやかな一研究者の Odyssey に接して、法学教育・法学研究の世界に一条の光明や志を見出す学生が一人でも生まれることを期待したいのである。

一般に結果からプロセスを感得することは難しい。一つの制度が生まれるには様々な人々の貢献が必要である。たとえば、道を歩き家並みを眺めながら、道路を造り家を建てた人々のことに思いを馳せる人は必ずしも多くはないであろう。また、城跡の高石垣を眺めて地上に見える石垣の地下には根石や胴木や木杭があり、それらが地表の高石垣を支えていることに思いを致す人は、さらに少ないのではないだろうか。この四半世紀の激流の中にも、法学教育の改善と日本司法の改良のために、多くの人々の営みが確かに存在したのである。

本書では、大学における法学教育の四半世紀を振り返ってきた。本書は、私にとっては、いわば3001: A Japanese Legal Education Odyssey である。しかもそれは、一法学者の苦闘の軌跡と創造的展望でもある。

日本の大学における法学教育は、今世紀に入って激変した。司法制度改革の大波は、日本司法における人的基盤の拡充を旗頭に、法科大学院の創設を通じて大学の法学教育全体を洗い直すことになった。この間、学内外の専門の異なる多くの方々や法律実務家の方々と交流する機会を得ることができた。このような激動の時期でなければ体験できないことや味わえない悲喜交々を経験し、大学人とは何か、研究と教育のあり方とは何か、研究者の真の姿はいかなるものかなど、様々に思いを巡らす機会を得ることもできた。

それとともに、驚くべき言説にも出会った。本文中で紹介したもの以外に、たとえば、ある裁判官からは、「司法研修所は馬鹿ばかりである。ただ、守秘義務があるので、そのことが語られないだけである。」とか、また、別の裁判官は、「最近の若い裁判官は、予備校本を用いて判決を書いている。これではいけないので、制度改革の必要性は大きい。」などである。いずれも、過剰なリップサービスの賜か、それとも、中央から遠く離れた自由で暖かな福岡の地が理性の箍を緩めさせたのか……いずれにせよ驚くべき言の葉であった。それらの言説の真否は検証できないが、少なくとも前者の言説など、それを発した講演者については、このような人が人を裁き、研究論文さえ公表していることに驚愕を覚えた。それが私という一法学者の感性である。

今世紀初頭の司法制度改革の背景には、世界的な規制緩和の潮流が存在した。司法制度改革審議会は、「国民に身近で利用しやすく、その期待と信頼

に応えうる司法制度を実現すべきとの視点を常に念頭に置きながら、改革の諸方策」について議論した。そこでは、まず、「司法の機能の充実・強化のためには、質・量ともに豊かな法曹を得ていくことが不可欠であるとの認識に立ち、法曹の圧倒的多数を占める弁護士を含め司法の人的体制の充実の必要性や法曹養成制度の在り方等の人的基盤に関する問題」が検討され、プロセスを通じた法曹養成制度が提言されることとなった。日本各地に多数の法科大学院が創設されたのである。

ただし、規制緩和の後に来る弊害は、既に、2001年6月12日の『司法制度改革審議会意見書』より前に指摘されていた。たとえば、結局寡占化に収斂したアメリカの航空業界等に見られるように、最後は資本力のある者が生き残り、その後に来る地方等の疲弊の壮絶さは予見可能であったはずである。規制緩和の悪夢である（内橋克人『規制緩和という悪夢』〔文藝春秋、1995年〕参照）。

法科大学院制度も、2004年の創設後に様々な変容を経験したが、ともかく、私は、夢と希望と高い志を持って入学し、法科大学院で学びの青春を送った多くの学生たちのことを忘れることができない。幸多き人生を願うばかりである。また同時に、この四半世紀の激流の中で、非命の死に襲われあるいは病に倒れて大学を去った友人知人たちのことも、忘れることができない。

今後、21世紀最初の四半世紀の法学教育に関する評価とその後の展望がなされる際に、本書が多少とも役立つことを願いたい。そして、日本の大学が、21世紀のより良き市民社会の形成に寄与し続け、かつ、日本司法の信頼の源泉となる人材を永続的に涵養し続けることを期待したい。

最後に再び、ディケンズの作品の一節を引用して、本書を閉じたい。そして、読了してくださった方々に、心から感謝申し上げたい。

It was the best times, it was the worst times. It was the season of light, it was the season of darkness. It was the spring of hope, it was the winter of sadness. It was the year ......

Charles Dickens, A TALE TWO CITIES, 1859

初出等一覧

序章 法学教育四半世紀の光と影——法科大学院制度の回顧と展望も兼ねて（書下し）

第1編　法科大学院の誕生

第1章「法科大学院構想をめぐる議論の到達点とその課題——法曹養成教育の現状と各種の構想を踏まえて」法学セミナー 547 号 56-61 頁（日本評論社、2000 年7月）

第2章「法学部教育と法科大学院教育との関係——研究者からの提言」月刊司法改革臨時増刊・シリーズ 21 世紀の司法改革1　75-79 頁（現代人文社、2000 年8月）

【補論1】「書評：柳田幸男『法科大学院構想の理想と現実』」ジュリスト 1220 号 146 頁（有斐閣、2002 年4月）

第3章「大学教育と法律実務家養成に関する連続シンポジウム」における報告等 法政研究（九州大学）66 巻4号 1559-1743 頁〔川嶋担当分〕（2000 年3月）

【資料】九州大学法科大学院構想（同上）

第4章　2004 年2月の FD 研修における川嶋四郎報告（未公刊）

【補論2】「法科大学院 REPORT——九州大学」ロースクール研究2号 53 頁〔川嶋発言〕（民事法研究会、2006 年7月）

第2編　法学教育・法学部教育と法科大学院

第5章「法科大学院構想と法学教育——九州大学」法律時報 72 巻8号 108-109 頁（日本評論社、2000 年7月）

第6章「近未来法学部の展望——2004 年4月における法科大学院制度の創設を目前に控えて」別冊法学セミナー 179 号・法学入門 2003　142-145 頁（日本評論社、2003 年4月）

第7章「法学部・法科大学院の授業はこれからどうなるのか——21 世紀における『大学教育の理想像』を求めて」法学セミナー 593 号 42-45 頁（日本評論社、2004 年5月）

第3編　法学学修の方法と展開

第8章「判例学習の基礎と展望──法科大学院時代における『判例学修』への総論的な処方箋」法学セミナー 614 号 6-15 頁（日本評論社、2006 年 2 月）

第9章「法科大学院教育における『演習科目』の新たな展開をめざして──現在の理論と実務を踏まえつつ新たな救済のあり方を探究し、法システムの改善に寄与できる法曹の育成をめざす」ロースクール研究 2 号 46-52 頁（民事法研究会、2006 年 7 月）

第10章「『エクスターンシップ』の全国調査結果について」臨床法学セミナー 12 号 3-13 頁（早稲田大学臨床法学教育研究所、2015 年 11 月）

【補論3】「『アメリカにおけるリーガル・クリニックの新展開』とその資料」（一部未公刊）。ただし、〈参考資料〉は、九州法学会会報 2007 年 40-46 頁（九州法学会、2008 年）

【補論4】「新司法試験と法科大学院教育：新司法試験サンプル問題検証──『民事系科目』について」法学セミナー 603 号 43-48 頁（日本評論社、2005 年 3 月）

第4編　法曹養成教育の課題

第11章「日本の法科大学院における法曹養成の課題と展望──研究者教員の観点から」比較法研究 73 号 80-88 頁（有斐閣、2012 年 3 月）

第12章「日本における近時の『法科大学院問題』に寄せて──タマナハ『アメリカ・ロースクールの凋落』との出会いを機縁として」『現代日本の法過程──その構造と動態〔宮澤節生教授古稀記念論文集〕〔上〕』251-277 頁（信山社、2017 年 5 月）

【補論5】「アメリカのロースクール教育改革から見た法科大学院制度の展望──柳田幸男＝ダニエル・H・フット『ハーバード卓越の秘密──ハーバード LS の叡智に学ぶ』（有斐閣、2010 年）を読んで」同志社法学 354 号 151-160 頁（同志社法学会、2012 年 6 月）

第13章「『民事裁判の ICT 化』と臨床法学教育──『憲法価値』の真の実現を目指して」法曹養成と臨床教育 13 号 100-106 頁（日本加除出版、2021 年 3 月）

【補論6】「法曹の世界を『三方よし』から『司法よし』へ」高中正彦＝石田京子編『新時代の弁護士倫理』295-296 頁（有斐閣、2020 年 12 月）

第 5 編　法学教員と国際法曹の養成課題

第 14 章「法科大学院制度創設後における法学教員の養成について——研究者教員と臨床法学教員の養成環境を考える」同志社法学 437 号 1-55 頁（同志社法学会、2023 年 8 月）

　【補論 7】「民事訴訟法学への郷愁とささやかな希望——『公共訴訟の救済法理』を執筆して」書斎の窓 646 号 25-30 頁（有斐閣、2016 年 7 月）

第 15 章「司法制度改革と日本司法の国際化——法科大学院における法曹養成の国際化課題に焦点を当てて」中谷和弘＝髙山佳奈子＝阿部克則編『グローバル化と法の諸課題——グローバル法学のすすめ』75-89 頁（東信堂、2019 年 7 月）

　【補論 8】「世界で活躍できる人材を育てる法学部の授業——『グローバルな法律実務家』の育成を目指して」同志社時報 148 号 50-51 頁（同志社大学、2019 年 9 月）

補章 1　「『手続の価値』と法教育——民事訴訟法教育者の視点から」法と教育 14 号 61-72 頁（商事法務、2024 年 8 月）

補章 2　法学を学ぶ学生への言葉（同志社大学法学部『Network 法学部 2008-2024』）（未公刊）

索　引

《あ》

青砥左衛門 …………………………366
芥川龍之介 ……………228, 255, 305
浅田次郎 ……………………………391
朝日訴訟 ……………………………145
アジア的多様性 ……………………290
阿蘇型 ………………………………384
アダムズ ……………………………188
アッパム…………14, 28, 77, 111, 327, 352, 354
アドヴァーサリー・システム ……196
アーノルド …………………………391
阿仏尼 ………………………………366
アミスタッド ………………………188
飴細工職人の教員像 ………………128
アメリカ型ロースクール ………36, 52
アメリカ法曹協会 …………………191
アメリカ・ロースクール …………231
ある明治人の記録 …………………390
アレクシエービッチ ……………339, 392
安藤昌益…………………………68, 404

《い》

石川達三 ………………………………6
医師国家試験 ……………254, 316, 355
石坂洋次郎 …………………………324, 339
石牟礼道子 ……………203, 392, 396
伊藤整 ………………………………202
井上靖 ………………………………398
鋳物職人的教員像 …………………128
インターネット接続権 ……………274

《う》

ヴァレリー …………………………365
ウェグナー ……………………162, 326

《え》

受入先 ………………………………175
兎と亀 ………………………………377
内村鑑三 ……………………………398
運営費交付金 ………………………305

《え》

エクイティ …………………………337
エクスターンシップ……………98, 171
江藤新平 ……………………………404
エリオット ……………………335, 339
演習科目 ……………………………157

《お》

オーウェル ……………205, 274, 400
近江商人 ……………………………276
大阿蘇法科大学院（仮称）…………329
大岡裁き（大岡裁判）……………367, 383
小川洋子 ……………237, 274, 400
荻生徂徠 ………………………282, 364
長田弘 ………………………………205
オフィス・アワー …………………237
恩田陸 ………………………………387

《か》

外国法事務弁護士 …………………342
下級裁判所裁判官指名諮問委員会 …………151
学生実務規則 ……182, 198, 200, 319, 320
学生像 …………………………86, 91
学卒助手 ……………289, 313, 348
格付け ………………………………244
金子光晴 ……………………………203
カミュ ………………………………400
亀の置物 ……………………………102
カリキュラム ………………………260
──設計 ……………41, 43, 60, 62

索　引　417

カリフォルニア大学（バークレー）‥‥‥‥28
　──アーヴァイン校 ‥‥‥‥‥‥‥‥‥251

《き》

企業法務 ‥‥‥‥‥‥‥‥‥‥‥‥323, 331
規制緩和の悪夢 ‥‥‥‥‥‥‥‥‥‥‥411
既得権‥‥‥‥16, 40, 88, 111, 294, 311, 329, 354
寄附 ‥‥‥‥‥‥‥‥‥‥‥‥‥‥‥‥‥79
希望の民事訴訟法学 ‥‥‥‥‥‥‥‥‥338
救済（法）‥‥92, 153, 157, 187, 221, 270, 326, 337,
　381, 395
九州3大学法科大学院連携‥‥‥‥‥‥‥94
九州4法科大学院教育連携 ‥‥‥‥‥‥185
九州大学 ‥‥‥‥‥‥‥‥‥‥‥‥‥‥24
　──法科大学院 ‥‥‥‥‥‥‥‥31, 65
　──法科大学院構想 ‥‥‥‥‥‥‥‥45
　──連携システム‥‥‥‥‥‥‥‥‥94
九州リーガル・クリニック法律事務所‥‥94
旧統一協会問題 ‥‥‥‥‥‥‥‥‥‥‥403
給費制 ‥‥‥‥‥‥‥‥‥‥‥‥225, 255
給与 ‥‥‥‥‥‥‥‥‥‥‥‥‥‥‥236
旧様式判決 ‥‥‥‥‥‥‥‥‥‥‥‥143
教育改革 ‥‥‥‥‥‥‥‥‥‥‥‥‥‥2
教育内容 ‥‥‥‥‥‥‥‥‥‥41, 58, 135
教育方法 ‥‥‥‥‥‥‥‥‥‥43, 62, 260
教育ローン ‥‥‥‥‥‥‥‥‥‥‥‥245
教授資格論文 ‥‥‥‥‥‥‥‥‥‥‥289
教授昇任基準 ‥‥‥‥‥‥‥‥‥‥‥305
金閣寺 ‥‥‥‥‥‥‥‥‥‥‥‥‥‥371

《く》

クルーズ ‥‥‥‥‥‥‥‥‥‥‥‥‥193

《け》

継続教育 ‥‥‥‥‥‥‥‥‥‥‥‥‥345
ケース・メソッド ‥‥‥‥‥‥‥‥‥191
ゲーテ ‥‥‥‥‥‥‥‥‥‥‥‥‥‥325
研究者教員 ‥‥‥‥‥‥‥‥‥‥‥‥312
研究者養成 ‥‥‥‥‥‥‥‥59, 88, 128, 347
研修弁護士‥‥‥‥‥‥‥‥‥‥‥‥‥10
憲法価値 ‥‥‥‥‥‥‥‥‥‥‥269, 336

《こ》

公益弁護士 ‥‥‥‥‥‥‥‥‥‥‥‥225
公共財‥‥‥‥‥‥‥‥‥‥‥‥‥‥‥23

公共訴訟 ‥‥‥‥‥‥‥‥‥‥‥335, 336
考試 ‥‥‥‥‥‥‥‥‥‥‥‥‥‥5, 254
交通死 ‥‥‥‥‥‥‥‥‥‥‥‥‥‥374
公的資金 ‥‥‥‥‥‥‥‥‥‥‥‥‥252
口頭主義 ‥‥‥‥‥‥‥‥‥‥‥‥‥196
公認塾 ‥‥‥‥‥‥‥‥‥‥‥‥‥‥316
河野進 ‥‥‥‥‥‥‥‥‥‥‥‥119, 390
公募 ‥‥‥‥‥‥‥‥‥‥‥‥‥‥‥289
国際化 ‥‥‥‥‥‥‥‥‥‥‥‥‥‥343
国際商事模擬仲裁 ‥‥‥‥‥‥‥‥‥357
国手 ‥‥‥‥‥‥‥‥‥‥‥‥‥273, 356
国民の司法離れ ‥‥‥‥‥‥‥7, 32, 67
國立中正大学 ‥‥‥‥‥‥‥‥‥334, 402
国連国際人権規約委員会‥‥‥‥‥‥‥49
小林秀雄 ‥‥‥‥‥‥‥‥‥‥‥‥‥390
個別法科大学院‥‥‥‥‥‥‥‥‥‥‥37
ゴミ集積場事件 ‥‥‥‥‥‥‥‥‥‥146
コミュニティ・ロイヤリング ‥‥‥184, 192

《さ》

最高裁調査官 ‥‥‥‥‥‥‥‥‥‥‥152
最澄 ‥‥‥‥‥‥‥‥‥‥‥‥‥393, 395
在廷保障選択権 ‥‥‥‥‥‥‥‥‥‥274
坂口安吾 ‥‥‥‥‥‥‥‥‥‥‥‥‥378
山家学生式 ‥‥‥‥‥‥‥‥‥‥‥‥394
サン＝テグジュペリ ‥‥‥‥‥‥‥‥202
サンプル問題 ‥‥‥‥‥‥‥‥‥‥‥208
三方よし ‥‥‥‥‥‥‥‥‥276, 368, 374

《し》

ジェネラリスト教育 ‥‥‥‥‥‥‥‥302
自学自修‥‥‥‥‥‥‥‥96, 119, 124, 168
資格信仰 ‥‥‥‥‥‥‥‥‥‥‥‥‥306
試験 ‥‥‥‥‥‥‥‥‥‥‥‥‥‥‥261
試験制度 ‥‥‥‥‥‥‥‥‥‥‥‥‥243
事実認定過程 ‥‥‥‥‥‥‥‥‥‥‥150
実務家教員 ‥‥‥‥‥‥‥‥‥‥‥‥282
視点 ‥‥‥‥‥‥‥‥‥‥‥‥‥‥‥136
司法研修（所）‥‥‥‥‥‥22, 33, 48, 232, 320
司法試験‥‥6, 10, 17, 33, 48, 58, 59, 101, 125, 152,
　165, 168, 171, 181, 199, 222, 225, 254, 295, 316,
　327, 328, 354, 355
　──改革‥‥‥‥‥‥‥‥‥‥‥‥‥70
　──科目 ‥‥‥‥‥‥‥‥‥‥‥‥355
司法修習 ‥‥‥‥‥‥‥‥‥‥‥‥‥255

418　索　引

司法書士‥‥‥‥‥‥‥‥‥11, 21, 73, 116, 331
司法制度改革‥‥‥‥2, 67, 101, 310, 329, 342, 410
司法制度改革審議会‥‥1, 17, 46, 72, 74, 121, 157,
　171, 231, 259, 270, 282, 286, 341, 363, 410, 411
　　──設置法‥‥‥‥‥‥‥‥‥‥‥‥‥‥‥72
司法制度改革推進計画‥‥‥‥‥‥‥‥‥‥‥341
司法へのユビキタス・アクセス‥‥‥‥‥‥398
司法よし‥‥‥‥‥‥‥‥276, 368, 374, 384
資本試験‥‥‥‥‥‥‥‥‥‥‥‥33, 48, 183
市民の良識‥‥‥‥‥‥‥‥‥‥‥‥‥‥‥101
社会生活上の医師‥‥121, 159, 222, 266, 347, 356
若年法曹資格取得‥‥‥‥‥‥‥‥‥‥‥‥306
ジャッジ‥‥‥‥‥‥‥‥‥‥‥‥‥‥‥‥372
シャーロット・ロースクール‥‥‥‥267, 309
修学年限‥‥‥‥‥‥‥‥‥‥‥‥‥‥40, 57
修士号‥‥‥‥‥‥‥‥‥‥‥‥‥‥‥‥‥289
修習資金の貸与‥‥‥‥‥‥‥‥‥‥‥‥‥250
朱川湊人‥‥‥‥‥‥‥‥‥‥‥‥‥‥‥‥391
授業‥‥‥‥‥‥‥‥‥‥‥‥‥‥‥‥‥‥121
　　──観‥‥‥‥‥‥‥‥‥‥‥‥‥‥‥159
　　──内容‥‥‥‥‥‥‥‥‥‥‥‥‥‥177
奨学金‥‥‥‥‥‥‥78, 90, 236, 245, 249
　　──破産‥‥‥‥‥‥‥‥‥‥‥‥‥‥250
少額訴訟‥‥‥‥‥‥‥‥‥‥‥‥‥‥‥‥375
聖徳太子‥‥‥‥‥‥‥‥‥‥‥‥‥‥‥‥365
少人数教育‥‥‥‥‥‥‥‥‥‥‥‥97, 126
白川英樹‥‥‥‥‥‥‥‥‥‥‥‥‥‥‥‥376
新堂幸司‥‥‥‥‥‥‥‥‥‥‥‥‥‥‥‥315
新様式判決‥‥‥‥‥‥‥‥‥‥‥‥143, 213

《す》

水平的教育‥‥‥‥‥‥‥‥‥‥‥‥‥‥125
スウィフト‥‥‥‥‥‥‥‥‥‥‥‥‥‥‥6
杉原泰雄‥‥‥‥‥‥‥‥‥‥‥‥‥402, 403
スキルの修得‥‥‥‥‥‥‥‥‥‥‥‥‥273
スジ・スワリ‥‥‥‥‥‥‥‥‥‥‥‥‥150

《せ》

聖エルモの火‥‥‥‥‥‥‥‥‥‥‥‥‥‥29
正義・司法へのアクセス‥‥‥‥‥‥‥‥373
正義の女神（像）‥‥‥‥‥‥‥‥‥376, 383
成績評価‥‥‥‥‥‥‥‥‥‥168, 180, 261
ゼロワン地域‥‥‥‥‥‥‥‥‥‥‥‥‥‥74
千手観音‥‥‥‥‥‥‥‥‥‥‥‥‥377, 383
セント・ジョーンズ大学‥‥‥‥‥‥‥‥236

《そ》

早期囲込み‥‥‥‥‥‥‥‥‥‥‥‥‥‥‥39
早期卒業‥‥‥‥‥‥‥‥‥‥‥‥‥‥‥‥232
双方向型‥‥‥‥‥‥‥‥‥‥‥‥‥‥‥‥125
双方向授業‥‥‥‥‥‥‥‥‥‥‥‥‥‥‥98
ソクラティック・メソッド‥‥‥‥‥‥‥124
訴訟事件記録‥‥‥‥‥‥‥‥‥‥‥‥‥‥145
ソロー‥‥‥‥‥‥‥‥‥‥‥‥‥‥‥‥‥386

《た》

大学院‥‥‥‥‥‥‥‥‥‥‥‥‥‥‥‥‥333
　　──入試‥‥‥‥‥‥‥‥‥‥‥‥‥‥290
　　──法学研究科‥‥‥‥‥‥‥‥‥‥‥355
大学改革‥‥‥‥‥‥‥‥‥‥‥‥‥‥‥‥332
第三者評価機関‥‥‥‥‥‥‥14, 23, 42, 60
太平記‥‥‥‥‥‥‥‥‥‥‥‥‥‥366, 404
田中成明‥‥‥‥‥‥‥‥‥‥‥‥‥‥‥‥70
田中正造‥‥‥‥‥‥‥‥‥326, 388, 389, 394
ダブル・スクール化現象‥‥‥‥‥‥‥‥‥6
ダブルディグリー・プログラム‥‥‥232, 355
タマナハ‥‥‥‥‥‥‥‥‥‥‥‥‥‥‥‥231
単位互換‥‥‥‥‥‥‥‥‥‥‥‥‥‥‥‥24
担当教員‥‥‥‥‥‥‥‥‥‥‥‥‥‥‥‥179
短答式試験問題‥‥‥‥‥‥‥‥‥‥210, 216
團藤ノート‥‥‥‥‥‥‥‥‥‥‥‥‥‥‥373

《ち》

地域性‥‥‥‥‥‥‥‥‥‥‥‥‥‥‥12, 74
チャベス‥‥‥‥‥‥‥‥‥‥‥‥‥201, 266
中間報告‥‥‥‥‥‥‥‥‥‥‥‥‥‥‥‥72
チューター制度‥‥‥‥‥‥‥‥‥‥‥‥‥97
懲戒制度‥‥‥‥‥‥‥‥‥‥‥‥‥‥‥‥276
調停‥‥‥‥‥‥‥‥‥‥‥‥‥‥‥‥‥‥370
　　──委員‥‥‥‥‥‥‥‥‥‥‥‥‥‥371
　　──裁判‥‥‥‥‥‥‥‥‥‥‥‥‥‥370
徴兵令‥‥‥‥‥‥‥‥‥‥‥‥‥‥‥‥‥301
陳述書‥‥‥‥‥‥‥‥‥‥‥‥‥‥‥‥‥213

《つ》

つぶしの利く学部‥‥‥‥‥‥‥‥‥‥‥‥33
鶴見俊輔‥‥‥‥‥‥‥‥‥‥‥‥‥‥‥‥392

《て》

ディケンズ‥‥‥‥‥‥‥‥‥‥313, 368, 411

索引 419

定時制 …………………………244
ディーセンシー …………………339
帝大法科の特権 …………………301
定年 …………………………237
個儻不羈 …………………………404
デジタル化 ………………………274
鉄火裁判 …………………………367
手続サポート権 …………………274
手続の価値 ………………………361
テニュア …………………200, 236, 238
テミス ……………………………377
デューイ …………………………378
デューク大学 ……………………267

《と》

道元 ………………………………396
倒産法演習 ………………………165
同志社（大学）…………334, 357, 390
当事者的な視点…………………………85
杜氏的教員像 ……………………128
独立行政法人化 …………………12
図書館 ……………………………331
 ──法学 ………………………190
ドストエフスキー ………………206
徒弟制度 …………………………188
飛び級 ……………………14, 115, 232
豊島与志雄 ………………………205
どんぐりと山猫 …………………369

《な》

内部振り分け方式 ……………84, 92
中江藤樹 …………………………401
中島敦 ……………………………405

《に》

新島襄 ……………334, 397, 400, 401, 404
鳰の浮巣 …………………………375
日本学術会議 ……………286, 320, 399
 ──会員任命拒否事件 ……314, 399, 402, 404
日本型ロースクール ……10, 36, 52, 73, 113, 158
日本民事訴訟法学会 ……………317
入学資格 ………………………39, 56
入学試験 ………………14, 40, 57, 93
入試方法……………………………92
ニュートン ………………………400

ニュー・メキシコ大学 …………192
任期付教員 ………………………332

《の》

ノース・カロライナ大学……162, 201, 237, 245, 250, 331, 388

《は》

陪審 ………………………………369
バウンド …………………………266
博士号 …………………………289, 306
博士（法学）……………………344
芭蕉 ………………………………397
ハーバード大学 …………224, 243, 259
ハーバード・ロースクール………27
パラリーガル ……………………347
判決書 ……………………………141
判決理由 …………………………151
判例 ………………………………133
 ──学修 ……………………133, 149
 ──学習 ………………………133
 ──の射程 ……………………151

《ひ》

光れ！ 泥だんご…………………372
秘密保持請求権 …………………274
比良のシャクナゲ ………………394

《ふ》

福岡県弁護士会 ………………23, 78
複眼的（視点）………………126, 136
福沢諭吉 …………………………368
副専攻 ……………………………115
フーコー …………………………206
富士山型 …………………………384
藤永茂 …………………………204, 399
蕪村 ………………………………397
フット ……………………………258
不服申立権 ………………………196
不文の教訓 ………………………190
ブラッドウェイ …………………184, 189
フランク ………………………190, 329
ブランダイス ……………………145
プロクラステスのベッド ………375
プロジェクトＸ …………………128

プロセス志向………………………………50
プロセスの価値………………………362, 389
プロボノ……………………………………188

《へ》

丙案………………………………………5, 70
平成12年報告……………………………288
平成13年報告……………………………290
平成15年報告……………………………295
平成17年報告……………………………300
平成23年提言……………………………307
弁護士研修プログラム…………………24, 78
弁護士への期待…………………………276
弁護士補……………………………………10

《ほ》

法学教育……………27, 107, 108, 133
──演習…………………………………162
法学教員養成……………………………281
法学研究大学院…………………………302
法学部……9, 13, 20, 36, 38, 42, 54, 61, 62, 70, 113,
283, 290, 301, 355, 357
──教育………………17, 36, 47, 122, 387
──人気…………………………………113
法化社会……………………51, 61, 108, 120
法科大学院……………1, 42, 56, 63, 287, 296
──教育………………17, 124, 157, 171
──構想………1, 5, 27, 31, 72, 107, 111, 352
──問題……………………………252, 256
法科大学院生不信論……………………319
法教育………………………………361, 363
法整備支援…………………………342, 360
法曹一元……………………………14, 70
法曹コース……………………18, 36, 54, 110
法曹三者……………………………………11
法曹資格…………………………………303
法曹像………………………35, 49, 73, 209
法的感性…………………………………148
法適用過程………………………………150
法と教育学会……………………………361
法然………………………………………400
法のライフライン………………………384
法務研究財団……………………………192
法務博士…………………………………344
ボーク………………………………68, 266

ホーチミン………………………………377
ポパー……………………………………325
ホームズ…………………………………329
洞熊学校の3人…………………………393

《ま》

マインドの涵養…………………………272
マーシャル………………………………145
マックレイ・レポート…………189, 191, 321

《み》

三島由紀夫…………………………370, 395
水上勉……………………………………394
水田正秀…………………………………326
宮沢賢治……………………………369, 394
宮本常一…………………………………392
未来の物語………………………………392
民事訴訟…………………………………373
──法……………………………………312
──法学…………………………………335
──法学会……………………………331, 350

《む》

無責任体質………………………………334

《め》

名誉教授称号付与………………………305

《も》

問題漏洩事件……………………………354

《や》

八重の桜…………………………………390
八ヶ岳型…………………………………384
薬禍の歳月………………………………372
柳田幸男……………………………27, 70, 258

《ゆ》

ユーゴー……………………………172, 204, 388
ユビキタス・アクセス（権）………269, 274, 400
予算……………………………………88, 109, 252

《よ》

予算措置………………………………43, 62
予備試験…………231, 249, 253, 328, 346, 355

索　引　421

弱法師 ……………………………370, 395

《ら》

ラングデル ……………………………190

《り》

リーガル・エイド ……………………188
リーガル・クリニック…11, 78, 94, 184, 248, 249, 318
利権 ……………………………………217
留学生 …………………………………346
良心教育 ……………………386, 387, 397
臨時司法制度調査会……………………69
臨床法学 …………249, 269, 290, 311, 319
　　──教育学会 ……………………322, 331
　　──教員 ……………………………283
臨床法学士（仮称）……………………332

《る》

累積合格率 ……………………………234
ルソー……………………………………26
ルター …………………………………401

《れ》

連携法科大学院…………………37, 54, 38

《ろ》

ロイヤリング …………………………185
労働委員会 ……………………………399
ロークラーク …………………………264
ロールーム構想 ……………………78, 87
論文式試験問題 ……………………211, 216

《わ》

ワシントン大学 ………………………236
渡辺和子 …………………………129, 199, 376

《数字》

2割司法 ……………………………7, 32, 46

3・3制 ………………………………38, 53
3つのe ………………………………271
3つのフォーラム ……………………332
3つの民訴 ……………………………335
4・2制 ………………………………37, 53
4・3制 ………………………………37, 53
4つのJ ………………………………397
5分の1ルール ………………………237
75%ルール ……………………………262

《A−Z》

ABA ……………………………238, 267, 321
Access to Justice ……………………373
ADR …………147, 197, 270, 360, 368, 374, 384
Conley & O'Barr ……………………375
e−サポート研究会 …………………270
e−サポート裁判所 …………………271
FD……………………………100, 125, 168
GPA ……………………………………251
ICT化 …………96, 269, 374, 396, 407
JD ……………………………………344
LSAT …………………………………251
MPT …………………………………129
NITA …………………………………321
OJT ……………………………11, 49, 74
Our Courthouse ……………………201
PSIM……………………………………192, 322
SDGs…………………361, 363, 381, 400, 402
Serendipity …………………324, 375, 376
Slow & Steady ……………………102, 377
take-home方式 ………………………261
Think like a lawyer …………………137, 330
USニュース …………………………236, 246
Vis Moot ……………………………357

［著者紹介］

川嶋四郎（かわしま・しろう：KAWASHIMA Shiro）

現在　同志社大学法学部・大学院法学研究院科、教授

略歴　滋賀県甲賀郡柏木（現、甲賀市）生まれ
　　　早稲田大学法学部卒、一橋大学大学院法学研究科博士後期課程単位取得退学、
　　　博士（法学）
　　　九州大学大学院法学研究院・法科大学院の教授等を経て現職
　　　日本学術会議会員（法学委員会委員長）

著書（特に明記のない限り、単著）
・『民事訴訟過程の創造的展開』（弘文堂、2005 年）
・『民事救済過程の展望的指針』（弘文堂、2006 年）
・『差止救済過程の近未来展望』（日本評論社、2006 年）
・『アメリカ・ロースクール教育論考』（弘文堂、2009 年）
・『民事訴訟法』（日本評論社、2013 年）
・『公共訴訟の救済法理』（有斐閣、2016 年）
・『民事訴訟の簡易救済法理』（弘文堂、2020 年）
・『日本史のなかの裁判――日本人と司法の歩み』（法律文化社、2022 年）
・『民主司法の救済形式――「憲法価値の手続実現」』（弘文堂、2023 年）
・『民事訴訟法概説〔第 4 版〕』（弘文堂、2024 年）
・『会社事件手続法の現代的展開』（共著。日本評論社、2013 年）
・『レクチャー日本の司法』（共著。法律文化社、2014 年）
・『テキストブック現代司法〔第 6 版〕』（共著。日本評論社、2015 年）
・『民事手続法入門〔第 5 版〕』（共著。有斐閣、2018 年）
・『判例民事訴訟法入門』（共著。日本評論社、2021 年）
・『民事執行・保全法』（共著。法律文化社、2021 年）
・『民事裁判 ICT 化論の歴史的展開』（共著。日本評論社、2021 年）
・『はじめての民事手続法〔第 2 版〕』（共著。有斐閣、2024 年）
・『民事執行・保全法入門』（共著。日本評論社、2024 年）、等

法学 教 育の四半世紀
2025 年 1 月 30 日　第 1 版第 1 刷発行

著　者／川嶋四郎
発行所／株式会社　日本評論社
　　　　〒170-8474　東京都豊島区南大塚 3-12-4
　　　　電話　03-3987-8621（販売）、3987-8631（編集）
　　　　振替　00100-3-16
　　　　https://www.nippyo.co.jp/
印刷／株式会社 精興社　　製本／株式会社 松岳社　　装幀／神田程史
©KAWASHIMA Shiro　2025　Printed in Japan.
ISBN978-4-535-52820-8

JCOPY　〈（社）出版者著作権管理機構　委託出版物〉
本書の無断複写は著作権法上での例外を除き禁じられています。複写される場合は、そのつど
事前に、（社）出版者著作権管理機構（電話 03-5244-5088、FAX 03-5244-5089、e-mail: info@
jcopy.or.jp）の許諾を得てください。また、本書を代行業者等の第三者に依頼してスキャニン
グ等の行為によりデジタル化することは、個人の家庭内の利用であっても、一切認められてお
りません。